西北民族地区加强和创新社会管理研究

岳 彬 著

蘭州大學出版社
LANZHOU UNIVERSITY PRESS

图书在版编目（CIP）数据

西北民族地区加强和创新社会管理研究 / 岳彬著
. -- 兰州 : 兰州大学出版社, 2015.12
ISBN 978-7-311-04882-2

Ⅰ. ①西… Ⅱ. ①岳… Ⅲ. ①民族地区－社会管理－研究－西北地区 Ⅳ. ①D633

中国版本图书馆CIP数据核字(2016)第020650号

策划编辑 张爱民
责任编辑 马继萌
封面设计 郇 海

书 名 西北民族地区加强和创新社会管理研究
作 者 岳 彬 著
出版发行 兰州大学出版社 （地址:兰州市天水南路222号 730000）
电 话 0931-8912613(总编办公室) 0931-8617156(营销中心)
0931-8914298(读者服务部)
网 址 http://www.onbook.com.cn
电子信箱 press@lzu.edu.cn
印 刷 甘肃北辰印务有限公司
开 本 710 mm×1020 mm 1/16
印 张 17.75
字 数 334千
版 次 2016年1月第1版
印 次 2016年1月第1次印刷
书 号 ISBN 978-7-311-04882-2
定 价 35.00元

前 言

加强和创新社会管理，是当前和今后一个时期西北民族地区党和政府以及社会面临的重大课题。目前，对这一课题的研究与实践探索已经在多部门、多领域、多层面展开，并取得了诸多积极的实践与理论成果。梳理和总结已有的成果，当前和今后一个时期，在西北民族地区加强和创新社会管理，有三个问题还需要结合实际进一步深入研究：第一，为什么我们要讨论社会管理创新问题，而且是在现在？这个问题已有的研究虽有涉及但不深入，有重新引起注意的必要。第二，当前西北民族地区社会管理创新的实践重点是什么？这是现实的发问，迫切需要予以回应。第三，实现“制度与生活”“政府与社会”的良性互动，实现“稳定与活力”“管理社会与社会管理”的有机配合，提高社会管理科学化水平应有的逻辑范式是什么？对这一问题已有的研究有所忽视，有必要重点进行研究。

梳理社会管理发展简史，无论从社会生活与社会管理的互动逻辑看，还是从政府与社会的互动逻辑看，从新中国成立至今，在改造与建设和改革与发展两个社会发展阶段，西北民族地区社会管理在内涵上和外延上都存在相当的差异性。1978年改革开放以前，在特定的政治和经济目的的支持下，与全国其他地区一样，西北民族地区基本上构建起了一套比较完善的社会管理体系，这一体系包括了单位制、人民公社制、户籍制以及阶级分类制在内的社会管理制度体系和一元化的意识形态体系。这一管理体系依靠平均主义的福利渗透模式、集体主义的工作与生活伦理、社会主义文化和共产主义理想导向的意义系统，把社会生活组织起来，让国家基本实现了对社会生活的有效控制，社会生活也基本实现了稳定和有序。①

1978年改革开放以后，随着意识形态追求目标和政府职能的转变，西北民族地区社会生活多样化格局开始浮现并逐步发展，原有的社会管理体系由于无法为多样化的社会生活提供理性和说服力而开始遭遇挑战。在“冲击—回应”的“制度与生活”的不断调适中，原有的社会管理体系不断被修改、重构甚至是废止，最终

①李友梅等：《中国社会生活的变迁》，中国大百科全书出版社2008年版，第45页。

形成了如今政府主导、多元社会主体共同参与管理的社会管理体系。这一体系强调了制度与生活之间的张力关系、强调了社会管理权方面国家与社会之间的张力关系，试图在制度与生活、国家与社会之间形塑合理的管理域限，让社会更加具有弹性。①

比较前后出现的两种不同的社会管理体系，二者的差异和分歧并不仅仅缘于社会生活的差异，更缘于社会管理理念方面的分歧。按历史顺序前后相连的两种体系，后者并不是对前者的否定或彻底的清除，而是依据"冲击—回应"的生活与管理的变动逻辑来重构而已，或者说重构是管理对生活、政府对社会的主动适应。而适应的前提，是在"冲击—回应"的逻辑下面生长出来的新的社会管理理念消除了对社会生活的紧张。

这一分析结果给出了这样的启示：社会生活与社会管理之间始终是相互渗透的，任何特定的社会管理总是依附于特定的社会生活逻辑。既然没有不受社会生活影响而完全独立运行的社会管理体系，那么同样也不存在纯粹自发和自然的社会生活。从这个意义上看，无论什么时候讨论社会管理创新，都应该是一件有意义的事情。而今天谈论社会管理创新，探讨西北民族地区创新社会管理体制机制，重构社会管理之所以有意义，原因就在于支撑当前社会管理的物质基础——社会生活事实，以及价值基础——从社会生活中浮现出来的管理理念、管理技术等，已经发生并正在发生巨大变化。

---

①[美]哈佛大学教授彼得·霍尔，米歇尔·拉蒙特：《"弹性"让社会更和谐》，转引自《人民日报》2013年7月22日。

20世纪80年代，各国的领导人不约而同地发起以市场为导向的改革，推动了经济的飞速发展。引入市场分配资源的机制、扩大市场竞争，不仅改变了经济结构，还改变了人们的自我观念，改变了对富有或成功的定义。向市场经济的转型，让很多新兴经济体高速发展，亿万人民摆脱贫困。然而激烈的市场竞争和文化变迁，也对长期存在的社会秩序提出重大挑战。这些变化对个别群体带来了不小的冲击。受到冲击的群体如何应对挑战？这是社会弹性的问题。社会弹性是面对挑战时，群体或社会团体维持稳定的能力。政府的举措与维护劳工利益的组织，都对社会弹性起着至关重要的作用。然而社会弹性更依赖于普通人群间的社会关系。社会弹性不仅依靠政府行为，更取决于人群之间的社会关系。从很大程度上来说，社会关系更多依靠文化框架来平衡。想要理解我们所生存的世界，需要了解的不单是经济政策，还有社会、文化的变迁。社会转型期，我们需要更深入了解社会弹性的来源，了解经济发展对社会关系和文化框架的影响。

一方面，近些年来，随着政府对社会的逐步释放，民族地区社会的自主性①得到释放和张扬。这种自主性在推动社会生活由泛政治化的集体主义生活方式转向依据自我认同、自主决定的生活方式，给社会生活带来了活力的同时，也推动着社会生活多元化格局的深入演化，使社会生活领域出现了大量新的社会矛盾和社会冲突。即使原本就存在的矛盾与冲突，也有了新的特征。甚至连家庭成员之间的关系，也开始有了近物质、重个性倾向。如今这一切，都创造性地影响着社会管理的重构和社会认同与社会秩序的重塑。

另一方面，任何制度的背后，都有支撑它的价值理念。当前我们讨论社会管理创新问题，并非是传统管理模式的式微。民族地区党和政府新发展观的形成以及政府、社会对社会管理本质认识的日益深刻，是如今我们热议社会管理的主要原因。在过去，这一话题被淹没在了宏观的政治经济文化话语体系中。如今社会管理从宏观的政治经济文化建设的话语体系中浮现出来成为至关重要的社会发展内容而受到重视，一方面我们可以把这理解为是社会生活的强烈冲击，另一方面我们必须把它理解为是支撑社会管理的价值理念——道德与制度权威性来源的变化，让社会管理创新在目前有了意义。

一切现实都蕴含深刻的历史逻辑，而创新行为本身，则是对历史逻辑中某些不合现实性的部分的修正或根本改变。打开了“为什么要讨论社会管理创新问题，而且是在现在”这一问号之后，接下来需要做的一项重要工作就是我们得开始讨论该对哪些不合现实性的“历史逻辑”进行修正或者根本改变以实现创新的话题，以及如何进行创新的话题。就当前民族地区社会管理的现实考察，其创新发展需要破解以下一些突出的二元结构矛盾：

一是社会结构分化和重组加快与政府社会管理方式固执之间的矛盾。现阶段民族地区社会结构深刻变革，社会分化加快。社会分化的结果，是整个社会的失调现象、不稳定因素大大增加，急需构建新的社会管理模式。而各级政府及其部门惯性行政管理思维的固执与管理方式明显滞后于社会发展的要求，引起了社会结构分化和重组加快与政府社会管理思维、管理方式转变不及时的矛盾，导致

①安建增：《社会自主性与NGO的生成——基于中国NGO的历史发展轨迹的分析》，载《学会》2010年7期。从本质上看，社会自主性是社会在与国家交往过程中表现出来的独立性，即社会的行动在相关法律规范下是相对自主的，作为一种主体性的存在，社会是不依附于国家的，是与国家相并列的一种主体形式。社会的这种独立性并不排除与国家发生各种各样的交流关系，这种交流关系并非单向，是相互的。社会独立性也不表示国家与社会的对立，甚至反抗。尤其是对我国目前而言，社会的独立性表达的是一种国家对社会的承认以及社会对自己的承认，并且在相互承认的基础上“各司其职”，相互赋权。独立性是社会自主性的基础性表现，也是衡量社会自主与否的基本指标。

了社会整体整合力量特别是国家行政整合能力明显不足。

二是多元社会生活格局对多元社会管理主体构成的要求与社会管理主体单一之间的矛盾。目前在民族地区，合理的社会管理主体结构还没有形成，主要表现就是各种社会组织和社会团体的作用尚未得到充分发挥，还没有真正成为政府社会管理职能外溢与承接的载体。同时，各种社会组织和团体的社会自主性及自我组织能力也不够强，这引起了多元社会生活对多元社会管理主体构成的要求与社会管理主体单一之间的矛盾，导致了社会管理对社会生活的高度紧张。

三是社会管理对社会公共服务的需要与社会建设滞后、公共服务短缺与低效之间的矛盾。近些年来，发展观与发展理念上的偏差导致了部分政府事实上的对社会建设和社会管理的忽视，社会事业发展的滞后，使民族地区基本公共服务无论从数量还是从质量上都不能满足公众需求和社会管理需要。当前民族地区公共服务体系整体呈现出的"总体水平偏低、发展不平衡、效率低、水平趋同"的基本特征使政府社会管理的重要工具——公共服务的作用一直没有充分发挥出来，导致了社会管理的乏术。

四是社会稳定有序对各种利益协调机制、社会风险预警机制等的内在要求与这些机制不健全不完善之间的矛盾。目前，民族地区经济社会发展已经进入一个十分敏感的阶段。在这一阶段，各种社会矛盾频发、许多深层次的矛盾和问题也逐渐显现、社会风险逐渐累积、社会不稳定因素显著增加，而社会稳定对各种利益协调机制、社会风险预警机制等的内在要求与这些机制不健全不完善之间的矛盾，也导致政府和社会自组织对社会控制力的相对下降。这一矛盾不解决，整个社会的安全运行与健康发展都将成为问题。

仔细分析，上面这些二元结构问题的出现和存在，总有着各种各样的背景和理由。但这些问题也构成了当前民族地区创新社会管理的缘由和切入点，表明了当前民族地区创新社会管理的重点和实践内容所在。为此，我们需要做的一项重要工作，就是对改革开放以来尤其是十六大以来的社会管理进行回顾与总结，把历史脉络理清楚，把经验概括出来，把握住特点和规律，把存在的问题及其成因找出来，把今后进一步发展面临的困难估计足，并依据党和政府的顶层设计，结合民族地区的实际，提出民族地区社会管理创新发展的相关对策。

本书是在国家民委民族问题研究课题"西北民族地区社会管理体制机制创新及若干政策建议"研究成果的基础上形成的。在书中作者对西北民族地区社会管理的历史与经验进行了梳理与总结，对创新实践提出了若干对策建议，其中有不少独到、新颖且具有实践指导价值的理论观点。简单列举如下：

一要正确把握社会管理的几个基本要素的内涵。首先，要深化对社会管理的

“主义要素”,即社会管理理论和指导思想的认识。当前西北民族地区社会管理走的是中国特色社会主义社会管理道路,其社会管理的“主义要素”,是马克思主义、中国特色社会主义这个“主义”。西北民族地区社会管理要创新发展,首要前提就是要加强对马克思主义和中国特色社会主义社会建设和社会管理理论的研究和学习。目前在国内,尤其是在西北民族地区之所以社会管理存在诸多问题,之所以面对社会管理时经常出现“经验主义”“主观主义”“外来主义”等方面的问题,就是由于对中国社会管理的“主义要素”,对马克思主义和中国化马克思主义社会建设、社会管理思想的真精神领会得不够,马克思主义真精神还没有在社会管理中充分发挥威力。其次,要深化对社会管理的价值追求的认识。社会管理既有工具性,也有价值性。其中,价值性更是构成社会管理的核心要素,既决定了社会管理目标取向,也决定了社会管理主体构成、工具选择。当前,西北民族地区社会管理创新,其基本价值取向是以人为本,是构建社会主义和谐社会。同时,西北民族地区由于具有多民族特征,社会管理的价值取向还应包括各民族平等、团结、和谐和共同发展的内涵。再次,要深化对国情、地情的认识,即对西北民族地区、对各个地方的社会历史以及当下的经济社会发展现状的认识。西北民族地区有不同于全国其他地方的地情。既有不可比拟的优势,也有不可避免的包袱。一是西北民族地区民族众多,各民族都有悠久的历史、深厚的文化,古老文化的连续性比较强。有古老文明、民族传统、民族习俗,意味着西北民族地区有丰富的社会管理资源。当前在加强社会建设、创新社会管理的过程中,如果我们能够把这些文化传统和社会主义核心价值相结合、相适应,转化为社会管理有效资源,对民族地区的社会管理来说无疑是有益的。同时,当前西北民族地区相对贫穷落后,社会管理创新发展正面临物质基础薄弱的问题。政府通过公共服务、公共产品、社会保障等手段弥合社会裂痕,化解社会危机的有效社会管理手段,还无法充分施展。等等这些地情,是西北民族地区在筹划社会管理创新时,必须要看到的。

二要进一步转变政府职能,强化政府公共管理和公共服务责任。长期以来,中国社会是政府主导型社会,政府社会管理理念和实践举措对社会的影响至关重要。尤其是在当前,在社会自组织能力还不强甚至是还没有形成的时候。因此社会管理要实现创新发展,政府必须承担起该承担的主要责任。首先,政府必须对社会管理投入相当的关注度,必须深度介入,强化对社会管理工作的领导。政府介入的根本出发点是促进和放大社会自主性的正面作用,抑制和弱化社会自主性的负面作用,防止“政府失灵”与“社会失灵”。历史与现实、理论与实践都表明,政府作为社会生活中许多规则的制定者,它有足够的能力和手段,比如立法手段、再分配手段、意识形态手段等来给社会提供认同和秩序。其次,政府要强化公共服务职能,加快行政管理体制改革步伐,理顺政府与社会、政府与市场的关系。政府要对自己与各种社会组织和公民个人的关系进行调整。既要合理配置和平衡彼此间权利义务,又要实施双向扩权。既要充分发挥好宏观掌控社会管理的职能,又要尽量减少对社会组织和个人社会生活自组织的干预。而各种社会组织和个人也要积极地参与到社会管理中来,组织好自己的生活,营造好自己的美好生活环境。再次,政府还要加大对社会管理的投入,尤其要强化社会管理的基层基础建设。一方面,科层化的社会结构和社会治理特征决定我们必须要加强对各种社会组织的管理和培育,因为它们离社会生活最近,近距离了解社会矛盾与冲突的成因与症结所在,是预防、处理和化解社会矛盾与冲突的第一道防火墙。另一方面,政府必须要加强社会管理服务体系建设,尤其要着力提高社会管理信息化水平,以解决目前存在的矛盾发现晚、解决时间长的问题,提高社会管理效率。

三要实现制度变革和制度创新,为社会管理创新发展奠定制度基础。制度是社会管理的重要工具。不可否认,目前西北民族地区的社会管理体制存在缺陷,但在短期内要想完全突破这些制度,却是一件极其困难甚至是不可能的事。但这也不是说我们就不能有所作为,面对现实,我们需要拿出智慧和勇气来。目前在民族地区社会大量产生和出现的社会矛盾,有许多是利益矛盾和文化差异引起的。要化解这些矛盾,必须建立健全能够科学有效地平衡和调整各种利益矛盾和文化差异引起的社会冲突的体制机制,以在矛盾和冲突的双方之间形成合理的张力关系。第一,要建立起国家宏观调控和指导下的合理收入分配制度,建立健全各种社会保障、社会福利体系和友善的社会帮助机制,通过财富的分配与再分配,通过社会互助合作,来缩小社会成员之间的收入分配差距和社会公共服务、社会福利享有的差距,减少社会矛盾的发生。第二,要加强各种与利益协调、利益保护、利益表达相关的体制机制的构建和法律法规的制定与执行力度。一方面要针对社会结构的深刻变化,利益关系更加复杂而出现的新问题、新矛盾的解决立法。要建立健全包括利益引导机制、利益约束机制、利益调节机制和利益补偿机制等在内的社会利益协调机制,引导公众以理性合法的形式表达利益要求、解决利益矛盾。一方面要针对目前突出矛盾的解决加强执法力度,尤其要加强民族区域自治法、劳动法、合同法、消费者权益保护法、城市管理条例、房屋拆迁条例等与民生关系密切的法律法规的执行力度,以构建和谐的劳动关系、和谐的生产者与消费者关系、和谐的城市发展与人发展的关系、和谐的民族关系,从而减少矛盾和避免矛盾的产生。第三,要建立起渠道宽、通道短、及时性强的政治沟通机制、公民的社会参与机制和灵敏的社会风险预警机制,以及时、准确地了解政治经济社会文化深刻变化背景下大量产生和出现的社会矛盾、社会冲突的成因,为正确决策化解矛盾、舒缓紧张、消除冲突创造必要条件。第四,要建立有效的公共安全机制,提高政府、公民、社会组织应对危机的能力。要通过完善有效的法律、政策、经济、行政手段及时解决公共安全面临的问题,使人民群众安居乐业。

四要推动文化建设大发展大繁荣,形塑社会管理的道德基础和价值基础。文化是社会凝聚力和社会生活创造力的重要源泉。它的作用,就在于给人们的社会行动、社会交往、社会关系提供理性、惯性和说服力,是社会生活和社会管理最为重要的价值基础和工具。西北民族地区民族众多,目前西北民族地区在"一致性与多样性并存"的原则下,推动文化建设大发展大繁荣,构筑坚实的社会道德基础、价值基础,形塑共同社会生活理想,是社会管理创新的当务之急。之所以这样认为,是因为我们已经意识到了这样一个问题,那就是近年来民族地区社会产生和出现大量社会矛盾的原因,就是文化发展不力,经济社会一些领域存在较为普遍而严重的道德失范、诚信缺失现象和一些社会成员人生观、价值观的扭曲。因此,未来的社会管理创新,必须加强文化建设,高度关注文化的意识形态教育属性和文化的社会生活引领属性,充分发挥文化在社会管理中的作用。关注的重点,是文化发展与经济社会发展失衡的矛盾、文化需求与文化供给失衡的矛盾、文化产品的社会效益与经济效益失衡的矛盾、民族宗教文化的多样性之间的矛盾等矛盾的解决。而基本的方法,就是对党和政府发展文化的责任要强化、对群众的主体地位要尊重、对民族文化要尊重、对传统文化的扬弃要高调、对外来文化要宽容、对新农村文化和社区文化发展要给力、对文化产业发展要推动,同时,还有变革文化发展的体制机制,跨越制度之坎。①

五要推动经济又好又快发展,夯实社会管理的物质基础。目前在西北民族地区,生产关系的完善、社会的和谐受到多方面因素制约,尤其受到生产力发展水平的制约,充分满足所有人多方面需要和实现全面发展、共同发展还不能够完全做到。这种需求与满足需求能力之间的差距,必然使人民内部矛盾大量的以利益矛盾和利益冲突的形式表现出来,这是人民内部即使在根本利益一致的情况下也会产生诸多矛盾的根本原因。要解决这些问题,只有把发展作为第一要务,坚持以经济建设为中心。只有经济发展了,才能为解决这些矛盾提供必要的物质基础;只有经济发展了,政府才能提供内容更丰富的、更全面的、更完善的公共服务和社会福利,弥合社会由于利益分化而出现的裂痕,实现民族地区社会的团结稳定与和谐。

社会管理是人类最基本的社会实践活动之一,由于它与社会生活、与民生关

①岳彬、廉武辉:《文化建设大发展大繁荣要跨越理念与制度之坎》,载《学术论坛》2012年第1期。

系密切，在某种程度上我们甚至可以说，它对社会进步和人发展具有基础性的作用与意义。从这个角度来看，任何时候我们谈论这一问题都是有意义的。本书对西北民族地区社会管理历史的总结、现实的观察以及对今后创新发展提出的若干观点，基本上反映了改革开放以来西北民族地区社会管理的成就与现实，对西北民族社会管理创新发展具有积极的指导意义，但也有一些问题需要在接下来的研究中进一步深入。

本书在撰写的过程中，西北民族大学刘红梅老师提供了大力的帮助，并撰写了其中第二编的第一、二、三、四章。

编者

2016年1月

目 录

第一编 社会生活与社会管理

第二编 改革开放时期西北民族地区社会管理理论与实践

第一编

社会生活与社会管理

社会管理是人类最基本的社会实践活动之一，由于它与社会生活、民生关系密切，在某种程度上我们甚至可以说，它对社会进步和人发展具有基础性的作用与意义。改革开放以来，在全面小康社会建设、社会主义和谐社会建设的过程中，加强社会建设、不断创新社会管理体制机制是西北民族地区党和政府以及社会的必然选择，也是这一时期最为重要的社会实践活动。同时，社会管理的不断创新发展，也是改革开放时期西北民族地区社会始终保持稳定有序、健康发展的根本原因。进入21世纪，西北民族地区社会管理面临的国际国内环境发生了一些新的变化，也面临一些新的问题，但面临的主要矛盾没有变，主要任务没有变，阶段性特征也没有变，仍然处在夯实基础、突出重点、突破难点、强化保障、加快发展的阶段。在这种情况下，西北民族地区必须把握机遇，在深刻认识国情现实的基础上，厘清“社会生活与社会管理”的关系，坚持以改革创新的方式进一步推动社会管理创新发展，这是民族地区全面建成小康社会和实现中国梦的内在要求。

第一章　改革开放以来
西北民族地区社会生活的变迁

1978年改革开放以前，无论是从社会组织结构、社会分层结构、社会利益结构、社会观念结构以及人们的就业、收入分配、社会保障获取等生产生活方式和生产生活资料获取方式看，还是从民族地区各个民族之间的交往互动，还有差异看，抑或是从政府与社会、政府与社会组织、社会制度与社会生活的互动逻辑看，西北民族地区社会都是一个政府主导型的社会。国家通过单位制、人民公社制以及刚性的户籍制度，还有低水平、宽覆盖的社会福利制度，以及一元化意识形态等对社会形成了高度的控制，维持了社会发展所需要的基本秩序与稳定。这一社会管理模式在为经济建设发展创造有利的资源整合和力量整合条件，保障人们基本生存和福利需要的同时，也约束和限制了社会与个人活力和自主性的充分发挥，从社会生活、社会管理角度看，制度与生活、政府与社会直接缺失必要的弹性与张力，二者经常处在失衡的状态。

1978年改革开放以后，在市场化取向的改革推动下，西北民族地区社会和社会生活开始发生巨大变迁，社会转型由此开始加速：计划经济体制开始逐步被市场经济体制取代，市场因素开始引入经济社会生活领域；单位制开始解体，人民公社制被联产承包责任制取代，农村生产单位开始由集体转变为家庭。国有企业、集体企业的扩大自主权改革深入推进，劳动合同制全面启动，企业生产经营和用人政策以及企业生产组织形式等开始发生变化；同时随着户籍制度逐渐松动、社会福利制度改革和意识形态领域改革的推进，西北民族地区人口的社会流动无论是规模还是流动的目的地等都出现新的趋势，人们的利益诉求、人们思想观念的复杂性和独立性开始增强，人们的就业方式、生活方式、居住方式乃至人群的组织方式、社会参与方式等都发生了巨大的变化。而所有这些变化，在推动西北民族地区经济社会发展，促进民生不断改善的同时，也推动了西北民族地区社会的转型，其社会生活表现出与转型期相对应的种种特征，即利益结构多样化、经济生活市场化、政治民主化、文化多样化、公民意识明晰化、民族意识强化、政府行政控制弱化等。[1]同时,也为"社会建设""社会管理""社会管理创新"这些新的社会实践理念和活动的浮现,埋下了伏笔。下面,我们就以"制度与生活""政府与社会"为基本视角和分析框架,来考察西北民族地区改革开放以来社会生活的变迁。

一、从计划经济到市场经济、从传统社会向现代社会转型的宏观叙事

改革开放以来西北民族地区社会生活的变迁,从更为宏观的背景审视,是从对计划经济体制的深刻反思开始的。计划经济体制有些什么样的主要特征,何以对社会生活的变迁有如此重要的影响呢。这要从计划经济的基本特征谈起。1956年社会主义改造基本完成之后,中国确立的计划加国有的经济体制有两个重要特征:

第一,计划经济取代市场经济。为了实现赶超发达国家的战略,现代化水平落后的中国必须首先建立自己的工业体系,实现这个目标,需要有大量的资本积累投向工业部门。而当时的现实问题是,资本相对其他生产要素是很稀缺的。为了解决资本积累问题,中国模仿苏联和东欧建立起了计划价格体系,在这个体系下,工业部门所有生产要素的价格被压低,其中包括了劳动力价格、以农产品为主的原材料价格以及用于购买国外设备的外汇等。通过压低生产要素价格和相对抬高工业产品价格,国有企业实现了大量的工业利润,然后再通过国家计划将国有企业利润转化为工业部门的投资。在计划体制下,城市职工的工资也被压低,但国家为他们解决了养老、医疗、住房等社会福利问题。而农村居民却在工农业产品价格剪刀差之下为工业发展提供了巨大支持。同时,由于城市部门偏重于发展资本密集型的重化工业,能够提供的就业岗位非常有限,因此,为了防止农村剩余劳动力向城市流动、为了防止经济不发达地区的城市居民向经济发达地区流动,国家还提供户籍管理,即采用了刚性的户籍制度严格限制人员流动,特别是农村向城市的流动。

第二,封闭经济全面取代开放经济。改革开放以前,中国基本处于半封闭状态,这其中有政治原因。中国有着不同于欧洲美国的意识形态,又想成为苏联的独立而强大的邻居,这使中国想处在资本主义与社会主义两大阵营之间相对独立的位置上。但是,从根本上来说,使得中国封闭的更为重要的原因是经济上的。国际贸易的基本动因是比较优势,而当时中国的比较优势是劳动力相对便宜。但是改革开放以前中国经济结构却偏向重化工业的发展,同时为了压低进口设备价格,中国还低估了人民币汇率,这就使得中国产品在国际市场上失去了价格优势,失去了竞争力。这一方面保护了民族工业,但另一方面,中国也很难成为有吸引

①朱志萍:《首届"社会转型与社会心态"学术研讨会综述》,载《哲学动态》2000年第5期。

力的贸易伙伴和投资目的地。因此，当时中国几乎已经从国际分工体系中脱离出来。在改革开放以前，中国有宏伟的发展目标，政府也有超强的执行力，但是强政府、弱社会，强计划、弱市场的计划经济模式，很难实现宏伟目标。原因很简单，强政府、弱社会，使得社会活力、创造力发挥不出来。而且信息的不对称也使政府的一些政策、制度无法满足社会生产生活以及生产生活所需的秩序要求。但更为严重的是管理的高成本对冲了勤劳的成本，真正的社会发展需要的财富积累无法完成。

针对这种情况，1978年，中国开始了市场化改革实践，从根本上解决计划经济体制的弊端。首先，市场化改革改变了资源配置方式。在存量改革，即体制内部改革方面，20世纪80年代开始的计划价格与市场价格并存的价格双轨制改革作为由计划价格体系向市场价格体系过渡的方式。1994年以前，中国并没有对传统国有部分采取根本性改革措施，而是在国有部分之外培育建立起了一个按市场机制运作的非国有部门，开始了所谓的增量改革。1994年以后，建立起了生产要素市场。从商品市场来看，中国在20世纪80年代到90年代早期，实施了商品定价的双轨制。进入90年代中后期，生产计划逐步被取消，商品市场开始由双轨制转向了单一的市场定价机制。从生产要素市场看，土地、资本、劳动力三大生产要素市场在90年代建立起来。在劳动力市场上，改革经历了四个阶段：第一阶段是1986年以前。那时出现了一个就业安置的困难时期，压力主要来自于城镇地区在“文化大革命”中积压的就业人员、新增劳动力和大量知识青年。为了缓解这一压力，国家在就业体制中引入了市场机制。实行国家解决就业、劳动部门介绍就业、志愿组织起来就业与自谋职业结合的就业政策。国家解决就业主要解决的是大学生、军队复员人员、特殊岗位人员等，劳动部门介绍主要是解决城镇就业人员，可以有多种选择。志愿组织起来就业与自谋职业，就是国家开始在国有之外大力发展集体经济、个体经济，允许企业搞第三产业，办服务公司等。第二阶段是1986年以后，标准性事件是劳动合同制开始实施。之所以搞劳动合同制是配合国有企业改革，但从此开始企业对于职工的辞退权也开始有所扩大。从1995年开始，现代企业制度的试点企业开始被法律允许在一定范围内辞退多余人员，也就是流行词汇下岗、失业出现的时间。第三阶段是1996年以后，劳动力市场改革进入关键阶段，全国建立了大量的再就业服务中心，解决就业问题。也是从这个时候起大学生就业问题开始出现，同时，也出现了农村劳动力涌进城市与城镇就业人员竞争就业岗位的问题。这个时候农民工开始南下北上，开始了人类历史上最为壮观的人员流动，开始了所谓的春运。第四阶段是2000年以后至今，重要的变化是对没有实现就业的人员开始给予一定的救济，对于没有实现再就业的给予失业保险，城市居民还有最低生活保障。

其次,市场化改变了经济主体的激励结构。1978年以来的中国经济改革,在三个层面上形成了有效的激励结构。在国家治理层面上,中国形成了经济分权加政治集权的体制,对地方政府发展当地经济形成了有效激励。1980年、1985年、1988年、1994年四次中央与地方政府财政分配改革,其中主要是对地方政府放权让利的财政包干体制调整,使地方政府发展经济的热情被极大释放出来。同时,经济发展绩效与官员升迁挂钩的制度,也更加促使地方政府官员追求经济增长目标。在企业、组织层面上,改革后中国形成了有效的企业治理结构和激励机制。打破了大锅饭,激发了企业职工的创造性活力,形成了竞争;放权让利,使企业有了较大的自由发展空间。让利,使企业有了更多的发展需要的资本积累,职工福利待遇开始改变。放权,使企业有了更多的自主性决策权力。从这个时候起,中国出现了企业承包制、租赁制和资产经营责任制等多种改革形式。在微观主体层面上,改革以后中国形成了基于绩效的分配制度,通过努力,劳动者可以获得更多收入,劳动的效率决定了收入分配,劳动者的生产积极性、生活热情被激发出来,出现了生产大发展、水平大提高的局面。在农村,农业产量大幅增长。在城市,大量个体户出现。

伴随着经济体制改革引起社会转型的同时,中国还同时启动了政治体制和社会体制改革。在政治体制改革方面,改革的核心是政治民主化。市场化改革的推行,不仅解决了经济发展所需要的体制机制、动力、效率等问题,也推动了中国政治发展和社会发展。在计划经济体制下,中国无论在政治体制、政治行为方式还是在政治文化等方面,都存在严重的权力过度集中、官僚主义、特权、人治等问题。改革开放以后,在市场化力量的推动下,经济基础的深刻变化,必然引起了上层建筑的变动,经济民主带动了政治民主的发展,社会个体相比过去有了大量的政治参与机会和政治参与的渠道。一方面,国家给予了公民政治参与的政策支持和活动空间。"扩大基层民主,保障人民群众依法行使民主权利""完善村民自治,健全农村基层党组织领导村民自治制度""完善城市居民自治,加强社区建设""完善企业职工代表大会制度,保障企业职工合法权益"等改革措施开始不断出台。另一方面,市场化导致了社会利益结构的变化,在利益结构变化之下,社会个体政治参与的主动性开始增强。在这两个方面的力量的推动下,中国政治民主化氛围开始形成。而在政治体制、经济体制深刻变化,制约影响社会生活的一些因素被破除后,社会生活中的一些曾经被抑制的因素和活力开始得以释放,随之而来的是社会体制开始动摇。中国随之启动了政府职能转变的行政管理体制改革、社会事业管理体制改革、流动人口管理体制改革、社区(村社)管理体制改革、公共危机管理体制改革、社会诉求管理体制改革等方面的社会体制的改革。

改革开放以来,在这个宏观的被视为"第二次革命"的全方位的体制改革过程中,西北民族地区与中国其他地区一样,开始了社会转型:从计划经济社会向市场经济社会转型;从封闭社会向开放社会转型;从乡村社会向城镇社会转型;从人治社会向法制社会转型;从无论是社会生活方式还是社会生活水平都同质化程度高的单一性社会向异质的多样化社会转型;从民族认同程度高的社会向民族认同逐步差异化的社会转型;从由生到死,所有的收入分配和社会福利由国家决定、国家包下来的社会向收入分配和社会福利由国家、市场、社会、个人多种力量共同承担的社会转型;从高度一元化的社会主义理想、价值认同的社会向社会主义理想、价值认同与其他亚文化认同并存的社会转型。而所有这些转型,都是在宏观的从计划经济体制向市场经济体制、从传统社会向现代社会转型的过程中完成的。在这一转型的大背景下,西北民族地区社会生活发生了巨大变化。

二、改革开放以来制度变革背景下的社会生活新变化

"制度与生活",是审视改革开放以来西北民族地区社会生活变迁的重要视角。考察改革开放以来西北民族地区社会生活的变迁,首先要考察制度变迁的过程与逻辑。改革开放以来西北民族地区社会生活的变迁与制度变迁关系密切,在宏观的从计划经济到市场经济的体制转型的体制变迁过程中,单位制、人民公社制、户籍制等制度变革,是引起西北民族地区社会生活发生巨大变迁的主要因素。改革开放以前,单位制、人民公社制、户籍制等制度体系,是国家对社会生活进行高度组织化的基本制度建构。通过这套制度体系,全国人民几乎都被纳入了行政权力的控制范围之内,国家的触觉延伸到了全国的每一个角落和社会生活的每一个领域,整个社会实现了高度的整合。①这一制度体系在国家与社会成员之间创造出了一个中间组织,在城市是各种单位,在农村是人民公社。作为国家与社会成员的中介组织,单位和人民公社不仅是一个政治组织、生产组织、管理组织,也是一个生活组织。它们通过提供各种福利设施如学校、医院、食堂等满足其内部成员基本需求。但与此同时,单位成员的整个社会流动也受到限制,每个单位成员的生活空间是相对稳定与封闭的。也就是说,单位提供垄断政治、经济、社会资源,形成了对单位成员的支配关系,通过严格控制单位成员的社会自由流动,使单位成员空间封闭,行为方式统一。没有自由流动的资源、没有自由流动的空间,单位成员只有全面依赖单位,最终形成了依赖性的人格。②而1978年开始的社会生活变迁,首先是从对这些制度的改革开始的。

从人民公社制到家庭联产承包责任制。人民公社制是改革开放以前中国农

①李友梅等:《中国社会生活的变迁》,中国大百科全书出版社2008年版,第89页。

②何海兵:《我国城市基层社会管理体制的变迁:从单位制、街居制到社区制》,载《管理世界》2003年第6期。

村社会组织、社会生产、社会生活、社会管理的基本制度。在西北民族地区，这一制度是20世纪50年代后期到60年代初期陆续建立的。以陕西省为例。陕西省的人民公社运动，从1958年8月中旬开始，8月下旬就形成高潮，到9月20日为止，仅一个月的时间，全省就实现了人民公社化。公社规模社均1932户，关中平坦地区社均4000多户，其中千户以下的541个，千户到5000户的1000个，5000户到万户的105个，万户以上的27个。[①]这一制度的基本特征是“农林牧副渔全面发展，工农商学兵互相结合”。在管理方面，实行乡社合一（政社合一）、分级管理的体制。在公社政社合一的体制下，公社革命委员会行使对全公社的领导权，管理公社政治、经济、社会各个方面的活动，内容涉及了社会生活的各个方面。在人民公社体制下，农村社会生产、社会生活权利高度集中，农村社会资源的合理流动和优化配置受到严重的人为干扰。农民个人对公社高度依赖，个人自主性也被严重弱化。改革开放后，国家开始对农村社会生产实行“放”与“让”的政策。所谓“让”，就是对农产品实施价格补贴和提高主要农产品价格；所谓“放”，就是允许农民发展家庭副业和允许多种经营与社队企业发展。随着这一政策实践的深入和发展，后来，也就是在80年代中期，家庭联产承包责任制出现并取代了人民公社制。联产承包责任制的特点是：发挥了集体的优越性和个人的积极性，既能适应分散的小规模经营，也能适应相对集中的适度规模经营，因而促进了农村经济的全面发展以及农民生活水平的提高。而随着家庭联产承包责任制等农村改革的深入发展，西北民族地区农村社会生活也出现一系列新变化：其一，是生产单位由集体变成了家庭，社会保障比如养老、教育、医疗等也回归了家庭主体。通过发展多种经营、发展家庭副业，家庭收入开始大量增加，家庭的纽带作用、社会保障作用开始增强，但同时，家庭的生产风险压力、家庭的社会保障压力也开始加大。[②]其二，是随着家庭经济功能的增强，家庭的社会功能得到恢复，并由此导致了农村社会家族组织与家族文化的复兴。[③]对西北民族地区来说，一个显见的事实是，乡村社会传统习俗以及宗教文化的复兴与主流社会意识形态在乡村社会的逐步淡化，多元文化形式开始出现。其三，是家庭和个体在新的条件下获得了更多更大的自由选择的空间，农村社会生产与社会生活的自主性增强，农村居民之间、农村

---

①《中共陕西省委关于人民公社化运动（报中央）简报》，陕西省档案馆，123-3008-01。

②苏君、蒋新贵、郭志仪、周韬：《甘肃省流动人口动态监测数据分析报告》，甘肃省流动人口动态监测课题组，载《西北人口》2013年第3期。

③孙健：《西北民族地区农村公共文化服务体系的完善——以青海为例》，载《青海社会科学》2011年第2期。

居民与农村基层党组织之间的疏离感增强[①]，传统农村社区开始解体。与此相伴随出现的一个非常严重的，对农村社会管理影响巨大的情况，就是农村基层党组织对农村社会的凝聚力、整合力、协调力、控制力下降，农村社会原子化、农村集体经济空心化现象出现。

户籍制度的松动。我国最早的户籍制度是1951年公安部颁布的《城市户口管理暂行条例》，规定外地人口进城须到当地公安局登记。该规定并没有限制人口的流动。严格限制人口流动的户籍制度是1953年后出台的。1953后我国从粮食供给、社会福利与社会保障供给以及就业机会供给三个方面构筑了限制城乡之间、区域之间人口自由流动的三层壁垒。1955年，国务院颁布了《关于建立经常户口登记制度》，规定城乡居民改变居住地需要得到相关部门批准。从最早的这两个户籍制度看，制定的初衷，一是保障单位制、人民公社制条件下的社会生产的有序进行，因为集体化、组织化生产是存在严格社会分工的，必须围绕分工进行。二是便于国家对社会生产、社会生活进行计划，方便社会管理信息搜集，降低社会管理成本。三是严格控制农村人口向城市流动，减轻城市就业和社会保障的压力。这一政策与当时国家宏观的发展战略，即"农村支持城市"或者说城市倾向的工业化发展战略是相吻合的，也是与当时中国三个产业发展水平和结构特征以及工业化、城市化和城市经济发展水平是相适应的。改革开放以后历经反复，如今这一制度已有所松动。1978年以后，国家对农村居民生产方式方面的"放"的灵活性政策的实施，使广大农民流动、迁移与自由择业成为可能与必然，这样一些农民开始逐渐从专业的农产品生产者到进城变成了经营者，并逐渐实现了居住地与职业的转换。同时，1978年后返城知识青年以及高考招生政策的实施，也松动了之前所谓的刚性的户籍制度。但随着这一趋势的发展，80年代初国家又再一次严格重申了这一制度。其中主要的原因是当时城市就业压力陡增，为缓解就业压力国家被迫采取了对农村人口进城务工的限制。比如1981年国务院就颁布了《关于严格控制农村劳动力迁向城市和农业人口转为非农业人口的通知》，规定城市地区严格禁止使用农村劳动力，必要的使用必须经过国务院批准；国家计划中需要增加的人员，首先要雇用城市待业青年，有必要使用农村劳动力，需经过当地政府批准；城市已经临时雇用的农村劳动力必须全部迁回农村，以强化户籍与粮食管理。80年代中期以后，我国户籍制度开始力度较大的松动，其原因：一是随着粮食产量连年增加和农副产品供给的日益充足，农村经济市场化和农民的流动、迁移的要求日益突出；二是90年代后中国经济社会发展迅速，尤其是城镇化、城市化、城市基础设施建设、城乡服务业和民营经济增长很快，使农村剩余劳动力

①董爱玲、刘先春：《新农村建设背景下基层党组织建设研究——西部民族地区为例》，载《甘肃理论学刊》2011年第4期。

转移有了可能性与必要性。所以1984年、1992年、1997年、2001年以及十八大又对户籍制度做了较大的调整。改革开放以来，户籍制度的松动与调整，引起西北民族地区社会生活发生新变化：其一是促进了民族地区人口流动和迁移现象的增加，民族地区人口自主择业、创业以及自主选择居住地与生产生活方式的现象出现。尤其是少数民族群体，开始出现基于职业的社会分化现象。比如一些少数民族人口，开始利用本民族传统技能在当地创业或者进城发展，既实现了居住地的转变，也实现了职业与生产生活方式的转变，农村劳动力的非农化趋势明显增强①，其城镇化、城市化步伐开始加速。其二，户籍制度的松动与改变使进城农民的合法权益得到保护，他们获得了平等的社会待遇和就业以及社会支持的机会。但与此同时，具有双重身份的人群也开始大量增加，也就是既具有产业工人身份又具有农民身份的农民工开始大量增加。其三是促进了各个民族之间的交往、交流，各民族之间相互了解、相互融合、相互认同的程度增加。但与此同时，民族成员之间的矛盾冲突也开始不断增加。其四是随着改革开放以后城乡差别与区域经济社会发展差距的进一步加大以及工业化、城市化发展对农村劳动力刚性需求的增加，还有城市经济高效率与城市生活环境优于农村形成的城市对农业资本、资源、人才拉力的加大，从离土不离乡，到离土离乡，农村尤其是民族地区农村，出现了严重的家庭空巢化现象和所谓的留守儿童、空巢老人问题等社会问题。接下来就是农村的代际关系出现越来越严重的失衡。这种失衡表现为父母对子女的责任远高于子女对父母的义务，而丧失劳动力的父母基本上不再有希望扳回一局。农村老年人的悲惨境地教育了年轻父母，他们会增加对自己未来的担忧，而减少对孩子的责任。中国农村的家庭关系迎来一个新时代，在这个新时代，家庭越来越少承担起本体性价值任务。②

单位制的弱化。改革开放以后，在"农村、农业、农民"的"单位制"即人民公社制解体的同时，城市单位制也在一步步松动，其重要的一些功能诸如社会保障功能、社会管理功能、社会吸附功能也在逐步弱化。这一过程与国有企业改革、所有制改革和社会福利制度改革是同步的。1978年改革开放以后，国家开始了对城市经济体制改革试点，样本是国有企业扩大自主权改革试点。到1984年，城市经济体制改革起步，当年10月，十二届三中全会通过了《中共中央关于经济体制改革的决定》，确认我国市场经济是"公有制基础上的有计划的商品经济"，提出了以公有制为主体，积极发展多种经济成分的方针，决定全面启动城市改革。之后，城市围绕扩大企业自主权、开展股份制试点、改革所有制结构、改变企业用工制度、实行厂长负责制等改革行动。扩大企业自主权、改变企业用工制度、实行厂长负

①赵春：《2013年甘肃省国民经济和社会发展报告》，甘肃人民出版社2013年版，第57页。

②贺雪峰、郭俊霞：《当前我国农村代际关系研究》，载《江海学刊》2008年第4期。

责制等，一方面增加了企业生产积极性，导致企业社会福利、社会待遇提升。另一方面，自主经营、自负盈亏，也增加了企业的风险。而随之而来的劳动合同制改革，打破了铁饭碗。后者，对企业职工的影响是深刻的。人们开始认识到曾经给予他们铁饭碗，在某种程度上来说是终身合同和各种社会保障的单位、企业已经不再是任何情况下都可以依靠的对象了。所有制改革，变单一公有制为以公有制为主体、个体和私营等非公有制经济并存，即公有制为主体，多种所有制并存的所有制结构。在这种情况下，单位制开始弱化。所有制改革，在国有民营、租赁经营、股份制等多种公有制经济形式不断实现和发展的同时，非公有制经济得到了支持、鼓励，并获得了发展。这样一来，单位制运行的经济基础开始变化。随着市场机制开始在国民经济中发挥重要作用，随着计划经济体制向市场经济体制过渡，单位体制赖以运行的制度基础开始改变。同时，随着户籍制度的松动，尤其是随着城乡之间人口流动规模的不断扩大，单位制在城市社会整合的主体地位也开始动摇。而80年代至今的持续的社会公共服务、公共产品供给制度的市场化改革，社区建设等对单位制的弱化更是起到了巨大的消解作用。比如1989年，国务院颁布了《关于在全国城镇分期分批推行住房改革的实施方案》，城市居民福利分房开始向商品化、私有化方向发展。1994年，国务院发布《关于深化城镇住房制度改革的决定》，结束了福利房历史，开始以标准价将城市住房商品化。1995年，国务院转发了卫生部《关于卫生工作改革若干政策问题的报告》，医疗卫生的市场化改革启动。1986年，民政部确立了“面向社会、发展社区服务”的社会建设、社会管理方针，将单位的社会功能向单位社会以外转移。所有这些，都进一步动摇了单位制的基础。关于城市社会单位制的弱化的原因，有研究者将其归纳为：一是体制外组织出现；二是单位成员向组织外流动；三是单位职能向社区转移；四是单位自身的大量破产、改制，导致单位社会最终解体。[①]单位制的弱化使西北民族地区社会生活出现的新变化是：其一，人们对传统社会组织的依赖减弱，转而对政府、对新的社会组织、对新兴社区等提供的社会福利、社会保障或者说对社会公共服务、公共产品、公共安全等有了更多、更高的要求。就西北民族地区而言，典型的表现之一就是，社区文化建设方面，社区民族文化、民俗文化、大众文化等文化活动增加，无论从活动内容还是活动的载体也就是基础设施，相比过去在频率上和多寡上都有所增加[②]。其二，人们摆脱了对组织的过分依赖，自力更生、自我发展的意识、压力、能力等都有增强、提高。典型的表现就是，民族地区上学、读书、

①田毅鹏：《单位社会的终结——东北老工业基地“典型单位制”背景下的社区建设》，社会科学文献出版社2005年版，第39页。

②民盟甘肃省委员会：《关于甘肃省社区文化建设的调研报告》，2013年5月3日，甘肃经济信息网（http://www.gsei.com.cn/Index.html）。

接受职业技能培训和更高层次教育的民族人群开始大量增加，少数民族人才开始大量进入社会各个领域，少数民族群体的社会分化开始加速。其三，自主择业，凭借自身辛勤劳动，艰苦创业，改变自身命运、家庭境况，或者说发家致富的人群开始出现。追求生活品位，展现自我价值，不断更新流行语，成为这个群体中相当部分人员的一种社会时尚，并开始对其他人有了越来越大的影响力和社会示范效应。"跟老乡打工"，成为一时人们减少流动成本，选择流动目的地的重要原因。[①]这也为后来的同乡会、商会等以地缘、乡缘、业缘甚至血缘为纽带的社会组织的出现，埋下了伏笔。

三、政府职能转变背景下的社会生活新变化

政府与社会的互动关系、互动逻辑，是考察西北民族地区改革开放以来社会生活变迁的又一个基本视角和基本分析框架。在改革开放以前很长一段时间，中国都是政府主导型社会。考察改革开放以来西北民族地区社会生活的变迁，政府职能转变和行政管理体制改革，是一个不容忽视的视角。从宏观看，政府职能转变与中国从计划经济向市场经济体制转变，是有内在的一致性的。由计划经济向市场经济转型，是充分发挥市场这只看不见的手和政府这只看得见的手的作用，对经济发展起自发调节和宏观调控作用，让经济运行更健康、更安全。从本质上来说，这是一个政府释放社会、释放市场力量，在政府与社会之间、政府与市场之间形塑合理的权力阈限的过程。从政府的权力掌握与行使看，是政府将自己掌握的社会管理权力部分分权给社会组织、社会力量的过程，是政府将自己的三大职能，即经济职能、社会职能、政治职能中的政治职能弱化，经济社会职能强化，下放经济发展权力给市场，强化自身社会管理职能，保障社会公共产品、公共服务有效供给，从而保证自身执政安全的过程。

改革开放时期，中国政府的职能转变与中国的经济体制改革、社会管理体制改革在历史与逻辑上是统一的。改革开放时期，政府职能进行了以下一些改革与调整：其一，是职能结构调整，将政府职能重心位移到经济职能上来。改革开放以来，历届政府工作始终以经济建设为中心。其二，是政府职能行使与管理方式的改革与调整。这主要表现在两方面：一是改变行政审批方式，二是改变单纯以行政手段管理经济的方式，经济手段、法律手段、市场手段得到更多、更广泛的运用。其三，是划分管理权限，调整政府行政权力结构。包括调整中央与地方、上级与下级政府之间的权力关系；调整政府与国有企业之间的权力关系；调整政府部门之间的权力关系。其四，是把转变政府经济职能放在突出位置。1984年10月，

①张永丽、杨志权：《劳动力市场分割对农村流动劳动力收入水平的影响》，载《西北人口》2008年第2期 。

党的十二届三中全会通过的《中共中央关于经济体制改革的决定》，全面系统地论述了实现政企职责分开、转变政府经济职能的问题，对政府管理经济的主要职能做了具体规定。之后的历次政府职能转变，都明确了政府的主要职能是搞好宏观调控、综合协调和社会管理。而1998年的国务院机构改革方案更是明确提出，要把政府职能切实转变到宏观调控、社会管理和公共服务方面来。这一思想在党的十八大上再一次得到重申和强调。

从政府职能改革与调整的过程与结果来看，改革开放以来，政府对其职能问题认识，是随着改革开放时期中国经济社会深刻变化而日益清晰与深刻的。在某种程度上我们甚至可以说，是深刻变动的经济社会生活实际，倒逼政府重新认识、重新定位自己的重要职能。而在经历改革开放三十多年后，在政府与社会、政府与市场互动三十多年后，政府终于把自己的职能定位在了宏观的经济管理和社会管理，为社会提供公共服务、公共产品上面。但回顾改革开放以来政府职能转变的历史发现，在改革开放以来的政府职能转变问题的讨论中，还有一个问题被忽视了，那就是政府社会管理职能的转变问题。改革开放以来，相比经济职能转变，政府社会管理职能的转变严重滞后。改革开放以来，以国务院机构改革为例。1982年、1988年、1993年、1998年、2008年进行了几次大的机构改革。1982年，社会管理部门的改革没有被提上日程。1988年，社会管理部门未做大的变动。1993年，才首次出现强化社会管理职能部门的提法，但从改革结果看，社会管理部门的总体设置格局基本未变。1998年进行的第四次机构改革，在社会事务管理改革方面才迈出了开创性的步伐：组建了劳动和社会保障部，成立了药品监督管理局，国家环保局升格为总局，教育、体育等部门职能下放有了一些新的进展。但从总体上看，政府在社会管理职能方面的职能转变步伐明显落后于经济和社会发展的要求。

改革开放以来，政府职能转变，政府释放社会，市场力量充分发挥，对社会生活的影响是深远的。市场力量在推动经济高速增长、高速发展的同时，也使市场机制、市场的某些逻辑延伸到了社会生活领域，比如“效率优先”“优胜劣汰”“市场的问题市场自己自发调节”等经济领域的市场规则，开始进入社会领域、生活领域等非经济领域并逐渐成为主导这些领域活动的法则，由此导致了保卫社会、维护社会团结的基础的动摇，不但对维护社会“机械团结”的法制建设、规则建设构成了威胁，而且对维护社会“有机团结”的道德基础、价值基础等发起了挑战[①]，引起了社会分化和社会结构的剧烈调整。据相关研究表明，改革开放以来中国社会结构、社会分层，相比改革开放以前发生了巨大变化。有学者认为，1978年以来的改革开放使中国社会发生了深刻的变化，经济体制转轨和现代化进程的推进促使中国社会阶层结构发生结构性的改变。原来的“两个阶级一个阶层”（工人阶级、农民阶级和知识分子阶层）的社会结构发生了显著的分化，一些新的社会阶层逐渐形成，各阶层之间的社会、经济、生活方式及利益认同的差异日益明晰化，以职业为基础的新的社会阶层分化机制逐渐取代过去的以政治身份、户口身份和行政身份为依据的分化机制。这些迹象表明，社会经济变迁已导致了一种新的社会阶层结构的出现，并且，这种结构正在趋于稳定。以职业分类为基础，以组织资源、经济资源和文化资源的占有状况为标准划分当代中国社会阶层结构的基本形态，它由十个社会阶层和五种社会地位等级组成。这十个社会阶层是：国家与社会管理者阶层、经理人员阶层、私营企业主阶层、专业技术人员阶层、办事人员阶层、个体工商户阶层、商业服务业员工阶层、产业工人阶层、农业劳动者阶层和城乡无业失业半失业者阶层。[②]

在这一重要的社会结构变动之下，西北民族地区社会生活领域出现了一些新变化：其一，新的社会阶层大量出现，具有社会阶层特征的社会生活方式、文化模式逐渐形成。在社会生活中，消费是社会分层的最为显性的特征。当前从消费

①机械团结与有机团结理论，是涂尔干在《社会分工论》中提出的。关于社会团结的形式，涂尔干把它们区分为机械团结和有机团结两种类型。他认为不同的社会结构会产生不同类型的社会团结，简单而言，传统社会里出现的只能是机械团结，而有机团结则只能出现于现代社会。他指出，所谓的机械团结是指建立在个人之间相同性与相似性特质基础上的社会联系。由于传统社会中人与人没有分化，因而社会保持高度的一致性，人与人之间保持着相同性和相似性，也就使得个人的行动总是自发的、不假思索的和集体的。机械团结是建立在社会中个人的相同和相似性特质的基础上的一种社会联系。它是以集体湮没个性为代价的。其主要特点是：社会中人与人之间的差异甚小，集体成员具有类似的特质，情绪感受类似，价值观类似，信仰也类似；由于人与人之间没有分化，因而社会呈现高度的一致性；人与人之间保持相似性和相同性是以集体湮没个性为代价的；个人的行动总是自发的、不假思索的和集体的；相互依赖程度低，社会纽带松弛；社会与宗教结为一体，宗教观念渗透整个社会；它还有一个明显的标志，是“镇压的权力”，即对差别性、异质性的强制压抑。而有机团结则是指出现在发达社会的团结，是建立在社会分工和个人异质性基础上的一种社会联系，其特征主要是：社会上个人与群体之间存在显著差异，并且差异不断发展；社会分工错综复杂，社会的基本任务以各种曲折的方式由人们共同完成：专门化分工发展导致相互依赖性的增长。当前我国正处在转型期，城乡之间差异巨大。涂尔干所谓的两种团结在西北民族地区都是客观存在的而且是需要的。

②汝信、陆学艺、李培林：《2002年：中国社会形势分析与预测》，社会科学文献出版社2002年版。

看，中国社会的社会分层已经可以从消费档次的区分中呈现出来。[①]其二，新的社会组织出现。改革开放以来随着单位制、人民公社制社会公众社会参与模式的弱化与解体，代之而起的是社会公众开始通过各类社会团体和民间组织的平台开展各类社会活动。随之而来的就是新的以自我服务、自我管理为宗旨的各类社会组织的出现，比如行业协会、各种研究会以及以公益、慈善、兴趣爱好等为目的社会组织和社会团体。其三，人们的权力意识觉醒。具体的表现就是，民众自治的要求上升，民众对社会公共事务越来越关心，参与到公共决策活动中来的热情空前高涨。同时，为维护自己的利益，民众无论是集体还是个人，上访、打官司的越来越多。近些年来影响较大、发生频率较高的民众维权事件，就是土地征用、拆迁等引发的群体性事件。其四，社会利益结构失衡，社会群体之间、政府与社会之间矛盾冲突增加。典型的表现：第一，收入分配差距加大，两极分化严重。不同社会阶层和收入水平的人群对政府工作的满意度及社会的安全感、幸福感、社会认同等开始多元化。第二，基于收入分配差距的社会疏离现象开始加剧，尤其是不同民族群体之间的疏离感，有了更为强烈的倾向。其五，由于职能转变，政府在公共服务、公共产品提供方面更加有所作为，民族地区城乡居民获得公共服务、公共产品开始增加，城乡居民消费水平提高，生活的后顾之忧开始减少，开始对进一步的改革发展和稳定以及对政府工作，有了新期待。而正是由于上面这些新情况、新问题的出现和存在，90年代后，社会建设、社会管理、社会管理创新等议题，开始在民族地区被提到了相当重要的位置而加以强调。

①李爽：《消费陷阱：当代中国社会问题》，珠海出版社1998年版。

第二章　现阶段西北民族地区民生建设的现状以及面临的问题

社会建设与民生建设息息相关，而作为社会建设的重要内容的社会管理，既是民生建设的重要内容，也是改善民生的重要手段。这从中央重要文件对民生建设与社会建设、民生建设与社会管理的重要论述中就可以看到。2006年党的十六届六中全会就有论述，这次全会提出，要以发展社会事业和解决民生问题为重点，优化公共资源配置，注重向农村、基层、欠发达地区倾斜，逐步形成惠及全民的基本公共服务体系。2009年温家宝同志向全国人大做中央政府工作报告时提出，要“全面加强以改善民生为重点的社会建设”。2010年，温家宝同志在中央政府工作报告中提出要“着力改善民生，加快发展社会事业”。2011年3月，在全国人大通过的“十二五”国民经济和社会发展规划纲要提出，要“加强和创新社会管理”，并把社会管理单独提出加以强调，该规划要求要“标本兼治加强和创新社会管理”，即创新社会管理体制、强化城乡社区自治和服务功能、加强社会组织建设、完善维护群众权益机制、加强公共安全体系建设。因此，讨论现阶段西北民族地区加强社会管理、创新社会管理的体制机制，现阶段西北民族地区民生建设现状及面临的问题，是必须要讨论的内容。

改革开放以来，西部民族地区民生建设成就巨大，人均国民收入稳步增加，社会保障体系逐步健全，人民群众衣食住行用的水平明显提高、家庭财产普遍增多、生活水平显著改善。可以说，改革开放这三十多年是民族地区人民得到实惠最多、民生改善最大的时期。同时，在新的发展阶段，民族地区经济社会以及民生问题呈现出一系列不同于以往的特征，民生建设也面临不同的问题和任务，需要我们去深刻认识和认真把握，利用各种有利条件，加快解决突出矛盾和问题，以推动民生建设的进一步发展。考察目前西北民族地区民生问题的现实境况，从生活的直观出发可以得到一定的启示，从西北民族地区政府相关机构这些年每年发布的各种各样的统计数据也可以进行判断，这些年来西北民族地区民生事业发展取得的成就的同时，也存在一些问题。本研究主要参考的是《甘肃省2012年全面小康生活统计监测研究报告》以及甘肃省“十一五”“十二五”经济社会发展规划纲要、《改革开放以来的中国民生建设研究》等资料。资料显示，目前城乡居民生活状况得到改善，生活质量提高，城乡居民收入、教育、医疗卫生、住房等问题的压力有所缓解，覆盖城乡的社会保障体系基本建立，广大人民群众对社会发展基本满意。但与此同时，目前民生建设中也存在一些问题，如收入分配差距、物价上涨、食品卫生安全等问题的存在也对民生的进一步改善带来了严重影响。

一、目前城乡居民基本生活状况

改革开放以来，随着民族地区经济持续稳定发展，城乡居民收入稳步提高，社会商品供给充足，城乡居民生活水平明显提高。但与此同时，由于经济发展方式、经济结构存在问题，城乡、区域经济社会发展不平衡，金融危机和近些年物价上涨等因素的影响，目前民族地区城乡居民的生活也面临一些突出的问题。①

（一）城乡居民生活状况明显改善，但收入差距仍然明显②

对比小康社会指标，2011年居民生活质量实现程度为69.4%，比2010年提高了3.8个百分点，比2000年，提高了26.3个百分点。从反映生活质量的几项指标看，居民生活水平逐年提升。2011年，居民可支配收入实现程度为38.1%，比2010年提高了3.2个百分点，恩格尔系数由2010年的42.1%下降到2011年的40.4%，实现程度为99.0%。2011年人均住房面积大幅提高，实现程度为60.2%，比2010年提高了8个百分点。数据显示，目前城乡居民的生活状况明显改善。其一，绝大多数群众的收入水平相比过去有了较大提高，而且对未来发展充满预期。尤其是农村居民，对此感受更加强烈。以2012年为例。2012年甘肃省城乡居民收入增幅达15%。其二，广大人民群众的生活质量不断提高，消费结构不断优化。其三，居民住房条件和居住环境得到改善，绝大多数居民的住房条件有了改善，房产已经成为城乡居民主要的家庭财产。但与此同时，房产状况、居住条件在城乡之间，在不同收入家庭之间也存在差距。低收入家庭尤其是城市中低收入家庭住房困难的问题还有待改善，近几年的高房价问题也有待解决。其四，收入分配差距仍然较大。2011年，城乡居民收入比为3.38，与2.8的小康目标仍然有较大距离。近些年虽然伴随着经济的发展，城乡居民总体收入水平有所提高，但收入分配差距扩大的情况仍然十分突出。收入分配差距扩大的一个直接的后果就是中低收入家庭的消费受到抑制。在服务性、享受性、发展性消费方面，高收入和中低收入家庭之间的差距明显。因此缩小收入分配差距，提高中低收入家庭收入，是进一步改善城乡居民生活状况的关键。

---

①甘肃省统计局：《甘肃省全面建设小康社会统计监测研究报告（2012）》。

②这从甘肃省人社厅公布的2012年同2013年的工资增长情况也可以得出结论。2012年，企业货币平均工资增长基准线为15%，上线为19%，下线7%。2013年，这些数字变为了17%、20%、7%。

(二)城乡居民面临的教育、医疗等方面的压力有所缓解,但就业、物价上涨、自然灾害等也给生活带来压力

经过改革开放三十多年的努力,随着义务教育的实施、教育体制以及城乡医疗卫生体制改革的深入推进,目前城乡居民面临的医疗卫生和教育方面的生活压力已经有所缓解,看病难、看病贵、读书难、读书贵的负担随着体制改革的深入和国家投入的逐年增加,已经减轻。从反映医疗卫生与健康状况的小康实现指标看,5岁以下儿童死亡率2011年为0.953%,实现程度达到了100%。人均寿命2011年为73.01岁,实现程度为97.3%。但与此同时,物价上涨、就业失业问题又成为城乡居民面临的新的、主要的生活压力。近些年来,绝大多数城乡群众感受到了物价上涨对他们的消费的影响,普遍感觉面临劳动就业的压力,而且面临此问题的家庭比例开始呈现出上升的趋势。尤其是少数民族自治地区就业、失业问题更加突出,大中城市失业率普遍高于小城镇,失业人口大部分为非农户口。同时,这些年来大学生群体的失业问题,也是一个值得注意的问题。在看到这一大的趋势的同时,西北民族地区还有一些现象需要被观照到,这就是在还不断有人因自然灾害或者是各种突发灾害返贫,因义务教育以外的教育支出而返贫。①

(三)覆盖城乡的社会保障体系基本建立,但非公有制经济组织中的劳动与社会保障需要加强②

2011年,甘肃省城乡社会养老保险实现了全覆盖,全省基本社会保险覆盖率的实现程度提高了17个百分点。这表明,社会保障工作成效显著。但同时也存在一些问题。一方面,社会保障的城乡人群覆盖面扩大。城镇养老保险,含城镇基本养老保险和企业补充养老保险的覆盖率已经接近53%,城镇医疗保险,含城镇职工基本医疗保险和城镇居民医疗保险的覆盖率达到58.7%。新型农村合作医疗的参加率达到83.3%,农村养老保险由于推行时间较短,目前只有5.7%。另一方面,社会保障方面也存在一些问题。社会保障与就业方向、就业单位关联密切。在城镇中,就业于公有制企业和三资企业的人员参加社会保障的比例较高。以医疗保险为例,公有制企业和三资企业的医疗保险覆盖率在60%到90%之间,而私人企业中就业人员的医疗保险享有率只有不到60%,就业于个体企业的医疗保险还不足30%。其他的社会保险大体也呈现出类似的状况。同时,在劳动权益保障方面,也存在一定问题,不同性质的劳动单位之间在劳动权益保护方面有较大差别。以劳动合同的签订来看,国有企业和三资企业的劳动合同签订率较高,而私人企业、个体企业劳动合同签订率较低。这表明,非公有制经济组织尤其是

①康县扶贫开发办公室(王少斌):《康县贫困人口调查》,2013年5月29日,甘肃省扶贫信息网(http://www.gsei.com.cn/Index.html)。

②甘肃省社会保险事业管理局:《全省社会保险运行分析会议材料汇编》(2012)。

私人企业和个体经济组织中就业人员的劳动和社会保障状况还有待改善。

二、目前城乡居民普遍关注的民生问题

就民族地区城乡居民生活中存在的问题考察，这些问题之中有一些突出的问题，诸如近些年来大量出现的人民内部矛盾问题、住房问题、物价上涨问题、就业问题、医疗问题等，是目前城乡居民普遍最为关注的民生问题。

（一）城乡居民对目前社会存在的人民内部矛盾的认识

现阶段，民族地区已经进入改革发展的关键阶段，经济体制深刻变革、社会结构深刻变动、利益格局深刻调整、思想观念深刻变化。这种空前的社会变革，既给发展带来了活力与动力，也引起了以人民内部矛盾为主要内容的社会矛盾的经常的、集中的、大量的产生。这一点，不但引起了民族地区党和政府的警惕，也引起了广大人民群众的关注。2010年9月26日，胡锦涛同志在中共中央政治局第二十三次集体学习时强调，面对复杂多变的国际形势，面对艰巨繁重的改革发展任务，我们要深刻认识正确处理人民内部矛盾的重要性和紧迫性，着眼于最大限度激发社会创造活力、最大限度增加和谐因素、最大限度减少不和谐因素，更加积极主动地处理好人民内部矛盾。目前，大部分城乡居民感到西北民族地区社会群体之间存在着以下利益冲突引起的社会矛盾①：

第一，城乡之间的矛盾加剧。改革开放以来，在以市场化为取向的改革发展的推动下，城乡二元结构的矛盾被放大。一方面，城乡居民收入差距扩大且呈现出持续的趋势。另一方面，城乡之间公共服务享有水平差距加大。城乡居民身份识别的政策性公共服务、公共产品享有与提供模式，至今没有改变。城乡居民享有的教育、医疗、就业和社会保障、社会福利等方面的差距，使农村居民的消费水平明显低于城市居民。

第二，区域经济社会发展不平衡的矛盾加剧。改革开放以来，随着经济总量和资源配置不断向经济发达地区集中和向城市倾斜，民族地区同一个省份的不同地区之间，甚至民族地区同一个地区的不同地方，经济社会发展的不同步、经济发展水平上的差异，在效率优先的原则下，如今已经转化成了民生的差异。

第三，经济体制调整、社会结构转型引起的人际矛盾大量出现。改革开放以前，民族地区实行的是单一的所有制布局，整个社会分为两个阶级、一个阶层，反映收入分配差距的基尼系数被制度安排所人为压低。改革开放以来，伴随着经济体制调整和社会转型，民族地区社会主体正趋于多元化，社会组织正在重组，原先同质的社会群体分化趋势明显，人员流动加快。在以竞争性释放社会主体生产生

①岳彬、郭海奇等：《现阶段人民内部矛盾的形成机制与应对之策》，载《科学经济社会》2011年第3期。

活积极性的改革发展中，社会利益结构急剧分化产生了大量的人民内部矛盾。

第四，城市化发展、城市治理过程中的矛盾不断产生。目前在民族地区，城市化发展、城市管理对土地占有、房屋拆迁、城市公共秩序、城市公共卫生要求的内在冲动与现实需要，引发了一系列人民内部矛盾的产生。如今，这一矛盾已经呈现出经常性与突发性、普遍性与特殊性、个体自发性与有组织性并存的特征，是目前民族地区社会比较引人关注的人民内部矛盾。从某些矛盾冲突的性质来看，其严重程度尤其令民众担忧。

第五，党群、干群关系紧张，矛盾显现。改革开放以来，随着民主政治与市场经济的发展，人们的利益观念强化，民主愿望与主观主义、官僚主义、家长作风的矛盾对立，部分领导干部与群众在发展目标上、利益协调上、收入分配上、利益享有上的差距，以及部分领导干部的贪腐、搞不正之风、侵占群众利益等问题所引起的党群、干群关系紧张，是目前在民族地区广泛存在的人民内部矛盾，而且，这一矛盾还往往成为其他矛盾的载体和汇聚地。

第六，民族宗教问题引发的社会矛盾也大量存在。

虽然存在着上述大量的社会矛盾，但大部分城乡居民认为，虽然有矛盾、有冲突，但总体上社会还是和谐的。在诸多诱发社会矛盾、社会冲突的因素之中，人们普遍认为贫富差距问题、贪污腐败问题、劳动关系问题等，应当引起高度关注。他们认为，不同行业之间、干部与群众之间、劳资双方之间、管理者与被管理者之间的矛盾和利益冲突，是目前急需解决和处理好的。

（二）目前城乡居民反映强烈的民生问题

目前，在城乡居民的眼中，社会存在的与其关系最为密切的社会问题是物价上涨问题；看病难、看病贵问题；收入分配差距大问题；就业失业问题；住房价格高问题；贪污腐败问题；养老保障问题；环境污染问题；教育收费高问题；社会治安问题等。其中，除物价上涨、房价上涨是近些年国际国内新因素引发的以外，其余的问题是改革开放以来一直存在的问题。而城乡之间、区域之间，由于各种原因的影响，人们所关注的问题不一样，这些问题对他们的影响程度也不一样。从城乡之间来看，在城市居民眼中，就业失业、住房价格高被认为是最突出的社会问题。在农村居民眼中，看病难、看病远以及教育问题、城乡差距问题被认为是亟待解决的社会问题。从区域方面看，发达地区民众更关心住房价格、环境污染、社会治安等问题，欠发达地区居民认为医疗保险是他们面临的主要问题，落后地区则认为看病难、看病远以及教育问题、收入分配差距问题是其最关心的社会问题。[①]

这一结果反映出了民族地区城乡之间、区域之间的民生差异和民族地区民生

①岳彬：《改革开放以来的中国民生建设研究》，研究报告，兰州大学，2011年。

的总体概况，显示了目前民生问题的复杂性和民生需求的多样性。一是城乡居民面临的民生问题不一样，他们关注的焦点也不同。城市居民关注失业、住房价格，是因为城市居民没有农村居民所具有的对就业和住房的预期。对农村居民而言，即便无法在城镇实现就业，还有最后的土地赖以谋生。对于住房，有宅基地作为保障。农村居民认为医疗卫生是最大的问题，反映了一个客观事实，农村医疗卫生事业还很落后。二是区域之间受经济发展差异的影响，不同区域之间的人们的生活水平不一样。发达地区已经提前进入小康社会的居民更多关注的是住房质量、居住环境、社会环境等与生活质量和享受相关联的民生问题。而欠发达和落后地区居民更多关注的是与基本生存、生活相关的养老保障、医疗保障、收入分配等问题，反映了区域之间人们在生活质量方面的差异。

三、目前城乡居民对社会的总体认知①

城乡居民的社会安全感、社会公平感以及对政府工作的满意度，是衡量城乡居民社会认知程度的重要检测指标。这三项指标，既反映了城乡居民的幸福感程度，也反映出了城乡居民生活中存在的问题以及他们对生活的期望。考察这三项指标，可以依据经济发展、社会和谐、生活质量、民主法制、文化教育以及资源环境六大小康社会监测指标。分析这三项指标，可以从中找到下一步民生建设应该努力的方向。

（一）目前城乡居民的社会安全感状况

社会安全感是人们对社会安全与否的认识的整体的反映，是一个社会应当提供给民众的最起码的主观感受，是衡量社会运行机制和人们生活安定程度的标志，反映了一个社会的文明程度和发展程度。目前，城乡居民安全感普遍提升，其中农村居民的社会安全感高于城市居民。2011年，甘肃省民主法制的小康实现程度为96.4%，比2010年提高了8.2个百分点，比2000年提高了20个百分点。其中，公民自身民主权利满意度为92%，比2010年提高了0.9个百分点，比2000年提高了25.3个百分点。2011年小康社会安全指数实现程度达到了100%。这一现状，客观地反映了近些年来在民主法制建设、社会治安综合治理、安全生产管理等方面取得的成就，表明广大人民群众对社会交往、社会生活的信心日益增强。但与此同时，广大城乡居民对目前的食品安全和交通安全等问题也存在担忧。这一现状，也客观地反映了目前食品卫生安全和交通安全的现状。近些年来不断发生的公共卫生事件、食品安全事件已经严重地影响了人们对食品消费安全的信心，提示应当加强食品生产安全管理。而城乡居民交通安全信心不足，一方面是源于

①甘肃省统计局：《甘肃省全面建设小康社会统计监测研究报告（2012）》。

近些年频发的道路交通安全事故，但更多的是城乡居民对道路交通状况的不满，比如“行路难、路难行”、交通拥挤、公路收费高等。农村居民安全感高于城镇居民则反映了两个问题：一是城市化快速发展的同时，城市治安问题开始大量出现，政府的城市管理能力有待提高。二是社会转型，居民生活方式改变，人员流动加快等新趋势使城乡居民尤其是城市居民还没有来得及适应。①

（二）目前城乡居民的社会公平感状况②

社会公平感是指人们对自己在社会中所获得的收入、地位和声望与其他人比较或者与自己过去比较而获得的一种主观评价。如果一个人对自己在社会中所获得的收入、地位和声望感到满意，那么他对社会的认知程度就高，就更愿意积极地参与到社会交往、社会发展中去，这个社会就是充满希望、充满活力与和谐的。社会公平感反映了一个社会的制度安排和社会结构的合理性程度，体现了一个社会公平和正义的程度。通过对社会成员社会公平感的考察，我们可以观察到一个社会的和谐程度和发展前景。2011年甘肃省社会和谐的小康实现程度为64.1%，比2010年提高6.3个百分点，比2000年提高31.5个百分点，平均每年提高2.86个百分点。所以目前城乡居民主体的公平感是好的。就目前城乡居民的社会公平感来看，一方面，城乡民众对当前的义务教育、高考制度、公共医疗、医疗保险等领域的社会公平程度持肯定态度。尤其是对义务教育、医疗保险的满意度、公平感最好。但另一方面，城乡民众对干部选拔任用、工作与就业机会获得、城乡之间的待遇、地区之间发展的差异、行业之间的差异和收入分配的公平问题存在意见。尤其是收入分配差距扩大，贫富分化，就业与工作机会不均，导致部分人的社会认知程度降低，社会公平感下降。这一现状，既反映了改革开放以来西北民族地区在教育、医疗卫生、社会保险、司法体制改革等方面工作的成就，肯定了以公平正义为核心的全面建设小康社会实践和社会主义和谐社会实践的成绩，也反映出目前在某些领域还存在公平正义不足的问题，表达了广大人民群众对公平正义的渴望和对未来发展的信心。③

（三）目前城乡居民对政府工作的总体评价

从城乡居民对政府工作的评价来看，目前城乡居民对政府过去民生建设工作的成效总体上是持肯定态度的。其中，对近些年来政府在发展基础教育、提供医疗卫生服务、维护社会治安方面的工作认可度最高。对政府在社会保障、发展经济、信息公开、环境保护、增加就业、依法办事等方面的工作也表示满意。而对政府工作存在较高期望值的：一是住房问题，即应当为中低收入者提高廉租房和经

①甘肃省统计局：《甘肃省全面建设小康社会统计监测研究报告(2012)》。

②岳彬：《改革开放以来的中国民生建设研究》，研究报告，兰州大学，2011年。

③岳彬：《改革开放以来的中国民生建设研究》，研究报告，兰州大学，2011年。

济适用房；二是反腐败问题，即政府工作人员应当廉洁奉公、杜绝腐败；三是就业问题，即政府应当继续采取措施扩大就业；四是环境保护问题，即住房应当加大环境保护力度，着力解决近些年因环境问题引起的社会矛盾和社会冲突。这一现状，既表明了城乡居民对政府过去民生工作的肯定，也表达了城乡居民对政府未来工作的期盼。人们对教育、医疗卫生社会治安满意，反映了近些年来各地政府在义务教育、医疗改革、社会治安综合治理方面尽到了该尽的责任。人们对住房问题、贪腐问题不满意，是对政府在解决中低收入家庭住房问题、抑制房价问题和廉政建设问题上工作不力或者是效果不明显的一种批评，表明这些问题是各地政府今后必须要着力解决好的问题。

通过上面的分析，得出以下几点结论：

第一，目前城乡居民对改革开放以来的民生建设成效是认可的，对未来的发展有良好的预期，民生建设进一步向前发展有良好的群众基础。

第二，城乡居民关心的民生问题涉及面广，但都是与自身利益密切相关的问题。这表明，我们在改革开放以来的民生建设中坚持的实践逻辑是正确的，今后有必要继续坚持。

第三，从城乡居民关注问题所涉及的层面来分析，目前民生建设发展已经进入新的发展阶段。告别温饱和低水平的小康之后，人们已经开始更多地关注与享受和发展相关的民生问题，更多关心的是可持续提高生活水平的问题、可持续发展的问题以及公共产品和公共服务的享有问题，这就给西北民族地区党和政府提出了一个新课题，即我们必须在现实的基础上推动民生建设与时俱进。

四、当前民生建设已经进入新阶段

改革开放至今，经过三十多年的努力，西北民族地区成功地推动了社会的转型，即从计划经济向市场经济的转型，由农业的、乡村的、封闭和半封闭的社会向工业的、城镇的、开放的社会转型。伴随着这一转型，西北民族地区的现代化建设已经进入新的发展阶段。这一阶段工业化、城市化加速推进，社会结构变迁进入破除城乡二元结构阶段、城乡居民生活进入大众消费阶段、国民教育进入大众教育阶段、社会保障进入构建覆盖全民体系阶段、改革从主要是经济改革过渡到全面改革攻坚阶段。这一切都表明西北民族地区社会建设已经进入新阶段。

（一）经济社会结构发生重大转型

进入现阶段，随着工业化、城市化和农业现代化的深入发展，民族地区国民生产总值的要素构成、人们就业的取向构成、城乡居民比例的构成，也就是我们通常所说的产值结构、就业结构和城乡结构，已经进入结构转换阶段。以甘肃省为例：在国民生产总值中，农业增加值比重在2010年已经下降到10%以下，到“十二五”

结束时，将下降到6%以下，目前经济增长的工业化贡献率、第三产业贡献率已经明显开始上升，民族地区已经进入工业化的高速发展时期。在就业结构中，农业从业者的比重在2010年已经下降到38%以下，2015年将下降到33%以下。这表明随着城市化、城镇化发展，随着农业现代化和现代农业的发展，已经有更多的人开始进入非农行业实现就业。伴随着工业化实现的对农村剩余劳动力的吸纳，农业的人均效益在不断提高。在城乡结构中，2010年以城镇人口为代表的城市化水平达到48%，2015年将达到53%。这表明，西北民族地区的城市化发展已经进入新阶段，民族地区社会即将发生深刻而重大转化。①

（二）社会政策的制定与完善进入新阶段

社会政策是以社会公正为理念，以解决社会问题，保证社会成员基本权利，改善社会环境，增进社会整体福利为目的，以国家立法和行政干预为主要途径而制定和实施的一系列法令、条例。在现代化和社会主义市场经济条件下，国家对人的重视和对各种风险防范的需要，必然促成社会政策的形成。②改革开放以来，随着经济发展过程中社会问题、社会矛盾的日益凸显，社会政策开始受到人们的重视与关注。关心群众生活，让发展成果落实于民的社会政策的重要地位凸显。以甘肃省为例：改革开放以来，甘肃经济实现了年均9%的高增长率，市场消费品日益丰富，但与之相对应地却出现了生活领域里社会保障、教育、医疗、公共产品、公共服务相对短缺的问题。虽然政府财政收入不断大幅增长，但用于公共服务的投入却没有增加。加上市场化改革的负面因素的影响，在公共产品、公共服务领域产生了许多问题，如公共产品、公共服务获得机会的不平等等问题。究其原因，就是社会政策没有受到重视，社会政策一直被作为经济政策的附属品，服务于经济改革、经济发展。社会政策的出台过多时候带有被动性、临时性。20世纪90年代以后，由于片面强调经济发展而引发的社会问题引起了党和政府的注意，开始关注社会政策的制定问题。2005年"十一五"规划建议中就指出，解决人民群众最关心、最直接、最现实的民生问题，制度是基础和保障。从此，社会政策开始摆脱依附经济政策的局面，社会政策的关键开始成为和谐社会建设的主线，教育、医疗、社会保障等与改善民生密切相关的政策制定开始进入民族地区社会政策的视野。之后，党的十七大、十八大和"十二五"国民经济和社会发展规划都强调了这一问题，指出了民生问题的存在固然有生产力水平的诱因，但同时更与政治体制、文化体制、社会体制相关联的事实。如今，随着公平正义的和谐发展理念的深入人心，随着改革从主要集中于经济改革开始向全面改革过渡，民族地区社会政策的制定与完善已经进入新的阶段。

①岳彬：《改革开放以来的中国民生建设研究》，研究报告，兰州大学，2011年。

②吴忠明：《论和谐社会建设的基本内容》，载《新华文摘》2007年第12期。

（三）城乡一体化发展进入新阶段

城乡二元结构问题的存在，是导致我国非均衡发展的重要因素之一。它既影响到了农村居民民生的改善，也影响到了全面小康社会的建成。可以说，它已经成为制约我国民生建设进一步发展的重要结构性因素。2000年以来尤其是十六大以来，新农村建设，户籍制度改革，破除城乡之间身份识别的隔离成为化解这一二元结构的先锋。之后，我国又推出了城乡一体化发展战略。一方面政府宏观上调节了农产品价格，改革了税费制度。2003年3月发布了《国务院关于全面推进农村税费改革试点工作的意见》，2004年2月《中共中央国务院关于促进农民增加收入若干政策意见》又要求要深化改革，增加农民收入，扭转城乡收入差距扩大的趋势。2006年2月《中共中央国务院关于推进社会主义新农村建设的若干意见》要求完善支持农村发展的政策。另一方面，国家还出台了工业反哺农业、城市反哺乡村的政策。如今在全面建设小康社会、促进社会融合的背景下，城乡一体化发展已经成为中国社会发展的新要求。在这一宏观的背景下，西北民族地区破除城乡之间现代工业与传统农业和现代农业之间的发展壁垒，实现城乡之间人员的自由流动，消除城乡之间在就业、教育、医疗、社会保障以及刚性户籍制度等社会政策和社会管理体制方面的障碍，统筹兼顾，促进城乡经济社会协调发展，真正实现城乡融合、城乡一体化发展，已经成为西北民族地区民生建设将面临的重要课题。①

（四）社会保障体系建设进入构建覆盖全民体系新阶段

在社会主义国家，为所有社会成员提供基本的社会生活保障是政府的重要职责，这不仅是“共同富裕”的社会主义价值取向，而且也是中国特色社会主义进一步发展的重要内容。改革开放以后尤其是进入21世纪以来，随着我国就业格局的改变、社会流动的加快、社会分化的加剧、收入分配差距的加大以及人口老龄化速度的加快，社会保障问题日益成为人们关注的焦点。十七大以后，我国开始了构建覆盖城乡全体居民社会保障体系的实践。十七大报告曾经明确指出：“到2020年建立覆盖城乡居民的社会保障体系，实现人人享有保障。”并从最低生活保障制度建设开始，逐步推进全民社会保障制度建设。近些年来，随着加强以改善民生为重点的社会建设的发展，西北民族地区社会保障体系建设进程加快。目前，覆盖城乡的最低生活保障体系已经基本建成，以城镇职工医疗保险、城镇居民医疗保险、农村新型合作医疗为主干的覆盖全民的医疗保障体系基本建立，覆盖城乡的养老保障体系正加快推进。可以说，目前西北民族地区已经进入了社会保障事业发展的新阶段，即进入了进一步扩大社会保障覆盖面、拓宽社会保障领域、

①李康兴等：《民族地区城乡一体化发展评价——以甘南藏族自治州为例》，载《资源开发与市场》2013年第1期。

提高社会保障质量的新阶段。[①]

（五）教育发展进入大众教育新阶段

改革开放以来尤其是十六大以来，在转变经济发展方式，调整经济结构，实现以通过科技进步、劳动者素质提高来推动经济增长发展的过程中，教育问题已经引起西北民族地区党和政府、社会以及各民族群众的广泛关注。在构建社会主义和谐社会、实现包容性增长理念的推动下，以公平发展、全面发展为目标的教育发展观已经形成。其主要特征是，强调教育优先发展、均衡发展、全面发展，强化政府提供教育服务的责任，将教育公平、各级各类教育发展视为与经济发展同样重要的目标。近些年来，随着经济发展不断取得成就，政府对教育的投入逐渐增加。同时，在教育改革的推动下，民族地区教育发展已经进入义务教育、职业教育、专业学位教育、高等教育共同发展的新时期。其中，“两基”公关已经基本结束[②]，九年义务教育已经基本普及。截至2012年，全省共设置普通高等学校42所，其中本科院校15所，高职高专院校22所，独立学院5所。独立设置的成人高校6所。全省14个市、州中，有13个市、州（除临夏外）设立了高等教育机构。全省各类高等教育在校（学）生59.02万人，其中普通本专科在校生达到40.53万人；高考录取率达74%，再创历史新高。从民生的角度来审视，温饱解决之后，民族地区人们对教育的需求已经变得越来越强烈，而且也具备了一定的“学有所教”的条件。可以说，目前西北民族地区的教育发展，已经进入大众教育发展的新阶段。[③]

（六）居民消费进入消费结构优化和水平升级阶段

改革开放以来，西北民族地区经济发展成就巨大。以甘肃省为例[④]：2011年，生产总值突破了5000亿元，增长12.5%。地方财政收入明显提高，达到450亿元，增长27.4%。城乡居民收入进一步提高，分别增长13.5%和13%。恩格尔系数由2010年的42.1%下降到2011年的40.4%，小康实现程度为99.0%。随着经济的高速增长、每年新增人口的减少，人民群众总的收入水平也在不断提高。伴随着这一现象的是，西北民族地区人民群众的消费水平持续提高，家庭消费支出总额不

①卢吉平：《甘肃省人力资源和社会保障事业科学发展综述》，载《甘肃日报》2013年1月14日。

②“两基”，是基本普及九年义务教育和基本扫除青壮年文盲的简称，是中国20世纪在联合国教科文组织会议上确立的教育发展目标之一，即在20世纪末基本扫除青壮年文盲，到2010年基本普及九年义务教育。

③《甘肃省高等教育进入大众化发展阶段》，载《兰州晚报》2012年11月6日。

④甘肃省第十一届人民代表大会第四次会议，《甘肃省国民经济和社会发展“十二五”规划纲要》，2011年1月18日，中国网（http://www.china.com.cn/aboutchina/zhuanti/09dfgl/2011-06/02/content_22703009.htm）。

断上升，消费结构进一步优化，城乡居民消费已经或者正在实现由生存消费向享受消费、发展消费转变。如果说在这之前城乡居民日常生活消费还处在解决温饱的生存消费阶段，那么，现在温饱已经不是问题，他们的消费已经进入消费多样化、品质化消费阶段，其消费结构进一步优化，消费水平进一步提高。消费问题不仅局限于基本的衣食需要，诸如教育、医疗、住房、娱乐、汽车等大额耐用品、享受型、发展型消费开始成为消费热点并逐步进入普及阶段，人们用于教育、医疗、通信、文化、旅游等的消费支出显著上升。如今随着小康社会建设的顺利推进，随着收入分配制度的不断完善，西北民族地区普遍的国民生活已经进入了消费结构优化和消费水平升级阶段。①

通过上面的分析我们发现，当前西北民族地区社会发展进入新阶段。在新阶段，新的社会生活事实，新的社会行动、社会交往客观上呼唤社会建设、社会管理要从宏观的经济社会发展的话语体系、建设体系、管理体系当中被单独提出加以强调。

五、目前西北民族地区民生建设的主要任务

按照马克思社会再生产理论的解释，消费是社会生产过程的最终环节，有效消费是生活水平提高、生活质量改善的主要标志，也是经济发展和再生产得以继续的前提。从民生经济学的角度看，就业、收入分配、消费是决定民生状况的三个最关键的因素。就业是解决民生问题的基础，收入分配是解决民生问题的保证，消费是实现民生的根本。以此推论，解决民生问题，最关键的是要破解就业、收入分配与消费之间的困境。这既是国家宏观经济发展需要实现发展方式转变的需要，也是改善民生，让生产回归生活目的的内在要求。

这些年来，我国在经济发展过程中，在经济快速发展、人们收入分配不断增长的情况下，出现了一个耐人寻味的现象，这就是居民消费率即居民消费占GDP的总量连年下降。西北民族地区更是如此。据统计，从2003年到2008年，消费率从53%下降到了35.4%。导致这一现象的原因，既不是国家，又不是个人缺钱。从1994年到2010年，我国税收总量从5000多亿元已经增加到了8万亿元，平均年增长率达到18%。而从1994年到2010年，居民储蓄余额从2万多亿增长到了20多万亿。那为什么消费不振，为什么人们对消费没有信心，消费没有成为推动经济

①周琳、龚雯：《2013年，老百姓"钱袋子"将花在哪里》，载《党的建设》2013年第3期。有研究者认为，当前我国消费已经出现一些重要变化，集体表现是：消费方式变化，即信用消费、网络消费增加；消费领域变化，即住宅类消费等增加；消费理念变化，即时尚类消费品消费量上升；消费人群变化，即中西部地区和农村地区消费人群开始增加。其中中西部地区消费潜力巨大。

增长的主动力呢？深层次原因，就是就业与收入分配问题。

其一，就业人口基数大，影响了人们的收入水平。近些年来，西北民族地区就业人口的不断增加、社会保障支出的增加，在相关程度上影响了人们的收入水平。为了给新增就业人口创造更多的就业机会，在许多领域西北民族地区不得不采用劳动密集型技术，放弃采用资金、技术密集型经济增长模式，从而牺牲了许多发展的机会。虽然经济一直在增长，但经济发展的质量并不高。在经济总量一定的情况下，不断增加的就业人口，不断加大的社会保障支出，降低了人均国民收入，影响了消费。其二，收入增长缓慢，影响了人们的消费预期。在国民经济生产总值不断增大的同时，在整个国民收入中，居民收入所占比重不断下降。相比全国总体的情况，即从1997年到2007年，居民可支配收入占GDP的比重，从69%下降到了53%；企业可支配收入占GDP的比重却从12%上升到了23%；政府可支配收入占GDP的比重却从19%上升到了24%[①]，西北民族地区还要严重一些。以城乡居民文化教育、娱乐支出看，2011年相比2010年下降了2.8个百分点。[②]其三，收入分配结构不合理，影响了消费的增长。改革开放30年，民族地区的最大成就是经济的快速增长，经济总量的不断增大，但同时出现的最具挑战性的问题就是收入分配结构的不合理，收入分配差距的扩大和两极分化的出现。以农村和家庭消费为例，目前收入分配差距有相当大的因素是城乡之间的差距带来的。这些年来，随着社会主义新农村建设的推进，随着国家西部大开发政策的实施，随着国家支农惠农系列政策的实施，农民的收入有了很大提高。但2009年以来，由于种种因素的影响，城乡之间的收入分配差距再一次扩大，这一扩大的差距也导致了近些年西北民族地区农村居民消费信心不足、消费能力不强。再以家庭消费来看，收入分配方面的差距也导致了家庭消费率方面的差距。低收入家庭，消费率高。高收入家庭，消费率低。这一高一低、步幅不一的消费双轮，从总体上延缓了消费这架马车拉动西北民族地区经济增长，也影响了总体的民生问题的解决。

扩大居民消费是让经济发展成果落实于民，实现民生改善的关键。从这个意义上看，扩大居民消费不仅是经济问题，而且也是政治问题。而要解决这一问题，最根本的是要解决好与居民消费相关的一系列问题。诸如要扩大和促进就业；要建立劳动工资的正常增长机制，扩大国民收入居民收入比重，尤其是提高低收入者收入水平；调节收入分配结构，运用各种政策杠杆让增加的收入更多地流向需要消费的群体；通过更有效的公共产品和公共服务的提供，稳定社会民众对未来生活的预期等。如邓小平所言，就业问题很重要，“分配问题大得很”，“要利用各

①李培林：《当代中国民生》，社会科学文献出版社2010年版，第15页。

②甘肃省统计局：《甘肃省全面建设小康社会统计监测研究报告（2012）》。

种手段、各种方式、各种方案解决这些问题"[①]。而这两个问题的解决涉及了一系列的经济社会发展政策，涉及了经济发展和社会管理等诸多方面的问题。解决这些问题的过程，也就是改善民生的过程。在现阶段，西北民族地区主要应按照"十二五"规划的要求，做好以下几个方面的工作。

（一）转变经济发展方式

要"坚持把经济结构战略性调整作为加快转变经济发展方式的主攻方向。构建扩大内需长效机制，促进经济增长向依靠消费、投资、出口协调拉动转变。加强农业基础地位，提升制造业核心竞争力，发展战略性新兴产业，加快发展服务业，促进经济增长向依靠第一、第二、第三产业协同带动转变。统筹城乡发展，积极稳妥推进城镇化，加快推进社会主义新农村建设，促进区域良性互动、协调发展"[②]。一是要以改善民生为出发点，在经济发展过程中切实把保障和改善民生放在第一位，高度关注消费问题，合理安排投资与消费的比例关系，把消费作为推动经济发展的主要动力，优化投资结构，提高投资效率，把投资用在关系国计民生的薄弱环节上，改变过去发展主要依赖投资和"出口"（对西北民族地区而言，主要是资源型产业比重较大。一些地方还存在严重依赖资源输出驱动发展的情况）的局面。[③]这是过去给的启示，也是当前民生现实的要求。二是要注重经济发展的质量，要调整产业结构，推动三个产业协调发展，让劳动力资源能够得到合理的配置。三是在发展中要充分顾及资源环境的成本代价问题，要节约资源、保护环境，大力发展现代服务业，发展低碳经济，在发展中充分关注民众的人居环境和生活质量问题。

（二）实施全面的社会改革

要"加快社会事业体制改革。积极稳妥推进科技、教育、文化、卫生、体育等事业单位分类改革。培育扶持和依法管理社会组织，支持、引导其参与社会管理和服务。改革基本公共服务提供方式，引入竞争机制，扩大购买服务，实现提供主体和提供方式多元化。推进非基本公共服务市场化改革，增强多层次供给能力，满足群众多样化需求"。要通过全面的社会改革，确保社会的公平正义，充分激发社会活力。一是要改革刚性的户籍制度，实现人口合理有序的流动，适应社会主义市场经济发展的需要。二是要改革医疗卫生和教育、文化体制，健全覆盖城乡居

①中央文献研究室：《邓小平年谱（1975—1997）》（下），中央文献出版社2004年版，第1364页。

②温家宝：《关于制定国民经济和社会发展第十二个五年规划建议的说明》，2010年10月27日，新华网（http://www.xinhuanet.com）。

③王恩才：《改革开放以来甘肃省产业结构与就业结构演化研究》，载《西北人口》2013年第2期。

民的社会保障体系。坚持广覆盖、保基本、多层次、可持续方针,加快推进覆盖城乡居民的社会保障体系建设从而构建起社会安全网,为人民群众解除后顾之忧,稳定消费预期。三是要推进公共服务、公共产品提供模式改革,在明确政府主要责任的前提下,引入市场机制,让更多的社会主体参与到公共服务和公共产品的提供上来。

(三)理顺收入分配关系

要"坚持和完善按劳分配为主体、多种分配方式并存的分配制度。初次分配和再分配都要处理好效率和公平的关系,再分配更加注重公平。努力提高居民收入在国民收入分配中的比重,提高劳动报酬在初次分配中的比重。创造条件增加居民财产性收入。健全扩大就业增加劳动收入的发展环境和制度条件,促进机会公平。逐步提高最低工资标准,保障职工工资正常增长和支付。规范分配秩序,加强税收对收入分配的调节作用,有效调节过高收入,努力扭转城乡、区域、行业和社会成员之间收入差距扩大趋势。完善公务员工资制度,深化事业单位收入分配制度改革"。要把理顺收入分配关系,建立合理的收入分配体系,作为关注和改善民生的重点来抓。理顺收入分配关系,既要理顺初次分配中国家、集体和个人分配的关系,理顺劳动报酬与企业资本收益的关系,更要发挥积极的财政、税收、社会保障、社会福利等杠杆的调整作用,并大力推进社会慈善事业的发展,充分发挥财富三次分配在促进社会公平正义和社会和谐方面的积极作用,努力扭转城乡、区域、行业和社会成员之间收入差距扩大的趋势。

(四)要保持社会的和谐稳定

稳定是发展的基础,和谐是发展的体现。离开稳定的社会基础,民生建设不可能顺利进行。没有和谐的社会氛围,民生建设也谈不上富有成效。在社会结构、利益关系、人们价值观深刻转变的条件下,要统筹兼顾地处理好各种关系,集中解决好发展过程中出现的各种人民内部矛盾,如因企业改制、房屋拆迁、土地征用、环境污染、收入分配差距、干群关系等引起的人民内部矛盾。为此,要按照健全党委领导、政府负责、社会协同、公众参与、法治保障的社会管理格局的要求,加强社会管理法律、体制、能力建设。完善法律法规和政策,健全基层管理和服务体系,加强和改进基层党组织工作,发挥群众组织和社会组织作用,提高城乡社区自治和服务功能,形成社会管理和服务合力。健全党和政府主导的维护群众权益机制,完善人民调解、行政调解、司法调解联动的工作体系,整合各方面力量,建立调处化解矛盾纠纷综合平台。畅通和规范群众诉求表达、利益协调、权益保障渠道,建立重大工程项目建设和重大政策制定的社会稳定风险评估机制,正确处理人民内部矛盾,把各种不稳定因素化解在基层和萌芽状态。加大公共安全投入,加强安全生产,健全对事故灾难、公共卫生事件、食品安全事件、社会安全事件的预防预警和应急处置体系。

六、民生建设进一步发展面临的问题

通过上面的分析，西北民族地区民生建设的进一步发展要解决的问题很多，同时要完成上述任务，也面临一系列的问题和挑战。目前，困扰民生建设的因素或者说民生建设进一步发展的困境，既有生产力方面的，也有生产关系方面的，民生建设的进一步发展面临来自于经济基础和上层建筑的双重压力。具体来说，面临以下几个问题。

（一）城乡和区域经济社会发展不平衡问题

近些年来，尽管西北民族地区已经实行了城乡一体化的发展措施，甚至取消了实行了两千多年的农业税、牧业税，对农业、农村和农民实行了大量的财政转移支付等措施，但农业劳动的比较收益仍然较低，农村经济的发展质量仍然不高，农民的收入仍然很低，而且可持续增收能力也不强。[①]而在区域之间，甚至是同一区域的不同地区之间，基于自然禀赋和政策因素等的影响，不同区域之间在发展程度、发展水平、发展质量上存在巨大差异，反映在民生问题上就是收入分配的两极分化，公共服务、公共产品、社会福利、社会保障享有的二元结构依然存在，给全面建设小康社会，促进社会和谐的民生建设带来了挑战。

（二）收入差距扩大的问题

改革开放以来，在民生建设改革发展的过程中，与人民群众生活水平不断提高同时出现的另外一个现象，是人与人之间、群体之间、区域之间、城乡之间人们收入分配差距的扩大并呈现出日益扩大的趋势。“中国目前的收入分配结构是一种典型的金字塔形结构，表现出一种明显的不合理、不公正的状况，致使中国大量社会成员的购买能力较为低下。”[②]无论是基尼系数还是消费率，或者说考察不同阶层的收入状况，目前西北民族地区社会的收入分配差距都已经达到了较大甚至是值得警惕的程度。收入差距的扩大化，已经成为社会的主要矛盾，并成为引发其他诸多社会矛盾的根源，是民生建设进一步发展面临的最大挑战。

（三）就业和劳动关系问题

就业是民生之本。温饱问题解决之后，就业问题是最大的民生问题。目前的西北民族地区面临巨大的就业压力。一方面每年新增就业劳动力人口基数大，另一方面，也面临庞大的农村剩余劳动力向非农产业转移的问题。[③]就业问题，已经

---

①张伟：《甘肃省城乡经济联动发展问题研究》，研究报告，西北师范大学，2012年。

②吴忠民：《重视民生——公正与效率的最佳结合点》，载《中国经济时报》2005年12月16日。

③冯等田：《甘肃省城市化水平滞后的影响及其解决策略》，载《开发研究》2013年第4期。

成为解决民生问题的基础性工作,但也是异常艰巨的工作之一。与此同时,随着所有制改革,随着社会主义市场经济条件下劳动关系的变化,劳资之间关系形成的劳动关系产生的社会矛盾开始增加,尤其是非正规就业的流动劳动者的权益很难得到有效的保护,流动劳动者始终处于弱势地位。完善科学合理的劳动法律法规,形成合理的企业内部的运行机制和收入分配机制,构建和谐的劳动关系,也是民生建设面临的新课题和新挑战。

(四)人口老龄化和社会保障问题

中国的发展与其他发达国家不同的情况之一,就是其他的发达国家是先发展起来,然后才遇到人口老龄化问题。其他国家可以利用发展过程中的积累来应对老龄化带来的社会保障的压力。而中国不一样,在社会平均的富裕程度还不高,发展还是中国社会第一要务的时候,我们就进入了人口再生产类型的转变时代。人口再生产类型的转变,即人口再生产进入低出生率、低死亡率、低增长率的新类型,而人口结构出现了老龄化趋势。①未富先老,这就给目前西北民族地区的社会保障体制、养老保险体制、养老保险能力提出了挑战,使民族地区面临着发展与保障的双重夹击。一方面,我们是社会主义国家,必须解决老有所养的问题;另一方面,又要避免防止过快的社会福利的支出成为拖累经济发展的沉重负担。处理好经济发展的周期与社会保障刚性增长、刚性需求之间的矛盾,是今后西北民族地区民生建设必须破解的难题。

(五)资源环境的刚性约束与经济快速发展的问题

西北民族地区是一个发展受资源环境刚性约束较大的地区,人口规模大、人均自然资源水平低。经济发展、人民生活水平提高、消费能力扩大与资源环境之间矛盾尖锐。由于民族地区的资源条件并不理想,同时30多年来经济的高速增长又导致人均资源消费量陡然上升,环境问题日益突出,因而资源环境保障方面的压力不断加大,资源环境对国民经济发展的保障程度逐渐降低,民族地区经济发展正面临愈来愈紧的资源环境约束问题。②吸取先发地区或者说发达地区工业化、城市化的教训,西北民族地区的现代化发展不可能走他们走过的路。同时西北民族地区也不可能复制其目前所呈现出来的某些消费与生活方式。以此来看,如何在资源环境的刚性约束之下,实现经济持续发展、环境不断优化、民生持续改善的目标,就是西北民族地区民生建设进一步发展必须要应对的挑战之一。

---

①陈岱云:《人口转变及后续社会保障对策研究》,载《江苏社会科学》2005年第5期。

②王恩才:《改革开放以来甘肃省产业结构与就业结构演化研究》,载《西北人口》2013年第2期。

第三章 社会建设与社会管理

马克思曾经指出，人们奋斗所争取的一切，都同他们的利益有关。无产阶级政党奋斗所争取的一切，都是人民的利益。从宏观方面讲，社会民众和执政党所进行的一切活动几乎都是民生的。从强调解决民生问题在维持民众生存和社会稳定有序重要性的意义上来说，这样认识民生问题毫无疑问是正确的。但在具体的实践中，却必须坚持马克思主义辩证法，既注重民生问题、民生需要的普遍性和广泛性，更要关注民生问题的特殊性和"历史具体性"。只有这样才能正确把握重点与一般的关系，有效推动民生建设活动的开展，循序渐进地改善民生，从而促进整个民生状态的提升。当前，西北民族地区正处在社会主义初级阶段，生产力水平不高，物质文明不发达，体制机制不完善，特别是改革开放之前的特殊经历，导致改革开放时期的民生境况呈现出以下几个特征：一是人民生活水平低，与基本生活相关的衣食住行用等基本生活资料匮乏。二是影响人民生活水平提高的因素还大量存在。人口多，资源有限，就业问题、教育问题、医疗卫生问题、财富分配问题、社会保障问题、社会流动问题、个体自主性发挥问题等严重存在。三是政治体制改革才刚刚开始，政府职能转变尚未完成，虽然我们已经充分认识到了关注民生、改善民生的重要性，已经把握了民生建设发展的一些规律并开始进行相关的制度安排，但从总体看，政府驾驭民生的能力还有待提高。由于上述几个因素的存在，对于当代西北民族地区的民生建设来说，所要解决的主要的民生问题，应当是与民众生产生活相关的一些基本问题，全面的民生关怀，在目前的经济基础和上层建筑条件下还不可能进行。因此，改革开放时期的民生建设，重点在社会建设领域。所谓社会建设，就是按照社会发展的规律和运行机制，通过发展社会事业、完善社会治理、改进社会管理、维护社会秩序等工作来推动社会发展和进步，进而实现人民群众的安居乐业。改革开放以前，社会建设、社会管理被淹没在宏观的经济社会建设发展的话语体系中没有引起我们足够的重视，这一方面是由于计划经济体制下的那一套社会管理制度，曾经相当有效。另外一方面是由于，甚至今天看来更多的因素是改革开放以前乃至改革开放以后相当长的时间里，我们对社会认识的偏差。在我国，社会建设、社会管理被作为经济社会发展的一个重要内容加以强调，是在党的十六大以后。在这以前对它们的认识是不深刻的。

一、社会建设与社会管理问题的提出

在新中国成立之后的一个很长的历史时期，我国社会主义建设主要集中在经济、政治和文化领域，社会建设并没有作为一个单独的领域来发展。改革开放以后，随着经济建设的发展和民生问题的日益突出，经济社会协调发展的问题开始出现。1982年，党的十二大提出要重点改善人民生活，加强民生建设。为适应需要，1982年全国人大决定把已经实施了五次的以五年为期的《国民经济五年计划》，从"六五"起更改为《国民经济和社会发展五年计划》，并相应地对社会发展的任务做出了规定，把与民生改善、人民生活水平提高相关的发展任务和目标纳入了社会发展范畴。从"六五"计划起到"十二五"规划，社会发展的内容不断充实，人口、就业、社会保障、收入分配、医疗卫生、教育、科技、社会管理、环境保护等与民生相关的内容都成为社会发展的主要内容。

而进入新世纪，随着经济社会协调发展思想的深入人心和科学发展观的提出，社会建设开始被更多地提及，而且明确地把社会建设与民生改善相联系。2004年9月，党的十六届四中全会通过的《中共中央关于加强党的执政能力建设的决定》提出，为适应我国社会的深刻变化，要把和谐社会建设摆在重要位置，加强社会建设和管理，推进社会管理体制创新。这是改革开放以来我国第一次专门对社会建设、社会管理提出要求。2005年2月，在省部级主要领导干部关于"提高构建社会主义和谐社会能力"专题研讨班上的讲话中，胡锦涛指出，随着我国经济社会的不断发展，中国特色社会主义事业的总体布局已经更加明确地由社会主义经济建设、政治建设、文化建设"三位一体"发展为社会主义经济建设、政治建设、文化建设、社会建设"四位一体"。2007年6月25日，胡锦涛在中央党校发表重要讲话指出，社会建设与广大人民群众的切身利益紧密相连，必须摆在更加突出的位置。而2007年10月在十七大报告中，胡锦涛则明确地赋予了社会建设以改善民生的任务。他说，社会建设与人民幸福安康息息相关，要加快以民生为重点的社会建设，并从教育、就业、分配制度、社会保障、医疗卫生和社会安定六大方面，为以改善民生为重点的社会建设规划了任务，指明了发展方向。

回顾历史，虽然社会建设这一概念的明细提出是十六大的事，但改革开放以来我国把民生建设看作是社会建设内容的客观事实却一直存在。而且社会建设的概念和思想一经提出，党中央一直是把其作为民生建设和民生问题来表述和实践的。尤其是十七大报告中在论及社会建设时，多次使用民生一词。如报告指出，要加快推进以改善民生为重点的民生建设，必须在经济发展的基础上，更加注重社会建设，着力保障和改善民生，推进社会体制改革，扩大公共服务，完善社会管理,促进社会公平正义,努力使全体人民学有所教、劳有所得、病有所医、老有所养、住有所居,推动建设和谐社会。这表明,改革开放时期中国民生建设的重点是社会建设,其主要内容包括了与民生密切相关的就业、收入分配、社会保障、教育、医疗卫生、住房、社会管理、社会稳定等方面的内容。而要准确理解社会建设的内容以及加强和创新社会管理,创新社会管理体制机制的必要,还要从对社会主义和谐社会建设内涵的理解开始。

2004年9月,党的十六届四中全会明确提出构建社会主义和谐社会的历史新任务,从此中国的改革发展有了明确的目标转向:一是经济发展开始把可持续发展作为目标;二是社会发展开始更多关注民生改善。2005年,在中央党校举办的省部级干部关于"提高构建社会主义和谐社会能力"专题研讨会上,胡锦涛同志第一次明确地把中国特色社会主义事业总体布局由"三位一体"扩展到了"四位一体",阐述了社会主义社会建设理论,对和谐社会的特征做了定性的描述。之后,在党的十七大上,他又进一步把社会和谐作为中国特色社会主义的"本质属性"①,开始把社会和谐作为新时期中国民生建设的新目标。关于和谐社会建设的目标和任务,2004年9月,党的十六届四中全会上,胡锦涛指出,形成人民各尽所能、各得其所而又和谐相处的社会,是巩固党的执政基础、实现党执政的历史任务的必然要求。2004年12月,在中央经济工作会议上,他又指出,构建社会主义和谐社会是一个长期的历史过程。从当前来看,积极扩大就业,努力完善社会保障体系,逐步理顺收入分配关系,加快社会事业发展,是维护群众利益、促进社会公平、构建社会主义和谐社会的重要任务。在这些讲话中,胡锦涛明确地把新时期中国民生建设的目标锁定在了形成人民各尽所能、各得其所而又和谐相处的社会,并指出了实现工作当中的切入点。

第一,各尽所能。各尽所能,就是要保证各种社会主体都有平等的劳动的权利、社会参与的权利,为他们提供充分的发挥自己的创造力的平台,从而最广泛地调动一切积极因素,激发各种社会主体的创造性、积极性,让整个社会充满活力。在社会主义初级阶段,共同富裕是社会主义的本质,社会和谐也是社会主义的本质属性。从制度上看,社会主义应当是权利公平、机会公平的社会。人人都应当有平等的劳动的权利、机会,以及接受教育、培训从而提高劳动技能的权利和机会,也就是人人都能够各尽所能,通过自己的劳动和创造,改变自己的生活,实现自己的理想。为实现各尽所能,其一,要尊重劳动、尊重知识、尊重人才、尊重创造,让所有主体都能够充分发挥出自己的才能,都积极地投身到民生建设中来;其二,要加大教育投入,要为所有的社会成员提供学习、提高劳动能力的机会;其三,

①《十七大报告学习辅导百问》编写组:《十七大报告学习辅导百问》,学习出版社2007年版,第16页。

要坚持改革发展、快速发展，通过推动经济持续稳定增长，创造更多的就业机会；其四，要建立合理的体制机制，形成与社会主义初级阶段基本经济制度相适应的思想观念和创业、就业机制，形成鼓励人们、支持人们干事业的良好社会环境，使全社会焕发出生机与活力。

第二，各得其所。各得其所，就是社会成员按照合理的规则进行劳动和创造，社会根据每个社会成员的具体贡献和劳动结果而给予其应有的回报。各得其所，要求社会要公正地对待每一个社会成员，保证社会成员通过劳动最终能够获得相应的回报。只有在各得其所的社会里，各种社会主体的生产积极性、创造性才能迸发，才能够实现社会的安定有序。在新时期的民生建设中，要坚持各得其所的方针和原则，就必须要对不合理的体制机制进行调整。首先，要改革不合理的收入分配体制，形成合理的收入分配格局；其次，要建立健全社会保障体系，实现充分的社会保障。保证社会资源和社会发展成果尽可能公平地分配给每一个社会成员，体现出和谐社会共同建设、共同享有的原则。要加强财富再分配的力度，既关心和解决弱势群体的生存问题和发展问题，又给全社会提供与经济发展水平相适应的公共服务，致力于缩小和消除贫富差距过大的现象，实现社会主义共同富裕的目标。

第三，和谐相处。和谐相处，就是要尊重自然、尊重个人、人人平等、共同协商、追求精神享受、道德完美和生态良好，实现人与人、人与自己、人与社会、人与自然的和谐，让构成社会的各种要素都充满活力。新时期的民生建设中致力于社会和谐，我们首先要致力于人与人的和谐。其中最主要的是要解决收入分配差距过大的问题和其他相关的利益冲突问题，社会发展不以牺牲一部分人的利益来满足另一部分人的利益要求为代价。要着力解决区域之间、城乡之间的二元结构问题，在发展过程中要充分顾及全体成员的共同发展，使社会各方面的利益关系得到妥善协调，人民内部矛盾和其他社会矛盾得到正确处理。其次，要加强社会主义核心价值体系建设。构建社会主义和谐社会，急需解决的一个重要问题是尽快在全社会达成共识，以协调社会关系、构造社会生活新秩序。为此，我们要加强社会主义核心价值体系建设，用它凝聚力量，统一人们的思想和行动，以加强社会的团结与和睦，实现诚信友爱。再次，要克服片面追求经济发展而忽视人类生存发展环境的错误思想和观念。在发展中充分顾及生态环境的保护，合理开发利用自然资源，努力做到可持续发展，实现人与自然和谐相处。

从人类文明的运行逻辑、生产创造财富、制度提供秩序、社会进步、人发展来审视，这一目标体系为我们设定了一个合乎民生建设发展规律的目标体系，充分观照到了与民生关系密切的就业、收入分配、社会保障和消费这几个方面的问题，使中国民生建设的发展实现了由经济民生、价值民生到目标民生的飞跃。这一目标体系，既反映了民生问题的多维性，还反映了新世纪新阶段中国社会经济成分、组织形式、就业方式日益多样化，人们思想活动的独立性、选择性、多变性、差异性明显增强，社会利益关系更加复杂，协调各种利益关系的难度加大的现实。但更为重要的是，它使看似千头万绪、纷繁复杂的民生建设，有了一个明确的行动方向。

社会建设与民生息息相关。十六大之后，社会建设作为中国特色社会主义发展的一个重要维度被单独提了出来，并在十七大上提出要加快推进以改善民生为重点的社会建设，努力使全体人民学有所教、劳有所得、病有所医、老有所养、住有所居，推动建设社会主义和谐社会，明确了新时期中国社会建设的新任务，使新时期的中国社会建设有了明确而具体的实践内容和现实抓手。

第一，积极促进就业。党的十六大以来，随着工业化、城市化的发展，随着产业结构调整和技术进步，中国面临着越来越大的就业压力，扩大就业是我国当前和今后长时期重大而艰巨的任务，为此要坚持实施积极的就业政策，坚持劳动者自主择业、市场调节就业、政府促进就业的方针，千方百计扩大就业岗位。要统筹城市就业和农村劳动力转移就业，建立统一规范的人力资源市场，形成城乡劳动者平等就业的制度，健全覆盖城乡的就业服务体系。要完善面向所有困难群众的就业援助制度，及时帮助零就业家庭解决就业困难，并积极做好高校毕业生就业工作，依法维护劳动者权益，发展和谐劳动关系。

第二，调整利益结构，改革和完善收入分配制度。针对改革开放以来出现的城乡、地区、行业和部分居民之间收入差距持续拉大的现象，要构建科学合理、公平公正的社会收入分配体系。要着力提高低收入者收入水平，扩大中等收入者比重，有效调节过高收入，取缔非法收入，逐步缓解收入分配差距扩大趋势。初次分配和再分配都要处理好效率和公平的关系，再分配更加注重公平。要提高居民收入在国民收入分配中的比重，提高劳动报酬在初次分配中的比重。逐步提高扶贫标准和最低工资标准，建立企业职工工资正常增长机制和支付保障机制。要创造条件让更多群众拥有财产性收入。

第三，建立和完善社会保障体系。改革开放以来，虽然我国社会保障体系建设取得了重要进展，但总的看还不够完善，存在着覆盖面小、保障水平低、制度不健全等问题。因此，《中共中央关于构建社会主义和谐社会若干重大问题的决定》要求我们要加快社会保障体系建设，保障人民基本生活，到2020年要基本建立“覆盖城乡居民的社会保障体系”。要以社会保险、社会救助、社会福利为基础，以基本养老、基本医疗、最低生活保障制度为重点，以慈善事业、商业保险为补充，加快完善社会保障体系。要重视人民的住房问题，加快建立适应全体居民需要的多层次住房保障体系，要抑制住房价格过快上涨，要健全经济适用房和廉租住房制度,加快解决城市低收入家庭住房困难问题。

第四,坚持教育的公益性质和公平,实现学有所教。针对现实中存在的教育资源分布不均、教育获得机会不平等、农村教育发展严重滞后以及上学难、上学贵等问题,必须坚持把教育放在优先发展的战略位置。要优化教育结构,推进教育改革创新,坚持教育公益性质。要扶持贫困地区、民族地区教育,健全学生资助制度,保障经济困难家庭、进城务工人员子女平等接受义务教育。要鼓励和规范社会力量兴办教育,促进教育事业全面发展。要建设全民学习、终身学习的学习型社会。

第五,解决医疗卫生问题。针对改革开放以来我国医疗卫生事业虽然取得了显著成就,但与人民群众对医疗卫生的需求仍然存在较大差距,大力发展医疗卫生服务,是广大人民群众的迫切愿望的事实,要建立基本医疗卫生制度,实现人人享有基本医疗服务的目标,提高全民健康水平。要坚持公共医疗卫生的公益性质,强化政府责任和投入,鼓励社会参与,建设覆盖城乡居民的公共卫生服务体系、医疗服务体系、医疗保障体系、药品供应保障体系,为群众提供安全、有效、方便、价廉的医疗卫生服务。

第六,加强社会管理。针对近些年我国经济体制、社会结构、利益格局和人们思想观念深刻变化背景下,所出现的各种各样的矛盾和问题,以及增加的社会管理的难度和复杂性,要重视社会组织建设和管理,妥善处理人民内部矛盾。为此要健全党委领导、政府负责、社会协同、公众参与的社会管理格局,健全基层社会管理体制并重视社会组织建设,最大限度激发社会创造活力,最大限度增加和谐因素,最大限度减少不和谐因素。努力形成社会和谐人人有责、和谐社会人人共享的生动局面。

其中,关于社会管理,党的十七大、党的十八大,以及“十一五”“十二五”国民经济和社会发展规划都对它进行了专门的布置与安排,这为我们深刻认识加强和创新社会管理的现实性、必要性与可能性,准确把握社会管理内涵、创新社会管理体制机制,提供了认识的角度与理解的路径。

二、社会管理的对象和基本内容

社会管理的命题,是党的十六届四中全会提出的。2004年党的十六届四中全会,提出要“加强社会建设与管理,推进社会管理体制创新”。要在社会管理中“发挥基层党组织和共产党员服务群众、凝聚人心的作用,发挥城乡基层自治组织协调利益、化解矛盾、排忧解难的作用,发挥社团、行业组织和社会中介组织提供服务、反映诉求、规范行为的作用”[①]。

2006年十六届六中全会，又提出要“完善社会管理，保持社会安定有序”[②]。到了2007年党的十七大，将社会建设与民生建设相联系，在“加快推进以改善民生为重点的社会建设”思想指导下，中央对社会管理问题又做了说明，提出要健全党委领导、政府负责、社会协同、公众参与的社会管理格局，健全基层社会管理体制。最大限度激发社会创造活力，最大限度增加和谐因素，最大限度减少不和谐因素。妥善处理人民内部矛盾，完善信访制度，健全党和政府主导的维护群众权益机制。重视社会组织建设和管理。加强流动人口服务和管理。完善突发事件应急管理机制。[③]

2011年，中央专门召开了关于加强和创新社会管理相关工作的会议。2011年2月19日，在省部级主要领导干部社会管理及其创新专题研讨班开班式上，胡锦涛总书记对加强和创新社会管理提出了专门建议：第一，进一步加强和完善社会管理格局，切实加强党的领导，强化政府社会管理职能，强化各类企事业单位社会管理和服务职责，引导各类社会组织加强自身建设、增强服务社会能力，支持人民团体参与社会管理和公共服务，发挥群众参与社会管理的基础作用；第二，进一步加强和完善党和政府主导的维护群众权益机制，形成科学有效的利益协调机制、诉求表达机制、矛盾调处机制、权益保障机制，统筹协调各方面利益关系，加强社会矛盾源头治理，妥善处理人民内部矛盾，坚决纠正损害群众利益的不正之风，切实维护群众合法权益；第三，进一步加强和完善流动人口和特殊人群管理和服务，建立覆盖全国人口的国家人口基础信息库，建立健全实有人口动态管理机制，完善特殊人群管理和服务政策；第四，进一步加强和完善基层社会管理和服务体系，把人力、财力、物力更多投到基层，努力夯实基层组织、壮大基层力量、整合基层资源、强化基础工作，强化城乡社区自治和服务功能，健全新型社区管理和服务体制；第五，进一步加强和完善公共安全体系，健全食品药品安全监管机制，建立健全安全生产监管体制，完善社会治安防控体系，完善应急管理体制；第六，进一步加强和完善非公有制经济组织、社会组织管理，明确非公有制经济组织管理和服务员工的社会责任，推动社会组织健康有序发展；第七，进一步加强和完善信息网络管理，提高对虚拟社会的管理水平，健全网上舆论引导机制；第八，进一步加强和完善思想道德建设，持之以恒加强社会主义精神文明建设，加强社会主义核心价值体系建设，增强全社会的法制意识，深入开展精神文明创建活动，增强社会

①《党的十六届四中全会公报》，2004年9月20日，新华网（http://www.xinhuanet.com/）。

②《党的十六届六中全会公报》，2006年10月11日，新华网（http://www.xinhuanet.com/）。

③《十八大报告辅导读本》编写组：《十八大报告辅导读本》，人民出版社2012年版，第38页。

诚信。2011年7月,《中共中央国务院关于加强和创新社会管理的意见》发布,该意见明确了加强和创新社会管理的指导思想、基本原则、目标任务和主要措施,为各地各部门创新社会管理、化解社会矛盾提供了总体上的指导和具体的规定。

而2012年,党的十八大对加强社会管理、创新体制机制做出了如下的安排。十八大报告指出,加强和创新社会管理,提高社会管理科学化水平,必须加强社会管理法律、体制机制、能力、人才队伍和信息化建设。改进政府提供公共服务方式,加强基层社会管理和服务体系建设,增强城乡社区服务功能,强化企事业单位、人民团体在社会管理和服务中的职责,引导社会组织健康有序发展,充分发挥群众参与社会管理的基础作用。完善和创新流动人口和特殊人群管理服务。正确处理人民内部矛盾,建立健全党和政府主导的维护群众权益机制,完善信访制度,完善人民调解、行政调解、司法调解联动的工作体系,畅通和规范群众诉求表达、利益协调、权益保障渠道。建立健全重大决策社会稳定风险评估机制。强化公共安全体系和企业安全生产基础建设,遏制重特大安全事故。①

在党中央提出社会管理命题,对加强和创新社会管理提出原则和要求之后,中央政府在制定"十一五""十二五"国民经济和社会发展规划的时候,对加强和创新社会管理,又做出了具体的安排和部署。"十一五"国民经济和社会发展规划第四十二章指出,要健全党委领导、政府负责、社会协同、公众参与的社会管理格局,推进社会管理体制创新。一是加强基层自治组织建设。推进管理有序、治安良好的和谐社区、和谐村镇建设,倡导人与人和睦相处,增强社会和谐基础。探索新时期城乡基层自治组织建设和管理的有效模式,发挥城乡基层自治组织协调利益、排忧解难的作用。二是规范引导民间组织有序发展。培育发展行业协会、学会、公益慈善和基层服务性民间组织,发挥提供服务、反映诉求、规范行为的作用。完善民间组织自律机制,加强改进对民间组织的监管。三是正确处理人民内部矛盾。高度重视并维护人民群众根本利益,妥善协调各方面利益关系,从源头上预防和化解人民内部矛盾。改进和完善信访工作,畅通诉求渠道,综合运用教育、协商、调解、法律等方式,依法及时合理地处理群众反映的问题。健全人民调解制度,完善社会矛盾纠纷调处机制。深入做好新时期的群众工作,引导群众以理性合法的形式表达诉求。建立和完善矛盾排查机制、信息预警机制、应急处置机制和责任追究机制,预防和妥善处置群体性、突发性事件,切实解决群众的合理诉求,依法维护社会稳定。②

---

①《十八大报告辅导读本》编写组:《十八大报告辅导读本》,人民出版社2012年版,第38页。

②《中华人民共和国国民经济与社会发展"十一五"规划纲要》,2006年3月16日,人民网(http://www.people.com.cn/)。

“十二五”国民经济和社会发展规划指出，加强社会管理能力建设，创新社会管理机制，切实维护社会和谐稳定，就是要按照健全党委领导、政府负责、社会协同、公众参与的社会管理格局的要求，加强社会管理法律、体制、能力建设。就是要完善法律法规和政策，健全基层管理和服务体系，加强和改进基层党组织工作，发挥群众组织和社会组织作用，提高城乡社区自治和服务功能，形成社会管理和服务合力。就是要健全党和政府主导的维护群众权益机制，完善人民调解、行政调解、司法调解联动的工作体系，整合各方面力量，建立调处化解矛盾纠纷综合平台。就是要畅通和规范群众诉求表达、利益协调、权益保障渠道，建立重大工程项目建设和重大政策制定的社会稳定风险评估机制，正确处理人民内部矛盾，把各种不稳定因素化解在基层和萌芽状态。要加大公共安全投入，加强安全生产，健全对事故灾难、公共卫生事件、食品安全事件、社会安全事件的预防预警和应急处置体系。做好流动人口服务管理，加强特殊人群帮教管理和服务工作，加大社会管理薄弱环节整治力度。同时，要完善社会治安防控体系，加强城乡社区警务、群防群治等基层基础建设，加强政法队伍建设，严格公正廉洁执法，增强公共安全和社会治安保障能力，加强重点地区社会治安综合治理。严密防范、依法打击各种违法犯罪活动，切实保障人民生命财产安全。①

从上面提到的党和政府的相关论述与部署看，十六大以后，加强和创新社会管理，一开始就不缺少理论与方法论的指导。而从党和政府关于社会管理的相关论述和相关安排中，可以明确，在中国，社会管理与社会建设在内涵上是高度重合的，社会管理承担了社会建设相当比例的工作与任务。社会建设的相关定义，在一定程度上适用于我们对社会管理的理解。“社会建设，就是在社会领域或社会发展领域建立各种社会结构和社会机制，形成能够良性调节社会关系的社会组织和社会力量，创造正确处理社会矛盾、社会问题和社会风险的新机制、新实体和新主体，通过这样的新机制、新实体和新主体，化解矛盾，控制冲突，降低风险，增进团结，改善民生。”②社会建设，是指社会主体根据社会需要，有目的、有计划、有组织进行的改善民生和推进社会进步的社会行为与过程。可以分为两个方面：一是社会实体建设，包括社区建设、社会组织建设、社会事业建设、社会环境建设等，目标是提供公共产品和公共服务；二是社会制度建设，其中包括社会结构的调整与构建、社会流动机制建设、社会利益关系协调机制建设、社会保障体制建设、社会安

①《中华人民共和国国民经济与社会发展“十二五”规划纲要》，2011年3月16日，新华网（http://www.xinhuanet.com/）。

②郑杭生：《社会建设：改善民生与公平正义》，载《中国社会科学院院报》2007年11月15日。

全体制建设、社会管理体制建设等,目标是使社会更加有序与和谐。[①]而社会管理并不是专属于某一专业领域的概念,它既不属于政治学,也不属于社会学和社会工作。它是跨学科、跨领域的,以维护社会秩序、实现社会协调和发展为目的的管理活动。社会管理是以整个社会(包括地方社会)为对象的管理活动。由于社会结构和社会问题的复杂性,社会管理一般带有综合性的特点,即它是站在整个社会的高度,解决社会问题,协调社会关系,为社会发展创造适宜环境的管理活动。[②]

同时,从党和政府的相关论述和安排中我们发现,现阶段在中国加强和创新社会管理,其基本目标、基本任务、基本内容是明确的。就基本目标而言,加强和创新社会管理最重要的,就是不断完善和发展中国特色社会管理体系,其基本思路和目标任务,就是紧紧围绕全面建设小康社会的总目标,牢牢把握最大限度激发社会活力、最大限度增加和谐因素、最大限度减少不和谐因素的总要求,完善党委领导、政府负责、社会协同、公众参与的社会管理格局,加强社会管理法律、制度、体制、机制、能力建设,完善社会管理服务,为社会主义现代化建设事业发展营造良好的社会环境。[③]

就基本内容而言,一是进一步完善党委领导、政府负责、社会协同、公众参与的社会管理工作格局。强化政府社会管理和公共服务职能;加强企事业单位在社会管理服务中的责任;培育与引导其他各类社会组织(如行业组织、中介机构、志愿者组织)参与社会管理与服务;发挥居(村)民委员会在以城乡社区为重点的基层社会管理与服务中的重要作用。发挥群众参与社会管理服务的基础作用。二是进一步完善社会管理制度体系。统筹规划事关社会管理全局和长远的制度建设,及时把社会管理的成功经验上升为制度和法律,推进社会管理制度化、规范化、法治化。大力推进社会管理基础性制度建设,完善社会保护体系、社会支持体系、推行户籍制度改革和人口动态管理与服务,加强对流动人口以及特殊群体的管理。三是进一步健全和完善社会维权机制。构筑社会利益协调机制、生活权益保障机制、劳动关系协调机制、社会矛盾调处机制、社会稳定风险评估机制,建立信息公开制度和诉求表达机制。四是进一步完善公共服务与公共产品供给体系。要加快推进公共服务体系建设,逐步完善基本公共服务体系,积极促进城乡基本公共服务均等化。特别要进一步加强农村和中西部地区基层基本公共服务体系建设,积极引导和鼓励社会力量参与到各项社会事业中来。五是进一步完善

①陆学艺:《关于社会建设的理论和实践》,2008年4月26日,中国社会学网(http://www.sociology2010.cass.cn/)。

②王思斌:《社会行政》,高等教育出版社2006年版。

③魏礼群:《完善和发展中国特色社会管理体系》,载《行政管理改革》2012年第1期。

社会规范体系。在加强社会法律体系建设，推进行业规范、社会组织章程、村规民约、社会公约建设的同时，要加强思想道德建设，提高全社会思想道德水平，加强社会诚信建设，健全社会诚信制度。六是进一步完善公共安全体系。要建立健全突发事件应急体系，提高对自然灾害、事故灾难、公共卫生事件、社会安全事件等突发公共事件的风险管理水平。要健全食品药品安全监管机制，完善安全生产监督管理机制，完善社会治安防控体系。七是进一步完善虚拟社会管理体系。要建立健全法律规范、行政监管、行业自律、技术保障、公众监督、社会教育相结合的信息网络管理机制，健全网上舆论引导机制、网络安全评估机制。

依据上面的分析，现阶段中国社会管理的具体对象、主要着力点与现实抓手，或者说工作内容，就是对“社”的管理，即对城市社区、乡村社区（村社）的管理；对“会”的管理，即对非政府的民间组织以及各种协会的管理；对“社会事业（事务）”的管理，即对社会公共服务、公共产品供给进行管理；对开放社会的管理，即对流动人口的管理；对“虚拟社会”的管理，即对互联网进行管理；对“风险社会”的管理，即对突发公共事件的管理；对“分化社会”的管理，即“正确处理人民内部矛盾，做好群众工作”。①

三、社会规范与社会管理

自20世纪70年代以来，中国社会一直处在剧烈的变动之中，这种变动的影响是深刻的，影响的层面非常多，包括对传统价值、旧有的建立在计划经济基础上的行政法规等社会规范的冲击与撕裂。信仰危机、精神空虚、是非难断、诚信缺失、法律法规不健全等，严重冲击着中国社会秩序。社会秩序是目前中国必须正视的问题，而匡正社会秩序首先要有社会规范。从社会管理的历史与现实来看，人类从事社会管理，维护社会稳定所依靠的基本工具或者说基本的秩序规范有三种，即道德规范、行政规范和契约规范。

道德规范。道德是人类基于知识和生活经验的一种理性的行为自觉，是一种惯性，也就通常人们所说的传统、习俗、规则等。同时，也是一种知识、一种行动，是对应知的已知，并能够以此行动。虽然在阶级社会中，道德也是有阶级性的，阶级的道德规范随着社会的变迁和阶级的变化而变化，但任何社会都需要道德。作为一种社会规范，道德规范是依靠社会舆论、人们的内心信念和风俗习惯等来调节人与人、人与社会组织以及组织与组织之间关系的行为原则和规范。它以善与恶、公正与自私、诚实与虚伪、高尚与卑劣、正义与非正义、光荣与耻辱等道德观念来约束与评价人们的社会行为，从而达到社会规范的效果。其基本特征：一是自

①童星：《创新社会管理》，中国社会科学出版社2012年版，第2页。

律。道德是一种知识，作为一种知识，道德的作用在于给社会行动、社会关系提供理性、惯性和说服力，给人们心理暗示，什么能够做、什么不能够做、我该怎么做。如康德所言："有两种东西，我们越是时常反复地思索它们，它们就越是给我们的心灵灌注新的灵感与慰藉，我们越是对它们赞叹和敬畏不已。这两样东西是什么呢——是我们头顶的星空和心中的道德法则。"二是道德规范既具有社会历史性，也具有相对独立性。由于道德的社会历史性，作为社会规范的道德规范也必须随社会发展、社会生活的变迁而不断调整。同时，由于道德的相对独立性即历史的惯性，曾经越有效，改变越困难，和基于职业、地域、文化、宗教等的差异性，作为单一的社会规范，它对社会的调节作用是有限的。这也是中国古代社会长期"德礼政刑，综合为治"的缘由所在。在中国历史和现实当中，单一的用道德规范调节社会，有时甚至导致了社会关系与个人在某些方面的颠倒。"中国人在实际生活中，比较注重的东西，是人际的、表面的、讲究的、克制的、有礼有节、有理有情、有人也有己，中国人身上优质的东西表现得多些"；但在私下里却正好相反，"不顾及人际、不讲究的、不克制的、无礼无节、无理无情、无人也无己，中国人劣质的东西表现得多些"。[①]

行政规范，是由国家或政府定出来的一系列调节人与人、人与社会组织以及社会组织与组织之间的行为与关系的规则，由国家的强制力量作为贯彻实施的保证，包括一系列法律、法规和各种规章制度等。作为一种以国家力量强制保障的社会规范，行政规范的基本特征有：一是它是一种客观的、外在的对人、对社会组织，也包括对政府自己的一种约束力量；二是国家的强制力，以行政命令作为保障；三是行政规范在制定的时候，往往是由政府主导的。虽然它体现了公共性，但在一定程度上也必然地融入了政府自身的某些意志，也就必然地导致了在一定程度上与某些社会个人、社会群体、社会组织的愿望或者利益的不一致性。因此，单一的行政规范对社会进行调节的作用也是有限的，有时甚至还会引发所谓的非正义性质疑和相关问题。从行政规范与社会交往、社会关系、社会生活的变动逻辑来看，行政规范对社会交往、社会关系、社会生活的调节往往是被动的、滞后的，新的、适宜的社会规范往往是在社会发展、社会生活变迁，行政规范与社会生活相冲突的情况下出现并建立起来的。这就导致了行政性规范的形式正义和实质正义之间有时存在矛盾，它有可能导致纯粹行政性规范调节的社会的非正义性。行政性规范通常以条文和规章的形式规定下来，在任何情况下都必须遵循，这就是行政性规范的形式正义。这种形式正义讲究的是对某些具体条文和规章的机械遵守，而不考虑为什么要制定这些条文和规章。形式正义对于防止条文和规章被人

①沙莲香：《中国民族性》（二），中国人民大学出版社1990年版，第53页。

为地加以随意解释和执行,有着重要的意义,保证了在条文和规章面前人人平等。而实质正义则是指,行政性规范的制定与执行必须符合人们的道德要求和价值诉求。在通常情况下,行政性规范的形式正义和实质正义是一致的。但是形式正义的机械性有时会导致与实质正义的不相符。[①]同时,"行政性规范的效力来源于国家的强制力,这种强制力必须通过人来行使。在一般情况下,这些行使国家强制力的人的行为也是要符合行政性规范的。但是由于他们控制着国家权力,因此他们就有可能利用国家的强制力量来为自己的利益服务,而从根本上违背公众的利益。甚至他们可以制定某些行政性规范,以使他们的这类行为合法化。而公众在阻止他们以权谋私的行为方面则显得收效不大甚至无能为力。在长时段看来,这种状况是不可避免的"。[②]

契约性规范。它是用以确定和调整社会交往各方之间相互行为与责任的一种社会规范,是基于互利、互信、互助而出现和形成的一种行为规则,而且是人们在相互交往过程中所达成的、相互之间都同意了的一系列规则。它分为两类:经济层面的社会契约与社会伦理层面的社会契约。它的基本特征:一是它"意味着某种程度的一致意见,某种形式的允诺,由同意和允诺又产生某种义务和责任,产生某种自愿施加的约束"[③]。二是契约性规范在社会生活中,主要表现为市场规范。在市场经济条件下,以"物的依赖"[④]为特征的经济活动、经济交往增加,对契约性规范有客观要求。

在西北民族地区、民族聚居地区的习惯、习俗、宗教、文化也是一种重要的社会规范和社会管理的重要力量。民族习惯、习俗是各民族经历漫长的历史变迁形成的,是约定俗成的,容易被民族内部成员接受,是维护民族地区社会秩序的一种重要力量。对一些少数民族群体而言,宗教也是一种社会规范,它用宗教信仰、感情、仪式、教义约束人们的行为。从社会管理的角度看,宗教一般是通过信条和仪式,影响人们的基本价值和信念,通过控制人的良心来控制、调节人的行为,培养人的善德品质。所以,它具有维持特定社会的社会秩序的作用和功能。"在社会控

---

①童星、罗军:《社会规范的三种形式及其相互关系》,载《江海学刊》2001年第3期。

②[英]斯宾塞:《即将来临的奴役》,转引自《国家权力与个人自由》,华夏出版社2000年版。

③何怀宏:《契约伦理与社会正义——罗尔斯正义论的历史与理性》,中国人民大学出版社1993年版,第13页。

④马克思曾经从社会交往形态的角度对人类历史的演进进行了系统的描述,提出三种社会交往形态的思想:以人的依赖关系为主要特征的社会交往、以物的依赖关系为主要特征的社会交往、以世界的普遍性联系为主要特征的社会交往。以物的依赖关系为主要特征的社会交往主要是指在人与人的社会关系中,血缘的、地域的和等级的纽带作用不是主要的,而代之以物(商品、货币)为基础。市场经济内在逻辑,利益最大化,客观上要求交往的双方形成一定的签约,以保障交往双方利益均得到保障。

制中,法律的惩罚功能和道德的社会监视功能均具有其局限性。宗教作为一种社会控制力量,由于其具有上述的功能,则可以弥补法律和道德控制的不足。"[①]"在现代社会民众生活中宗教扮演着重要角色,同样的在社会整体构建中我们也不能忽视宗教的作用。因为宗教作为世界各个文明的重要组成部分,已经是社会健康发展不可或缺的社会资本。"[②]当前,讨论西北民族地区社会管理问题,民族宗教问题是必须要讨论的。也就是说如何发挥宗教界人士和信教群众在促进民族地区经济社会发展中的积极作用问题,是民族地区在筹划社会管理时必须要考虑的问题。"在我国人民群众中,信不信仰宗教,信仰何种宗教的差异是次要的,而要实现中华民族伟大复兴的共同目标是主要的。宗教界人士要继续弘扬我国宗教的优良传统,进一步挖掘宗教教义教规中符合时代进步要求的积极因素,总结以往的成绩和经验,努力在新的历史条件下,使宗教更加有利于国家发展繁荣,国家有利于信教群众物质和精神生活的改善。要进一步加强宗教团体自身的思想建设、组织建设和人才建设,努力造就一支政治上靠得住、宗教上有造诣,配得上、能服众、关键时刻起作用的宗教教职人员队伍。发挥宗教界人士和信教群众在促进经济社会发展中的积极作用,为实行全面建成小康社会的宏伟目标共同奋斗。"[③]

任何社会,要实现有效的社会管理,任何一种单一的社会规范都是不够的。从控制的范围看,道德性社会规范的控制范围最大,几乎可以涵盖人们所有的活动领域,包括公共性的和私人性的活动及活动领域。契约性规范控制的范围相对次之,虽然在中国人的生活当中经常存在"承诺""约定""信任"等日常生活层面的契约,但契约性规范主要还在于调节人与人之间、人与社会组织之间、社会组织与社会组织之间的利益交换行为。而行政性规范,控制的范围相对较小,究其主要原因,是行政性规范所规范的行为只是那些涉及公共利益或者是他人利益的行为。从控制的主动性与被动性看,道德性规范与契约性规范相对主动,具有相对主动的"自律",或者是虑及自身利益与他人相关而产生的一种主动的自律。而行政性规范相对被动,这一方面表现为它面对复杂的社会生活事实的自身适应或者说改变的被动性,另一方面表现为它在面对它的作用对象时的机械性。而从效果与更经常、更大量、更有效的角度看,在西北民族地区,道德性社会规范和各民族传统文化习俗与行政性社会规范,是社会管理更经常需要依赖的社会规范,也是维护社会稳定、和谐,保持良好社会秩序的有效手段。但二者在内涵上和外延上,

①蒋传光:《中国古代社会控制模式的历史考察》,中国政法大学博士论文,2003年,第11页。

②范丽珠:《社会变迁、社会失序与宗教道德的认识》,载《中国社会科学论丛》2011年9月(总第36期)。

③俞正声:《2013年1月21—22日走访在京的全国性宗教团体时的讲话》,载《党的建设》2013年第2期。

还是存在一些差异性。“法律为强迫的，道德是自愿的。法律的标准，往往切近于事实；而道德的标准，则往往接近于理想。故法律的目标，常在维持现实的社会秩序，而道德的目标，则于维持秩序之外，又有促进社会进步的期望。法律仅能控制人类显著的外表行为，而道德则能控制个人一切潜伏与琐屑的行为，故道德可以济法律之穷。”[①]因此，在现实当中，道德和各民族传统文化习俗比法律在社会生活中的作用更广泛，是法律控制的重要补充，能起到法律控制起不到的作用。“当我们生活在地上世界里，如果法律在今天是社会控制的主要手段，那么它就需要宗教、道德和教育的支持；而如果它不能再得到有组织的宗教和家庭的支持的话，那么它就更加需要这些方面的支持了。”[②]

中国是社会主义国家，搞社会建设和社会管理除了上述规范以外，还有更重要的东西，那就是中国特色社会主义共同理想。它对社会稳定有序的作用与意义无论如何是不能忽视的。改革开放时期的中国建设发展离不开社会的团结、稳定与和谐，否则现代化事业将失去发展的基础。改革开放后，在维护社会的团结和稳定方面，我们做了三个方面的努力：一是发展生产、改善生活、激发人民群众的活力，维护社会稳定。二是合理安排制度，实现社会和谐。三是倡导共同理想，型塑社会认同，促进社会团结。其中，共同理想在型塑社会认同、维护社会团结稳定方面的作用是我们一直都在强调的。社会共同理想的作用，就在于它能够凝聚人心，整合社会资源和社会力量，使不同的利益超越自身而形成对整体利益的关注。对此，早在20世纪80年代，邓小平就曾经指出：“现在中国提出‘四有’，有理想、有道德、有文化、有纪律。其中我们最强调的，是有理想。根据我长期从事政治和军事活动的经验，我认为，最重要的是人的团结，要团结就要有共同的理想和决定的信念。我们过去几十年奋斗，就是靠用坚定的信念把人民团结起来，为人民的利益而奋斗。没有这样的信念，就没有凝聚力。没有这样的信念，就没有一切。”他说：“我们这么大一个国家，怎样才能团结起来、组织起来呢？一靠理想，二靠纪律。组织起来就有力量。没有理想，没有纪律，就会像一盘散沙，那我们的革命怎么能够成功？我们的建设怎么能够成功？”[③]中国是社会主义国家，共同理想是中国社会主义建设发展的内在动力，这是社会主义本质所决定的，也是中国社会主义建设发展的经验给出的启示。改革开放以前，在相当长一段时间内，由于我们对社会主义建设发展的规律没有完全搞清楚，对社会主义共同理想的把握有时脱离了社会主义发展的内在逻辑和现实的需求。改革开放以后，立足于中国国情，坚持最高纲领与最低纲领的辩证统一，邓小平把共同富裕作为中国社会主义

①孙本文：《社会学原理》，商务印书馆1935年版，第534页。

②[美]罗斯科·庞德：《通过法律的社会控制》，沈宗灵译，商务印书馆1984年版，第127页。

③《邓小平文选》第3卷，人民出版社1993年版，第1页。

初级阶段的共同理想和价值目标。提出了要建设物质文明、精神文明的社会主义现代化国家。江泽民提出了全面建设社会主义小康社会的共同理想,把中国特色社会主义的发展目标确定为物质富裕、政治文明、文化繁荣的三位一体的发展目标。在十七大上,胡锦涛把社会和谐作为社会主义本质属性,提出要建设政治文明、物质文明、精神文明、社会和谐、生态良好的社会主义现代化国家。在改革开放的不同时期,中国共产党提出的这些共同的奋斗目标或者叫共同理想,凝聚了人民,激发了广大人民和全社会的创造性、积极性,从而极大地推动了中国经济社会的发展,使民生得到极大改善。在改革开放以来的整个社会建设过程中,共同的理想信念起到了重要的作用。

第四章 民族地区加强和创新社会管理要跨越理念之槛与制度之槛

对于当前和今后一个时期西北民族地区的社会管理来说，要创新发展必须要跨越理念之槛、制度之槛。首先，要充分认识到加强社会建设、创新社会管理，尤其是创新社会管理体制机制的必要性。尤其是要认识到，西北民族地区少数民族聚居、民族之间在经济社会发展水平、宗教、文化等方面存在巨大差异，在社会流动加快、社会交往日益频繁的当下，加强社会管理，对于维持民族地区社会稳定和谐具有重要的现实价值。要认识到，西北民族地区经济社会发展滞后，尤其是社会建设发展相对滞后，与民生相关的一些社会管理方面还存在诸多问题，不深刻认识到这些事实的存在，社会管理创新发展就不可能落到实处。其次，西北民族地区加强和创新社会管理，还必须要跨越制度之槛。要认识到，目前西北民族地区社会管理体制机制不健全不完善是一个显见的事实。

一、理念之槛的跨越

无论是古代社会还是现代社会，社会管理都是中国政府、社会组织与社会个体重要的社会实践活动。在中国，人们早就认识到了社会管理在解决社会冲突、确立良好的社会秩序过程中的作用，在漫长的古代社会便以“法”“礼”作为社会管理的基本工具对社会生活进行管理，也就是所谓的“德礼政刑，综合为治”，“为维护社会统治秩序，采用德礼政刑综合为治的模式，可谓是古代中国治国理政驭民的一个独具特色的重要经验”[①]。儒家倡导“以德服人”强调“德治”“仁政”在社会管理中的作用，将“礼”作为社会管理的重要工具。“夫礼，天之经也，地之义也，民之行也。天地之经，而民实则之。”[②]“礼与天地同节”，“礼者，天地时序也”。[③]法家则主张“不务德而务法”，强调法律在社会管理中的作用，试图通过“法”达到“民莫敢为非”，“一国皆善”的目的。[④]“德礼政刑，综合为治”之所以长期成为中国的社

① 张晋藩：《中国古代法律制度》，中国广播电视出版社1992年版，第3页。

②《左传·昭公二十五年》。

③《礼记·乐记》。

④《商君书·画策》。

会管理基本模式，究其根源就在于：它具有明确统一的理论基础，即儒家学说；它具有持续一贯的政策保证，具体表现在"德主刑辅""明刑弼教"上，并保持了一贯性、稳定性；它得到了法律多方面的确认和保证，如各种礼仪规范、人伦道德、文化素养、社会风尚等等，或纳入法条，或借法推动，或限于一定的范围，或广被于整个社会；有相应的制度建设密切配合，如为了提倡以孝治天下，选拔孝悌的人做官，设立了察举、征辟制度；为了督励官员廉洁奉公、勤政爱民，而建立了一整套考课和休致制度；为了发扬正常的社会风气，而形成了惩治诬陷的制度。正是由于道德教化、法制建设、制度建设三者联结交叉、密切配合，因此在我国历史上出现了诸如"成康之治""文景之治""贞观之治"的著名盛世。[①]梳理历史，富民，"善为国者，必先富民，然后治之"。[②]"制民恒产"，"取民有度"；利民，"取于民有度，用之有止，国虽小必定；取于民无度，用之不止，国虽大必危"。[③]"使民自为"，"使民以时"，"使由之"；教民。先富后教，导民以勤，晓民以义，使民众由"个人"变成"社会化的人"，"己所不欲，勿施于人"，"己欲立而立人，已欲达而达人"，"乡田同井，出入相友，守望相助，疾病相扶则百姓亲睦"。历史上中国曾经出现过许多有效的社会管理思想和方法，这些思想和方法在维持社会稳定有序方面曾经也起到过积极的作用，其一些有益的东西值得今天我们批判地继承。

改革开放以前，也就是1949年新中国成立到1978年改革开放这一段时间，基于巩固新生政权、迅速建立起社会主义制度、赶超发达国家水平、迅速实现现代化等多种政治诉求，国家采取了"动员一切可以动员的力量""集中一切力量"发展的战略。"我们应当进一步组织起来。我们应当将全中国绝大多数人组织在政治、军事、经济、文化及其他各种组织里，克服旧中国散漫无组织的状态，用伟大的人民群众的集体力量，拥护人民政府和人民解放军，建设独立民主和平统一富强的新中国。"[④]这些"一切可以动员的力量"、一切可以集中的力量，当然把社会资源与社会管理力量也包括在内。在这样的背景下，经过近三十年的建构，1978年以前，西北民族地区与中国其他地区一样，建立起了一套以中国共产党为领导核心，包括了单位制、人民公社制、户籍制以及阶级分类制和高度一元化的集体主义意识形态在内的社会管理制度体系。这些制度之间高度匹配，国家力量几乎延伸到了社会生活的所有领域，不仅实现了对各种社会资源的有效垄断，还保证了人们基本的生存和福利需要。这一管理体系，基本上成功地实现了对个人自主性的约

① 张晋藩：《略论中国古代精神文明建设与法制的关系》，载《中国政法大学学报》1986年第5期。

②《管子·治国》。

③《管子·权力》。

④毛泽东：《中国人民大团结万岁》，载《人民日报》1949年10月1日。

束，散漫的社会生活被固定、统一、有序和封闭，为经济建设发展创造了有利的资源整合和力量整合条件。[①]这一管理体系有一些重要特征：一是单位是个人获取社会资源（公共产品、公共服务）和社会地位的主要渠道，大部分城市社会成员只有通过单位组织才能获得自身生存和发展的必要资源。[②]单位几乎是个人社会参与的唯一场所，离开单位，个人的社会活动如婚姻登记、户籍登记、工作调动等几乎无法进行。在严格户籍管制下，城乡之间、区域之间的社会流动极其困难。二是单位承担了国家和政府部分的社会职能，如社会福利、社会服务职能等。三是单位的社会管理方式是行政化的，对单位内部的社会管理权力几乎形成了垄断，严重抑制社会自组织的发育生长。尤其是在民族地区，常常出现重管理轻服务、以事为本的现象。[③]四是单位的管理手段相对单一，主要是通过各种社会运动、提高政治思想教育进行。社会运动是对人们十分关心的问题的有组织的集体表达，运动的目的是为人们所关心的问题"做点事情"[④]。人们参加到各种运动来，完成社会参与，单位在运动中进行社会管理活动。同时，政治思想教育也是社会管理的经常性手段。通过一元化的政治思想教育形成对"国家主义""集体主义"的认同[⑤]，让国家主义、集体主义成为基本的社会伦理和行为规范，以有效规范人们行为。从特征看，1978年以前的这一管理体系，政治化、行政化成分较大，看起来社会管理是从属于政治发展、经济建设的。但从事实来看，政府对社会管理是极其重视的。尽管这一管理体系导致了社会自主性、社会活力被抑制，导致社会的高度同质，影响了社会自组织的发育和个人社会参与的热情，但自始至终，社会管理都是民族地区党和政府以及各种形式"单位"重要的工作内容。

改革开放以后，西北民族地区由于经济建设和经济发展水平落后，更加坚定地实行了以经济建设为中心的发展战略和发展模式，社会建设、社会管理虽然也被各级党组织和政府机关重视，但从实际情况看，社会建设、社会管理还是从属于政治发展和经济建设的。这其中的原因有：一是经济建设与经济发展的愿望强烈；二是西北民族地区经济社会发展相对滞后，基于经济不发达和过去一个时期社会问题、社会矛盾相对简单等因素，社会建设与社会管理需要解决与处理的问

---

①李友梅等：《中国社会生活的变迁》，中国大百科全书出版社2008年版，第50页。

②路风：《单位：一种特殊的社会组织形式》，载《中国社会科学》1989年第1期。

③张志远：《多民族聚居地区农村社会管理的路径》，载《云南民族大学学报》（哲学社会科学版）2012年第3期。

④[美]莫里斯·罗森堡、拉尔夫·H.特纳：《社会学观点的社会心理学手册》，孙非等译，南开大学出版社1992年版，第462页。

⑤陈刚：《六十年代回眸——改革开放前的中国人》，载《南京大学学报》（社会科学版）2002年第1期。

题相对较少，工作也相对简单。改革开放以来，在中国社会转型的宏观背景下，西北民族地区社会也开始了“两条线”的转型：第一条是从计划经济转向市场经济的经济转轨；第二条是从传统型社会转向现代型的社会转型。随着市场经济逐步建立，第一条主线正在逐渐完成，这意味着由传统型向现代型社会转型第二条主线将被置于更为重要的位置。我们的转型也将进入一个新的阶段。一是要从原来的单线式的经济型转轨转向以经济社会共同发展的复合型的转型转变；二是随着社会转型向深水区迈入，要求转型所关注的内容更为精细，更能够“瞄准”社会实际。[①]改革开放以来，随着所有制改革、国有企业转制、民营企业发展，随着农村生产组织方式灵活化、多样化，西北民族当前越来越多的新的经济组织、新的社会组织产生。随着社会流动性增强，开放社会开始形成。随着大量新的经济组织、新的社会组织产生，大量社会中间组织开始越来越多地参与社会管理。随着虚拟社会出现，网络生活开始成为社会生活与社会管理的重要领域；随着城市社区的大量出现和发展，社区生活与社区管理成为社会生活与社会管理的重要内容；随着国家民族宗教改革，民族宗教活动增加，宗教生活与宗教管理成为社会生活与社会管理的重要内容与力量。现在，随着经济社会进一步的发展，历史遗留问题以及改革发展后出现的许多新问题开始交织在一起，引发了大量的社会问题，有的甚至是以前没有出现过或者说很少出现的问题，如流动人口问题、社会公平正义缺失问题、部分党员干部脱离群众问题、腐败问题、社会群体性事件问题等，经过多年积累，开始集中呈现出来，这时的西北民族地区，开始进入所谓的矛盾凸显期，亟须建立完善的社会管理体制机制予以应对。比如近些年来频发的群体性事件。近年来我国社会矛盾突出的主要表现形式之一就是群体性事件增多，这些群体性事件的参与人数少则上百，多则数千。[②]矛盾的性质既有干群矛盾，也有贫富矛盾，还有劳资矛盾。涉及的人群既有失地农民、农民工、城市贫民、下岗职工，也有基层政府、新兴中产群体和先富群体。群体性事件的多样性表明，社会矛盾的表现形式更加错综复杂，应对的难度也在日益增大，党中央意识到旧有的社会矛盾应对模式已经捉襟见肘，急需进行社会管理体制机制和方式方法的改革和创新，提高社会管理科学化水平，建设中国特色社会主义社会管理体系。[③]在诸如此类的情况下，加强和创新社会管理，拓宽社会管理视域，更新社会管理理念，创新

①郑杭生、童潇：《社会管理与社会建设：历史、战略、未来》，载《社会科学家》2012年第1期。

②2008年11月17日上午9时左右，甘肃省陇南市武都区东江镇30多名拆迁户集体到市委上访，反映陇南市行政中心搬迁问题。市委和相关部门及时进行了接访，上访人员不听劝阻，聚集和围观群众陆续增加，最多时约2000人。18日零时左右，部分上访人员冲击市委机关，砸坏部分车辆和办公设施（《甘肃日报》2008年11月18日）。

③郑杭生：《中国人民大学社会发展报告2012》，中国人民大学出版社2012年版，第11章。

社会管理体制机制，丰富社会管理手段，以维护和保持良好的社会秩序等任务，就成为一件极其迫切的事情。

考察现实，当前西北民族地区的社会管理如果不创新发展，这种局面是无法应对的，相应的问题也是没有办法解决的。从认识与实践的辩证关系来看，要解决这一问题，首先要解决思想认识问题。西北民族广大社会管理工作者首先必须要充分认识到这样一个基本事实，当前西北民族地区社会管理还存在一些严重的问题制约着社会建设与社会管理的进一步发展。比如目前还存在社会管理观念落后的问题。当前西北民族地区经济相对落后，在经济发展的强烈愿望之下，部分党和政府的基层组织、部分政府部门、部分党员干部，还存在注重经济建设、经济管理，轻视社会建设、社会管理的思想；受惯性治理思维影响，部分政府、部分党员干部和部分社会管理工作者，在社会管理问题上，还存在国家本位、政府本位、官本位思想，导致的结果的基本表现就是注重政府管制，轻视社会参与，政府对社会管理手段单一，方法落后，方式简单，行为粗暴。比如，目前在社会管理方面还存在体制机制不完善的问题。存在党对社会管理高度集权的问题，党的社会管理作用还没有体现到对社会管理的支持、组织、引导方面来，事实上还存在以党代政、以政代"社"的问题；还存在政府的缺位与越位问题，政府过多地介入了可以由社会和市场自己管理和自己解决的社会事务，而公共事务、公共事业以及宏观的社会管理制度与政策的支持方面却存在缺位问题；还存在社会组织发育不成熟，没有能够发挥其在社会管理方面应有的作用问题。目前在西北民族地区，社会组织不但数量少，涉及的领域不宽，自身组织结构不合理，内部管理不规范，而且行政化现象严重，申请困难，职能与政府机构职能雷同；同时，还存在社会公众政治参与能力低、参与热情不高、参与渠道不畅等问题。而深刻认识、高度重视这些问题，也是当前西北民族地区创新社会管理体制机制、加强和创新社会管理的一个限制性前提，或者说，西北民族地区的社会建设、社会管理要创新发展，必须首先要直视现实，认识到上述问题的存在，并认真领会党的十八大报告、十八届三中全会公报关于社会建设、社会管理与社会治理的精神，跨越理念之槛。其中，重要的是要按照十八届三中全会的最新精神，转变惯有的"管理社会观念"，强化"社会管理"，加强和创新社会治理，提升社会治理体系和能力的现代化水平。

社会治理，是党的十八届三中全会提出的新命题，它标志着中国党和政府对社会建设内涵认识已经深化。社会管理与社会治理，虽然只有一字之差，但在实践过程中却经常出现政府越位、社会缺位，或者是政府缺位和社会越位的情况。要么是政府力量更多地渗透到了社会当中，社会自主性事实上被抑制，严重的如改革开放以前。要么是社会自主性无限扩张，在某些时候、某些领域、某些地方"政府失灵"。这种现象在改革开放以前有过，在改革开放以后的今天，在某些地方,如农村社区、部分企事业单位和组织内部就严重存在。十八届三中全会用社会治理代替社会管理概念,提出社会治理命题,就是在强调"共同治理"的重要性。它充分表明党和政府对自己管理和服务的双重职责认识的日益深刻,同时也表明它对社会力量、对社会个体的尊重,表明它已经找到了激发社会活力、让社会动态有序的办法。"创新社会治理,推动国家治理体系与治理能力现代化。"①十八届三中全会的这一要求明确地对社会管理的格局体系建设和社会管理的法治化、系统化和信息化建设提出了新要求。社会管理体系的现代化,要求要合理设置社会管理的格局体系,在个人、社会、政府之间形成合理的社会管理阈限,合理界定个人、社会、政府社会管理活动空间和活动领域。同时,还要推动社会管理法治化,完善社会管理的制度体系和机制体系,提升社会管理的法治化水平,进而提高社会管理体系和社会管理能力的现代化水平。

二、制度之槛的跨越

社会管理制度是一种社会生活规范,它是保卫社会、协调国家与社会以及各种社会主体之间权利利益关系、保持社会稳定有序的工具,是构成社会管理的核心要素。从社会管理的角度来看,制度构建的直接目标就是规制社会行动、社会交往、社会生活,通过调控各种社会主体的社会,使社会生活处于有序状态。②实践证明,在一个社会的成长过程中,如果没有制度的保障,社会发展将因为缺少坚实的基础而无法巩固和持久,甚至会出现社会权利结构和利益结构失衡、社会陷入混乱的情况。同时,如果没有制度的创新发展,社会的发展、社会生活所需要的稳定有序的秩序也会受到影响。制度不仅与社会生活密切相关,同时也要顺应社会生活的变化而做出适当的调整,二者总是处在一个不断互构的过程之中。不断因时而变的制度建设与制度创新能力是社会管理的核心能力之一,对中国社会管理而言,也是如此。改革开放时期中国的社会管理,离不开对与社会管理相关的各种体制机制的改革与创新。从制度与生活的关系着眼,进一步将视域延伸到影响和制约管理与生活协调发展的现行社会管理体制机制,并深刻认识这些要素之间的矛盾冲突所在,改革开放以来,中国一直把改革作为解决它们之间矛盾冲突、充分发挥各种社会管理主体的活力、提高社会管理效率的有效手段。

回顾历史,1978年改革开放以后,在经济上,西北民族地区开始了由计划经济向市场经济的转型。在社会上,开始了由总体性社会向以个体自主为特征的社会转型。在文化上,开始了一元主导下的多元化发展。在政治上,开始了由高度集权向民主化发展。伴随着这一转型,民族地区社会深刻变化。在经济社会快速

①《党的十八届三中全会公报》,2013年11月15日,新华网(http://www.xinhuanet.com/)。

②李友梅等:《中国社会生活的变迁》,中国大百科全书出版社2008年版,第4页。

发展过程中，社会利益、阶层结构、观念结构、认同结构出现失衡，各种社会主体的社会生活自主性开始出现，人们的社会生活心态也开始有了复杂的变化。这一现象表明，改革开放以后，不同的社会成员在面对社会生活的时候，已经有了各自的，有时甚至是完全不同的目标诉求，而这一变化也预示着加强和创新社会管理，通过合理的制度安排实现社会生活的有序已经成为一种必要。

以此为思维的出发点，在改革开放以来的整个社会建设与社会管理过程中，社会管理体制机制的改革创新一直是社会建设的重点内容之一。改革开放以来，中国陆续启动了政府职能转变的改革、社会管理体制中的社会事业管理体制改革、流动人口管理体制改革、社区（村社）管理改革、公共危机管理体制改革、社会诉求管理体制改革等方面的社会管理体制改革。比如1982年，政府开始启动了机构改革。1992年，开始了政府职能的转变，政府开始由管理型向服务型转变。在社会管理体制方面，1980年开始了社会保障制度改革。1980年，国家启动了就业制度改革。1986年，启动了合同制改革。1986年国家启动了退休养老制度改革。1990年以后，国家启动了以义务教育和教育市场化并行的教育体制改革。从1978年起，国家开始改革医疗卫生体制。之后，又陆续启动了流动人口管理体制改革，社会诉求管理体制——公共政策决策的听证制度改革以及在社区建设和社区管理方面的改革。2013年，在社会组织建设和管理方面，国务院又下发了转变政府职能的各项任务，其中明确要求各地要出台规范行政许可审批项目设定和实施的具体办法，抓紧制定对行业协会商会、科技类、公益慈善类、城乡社区服务类社会组织实行民政部门直接登记制度方案。

回顾历史，在改革开放以来的社会建设过程中，中国一直把制度建设和政策的制定作为一项重要的工作来开展，并逐步从宏观社会生活领域的制度变革和制度建设转向了微观社会生活领域的制度变革和制度建设，开始把制度创新的目标追求定位于使社会发展、社会生活更加注重公平正义、安定有序。回顾历史，改革开放以来意识形态领域的以人为本是社会建设发展的动力，而与社会管理相关的制度变革和制度建设，也是社会建设发展的动力所在。改革开放以来，中国的社会建设获得发展，社会稳定有序，人民生活水平和生活质量都得到提高，推动这一结果的因素很多，其中社会管理体制机制变革和创新在其中起到了十分重要的作用。

当前，我国西北民族地区社会管理体制由社会管理的组织机构和社会个人、法律法规政策以及运行机制构成。社会管理组织机构包括了政府、社区（村社）和各种社会组织，是社会管理的执行和实施机构，独立地承担社会管理的职责，是社会管理体制的主体性构成。法律法规政策，是社会管理组织机构管理社会的规范和工具。社会管理运行机制，是社会管理体制内部各元素之间的相互作用关系，

"是社会管理体制、社会管理机理、性能、功效表现和特征的总和,包括阳光机制、制约机制、平衡机制、公共危机应急反应能力机制、自我更新能力机制、奖励与问责机制、责任和效率机制、诉求回应利益表达机制、公益慈善机制等"①,这一管理体制包含着多领域、多层次的子体制。所谓多领域,是指管理体制所涉及的社会生活领域宽,如现有的体制就涉及了流动人口管理、社会诉求管理、公共危机管理、公共事业管理等许多领域。所谓多层次,是指它是包括了政府管理、社会组织管理、社区管理和社会个人参与管理的层级管理、自治管理和平等参与管理的多级管理体制。比如社会管理体制包含着社会事业管理体制,社会事业管理体制包括社会保障事业管理体制,而社会保障事业管理体制又包含社会救助管理体制,社会救助管理体制又包含最低生活救助管理体制、住房救助管理体制、医疗救助管理体制等等。

目前,由于多方面原因,这一社会管理体制还不完善,体制机制创新和体制机制完善的空间还很大。如社会组织参与社会管理、政府向社会购买社会服务问题,虽然也被视为一种成功的经验,但在全面推行的问题上却存在久议不决、犹豫不定的现象。如社会利益协调机制。利益多元化的趋势要求要有利益表达的合理途径,但当前有效的利益协调的对话机制还没有完全建立起来。如社会公共管理已经成为一种基本趋势,但当前的社会管理,在很大程度上仍然延续了政府治理的方式。再比如,西北民族地区作为多民族聚居的一个特殊的地区,社会生活、社会组织、社会管理有特殊性,其人群来源构成的多民族特征,决定了它的社会管理相对复杂,社会管理的难度相对较大,对社会管理体制机制的要求也相对较高。历史地看,民族文化,尤其是民族宗教文化,一直是民族地区社会管理、社会稳定的重要力量与工具。但考察现实,已有社会管理实践在很大程度上也有意无意地淡化或者是忽视了民族文化的社会管理、社会稳定视角。②而文化是什么?文化是人类在长期的生产实践、社会实践以及长期的自我认知、自我实现过程中产生形成的一系列"知天、知人、知己"的思想观点和生活习俗的总和。从存在与意识的关系看,文化产生的基础和反映的深层次的存在,是人的利益。不同的人有不同的利益追求。但从文化形成的社会机制看,它却是人所特有的社会属性,即使人类能够在多样化社会生活的各个领域、各个层面上形成群体行动与目标认同在观念层面的反映。所以文化从本质上来说,是社会性的、群体性的,既通过个体表达,也由人际横向传播、代际纵向传递,在社会与历史中保持着继承与弘扬,

①徐振斌等:《"十二五"时期社会管理体制改革研究》,载《中国经济贸易导刊》2012年4月(下)。

②岳彬、刘先春:《高校文化维护稳定:可能性、必要性与实现路径》,载《长春工业大学学报》2012年第10期。

指导着个体价值与社会价值的实现，是维护社会稳定、社会和谐的一种重要精神力量。

改革是中国最大的红利。现在，西北民族地区的人们对社会管理的改革创新已经有了新的要求。在政府改革方面。人们要求政府在承担社会管理责任时，要在制度的建设方面更有作为。比如，在提供均等化的公共服务及公共产品方面给予制度保障。要求政府进一步转变职能，厘清与社会的关系，并给予制度保障。要求政府予以社会公众社会参与的机会、渠道并给予制度保障。现在，对于政府来说，改革社会管理，加强和创新社会管理体制机制可以说是在与危机赛跑。如果社会管理体制机制长期与社会管理、社会生活相脱节、相矛盾，社会管理长期得不到有效的制度保障，社会管理必将迎来更大的危机。未来，西北民族地区社会管理要创新发展，无论是对政府而言，还是对社会组织而言，抑或是对社会个人参与制度创新而言，既要有改革的勇气，还要有创新的智慧，同时还需要有统筹兼顾的能力。所谓要有改革的勇气，就是要以政府职能转变为突破口，推动政府向社会放开社会管理权限为重点的政府职能转变，带动整个社会体制改革的突破，促进社区（村社）、社会组织社会管理体制机制的完善，社会管理能力的提升。所谓要有创新的智慧，就是在建立健全和不断完善社会管理体制机制的时候，要注意不同体制之间的系统性、整体性、协调性，消除基于不同体制改革进程不一而形成的不同体制之间的摩擦。这就要求要加强顶层设计。当前，西北民族地区社会建设已经进入新阶段，社会管理面临的背景、改革要解决的问题以及改革的复杂性、系统性、协调性，决定了加强社会管理、创新体制机制必须要加强顶层设计。一是现在的社会生活现实决定了社会管理体制机制创新的背景有自身的特点，需要有新的规划与设计。二是现在的改革更具复杂性、深刻性，社会管理领域的扩大、社会管理领域的划分、社会管理权力阈限的划分、社会管理权力的再结构，必然会引发一系列的问题，使当前的社会管理面临更加复杂的形势。所谓需要有统筹兼顾的能力，就是指要按照党的十八大报告的要求，“完善体制改革，统筹规划重大改革”。西北民族地区基于自然禀赋差异、文化宗教与传统习俗的差异、经济社会发展水平不同，社会管理需要因地制宜、因时制宜，鼓励各种各样的探索、实践。如李克强同志所言：“一时看不准、吃不透的改革，可以选择一些地区和领域，展开试点，以点带面，并有及时调整和纠错机制，在探索中‘排雷’和清除‘荆棘’，这是一种好做法。”[①]因为，社会建设、社会管理与民生息息相关，民生问题是最大的问题，需要宏观的统筹兼顾，以降低改革和社会管理体制机制变动带来的社会风险。

研究发现，未来西北民族地区社会管理要创新发展，跨越制度之槛是必要的。而具体的思路，就是要按照党的十八届三中全会的顶层设计和安排来进行，即要改进社会治理方式。坚持系统治理，加强党委领导，发挥政府主导作用，鼓励和支持社会各方面参与，实现政府治理和社会自我调节、居民自治良性互动。坚持依法治理，加强法治保障，运用法治思维和法治方式化解社会矛盾。坚持综合治理，强化道德约束，规范社会行为，调节利益关系，协调社会关系，解决社会问题。坚持源头治理，标本兼治、重在治本，以网格化管理、社会化服务为方向，健全基层综合服务管理平台，及时反映和协调人民群众各方面各层次利益诉求。要激发社会组织活力。正确处理政府和社会的关系，加快实施政社分开，推进社会组织明确权责、依法自治、发挥作用。适合由社会组织提供的公共服务和解决的事项，交由社会组织承担。支持和发展志愿服务组织。限期实现行业协会商会与行政机关真正脱钩，重点培育和优先发展行业协会商会类、科技类、公益慈善类、城乡社区服务类社会组织，成立时直接依法申请登记。加强对社会组织和在华境外非政府组织的管理，引导它们依法开展活动。要改革行政复议体制，健全行政复议案件审理机制，纠正违法或不当行政行为。完善人民调解、行政调解、司法调解联动工作体系，建立调处化解矛盾纠纷综合机制。[②]

①李克强：《全国综合配套改革试点工作座谈会并作重要讲话》，载《山东商报》2012年11月23日。李克强指出，在新的起点上要全面建成小康社会，加快转变经济发展方式，让群众过上更好生活，依然要靠改革开放。这是我国发展的最大“红利”。但也要看到，当前改革进入了“攻坚区”和“深水区”，改革如逆水行舟，不进则退，不干可能不犯错，但要承担历史责任。必须迎难而上、攻坚克难，坚决破除一切妨碍科学发展的体制机制弊端。李克强说，我国国情复杂，一时看不准、吃不透的改革，可先选择一些地区和领域开展试点，以点带面，并有及时调整和纠错的机制，在探索中“排雷”和清除“荆棘”，这是一种好做法。

②《党的十八届三中全会公报》，2013年11月25日，新华网（http://www.xinhuanet.com/）。

第二编

改革开放时期西北民族地区社会管理理论与实践

改革开放时期尤其是党的十六届四中全会以后，西北民族地区的社会建设与社会管理，其基本理论依据是马克思主义和中国化马克思主义社会建设与社会管理理论，基本指导思想是十六届四中全会以后党和政府关于加强社会建设、创新社会管理的相关安排。这一时期，西北民族地区社会管理的具体对象、主要着力点与现实抓手，或者说工作内容，就是对"社"的管理，即对城市社区、乡村社区（村社）的管理；对"会"的管理，即对非政府的社会组织以及各种协会的管理；对"社会事业（事务）"的管理，即对社会公共服务、公共产品供给进行管理；对开放社会的管理，即对流动人口的管理；对"虚拟社会"的管理，即对互联网进行管理；对"风险社会"的管理，即对突发公共事件的管理；对"分化社会"的管理，即正确处理人民内部矛盾，做好群众工作，引导群众有序政治参与。

第一章　社区管理

2006年，全国第十二次民政工作会议指出："社区是社会的细胞，社区和谐是社会和谐的基础。推进社区和谐，要从加强城乡基层自治组织建设、健全城乡居民自治制度入手。在城市，随着经济社会的发展和各项改革的不断深入，越来越多的'单位人'转为'社会人'，社区管理和服务面临不少新情况、新问题，迫切需要进一步加强社区建设，强化社区自治功能，使之成为管理有序、服务完善、文明祥和的社会生活共同体，在密切党和政府同人民群众的关系上发挥桥梁作用，在维护社会稳定、创造良好生活环境上发挥促进作用。在农村，要适应社会主义新农村建设的形势和要求，进一步完善村民自治，发展农村基层民主，促进农村基层组织建设和党风廉政建设，密切党群干群关系、化解农村社会矛盾、维护农村社会稳定，巩固党和国家政权最广泛、最深厚的群众基础。"①2012年胡锦涛同志在省部级主要领导干部社会管理及其创新专题研讨会上指出，"要进一步加强和完善基层社会管理和服务体系"，"强化城乡社区自治和服务功能，健全新型社区管理和服务体制"。由此看来，社区建设是一项巨大的社会工程，是社会管理的基础性工作之一。如何进行建设和管理，是当前西北民族地区党和政府以及社会面临的一个紧迫问题。

一、城市社区管理

(一)改革开放时期西北民族地区城市社区的变迁

改革开放以来，在社会转型的大背景下，我国西北民族地区经济社会等各个方面开始了运行模式的转型，这些转型对经济社会各个方面的影响是深刻的。比如在经济层面上，市场空间的日益扩大，市场对经济的调节逐渐取代了传统的计划调节。在社会层面上，一方面，政府行政力量触及范围开始变小，政府从许多领域中退出，更多的是在发挥提供公共服务和制定社会规范的作用。另一方面，各种社会组织迅速发展，在政府和市场之外发挥着重要社会管理与社会服务作用。

①回良玉：《在全国第十二次民政工作会议上的讲话》，2006年11月23日，中国政府网(http://www.gov.cn/)。

这些变化有力地推动了社会转型,即从以"人的依赖性"为特征的社会向"以物的依赖性为基础"的社会转型。这一转型虽然今天看来并没有彻底改变中国社会基本结构特征,但还是引起了社会各个阶层的剧烈变动。

当前随着西北民族地区现代化建设的提速,西北民族地区的城市化进程加快、城市化水平提高。具体的表现,一是城市数量增加,二是城市规模扩大。这一现代化进程中的宏观的城市变化引起民族地区城市社会诸多方面发生变化,从微观层面,也就是城市微观社会及社区来看,变化尤其明显。"社区在很大程度上可以理解为社会的缩影,因此社会整体背景的变迁必然会对社区及其运行产生各种影响。"[①]随着工业化城市化的推进,西北民族地区城市外界包括农村和区外城市的人、财、物和信息大量涌入西北民族地区的城市,带动城市社区发生了较大变迁。从微观层面上考察,民族地区社会运行的主体有了较大的积极性和主动性。从宏观上考察,民族地区社会运行的主体空前增多并表现出对民族社会参与的极大热情。主要表现:一是政府开始逐步从微观社会领域如社区退出,更多关注宏观问题,特别是社会规范的维护与公共服务的提供。与此同时,社区和社会组织迅速发展。二是西北民族地区城市人口流动性变大,社会阶层出现了新的变化。由于经济体制改革,国家从宏观结构上改变了传统的资源配置方式和对非公有制经济的认同并支持,造成了城市社会阶层的重新分化和定位,使社会的质度差异变大,越来越复杂,并且形式多样。同时,由于人口流动的频率加大、数量增多,带来了很多新的事物、思想观念、价值标准和生活方式等,对社会各个层面都产生了较大的冲击和影响。三是当前民族地区社会运行总体上表现为良性状态,但在不同民族区域的一些局部地区及社会层面也有不稳定的因素,有恶化的隐性危机。[②]而促成这些变化主要有以下一些因素。

一是西北民族地区城市社区变迁明显受到工业化城市化深入推进的影响。改革开放以来,工业化城市化进程加快,力度加大,特别是国家西部大开发战略的实施,致使西北民族地区城市社会发生急剧变化。在这一宏观背景下,城市社区也必然地发生了变化,而且这种变化也是多层面的,涉及了社区功能、社区类型、社区文化、社区管理、社区发展等等方面。

二是经济体制的转型引起了整个民族地区社会生产关系的重新调整,它对民族地区城市社区的发展起到了巨大的推动作用。1978年启动的中国改革,其中的经济体制改革对整个社会发展影响最大,因为经济因素是社会运行的最主要动力。计划经济体制的退出和市场经济逐渐主导经济资源的分配和运转,对西北民

①程玉申、周敏:《国外有关城市社区的研究述评》,载《社会学研究》1998年第4期。

②高永久、刘庸:《西北民族地区城市社区变迁研究》,载《城市发展研究》(第11卷)2004年5期。

族地区城市社会产生了突出的影响。具体来说,该影响体现在以下几个方面:其一,加速了民族地区社会流动。西北民族地区地处比较偏僻,历史上一直比较闭塞和保守,对外交流少。但在市场经济条件下,随着人、财、物和信息的流动性增强,带动了民族地区社区社会的流动性增强。这样就打破了民族地区城市社区长期以来相对的稳定状态,促使民族社区内外交流的加大和增多。其二,转换了民族社会角色。市场经济改变了计划经济时代的资源如权力、地位、财富等分配格局,也相应改变了个人的社会角色。这就会造成民族社区权利主导的变化,如上下移位、主次交换等。其三,重组了民族社会分层。市场经济的扩展,会使社会上的所有人都必须在市场面前重新排队、重新组合。一些少数民族在历史上就擅长经商,如回族,这些民族多可以应对市场,并在市场中发展起来,因此这些民族所聚居的社区相对就会较为发达和兴盛。而那些十分关注宗教的兴盛,而不善于经商的民族,其所聚居的社区就不如回族社区发展快。当然,对于多民族成分聚居的社区内部来说,由于民族文化和心理意识的不同,也会产生社区内部居民的重新分层。因此,整个民族社会结构以及民族社区内部因市场经济的介入,都会引起民族社区各阶层的重新定位和排序。其四,理顺了民族社会关系。由于市场经济的推进和深入,在民族社区内传统的首属关系将谈化,而次属关系会突显出来,尤其是业缘关系将成为民族社会关系的一个重要内容。其五,重树了民族社会规范。西北民族地区城市社区里的许多社会规范是不能适应市场经济的,甚至是和市场经济的要求相悖的,因此,必须更新观念,在继承民族优秀文化传统、道德习俗的条件下健全法律制度等,以重树符合市场经济要求的新的社会规范。其六,促进了民族社会变迁。市场竞争产生了效率、加快了创新,使社会变迁的广度和深度都得到扩展。因为它既加快了物质生活变迁的步伐,又加快了精神生活变迁的步伐,还促进了人的智力、体力的健康发展。①

三是政府干预的减少是西北民族地区城市社区功能增长的直接原因。改革开放以来,政府逐渐退出或减少了对社会生活的干预,更多的是在宏观层面上引导和维护,而在微观层面上也不再像过去那样做过多的干预,更多的是让社会自组织功能和社区志愿人群或团体发挥作用。这样,社区、社会组织有了发展的成长空间,并可以帮助政府解决长期以来面临的两难境地:“市场上个人对政府的依赖日渐减轻,但市场外社会生活中,至少相当部分的人对政府的依赖却日渐加重;相应地,政府在市场上日渐洒脱,但在市场外社会生活中却日渐拖累,已经形成鲜明而奇特的反差。”②解决这个困境,政府必须通过社区这个城市基层的执行者来

①邓伟志:《市场经济的社会功能》,载《淮北煤师院学报》1994年第1期。

②顾骏:《过度组织化:中国城市社区建设的结构背景及其社会学意蕴》,载《东方文化》2002年第4期。

发挥作用，因为“随着市场经济的发展，原先纵向垂直的行政隶属关系必然大量地被横向的、选择性的交换关系所取代”[①]。同时，为削弱市场的副作用和减轻政府的行政负担，必须有意识地发挥社区和社会组织的规范作用和整合功能，这其中社区必须充当主要角色。因此，政府释放社会，政府管理松动并减少，直接推动了西北民族地区城市社区发展和功能健全，解决了城市社区建设与管理在微观层面上的主体缺失问题。

（二）当前城市社区的组织与发展情况

实地调查和相关资料显示，当前西北民族地区城市社区建设与社区管理已经取得一定成就、积累了一定经验，但同时，存在的一些严重的问题也必须引起重视。以甘肃省为例。

1.社区的组织与发展[②]

第一，制订社区发展的中长期规划或方案。从全省社区建设全面展开之时起,省城市社区建设协调领导小组根据面临的问题及发展的需要，陆续制定了《甘肃省城市社区建设五年发展规划》《甘肃省城市社区建设示范活动指导纲要》和《甘肃省城市社区建设示范城（街道、社区）基本标准》等发展规划和发展方案，明确了社区建设的指导思想、基本原则、总体目标、主要任务、实施步骤。在这个大的框架下，全省各个城区相应制定了本区的社区发展规划或方案。如兰州市七里河区制定了《关于加强城市社区建设的实施意见》《关于组织辖区单位积极参与全区社区建设的意见》等文件。同时，还根据城市规划以及相应的街道管理情况，对街道旗下的社区进行了划分和布局，形成了市、区、街道、社区四级城市社会管理体系。

第二，对原居委会的改造。甘肃省城市社区的基层组织体系是以居民委员会为主体而建立起来的，社区建设伊始，首先根据需要对原有居委会规模重新调整划分，组建了新的社区居委会。全省原有居（家）委会2086个，经过调整划分，共组建新的社区居委会1061个，比原来减少1025个，减幅约49%。社区管理服务区域规模明显扩大，辖区居民一般都在1000至3000户之间。如兰州市城关区在社区建设中，按照地域型、单位型、小区型等居民居住格局，对原有的618个居（家）委会重新调整合并，新组建了163个社区居委会，撤并率近74%。白银区将原来的150个居（家）委会重新调整合并，组建了31个社区居委会，撤并率近80%。

第三，构建新的社区组织体系。社区调整组建以后，各城区即着手普遍建立

①高永久、刘庸：《西北民族地区城市社区变迁研究》，载《城市发展研究》（第11卷）2004年第5期。

②张姝、姚培珍：《甘肃城市社区组织发展现状及对策分析》，载《甘肃社会科学》2007年第1期。

健全了四个社区主体组织：一是社区党组织，包括社区党支部或党总支，有的社区还在居民小组建立了党小组；二是社区居民（成员）代表大会；三是社区居委会；四是社区协商议事会。社区党组织按照党章规定设立。社区居民（成员）代表大会一般由每20至60户居民推出1名代表和辖区单位各推选1名代表组成，作为社区的权力机构，依法行使民主选举社区居委会和对社区重大事项进行决策的职能。社区居委会由社区居民（成员）代表大会选举产生，依法行使办事职能，一般由3至7人组成，主任由城区政府从区、街道机关、事业单位选配的国家干部中经过选举担任。目前，社区居委会一般都是书记、主任一肩挑。副主任按1至3名配备，委员有的是专职的，有的是驻社区大单位的代表，便于协调开展工作。实行一区一警的制度，由当地派出所向社区排出一名警察作为管段民警，并被选任为社区居委会副主任或委员，以加强社区治安工作。还有其他具有创意性的做法，如兰州市城关区将驻社区重要单位代表选配到社区居委会副主任岗位上，以利于社区开展共驻共建活动。酒泉市金塔县考虑到发展社区经济，专门从国有企业的厂长经理中挑选了四人，担任社区居委会党支部书记和主任。社区协商议事会一般由社区内的人大代表、政协委员、知名人士、驻社区单位代表等5至10人组成，行使社区事务协商议事监督职能。

第四，优化社区组织结构，提高社区干部素质、重视社区工作人才的培养和选拔。社区社会工作的开展在很大程度上要取决于社区工作人员和领导者的能力和素质。为此，社区管理的基础性工作是要善于培养人才并发挥他们的作用。具体方法为：第一，根据新形势下社区工作的任务和特点，各城区对社区居委会干部的选拔任用和管理体制做了一些改革。一是引入择优选拔机制，从区、街（乡镇）机关事业单位中选拔优秀年轻干部到社区居委会担任党支部书记（兼任）。为了鼓励年纪轻、能力强的同志到社区工作，兰州市、白银市等一些城市还出台政策，对选拔到社区工作的同志职务按高一级待遇对待。二是引入竞争机制，从街办企业、下岗职工中公开招聘社区居委会副主任。三是实行择优留任机制，从原居（家）委会干部中择优留任了一部分工作能力强、熟悉社区情况、热爱社区工作的同志到新组建的社区居委会工作。通过以上办法，使社区居委会干部队伍结构有了很大改善。四是改善社区干部的年龄结构和文化结构。目前，全省社区居委会干部的年龄大部分都在二三十岁，少数四五十岁，文化程度大都是高中以上，有的还是大学生、研究生，如天水市秦州区社区居委会干部的平均年龄34岁，中专以上文化程度的占总数的91%。与原来居（家）委会干部的情况相比，现在社区干部的年龄结构、文化程度、工作能力等综合素质有了很大提高，基本能够适应目前城市社区建设的需要。第二，针对社区居委会干部对新时期社区建设工作普遍缺乏了解，特别是刚刚选派到社区工作的同志缺乏实际工作经验的情况，各城区结合省上实施的万名基层党员干部培训工程，普遍对社区干部开展了相关业务知识的学习和培训活动。培训内容涉及党的基本理论和基本政策、居委会组织法、精神文明和公民道德建设、社区建设和社区工作等方面的知识。民政厅在抽调干部下基层开展帮助工作期间，编印了街道社区工作队员工作手册，向全省各级民政部门、街道、社区印发了甘肃省城市社区建设资料汇编，指导和配合各地对社区干部开展培训工作。民政厅还派人到兰州、武威等市，专门就社区建设的形势和任务，给区县和街道社区的同志讲课。一些城市还请省直部门下派街道社区工作队，帮助开展社区干部培训工作。如兰州市七里河区由省委宣传部派驻工作队员承担授课任务，对1万名街道社区干部集中进行了培训，通过教政策、教思路、教方法，使街道社区干部受到了一次较为系统的社区工作培训。并请工作队为街道社区干部编印了15万字的城市社区建设工作指南，内容包括法律法规、文件选编、工作研究等。中科院兰州分院派驻红古区工作队，出资1000元购电脑培训教材100本，对该区18个社区的负责同志进行了电脑培训。省委组织部出资5万元，组织安宁区街道社区干部赴外省市考察学习社区建设工作。省文化厅帮助天水市秦州区先后举办社区声乐辅导班、文艺创作与欣赏培训班、社区知识培训班等，培训人员700多人次。

第五，解决社区组织办公场所、干部工资和办公经费。目前，社区基层组织的办公用房存在较大困难，各城区通过购、建、借、置换、无偿划拨等多种方式落实办公用房，面积最小10多平方米，最大120多平方米，解决了社区居委会的办公用房。社区基层干部的工资由城区政府财政负担，书记、主任享受公务员工资待遇。副主任每人每月工资一般在300元左右，委员一般200元左右。金昌市等个别地方还给居民组长每月发100元左右的生活补贴。社区办公经费，一部分城市由政府负担，一部分城市由社区居委会从有偿社区服务和社区卫生收费等项收入中自筹解决。兰州市区两级财政安排1035万元，市民政局从彩票福利基金调剂400万元，重点解决社区办公用房，已建成统一称谓、统一标识、统一建筑式样、统一服务功能的“四统一”社区基础设施155个，总建筑面积4.8万多平方米，其中安宁、红古两区率先在所有社区建成四统一的社区用房。酒泉市政府投入50万元用于社区硬件建设，2004年6月20日—7月20日，市上统一安排开展了社区建设突击月活动，实行社区建设包挂责任制，动员各部门各单位有钱出钱、有物出物，帮助社区解决实际困难，在各单位的帮助下，社区硬件设施得到了较大改善。酒泉市77个社区居委会基本解决了办公场所，面积最大120平方米，最小15平方米。敦煌市在2003年投入330多万元的基础上，2004年又投入520万元，用于建设高标准社区办公用房和活动场地。阿克塞县在2003年投入55万元的基础上，2004年又投入100万元，用于社区的办公和活动场所建设，另投入10万元为社区购置了健身器材，并确定每年给社区居委会解决1万元办公活动经费。社区建设实现了统一规划、统一办公设施、统一规章制度、统一活动设施的四个统一。金昌市金川区从省科技厅争取到20万元资金，给街道社区全部配备了电脑，在全区6个街道办事处、26个社区居委会建立了计算机局域网络，社区工作向正规化、现代化、网络化迈出了一大步。张掖市甘州区经过多方筹措资金，给街道社区办了5件实事：一是给28个社区居委会安装了电话；二是给10个社区文化活动室配备了音响设备和彩电；三是给街道社区配备12台计算机；四是给缺少办公桌椅的社区居委会购置了30套办公桌椅；五是给5个街道社区阅览室捐赠图书4000多册。

第六，积极建立社区服务机构或组织。以张掖市为例。该市临泽县沙河镇社区建立了社区干部、志愿者政策服务组织，定期为群众提供上门服务，宣传低保、廉租房、医疗保险、大病救助等惠民政策；成立了市区支部、楼院小组、社区党员组成的民情、社情收集、协调小组，对群众反映的问题及时办理；成立了市区党员、志愿者老年人服务组织，定期上门为老年人进行日常生活料理、家政服务、医疗保健、心理抚慰等服务；成立了未成年人服务组织，组织辖区的中小学生参加社区举办的各种讲座和活动；成立了社区扶老助残组织，定期举办残疾人就业培训和其他服务活动；成立了就业帮扶组织，帮助解决就业困难人员的就业培训、就业指导问题；组建了社区文化活动队伍，开展各种文体娱乐活动，在倡导健康有益、科学文明的生活方式、丰富社区生活、陶冶居民情操等方面发挥了积极作用。①

第七，积极开展各种社区服务活动。目前，各地开展的社区服务，大体有三个大类：第一类是面向社区弱势群体及优抚对象开展的社会救助和社会福利服务。主要包括：社区老年人福利服务，如民政部门通过实施老年人福利服务星光计划，在街道建立的老年服务中心、社区老年服务站，开展老年人日间照料、文化娱乐、健康康复、心理咨询等活动。社区低保对象服务，如帮助低保对象申请享受国家低保政策。社区优抚服务，如一些城市社区建立社区优抚对象档案，开展上门探望、节日慰问、送医送药、代领抚恤金等服务。第二类是面向社区居民提供的便民利民服务，如幼少儿服务方面举办托儿所、幼儿园、“小餐桌”、上学放学接送等，便民利民方面开展的代办、修配、缝纫、理发、美容、饮食、洗衣、寄放、医疗、介绍保姆、家务劳动等服务。第三类是面向社区内机构和组织提供的社会化服务，如卫生清洁、企业子女的午饭、孤老照顾、托幼等服务。

第八，提高社区成员的参与度。无论是城市社区还是农村社区，社区工作中都要解决社区资源利用和发动群众参与的问题，为此，社区发展要在政府部门的协调下，把各方面的力量团结起来，充分利用社区资源，把社区成员看成社区发展

①蒋新成、王艳霞：《畅通七条通道　构建和谐社区》，载《党的建设》2013年第3期。

的主体,调动他们的参与积极性,以形成社区发展的巨大推动力。围绕宣传社区、再造社区,唤醒市民在社区建设中的参与意识、共驻共建意识,各城区普遍开展了以科教进社区、文体进社区、法律进社区、卫生进社区等"四进社区"为主要内容的丰富多彩的社区活动。

2.现行社区管理体制的缺陷与症结

一是社区居民委员会职责模糊,社区管理与社区组织存在行政化色彩。一方面,《中华人民共和国城市居民委员会组织法》第二条规定:"居民委员会是居民自我管理、自我教育、自我服务的基层群众性自治组织。"但现在的实际情况是党政群团各部门争相到社区挂牌子、压任务,经常下达指令性行政任务,有的还签订责任书,进行考核和奖惩。社区居委会由于人员少,条件差,缺乏资金,工作不堪重负。以兰州市安宁区万里社区为例,居委会主任同时兼社区党支部书记,除此之外,还兼有协商议事会、计划生育、残联等52个主任官衔,承担政府的工作139项。另一方面,当前西北民族地区城市社区内的各种日常管理、服务工作,多是由社区居民委员会这个几乎充当行政机关的组织来完成的。由于现行行政体制的结构和其他种种原因,当前社区居民委员会实质上成了街道办事处一个派生的行政机构,承担着大量的日常行政工作。居民委员会被行政事务所束缚,不得不应付各种行政任务,致使居民委员会不能一心一意地做自身应该做的工作,无法正常发挥其应有的功能并凭借其在社区中的主导地位促进社区整合。

二是社区服务能力有限,居民对社区居委会的认同感、归属感较差。一方面,完善的服务功能,是社区整合的首要条件。因为社区通过提供各种服务可以有效地帮助居民相互熟悉和交往,构筑社区熟人关系网络,使社区居民逐渐对本社区产生认同和归属感,进而实现社区整合的目的。当前在西北民族地区城市社区,服务滞后、服务不足、服务内容与形式无法满足社区居民需要,是普遍存在的问题:其一,现有城市社区中的一些服务机构,如劳动保障服务站、离退休人员休闲娱乐中心、医疗服务站以及社区服务中心和信访接待站等,依然存在着服务方式消极被动和服务质量不高等问题;其二,在民族地区的一些中小城市,由社区社会团体和群众团体组织兴办的非营利组织尚少,社区中介组织发育不成熟,还没有形成社区服务组织的网络化、系统化和特色化;其三,社区居委会在协调使用社区各单位文体设施和活动场地、实现社区资源共享方面,尽管已取得许多成绩,然而还存在着一些不尽如人意的地方。①

三是社区组织、社区服务的经费筹措机制不健全,资金短缺是制约社区发展的一大瓶颈。目前,甘肃省城市社区中的主体组织——社区党组织、社区居民(成

①周全德、魏晶平:《欠发达地区城市社区建设中存在的问题及治理对策》,载《科学·经济·社会》2004年第2期。

员）代表大会、社区居委会、社区协商议事会等的资金全靠政府支持，而政府的投入是有限的，具体表现在：第一，工作人员工资待遇太低，但工作量大，很不协调，他们的工作积极性受到严重的制约。以安宁区万里社区为例，居委会主任兼书记，是国家公务员，工资由政府承担。居委会共有9个工作人员，其他8人的工资大致是300到450元。第二，办公经费困难，很难维持正常工作。按规定，政府每月给一个社区300元的办公经费，由街道办事处拨给，可真正到社区也就不多了。以安宁区万里社区为例，每月经街道办事处发给的办公经费也就150元左右，支出的渠道又多，例如电话费、报刊、办公用品等。分析经费紧张的原因，在于资金来源完全依赖政府。甘肃地处西部，经济发展相对落后，政府拿不出更多的资金投入社区，在这一方面，我们应学习其他省份尤其是南方发达地区的做法，即经费由政府拨款和社区自己筹资两方面构成，这也是社区走向成熟的一种表现。

上述问题之所以存在，除了西北民族地区经济发展水平低的基础性客观因素之外，还有下面一些重要的客观原因。

一是政府社会管理与社区自治管理同属社会管理范畴，二者是一种平行关系、互补关系。但在实际运行过程中人们经常将二者等同，没有充分认识到二者的管理主体、管理工具、维护的利益范围都不尽相同的事实。政府管理，主体是政府行政工作人员，管理手段是行政法规，维护的利益是社会整体的利益。而社区管理，主体是社区成员，主要依赖的是思想观念、社会心理等，包括道德、习俗、宗教、舆论等，其维护的利益，在不违背社会公共利益的前提下，是社区内部成员的利益。而认识出现偏差的结果，是政府的行政管理思维和模式更多地介入了社区管理当中，社区的自主性被严重抑制，政府社会管理与社区自治管理没有很好地实现协同。

二是在社区建设与管理中，有部分政府社会管理工作者以及社区社会管理与服务工作者没有深刻地认识到，政府与社区的关系既是管理与被管理的关系，同时还是支持与被支持的关系。政府作为社区建设的推动者，其职能主要是通过宏观的规划、宏观的制度供给、资金支持来引导、支持社区发展来实现的。如制定宏观的社区发展规划，培训社区干部，建立社区发展资金投入体系，帮助社区完善服务设施等。现实当中，社区建设与社区管理制度缺失、基础设施差、资金困难、人力资源投入不足等，其实都与政府在某些问题的认识上出现偏差相关。

三是社区尤其是大城市社区规模大、户数多、地域面积和空间大，而社区管理与服务人员少。结果导致社区服务事实上无法延伸到更多的社区成员，导致社区整合的困难，导致一些社区内部成员所在单位本应该转移出来，社区应该或者说可以承接的社会服务，如学生上学、就业、丧葬、养老服务等社会服务，事实上单位、社区、政府无人提供而由个人继续承担的情况仍然存在。并因此导致了社区成员对社区依赖度的下降,社区社会参与度低的问题出现,在许多社区,居民们还存在"有困难,找政府"的思想。当前在社会保障体制改革深入的情况下,这一问题已经到了非解决不可的时刻。建议在街道改革的过程中对社区进行重新划分与布局,解决上面提到的存在的问题。

(三)民族地区加强城市社区管理的对策建议

当前,西北民族地区城市社会正处于从传统型社会向现代型社会转变的过渡时期,社会结构正发生着深刻的变迁,这一变迁致使西北民族地区城市社区建设与管理出现许多新趋势、新情况、新问题,需要高度重视,认真应对。

研究发现,当前西北民族地区城市社区建设与管理出现了一些新趋势、面临一些新问题,致使社区管理创新发展既面临机遇,也面临严峻挑战。

一是社区的功能得到扩展,对"社区管理"和"管理社区"都提出了更高的能力要求。改革之前的社会组织结构,割裂了社区内各组织与社区间的有机联系,阻碍了面向社区的社会功能的合理分化与发育,致使城市社区功能的相对萎缩并且发育极不完善。[①]近年来,民族地区城市社区各种功能发育很快,从一些民族社会成员的特殊救助服务逐步扩展到相对广泛的便民利民服务,初步拓展了社区工作的内容,丰富并发展了社区的功能。当前城市社区的功能主要包括:社区自治、社区服务、社区管理、社区发展、社区教育、社会保障、社会稳定等。它既包括了传统的社区行政性、社会性的内容,也包括了体制变化和民族社会发展带来的许多新的要求;既包括了由社区委员会组织直接管理的一些事务,还包括社区中应由社会组织、中介组织、市场主体和各民族居民自己去干的大量事情。

二是社区自组织系统趋向有序状态,既对社区提出了自主性要求,也对社会提出了帮助扶持的要求。具体表现在两个方面:一方面在社区内部,原有的社会结构被打破,旧的社会关系不适应或无法应对当前的新情况,就需要建立新的社会结构和关系。而这需要社区内部因素的积极介入,内生动力推动社区在新的社会结构和关系上再发展。目前,这一趋势已经出现。另一方面在社区外部,市场经济发展、民族地区城市化和现代化发展等都对社区产生了强大的压力,迫使社区一边抛弃不合时宜的文化传统,一边加快构建新的民族结构和关系,以便推动社区建设与管理不断进步发展。[②]

三是城市社区利益主体出现了多元化的趋向,如何协调各个利益主体间的关系,对政府、对社会组织等利益主体来说,是必须要解决的问题。比如,原来在政府垂直管理下的企事业单位已经逐渐成为所在社区相对独立的利益主体,同时目

①张鸿雁、殷京生:《城市社区社会结构变迁》,载《东南大学学报》2000年第4期。

②高永久、刘庸:《西北民族地区城市社区变迁研究》,载《城市发展研究》(第11卷)2004年第5期。

前还出现了许多新型的区域性社会组织,如物业公司等新的利益主体。它们都和行政体系结构中利益上的主体相对分离,有表达自己利益和参与社区管理的权利和需求。

四是城市社区和城市社会群体在城市改造中重组的趋势明显,对社区整合能力提出了新的要求。改革开放以来,西北民族地区城市建设日新月异,原来的旧街道和居住区因城市建设总体布局的需要,被拆除或肢解,打破了过去形成的一些社区,尤其是那些城市里的少数民族社区。如兰州市城关区金城关穆斯林社区是兰州市较大的传统回族社区,市政府为了进行商业开发把这片居民小区征用,回族居民被迁移到其他地方,原来的回族社区不复存在。尽管政府也照顾到回族人的信仰,在新建的华兴小区修建了清真寺,但原社区的生态如社会空间、人际关系等是没办法迁移的,新社区生态的培植不是一朝一夕的事。①

五是民族社区人口的迁入和移出造成了民族地区社区向同质化方向发展,如何看待并正确引导是个新问题。近年来,西北民族地区城市社区人口空间流动频繁,主要表现在两个方面:一方面社区内外来人口增多。即民族社区外来人口、流动人口的比例增加,尽管它给民族社区管理和治安带来一些问题,然而它带来了大量的信息和资源,给民族社区注入了发展的活力和动力。另一方面社区人口迁出增多。由于社会自由度的加大,民族社区内成员也有了更多迁出的机会和条件。民族社区人口流动增大,导致西北民族地区城市社区人口的结构趋向同质化。民族人口的自由迁移,会引起同质人口聚集,如宗教信仰、文化传统、爱好、地位、职业等相同和相似的人群,由于具有共同的需要如心理、生活、文化等各方面的需要,他们会有意或无意地逐渐聚集到相同的社区中来。

六是民族社区类型多样化,对社区管理创新提出了更高要求。据一些研究者的研究,目前我国主要有以下几种社区类型:传统式街坊社区、单一式单位社区、混合式综合社区、演替式边缘社区、新型房地产物业管理型社区、移民社区。同时,不断出现的新型社区还包括旅游型综合社区、科技产业型社区、新型大学社区、新型的宗教社区、地缘社区、业缘社区等。②西北民族地区,与此相似。

未来,西北民族地区城市社区建设与管理要创新发展,必须要建立完善社区自治管理系统与政府管理系统的共生机制,从制度上保证社区自治管理系统与政府管理系统的合理关系架构。具体来说,就是要在坚持党的领导的前提下,确立社区居民委员会对社区内部公共事务和公益事业行使综合管理权力的地位,推进街道办事处与社区的职责分离,将社区从行政事务中解放出来,专注于社区服务工作,解决好社区自治的经费来源问题、解决好社区服务能力提高问题、解决好社

①高永久:《西北少数民族地区城市化建设研究》,兰州大学出版社2003年版,第53页。

②杨玉圣:《论业主自治与小区善治》,载《清华大学学报》2010年3期。

区的信息化建设问题等。建议：

一是要建立健全社区居民民主参与制度、民主协商制度与民主管理制度。首先要鼓励支持社区居民参与到社区建设中来。社区建设是一项涉及面极广的系统工程，它不是任何一方力量能够单独完成的，需要各方面力量的通力协作、互相配合。只有吸引更多的居民参与到社区建设中来，才能使社区内的资源得到合理高效的整合和充分的利用，从而推动社区建设工作健康、有序的发展。而在制度构建方面，政府要给予支持和帮助。社区具有一定的自我组织能力和自我管理能力，形成了一套独特的规范体系，如社区内的卫生公约、安全意识、生活习惯、行动规范等。但是只依靠这些规范进行社区管理是远远不够的，还必须借助国家的制度安排给予支持。政府在制度建构方面，要注意社区管理的需要，设计适合社区发展与社区管理的相关制度。①

二是理顺政府与社区关系，明确界定政府与社区的职责权限。要让社区充分行使社区内部事务的管理权利，不再把社区当作政府的一个派出机构，政府职能也要进行相应转变。在职能转变的过程中，要着重突出两点，既要将着眼点放在制度创新上，建立切实有效的管理体制和保障有力的实施机制，又要把握好政府介入社区的尺度。要对社区居委会与市、区、街道职能部门的职责进行清理、划分，将涉及社区公共事务的社区保障、环卫清扫、治安防范、计生监督、社区服务、群众文化等社会性服务工作从行政职能中逐步分解出来。建议民族地区政府坚持政社分开、管办分离，进一步转变政府职能，把能够由社会组织做的事情，通过政府委托、公助民办、购买服务等方式，交给社会组织，提高社会资源利用效率和公共服务质量。同时，还要制定和完善对社会组织服务管理的法规政策，确保其既发展得好又管理得好。

三是要强化社区服务功能。近年来，西北民族地区城市社区的服务范围不断扩大，服务项目不断增多，初步形成了较为规范完善的服务体系，各种服务功能得到一定程度的发挥，但仍然无法使社区达到较高程度的整合，这就要求社区服务应该有新的突破。现在，大多数地方政府承担的公共服务和公共管理职能，已逐步由政府延伸到社区的服务窗口承担起来了，实现了初步的政社分离。今后，民族地区要进一步强化城乡居民自治组织的自治功能，落实自我管理、自我监督、自我教育、自我服务的要求，做到民事民议、民事民办、民事民管，政府不包办代办。要理顺社区内部治理关系，健全社区自治相关制度，规范决策办事程序，形成新的既有活力又有秩序的组织体系。同时，还要通过多种渠道拓宽社区经费来源渠道，结合城区改造、征地拆迁、股权改革等增加社区服务实力，使之切实承担起服

①《完善社区居民自治离不开健全的民主管理制度》，载《社区》2011年第15期。

务“社会人”的责任。[①]

四是要充分发挥社会组织的作用。当前，西北民族地区正处于社会转型时期，各种矛盾相互交织，经常会引发一些影响社会稳定的事件。面对复杂艰巨的社会管理任务，仅靠政府是远远不够的，需要动员社会各方面的力量，发挥多主体的作用。而改革开放以来，社会结构重大变化，各类社会组织迅速兴起，它们在社会管理中的作用已经日渐凸显。实践表明，社会组织在民族地区社会管理中是可以大有作为的，它们在政府的引导和自身的努力下，在弥补政府和市场缺位方面发挥了促进作用。[②]比如，它们在教育、环境、卫生、文化等多个领域开展的公益活动，就有力地促进了当地民众生活的改善、社会事业的发展；它们参与社区基本服务，还丰富了社区生活的内容，满足了人们的多元需求。未来，西北民族地区社区管理创新发展尤其要注意社会组织作用的充分发挥问题。

五是要加强社区文化建设。任何社区内都存在着文化上的冲突，尤其是西北民族地区民族种类多，为了提高社区社会的稳定和谐程度，应大力开展社区文化建设，推进社区成员对社区文化的认同，以达到社区稳定和谐的目的。对此，一些研究者已经提出了很好的建议：第一要加强社区文化设施建设。各个社区可根据居民的不同层次、不同兴趣、不同年龄的需要，统一领导，全面规划，逐步建立、健全各种社区文化服务设施，以推动和促进社区文化建设的顺利发展；第二要积极引导和组织成立多种形式的社区志愿者队伍和社区互助组织，为社区志愿者队伍开展活动创造舆论环境和工作条件，创造社区良好的人际氛围；第三要充分利用节假日，积极组织开展多种形式的主题性社区文化体育活动，丰富社区居民的精神文化生活；第四要特别注意社会转型时期社区多种价值观念相互冲突的情况，从社区居民容易达成共识的认识入手，采取有效措施，有针对性地开展思想认同工作，使社区居民逐渐认可或接受不同的价值观念。[③]

六是要加强社区服务信息化建设。社区服务信息化，是在政府相关部门的组织管理下，在大数据时代充分利用先进的互联网技术和通信技术，在通信和数字网络的基础上，实现社区建设管理和服务的信息化，让社区居民得到迅速、安全、便利、舒适的信息化服务，使社区管理更高效、社区服务更周到。当前，西北民族地区社区服务信息化建设已经取得一定进展，但也存在一些问题。以甘肃省为例。甘肃省社区信息服务站已经覆盖地级以上城市，基本形成了市、区、街、居四级信息化管理，实现了区、街、居三级纵向联网，建立了社区信息综合平台，部分社

①安东：《充分发挥群众参与社会管理的基础作用》，载《陕西日报》2012年12月13日。

②安东：《充分发挥群众参与社会管理的基础作用》，载《陕西日报》2012年12月13日。

③民进甘肃省委员会（陈伟）：《关于兰州市社区文化建设情况的调研报告》，2012年3月，甘肃省经济信息网（http://www.gsei.com.cn/Index.html）。

区配置了电脑及应用软件，建立了社区服务网站和社区服务热线，逐步实现了社区工作互联互通。但现实中也存在一些问题，如人才短缺、资金短缺、技术标准不统一、社区服务信息化覆盖面小，还没有普及所有居民区，社区居民获取社区管理与服务信息难等问题。[①]未来，在深刻认识社区服务信息化建设重要性和把握大数据时代社区管理新特征、新趋势的基础上，西北民族地区各地政府部门和广大社区要更新观念、完善人才培养体系、加大资金投入力度，并尽快统一技术标准，以期尽早实现全体社区居民信息共享。

七是要重视民族社区的民族性。经济落后和文化多元，是西北民族地区社区建设中需要充分关注的现实问题。西北民族地区是我国少数民族人口聚居较多的地方，未来在城市化发展、城市改建和社区重建工作中，要充分照顾少数民族居民的切身利益，尊重他们的生活方式和文化传统，加大对民族社区建设的投入力度。建议在少数民族居民聚集的社区构建民族文化标志和其他特色性标志，以便于能正确识别民族社区方位；建议对已移居城市周边地区的少数民族居民在因集资建寺而使用土地方面给予政策性照顾；建议进一步加强对少数民族文化产业的规划和支持，在欠发达地区的城市现代化建设中注意保留和完善鲜活的文化和生活方式，保持民族社区的生命力。[②]

二、农村社区管理

（一）加强和创新西北民族地区农村社区管理的意义

农村社区建设的命题，是党的十六届六中全会提出的。党的十六届六中全会《关于构建社会主义和谐社会若干重要问题的决定》首次提出了"农村社区建设"的概念，并要求把农村社区建设成为"管理有序、服务完善、文明祥和的社会生活共同体"。2006年11月，国务院召开的第十二次全国民政会议进一步强调指出："社区是社会的细胞，社区和谐是社会和谐的基础。推进社区和谐，要从加强城乡基层组织建设、完善城乡居民自治组织入手。""在农村，要适应社会主义新农村建设的形势和要求，进一步完善村民自治，发展农村基层民主，促进农村基层组织建设和党风廉政建设，密切党群干群关系、化解农村社会矛盾、维护农村社会稳定，巩固党和国家政权最广泛、最深厚的群众基础。"提出要"整合社区资源，推进农村志愿服务活动，逐步建立与社会主义市场经济体制相适应的农村基层、运行机制和服务体系，全面提升农村社区功能，努力建设富裕、文明、民主、和谐的新型农村

①代文锋：《甘肃城市社区服务信息化建设研究》，载《办公自动化》2012年第8期。

②高永久、刘庸：《西北民族地区城市社区整合机制研究》，载《黑龙江民族丛刊》（双月刊）2006年第2期。

社区”。[①]2012年，党的十八大报告指出：“在城乡社区治理、基层公共事务和公益事业中实行群众自我管理、自我服务、自我教育、自我监督，是人民依法直接行使民主权利的重要方式。”要加强基层社会管理和服务体系建设，增强城乡社区服务功能。党中央、国务院对农村社区建设的部署与安排，为民族地区农村社区管理指明了方向。

现阶段，西北民族地区农村正在经历着由传统向现代的转型。转型时期的突出特点是，原有问题依然存在并获得了转型时期的特征，新的问题不断涌现且更加尖锐。工业化、信息化、城镇化、农业现代化背景下农村经济社会结构的日益分化，农民的从业结构和收入结构的多元化，农民需求的多样化，以及生产效率低下、土地抛荒、空心村出现等等情况的存在，表明加强和创新农村社区社会管理已经成为一种必要。“农村社区建设有利于激活农村活力、推动农村各项事业发展、实现公共服务均等化，是新时期解决我国城乡二元体制、实现统筹城乡发展的一条重要途径，对国家政治稳定和社会发展具有重要意义。”[②]

其一，加强农村社区管理是构建社会主义和谐新农村的重要措施。新农村建设是一项关乎农村政治、经济、文化、社会管理等方面实现大变革的系统工程，需要巨大的社会资源投入。理论上讲，这些变革的主要力量是农村居民自己。但目前民族地区的实际情况是，除少数发达地区农村居民收入水平较高外，大部分农村居民的生产方式仍然处于自然农业经济状态，农业经济总体上还是粗放型生产，产业化经营尚处在初级发展阶段，尚未形成规模效应和集约效应，导致整体收入偏低。这就需要国家和社会来帮助农村基础设施建设投入，对包括教育事业、农村合作医疗、养老保障等农村社会保障体系进行投入。[③]当前，西北民族地区农村在基础设施、公共服务、收入分配、社会保障等方面存在严重的问题，这些问题解决不好，将直接影响“三农”问题的解决，影响和谐社会建设。而通过加强社区建设与社区管理，可以为整合城乡资源搭建平台，为完善和创新农村社会管理和服务提供机制，为社会力量参与新农村建设开辟渠道，促进基础设施向农村延伸，

---

①回良玉：《在全国第十二次民政工作会议上的讲话》，2006年11月23日，中国政府网(http://www.gov.cn/)。

②李增元：《农村社区建设：治理转型与共同体构建》，载《东南学术》2009年第3期。

③陆益龙：《新农村建设过程中农民需求问题研究》，载《中国人民大学学报》2008年第3期。在新农村建设过程中，农民最希望政府提供的是医疗、养老及最低生活费等方面的保险保障，动机和原因主要源于农民是生技模式，即对农业的依赖和对非农业收益机会的不确定性。尽管在一般观念看来，农业生产是农民保障生活的最有效途径，然而现实是，农业收入增长缓慢及受自然灾害和生产成本提高而产生的高风险与不确定性，成为农民对生产和生活产生不安全感的重要原因。

公共服务向农村覆盖,科学技术向农村扩散,现代文明向农村辐射,让农民共享改革开放和现代化的成果,为构建和谐新农村创造基础条件。

其二,加强农村社区建设是推进新农村建设的有效途径。改革开放以来,为推进新农村建设,党中央国务院采取了一系列支农惠农的政策,各级政府及有关部门加大了对"三农"工作的扶持力度,如何把这些政策措施及时落实到基层,落实到农户,让亿万农民群众真正受益,是当前农村面临的重要课题。但在现实当中,目前民族地区部分党员、干部,部分村民的认识还没有真正到位,对新农村建设的认识还限于新农村建设可以解决农民衣食住行、生老病死等经济问题,没有参与村务公开、民主议事和安居乐业等更高层次的意识和要求。同时对新农村建设的主体认识也不清楚,认为新农村建设是政府行为,完全依靠政府的力量,存在"等""靠""要"的思想。出现这类问题的原因,一是宣传工作做得不够,但更主要的还是缺失社区这个有效载体。农民群众是新农村建设的直接受益者,是推进新农村建设的主体和动力之源,如何充分调动广大农民群众的积极性,把农民群众组织动员起来,培养造就新型农民,必须找到一个有效的抓手,这个抓手就是社区建设。它可以广泛动员社会各方面力量支持和参与农村公益事业和公共事务,使各种捐助资金、项目、技术源源不断地流向农村,形成全社会关心、支持、促进新农村建设的有效机制。农村社区建设,正是这样一种有效的途径,它不仅可以通过民主参与方式把农民组织动员起来,可以为政府各部门和社会各方面提供中介,通过社区,把服务送给农民、把实惠带给农民、把建设新农村的主动权交给农民。

其三,加强农村社区建设是完善村民自治、扩大基层民主的有效载体。近些年来,经过各级党委、政府和广大农民群众的不懈努力,以民主选举、民主决策、民主管理、民主监督为主要内容的村民自治制度已经在广大农村基本建立,村民的选举权、决策权、参与权、知情权、监督权基本得到落实,得到社会各方面的肯定。但是也应该看到一些问题的存在。比如目前就存在部分基层组织建设薄弱,部分干部特别是乡镇干部官僚主义、形式主义,说得多做得少,工作措施不到位,伤害农民感情的问题;比如还存在由于不少地方农村集体经济薄弱,村级债务沉重,村级组织难以为村民提供有效的服务,对农民群众缺乏吸引力和凝聚力的问题。在新形势下,如何通过一个有效的载体,实现政府行政管理与社区自我管理有效衔接、政府依法行政与村民依法自治良性互动,是加强农村基层民主政治建设亟待研究解决的一个重大课题。而通过开展农村社区建设,可以健全乡村治理机制,增强村级组织的服务功能,提升村级组织的管理水平,使社区在提高村民生活水平和质量上发挥服务作用,在密切党和政府同农民群众的关系上发挥桥梁作用,在维护社会稳定、为群众创造安居乐业的良好环境上发挥促进作用,为扩大基层民主、完善村民自治找到新的突破口。

其四，加强农村社区建设是提高广大农民生活质量和文明程度的内在需求。改革开放以来，西北民族地区工业化、信息化、城镇化、农业现代化得到快速发展，农村经济社会结构已发生很大变化，第二、第三产业比重持续增加，农村人口在城乡之间、区域之间的流动性增强，越来越多的劳动力转移到了非农产业，农民就业方式、经营方式和思想观念、生活方式等都发生了深刻变化，农村居民生产生活的独立性、选择性、多样性日益增强，政治参与需要和物质文化需求不断增加，他们渴望像城里人那样，收入不断增加，生活不断改善，有丰富多彩的精神文化生活，对居住环境、文化娱乐、医疗卫生、人身安全等提出了新的要求。但长期以来，由于我国实行的是城乡分治的政策，在城市公共产品和服务主要由政府负责，在农村则主要依靠农民自主解决，本来就不富裕的农民又承担了"额外"的成本，从而加剧了农村地区公共产品供给的不足。具体表现就是农村公共事业发展缓慢，在一些农村，农民饱受"五难"，即看书难、看戏难、看电影难、看病难、上学难的困扰。如何解决长期存在的农村教育、卫生、文化、社会保障等社会事业发展滞后的问题，满足农民群众日益增长的物质文化需求，也是亟待我们研究解决的一个重大课题。①而加强农村社区建设，发展社区服务，可以增强农村社会的自我服务能力，形成社会互助，使广大农村居民老有所养、残有所助、孤有所抚、病有所医、贫有所帮，提高农村居民的生活质量。

其五，农村经济社会结构的变化和农民需求多元化迫切要求创新社会管理。改革开放以来，西北民族地区农村经济结构发生了深刻变化。伴随着这一变化的是农村生产生活多元化的趋势日益明显并引起农村社会分化，"农民正在由原来的差别不大的农村干部、一般农民两个主要阶层分化为农业劳动者、农民工、农村管理者、个体户和私营企业主、农村知识分子等多个阶层"②，农村社区的均质性被打破，社会结构呈日益复杂的态势，原有的、被动管理的社会管理方式越来越跟不上农村变化的节奏。同时，农村生产方式、从业结构与收入结构的变化也直接引发了农村居民生活方式的变迁，现代交通信息产业则对这一变迁起到了推波助澜的作用，原有封闭的、均质的、自足的传统农村越来越具有开放性和异质性，自给自足的田园式生活一去不复返，传统农村社会的同构性得以打破。上述变化的直接后果，是农民日益增长的物质文化生活需求与基本公共服务和各类要素资源供应短缺之间的矛盾日益凸显，农民的多元化需求难以得到有效满足。农村教育、卫生、文化、体育设施建设的滞后，社会保障水平的窄面低覆盖，公共服务的严重匮乏，必要的利益表达与诉求机制的缺少，等等这一切，客观上都要求要转变农村社会管理方式，建立各类资源向农村倾斜和流动的平台，推动农村社会管理创新

①李惠琳：《关于当前县乡工作热点难点问题的调查》，载《党的建设》2008年第3期。

②王卉：《农村社会管理创新问题探究》，载《中共云南省委党校学报》2012年第1期。

发展。

(二)当前民族地区农村社区管理的基本情况与存在的主要问题

加强农村社区建设,创新农村社区管理,充分发扬基层民主,推动村民自治,通过社区这个平台的服务功能满足农村居民日益增长的多样化社会服务需要,通过社区这个载体推进基本公共服务均等化,逐步改变农民的居住形态、生活方式和生产方式,从而实现农村社会的组织方式和管理模式的变革。以此为出发点,西北民族地区近些年来在农村社区建设与管理方面做了以下工作:

在社区空间布局方面。坚持以乡镇为单位,因地制宜划社区,并根据社区实际科学规划空间布局,找准社区服务定位,明确社区服务范围。大力加强中心村基础建设,强化中心村载体功能,吸引周边村庄逐步向中心村聚集,构建现代化镇村发展格局。

在社区职能定位方面。农村社区不是一级行政管理组织,社区党组织和社区委员会由所涉村两委成员组成,在所属乡镇(街道)党工委的指导下自主开展工作,对社区服务和社区建设发挥协调指导作用,与社区各自然村及其他单位不存在隶属关系,社区是一级自治组织,新型农村社区职能定位完成。

在服务体系完善方面。依据民族地区农村经济社会特点,以健全和完善社区服务体系为社区建设与社区管理的目标,构建完备的社区服务体系,主要包括生产性服务体系、便民性服务体系和社区公共服务体系。目前,社区居民享受高效的、集约化的服务的时间距离缩短、空间距离变小。

在社区管理推进方面。西北民族地区农村幅员辽阔,区域自然条件和经济社会发展水平差异较大,社会管理创新面临的矛盾和问题很多,加强和创新社区管理的任务艰巨而复杂,必须因地制宜,逐步推进。在具体的实践过程中,根据区域经济社会发展的不平衡性,民族地区循序渐进地推进了社区建设和社区管理创新发展。过去,针对农村社会发展滞后、公共服务短缺的现状,以完善社区服务功能,提高公共服务水平为切入点,主要解决了社会管理水平提高的问题。以扩大村民自治,促进基层党组织和自治组织融合为主要抓手,推动了社会管理发展。当前,正以实现社区各项事业全面发展,社区居民融合聚集、集中居住,社区运行体制机制完善为目标,在推进社区建设和社区社会管理创新发展。

有效的社区管理带来了社区建设的有效发展,改革开放以来,经过不断努力,民族地区农村社区建设取得了一些重要的成绩。

一是加速了民族地区农村社会的变迁。农村社区建设使农村生活共同体由自然村落扩大到农村社区,中心村的设立以及社区服务体系的完善,社区居民方便、快捷地享有了公共服务,改变了农村居民"熟人社会"的社会交往、社会关系模式和聚落形态,加速了农村社会的变迁,引起了某些变化,如人情关系日益物欲化、熟人社会关系逐渐陌生化、交往对象渐趋多元化、代际关系逐渐疏离化等。[①]

二是促进了农村基层服务型政府与服务型党组织建设。坚持变被动管理为主动服务,坚持公共服务职能下沉社区,贴近群众、服务百姓的社区建设与社区管理,促进了农村基层政府由管理型到服务型的转变,促进了农村基础服务型党组织建设,在社区建设和社区管理中基本实现了党委政府、农村基础党组织与农村社区和农村居民之间的良性互动。

三是农村社区建设、社区管理活动的开展,以中心村为支点,大力发展农村公共事业,使改革开放时期一度出现的供给不足与发展动力不够的农村教育、医疗卫生、文化建设等公共服务危机在一定程度上得以缓解,农村社区居民基本的,甚至是多样化的需求得以满足。同时,农村社区公共服务体系的建立尤其是政府公共服务向社区延伸,使城乡基本公共服务均等化的步伐加速。

四是推动了民族地区现代农业的发展。农村社区服务体系的建立,尤其是生产性服务体系的建立健全,为推动现代农业的发展搭建了新的平台。不但在农资提供、农业科技推广应用、农产品销售服务信息提供方面为农业发展提供了支持,还在农村合作组织建设发展、农村土地流转等方面提供了服务,推动了农业生产规模化、集约化经营,加速了现代农业的发展。

在看到成绩的同时,还必须正视以下存在的问题:

一是目前部分农村居民尤其是偏远地区的农村居民还存在对社区建设重要性认识不够的问题。联产承包责任制以来,包产到户,生产单位由集体回归家庭,这样的生产组织在释放了农民的生产生活热情以及生产和生活自主性的同时,也导致在农村居民中形成了一种相对松散、自由的社会生产和生活方式,加之民族地区农村生产季节性强,居民居住地相对比较零散,于是在农村一种松散、相对封闭的生活方式开始出现并定型。加上交通不便,信息闭塞,农民整体素质不高,思想观念陈旧,小富即安,缺乏投资意识,"等、靠、要"思想严重[②],社区建设和社区管理对于部分农村居民来说,还是个新鲜事物。

二是宗族观念、家族意识不同程度上开始抬头,既阻碍着农村社会管理民主化进程,也引发农村社会矛盾大量出现。传统上,农村社会管理基本上依赖的是熟人社区的道德规范。在西北民族地区,由于少数民族较多,宗教也起到较大作用。改革开放以来,随着市场经济的发展,随着外来文化的不断冲击,这些社会规范已经不足以给农村社会提供秩序保障,民主、法治的要求开始出现。但现实当中,宗族观念、家族意识不同程度上的抬头,加上部分农村居民法治意识、法治能力欠缺,导致民族地区越来越多的社会矛盾、社会冲突开始大量出现。典型的就

①长子中:《农村社会关系领域发生的变化须重视》,载《农民日报》2011年6月11日。

②李惠琳:《关于当前县乡工作热点难点问题的调查》,载《党的建设》2008年第3期。

是农村选举、村中重大事务的决策都受到了影响,农村社区建设和社区管理的难度在加大。

三是民族地区部分基层政府和干部对社区建设与社区管理认识不够,社区管理存在行政化色彩且社区管理人员文化程度低。《中华人民共和国村民委员会组织法》规定:“村民委员会是村民自我管理、自我教育、自我服务的基层群众性自治组织。”但现在的实际情况,其一是党政群团各部门争相到社区挂牌子,压任务,经常下达指令性行政任务,有的还签订责任书,进行考核和奖惩,村委会由于人员少,条件差,缺乏资金,工作不堪重负。尤其是一些地方基层政府曲解中央和省里精神,盲目下指标,搞评比,定任务,搞政绩工程,结果劳民伤财,一事无成。[①]其二是乡镇和村委会还在沿袭传统的行政管理方式,管理手段单一且缺少民主成分。结果一方面导致了社区管理主体构成不合理,一方面导致了管理的民主参与不足。以兰州市七里河区西果园镇鹞子岭村社区为例。该村现有210户农户,农村人口989人,地理空间8000亩。该社区群众自治组织只有村委会没有其他组织。该社区管理层目前主要是承担乡镇政府安排的行政性事务,具体的事务有政策宣传、组织学习、强农惠农资金入户、危房改造、新农合、养老保险、技术引进、低保进退、救助公开、阵地建设、基础设施建设、劳务输出、文化活动、特产外销等,这些任务当中,政府行政性任务量比较大。而该社区的社区自我服务的任务也很重。目前,该社区有困难户60户,人口300人,低保户19户,60岁以上的老人103人,五保户2人。

四是社区建设与社区管理资金严重不足。首先是资金来源单一。大部分社区建设与社区管理的投入主要来源于政府行政拨款,缺乏长效投入机制。近年来,政府对农村社区建设与社区管理的投入不足,社区管理与社区服务存在较为严重的资金缺失现象。其次是民族地区农村集体经济空心化现象严重,原本应当是社区建设与社区管理经费主要提供方的农村集体经济,没有能力提供社区建设与社区管理所需经费。再次是西北民族地区经济存在积聚现象,非农经济组织大多在城市或者是城市近郊。广大的农村地区经济结构单一,大多数农村社区无法从辖区内筹集资金。其结果,就是导致农村社区建设与社区管理在硬件即基本的物质基础方面,还有在软件即主要是管理人才方面,出现了双重的力量的缺乏。以兰州市七里河区西果园镇鹞子岭村社区为例。该社区经济结构以农业为主,集体经济薄弱,属于空壳村,主要经济作物是百合。社区管理运行的经费的唯一来源是政府拨款,但数量有限。该社区交通不便,基础设施建设落后。在双联活动开始后,才由联扶单位帮助解决了办事处屋顶漏水、墙面脱落的问题,解决了办公

①李惠琳:《关于当前县乡工作热点难点问题的调查》,载《党的建设》2008年第3期。

所需的20把椅子及2张值班用床的问题，以及村里的部分道路硬化问题等。目前该社区办公场所没有电话、没有网络、没有电、没有暖气，甚至连基本的办公用品都缺乏。同时该社区管理人员还存在素质与能力不够，不能发挥应有作用，虽然工作积极，但效果并不好的问题。同时还存在人员经常变动，工作难熟悉，能力难提高，工作难应付的局面。该社区村委会管理人员9名，平均年龄45岁，高中文化程度4名，初中文化程度5名，9名管理人员平均年收入5200元。

（三）民族地区加强农村社区管理的对策建议

农村社区管理是农村社会建设的重要内容，其创新发展必须要以更为宏观的视野去关注目前农村正在进行的新农村建设，准确把握二者之间的辩证关系，不如此，农村社区管理与新农村建设实效都会受到影响。新农村建设的目标是“生产发展、生活宽裕、乡风文明、村容整洁、管理民主”，其内容涵盖了农村经济建设、政治建设、文化建设、社会建设和党的建设等多个方面，是一项综合性的系统工程，而农村社区管理是依托村党组织的村民自治组织，整合农村社区资源，强化农村社区功能，深化农村村民自治，实现农村社区居民自我管理、自我教育、自我服务，促进农村经济、政治、文化、社会建设的协调发展。因此，农村社区社会管理是为新农村建设服务的，是推进社会主义新农村建设的基础性工作。

农村社区社会管理既涉及经济基础，又涉及上层建筑；既涉及农村权力、利益关系调整，又涉及农民生产生活方式转变。鉴于民族地区农村社区建设与社区管理起步晚且受到经济基础差、自然环境差异大等因素影响，鉴于各地具体情况不同、发展水平各异，当前，民族地区农村加强和创新社区管理应该在不断探索的基础上进行。要以改革创新的精神，以建设和谐社区为目标，以扩大基层民主、完善村民自治、健全农村新型社区管理和服务体制为重点，提升农村社区村民自治功能，建设管理有序、服务完善、文明祥和的新型农村社区。建议：

第一，提高管理的民主化水平。开展农村社区建设，首先要从加强农村自治组织建设、健全村民自治入手，充分调动农民群众的积极性。“要健全党组织领导下的充满活力的村民自治机制，继续完善村务公开、民主议事制度，让农民群众真正享有知情权、参与权、管理权、监督权。”①要依据社区的构成要素和客观条件，合理设置农村社区。可以“一村一社区”，也可以以自然村或村落为单位。要以社区建设为契机，进一步深化村民自治。要严格依照《村委会组织法》要求，进一步健全村党组织领导的充满活力的村民自治机制，完善村委会直接选举制度，规范村民会议、村民代表会议制度，健全村务公开和民主管理制度，保证农民群众的各项

①回良玉：《在全国第十二次民政工作会议上的讲话》，2006年11月23日，中国政府网（http://www.gov.cn/）。

民主权利落实到位。[①]

第二,加强制度建设。“逐步建立与社会主义市场经济体制相适应的农村基层管理体制、运行机制。”[②]要健全农村群众性治安保卫、民事调解组织,有条件的地方要以村社区为单位建立警务室,建立农村社会治安防范体系。要不断创新农村社区社会管理模式,按照党委领导、政府负责、社会协同、公众参与的社会管理格局的要求,构建农村主体结构合理的社区管理格局体系。要建立和完善社区建设、社区管理的保障机制,包括制度保障、机构保障、经费保障等。要适应我国农村社会结构和利益格局的发展变化,探索建立农村基层利益协调机制、诉求表达机制、矛盾调处机制、权益保障机制。要拓宽社情民意表达渠道,健全社会舆情汇集和分析机制,完善矛盾纠纷排查调处工作制度,建立村党组织和村民自治组织主导的群众维权机制,引导农民群众以理性合法的形式表达利益诉求,维护自身的合法权益。

第三,加强人才培养工作。要发展和培养农村社区中会干事、能干事的带头人,使农村社区建设与社区管理有人才保障。要结合“三支一扶”[③],将大学生村干部纳入人才培养计划当中,切实加强大学生村干部的教育培养管理工作,为农村社区建设与社区管理注入新鲜的血液。这样的举措已经在甘肃省和青海省的实践中收到实效。大学生村干部应该积极参与村级农村社区的社会管理,并在社区公共服务,如服务农村社区留守老人、孩子等方面起带头示范作用。同时,还要广泛动员和组织群众依法自愿有序参与到社会管理中来,培养他们的民主意识、法制观念、自觉履行公民义务的意识,促进农村社区的管理最终走向自我管理、自我服务、自我发展之路。[④]

第四,加强基础设施建设。要加强农村社区基础设施建设,改善农民生产生活条件,解决农民群众行路、饮水、用电、物资供应、垃圾处理等方面的困难,为农

---

①中共甘谷县委组织部:《规范议事决策程序　创新民主治理机制——甘谷县全面推行村民议事委员会制度和村务监督制度》,载《党的建设》2013年第8期。

②回良玉:《在全国第十二次民政工作会议上的讲话》,2006年11月23日,中国政府网(http://www.gov.cn/)。

③“三支一扶”是支教、支医、支农、扶贫的简称。2006年,中央组织部、人事部、教育部等八部门下发《关于组织开展高校毕业生到农村基层从事支教、支农、支医和扶贫工作的通知》,以公开招募、自愿报名、组织选拔、统一派遣的方式,从2006年开始连续5年,每年招募2万名高校毕业生,主要安排到乡镇从事支教、支农、支医和扶贫工作。服务期限一般为2~3年。截至2012年,甘肃省已经在6年中,先后选拔1.09万名高校毕业生到基层从事工作。《甘肃日报》2012年4月14日。

④贾海洲:《宁县切实加强大学生村官的教育培养管理工作》,载《党的建设》2013年第7期。

民群众和社会力量参与社区建设、开展自治活动创造条件。要引导农民搞好村庄规划，科学合理建设住宅。要搞好农村环境整治和村庄净化绿化工作，实施乡村清洁工程，引导农民树立健康文明的生活方式，从根本上治理农村脏、乱、差的落后面貌，改善人居环境。同时要探索建立农村社区环境养护机制，依靠农民群众把农村环境卫生、绿化美化环境、生态环境保护等工作做好，引导社区成员共同爱护、建设好自己的美好家园。

第五，提高公共服务水平。要“整合社区资源，推进农村志愿服务活动”，“鼓励和引导卫生、科技、文化、劳动、教育、法律等服务进社区，建设以信息技术为驱动的多功能社区公共服务体系，积极发展扶持社区志愿者队伍和社区公益性组织”。[①]一是要为政府公共服务延伸到农村和农民群众开展自我服务搭建社区平台。要适应农村经济社会发展的需要，探索建立覆盖社区全体成员、服务主体多元、服务功能完善、服务质量和管理水平较好的农村社区公共服务体系，为公共服务均等化创造条件。二是要组织农民群众和社会各方面力量积极开展农村志愿服务、群众性互助服务。积极推进各种志愿服务活动，通过农民群众的自助、互助服务，解决农民群众生产生活中遇到的各种困难。尤其要帮助解决农村老年人、残疾人、优抚对象、低收入家庭、外出务工家庭存在的实际困难。[②]同时要大力培育和发展社区民间组织，发挥各类社会组织提供服务、反映诉求、规范行为的作用。要鼓励和引导社区内的机关、部队、学校和企事业单位发挥自身优势，积极参与农村社区建设，为农民群众提供力所能及的服务。

第六，大力发展社区文化。一是要以社区为平台，加强农村公益性文化设施建设，把文化、体育、广播、信息等设施引进农村社区，逐步形成方便农民群众读书、阅报、健身、开展文艺活动的场所。二是要挖掘农村社区文化资源，广泛开展形式多样、内容丰富的社区文化体育活动。要以社区为单位，组织开展农村劳动力转移和新型农民科技培训，普及农村法律常识，提高农民科技文化素质。三是要把建设和谐社区与各种精神文明创建活动结合起来，倡导健康文明的农村新风尚。要利用乡土题材发展农村社区教育，开展科普教育活动，弘扬科学精神，形成与社会主义和谐社会相适应的新型人际关系、邻里关系。

---

①回良玉：《在全国第十二次民政工作会议上的讲话》，2006年11月23日，中国政府网（http://www.gov.cn/）。

②岩国鹏：《倪家营村全力开展关爱帮扶老人工作》，载《党的建设》2013年第8期。

第二章　社会组织管理

在我国现行社会管理格局体系中，政府和社会组织是社会管理的两大核心主体，政府在社会管理中占主导地位，而社会组织在社会管理中是必不可少的协同主体。社会组织有广义和狭义之分，广义的社会组织指一个社会中的所有组织，包括经济组织（企业）、政治组织（政府）和其他组织；狭义的社会组织，指政府和企业之外的不以营利为目的的民间组织，主要包括社会团体、民办非企业组织和基金会。[①]当前，我国正在经历着一场深刻的社会变革。在这场深刻的社会变革中，社会利益关系格局的多元化、社会问题的复杂化以及社会矛盾的尖锐化对社会管理的主体多元提出了内在要求。而从社会组织的基本特征看，它具有公益性、民间性、互助性、自治性、组织性等特征，这些特征使其能够在社会管理中发挥主体性作用，与政府社会管理形成必要的互补。因此，当前加快培育和发展社会组织，确立社会组织在社会管理中的主体地位，对于西北民族地区社会管理创新发展，至关重要。

一、社会组织在民族地区社会管理中大有作为

首先，有效的社会管理需要有广泛的社会参与，而社会组织的优势就在于它的"社会性"，与社会公众联系的紧密性，了解社会大众各种诉求，对社会大众尤其是社会弱势群体提供必要的社会支持，实现社会互助与社会互动。尤其是在社会转型，在社会利益关系日益多样化，社会矛盾不断增多且日益复杂化的背景下，"培育发展社会组织，加强管理和引导，发挥社会组织应有的作用，不仅是增强社会活力的重要因素，也是构建和谐社会的重要条件。目前，我国社会经济成分、组织形式、就业方式、利益关系和分配方式趋于多样化，社会组织的活动范围越来越广泛，对经济社会发展影响越来越大，这就迫切要求我们必须进一步加强和改进对各类社会组织的管理，按照培育发展和管理监督并重的原则，发挥各类社会组织提供服务、反映诉求、化解矛盾、规范行为的作用，优化政府与社会组织的分工

①社会团体，是指中国公民自愿组成，为实现会员共同意愿，按照其章程开展活动的非营利性社会组织。

协作，促进政府调控机制同社会协调机制互联、政府行政功能同社会自治功能互补、政府管理力量同社会调节力量互动的社会管理网络的建立，形成对全社会有效覆盖和全面管理的体系，把社会组织建设和管理提高到新的水平”。[①]

其次，社会管理的目标取向是实现社会的和谐和稳定，而社会组织具有自我管理、自我约束、自我服务、自我发展的功能，这些功能让社会组织在法治框架内活动时，不仅能实现社会组织的自我管理、自我服务，同时还能实现社会组织的社会服务。社会组织的自我管理与自我服务使其能够承担一定的社会公共服务职能，可以在公共服务领域发挥作用。社会组织的民间性和非营利性特征，使它能够有效地弥补政府管理的行政性色彩和市场以谋求利益最大化为目的的某些缺陷，即在政府力量无法触及的领域与时空，既弥补政府功能缺失造成的缺憾，又对政府的行政进行有效的监督、制约并防止“政府越位与政府缺位”，避免社会大众利益受到损害。同时，在市场经济条件下，社会组织的存在还可以平衡和制约市场对社会的冲击并弥补市场在公共服务领域的某些缺失，在诸如残疾人救助、贫困学生资助等领域发挥作用。

再次，社会管理的过程是公共服务和公共资源在社会各领域有效配置的过程。单一的政府供给在公共资源配置过程中往往无法实现配置效率的最大化，甚至有时还会出现公共资源配置的“政府失效”，即效率低下、成本代价过高等。而社会组织的基本特征使其能够承担起政府部分的公共服务职能，有效地降低政府管理成本，弥补政府管理失灵，促进社会公共服务和资源的有效配置。社会组织的社会服务功能使它能够为社会成员提供两种必要的社会服务，即中介服务和直接服务。中介服务是将需要帮助者和提供帮助者联结起来，如各级工会组织提供的就业咨询及指导服务。直接服务是对有需要人士提供直接的服务，包括为老人、残疾人、少儿及普通居民提供的各项社区服务等。

通过对社会组织的特征的分析，无论从社会管理的工具性、价值性还是时效性看，社会组织是社会管理体系中不可或缺的重要的组成部分。

首先，社会组织有凝聚社会进而缓解社会压力、化解政府与个人之间以及个人与个人之间矛盾与冲突，维护社会和谐稳定的作用。当前，西北民族地区正处在经济转轨、社会转型的过程中，在这个过程中人们的社会流动性、工作流动性加大，国家、就业单位对个人的社会保障弱化，个人对国家与就业单位的依赖度下降，大量的曾经有单位和有组织的人被动或者主动地变成了社会人，游离于传统的社会管理体系之外成为社会管理的真空地带和盲点。而加强对社会人的管理最基本的途径和方法就是要尽可能地把他们纳入制度框架之内。社会组织正好

---

①回良玉：《在全国第十二次民政工作会议上的讲话》，2006年11月23日，中国政府网(http://www.gov.cn/)。

可以承担这一任务，在政府和社会个体之间建构一个中介，通过社会组织的制度化管理与安排，既实现公民的有序参与，疏通利益表达渠道，增进公民和政府之间的关系，又能最大限度地化解社会矛盾，实现政府对社会进行有效治理与管理的目标。也就是说，社会组织在一定程度上促进了社会整合。它对社会的整合功能主要体现于它对组织机构与个人之间的整合及对社会公民之间的整合。在改革开放之前，社会整合主要通过单位制、人民公社制来实现。改革开放以后，进入社会转型期，人民公社制解体，公民与公民、公民与社会、公民与政府之间的关系需要由一种新的整合方式来维系。社会组织的出现，在这些对应主体之间搭建了一座桥梁，通过它各个主体之间的沟通、协商、理解成为可能。

其次，社会组织的出现、存在和发展有利于政府职能的转变，有利于服务型政府建设的发展、有利于政府从社会管理向社会治理的转变。①当前在民族地区加强和创新社会管理的过程其实是一个有多重诉求的过程：一是政府还"政"于民、政府还权于社会，在政府与社会之间形塑合理张力关系或者说让社会更加有弹性的过程。社会组织的存在，使政府一定的社会管理权有了一个可以信赖与依赖的承接载体。二是政府转变职能，建设服务型政府的过程。服务型政府是当前民族地区政府建设的阶段性目标，在这场政府职能的变革中，行政机关按照合理、合法、效能、责任和监督的原则充分调动和发挥社会组织在社会公共服务和民主政治等方面的作用，将有力地促进并推动政府职能的转变。三是政府公共服务提供模式转变的过程。从单一的政府提供模式，向多主体提供的模式转变，既提高公共服务覆盖面，提高政府效率，减轻政府压力，又提高公共服务供给效率，丰富公共服务供给，提高公共服务惠民率。社会组织出现之后，接管了大量政府不再承担的社会事务，其活动范围涉及教育、扶贫、社会福利、环境保护等诸多方面。特别是在新的社会保障体系的建构上，社会组织打开了巨大的社会资源网络，整合了分散于民间的社会资源，给低收入阶层提供了大量价格低廉的服务，减轻了政府不少负担。

再次，在公共安全与公共危机的处理问题上，社会组织的积极作用不容忽视。中国是一个自然灾害频发的国家，同时这些年来在经济高速增长的过程中各种人为的灾害也不断出现。这些年来，"非典"、地震、不断爆发的火灾、食品药品安全等公共安全事件的解决证明，仅仅依靠政府之力难以高效地应对危机，社会组织贴近公众，对社会基层的危机信息反应敏感，善于整合和调动民间资源，能够发挥公众的志愿精神、促进公众的参与意识，在危机管理体系中具有独特的优势。在公共安全和公共危机应急管理体系中，社会组织应该有一席之地。西北民

①张莉、风笑天：《转型时期我国第三部门的兴起及其社会功能》，载《社会科学》2000年第9期。

族地区情况也是如此，而且相比全国其他地区西北民族地区有更加脆弱的生态，使其对社会组织在公共安全与公共危机领域充分发挥作用的需求更加迫切。

任何事物都有两面性。在看到社会组织在社会管理中的积极作用的时候，我们同时还要看到它潜在的消极的因素。而这些因素如果不加以消除和克服，社会组织不但不能够发挥积极作用，反而会成为社会冲突、社会分裂的严重诱因。

具体来说，一是虽然政府与社会组织都是社会管理的主体，但彼此之间还存在着管理与被管理的关系，社会组织与政府在客观上还存在竞争关系。同时，国家与社会组织利益诉求的不完全一致性，也使二者之间经常会有冲突发生。表现之一：社会组织的发展压缩了政府活动的空间。在原有的社会管理架构中，政府几乎控制了所有的社会空间，通过一套严密的制度安排，比较容易把整个社会纳入在政府控制的范围，尽管效果并不好，效率也不高。改革开放以后，随着社会转型和社会发展，社会出现了许多政府力量难以触及的领域，在这些领域中社会组织占据了相当大的比例。同时由于社会组织的社会性和公益性，社会组织在这些领域中积聚了一批相当的社会力量，弱化了影响政府的社会基础。表现之二：社会组织在一些领域替代了政府。对于政府来说，它的功能是通过一系列制度安排，治理社会、服务社会。社会组织不掌握国家治理的制度安排的权利，但是社会组织可以在一定程度上通过其公益性的社会服务对社会产生影响，对政府的社会影响力、控制力产生冲击。表现之三：政府力量进入社会组织虽然在社会组织成立初期社会组织是接受的，但成立之后，社会组织的自主性张扬又必然使社会组织对组织内的政府力量产生排斥感。从理论上讲，政府力量介入社会组织不是一件困难的事情，通过行政力量就可以做到。但目前政府力量更多介入社会组织已经引起了社会组织的不满和微词不断。①

二是如果社会组织不在法治的框架内活动，如果不按照法治原则行动，不但不能疏导社会矛盾，提供公共服务，反而会激化社会矛盾甚至引发社会冲突和动荡，危害社会公共利益。其一是如果行政化趋势严重，将降低政府公信力。当前，民族地区的社会组织具有明显的"官民二重性"特征，尤其是通过合法登记的组织，如政府机构改革背景下诞生的诸多行业协会一般挂靠在行政主管部门，有的甚至是两块牌子一套人马，存在严重的角色错位情况。同时官办色彩浓厚，部分社会组织的社会凝聚力不强、行业代表性差、行业综合协调作用弱。其二是如果非营利性要求与营利冲动时常矛盾冲突，将严重扰乱市场经济秩序。当前，受利益驱动，部分民间组织往往打着非营利幌子从事牟利活动。另外，一些民办非企业单位投资主体追求投资回报的客观要求，也使其非营利性处于边缘状态。其三

①中共浙江省委政法委课题组：《新社会组织管理与社会和谐稳定问题研究》，载《公安学刊》2012年第2期。

是如果非政治性组织变异为政治组织,将严重危害我国政治体制。社会组织的目标和活动空间是反映群体诉求,满足民众部分公共需求,主要服务于公益事业领域。但当前,有的社会组织受一些有政治需求和企图的人利用,尤其是在一些带有意识形态传播功能的境外社会组织影响下,有可能成为某些国家进行和平演变和思想文化渗透的重要工具。其四如果社会组织的志愿性演化为盲从性,将严重影响社会稳定。近些年来的大量的群体性事件表明,绝大多数群体性事件参与者都是不明真相的群众,而一旦社会组织介入群体性事件,事件的组织性、目标性更强,就可能导致事件迅速升级。其五是信息技术的发展使社会组织具有了虚拟性,如果虚拟性无限放大,将对传统管理模式形成极大冲击。近年来,随着互联网技术的发展,虚拟社会发展迅速,与此同时,一种新的社会组织——网上社团开始出现。传统意义上的社团也纷纷上网运作。虚拟社会具有的匿名性、开放性、时空距离的弱化性、信息传播迅速、舆论热点形成快等特点,既拓展人们社会交往的范围和社会生活空间,方便了人们的生产生活,但同时也改变了政府与社会、社会组织与政府组织信息对接不畅通的状况,社会组织凭借互联网平台可以迅速收集和散发信息,扩大舆论影响力。如果不对此加以规范和管理,这些新的社会组织和社会组织新的活动方式,将对社会稳定和谐带来极大影响,有时甚至是负面的。①

对西北民族地区而言,由于经济发展相对滞后,文化风俗和宗教信仰的差异以及地理区位等因素的影响,民族地区社会问题具有特殊性。社会组织的出现给政府以有力帮助,对改善民族地区公共管理结构、推动经济社会发展,具有重要的作用。以甘肃省为例。目前全省社会组织业务范围涉及社会生活的方方面面,活动领域遍及各个行业,已经成为社会生活中一支不可或缺的重要力量。仅在2008年的汶川地震中,社会组织以及社会人士通过社会组织捐款捐物就达一亿多元。实践表明,社会组织在民族地区社会管理中是可以大有作为的,它们在政府的引导和自身的努力下,在弥补政府和市场缺位方面发挥了促进作用。如社会组织将一些具有共同价值取向或利益需求的人聚合在一起,将分散的个体力量凝聚成团体的力量,使各种零星的微弱的呼求转变成统一的具有一定影响的社会舆论,将参与者对政府的要求、意愿、建议和批评等诉求进一步凝练和提升,为普通民众开辟了一条有效影响政府决策的途径。社会组织还在教育、环境、卫生、文化等多个领域开展公益活动,在不同程度上促进了当地民众生活的改善、社会事业的发展。它们还参与社区基本服务、公民权益的保护、公共信息的获取等公共服务,丰富了社区生活的内容,满足了人们的多元需求,成为帮助政府开展活动的有

①中共浙江省委政法委课题组:《新社会组织管理与社会和谐稳定问题研究》,载《公安学刊》2012年第2期。

力助手。一些农村经济类的社会组织将分散的个体组织起来，通过集体行动的方式来保护农业劳动者的利益，抵御市场经济的冲击，成为农村社会发展的重要推动力。此外，许多慈善组织通过兴办老年关怀机构，为老年人的生活提供更多便利。众多的行业协会正在成为引导行业发展、规范企业运营、组织社会评比的服务机构。这些社会组织通过提供公共服务，减轻了政府的压力，满足了社会多样化的需求，维护了社会稳定，促进了社会的发展。

总体来看，社会组织通过开展不同形式的活动，动员民众参与社会事务，健全了社会网络，增强了公民之间的信任，重建了社会运行规范，加强了社会的整合，成为政府解决矛盾时有效的减压器和保证社会祥和的稳定器。实践证明，在民族地区，社会组织在社会管理中可以大有作为。①

二、当前民族地区社会组织建设与社会组织管理的现状

重视社会组织建设与社会组织管理，是改革开放以来西北民族地区各级党和政府一以贯之的事。以甘肃省为例。改革开放以来，甘肃省始终坚持培育发展与监督管理并重的方针，把优先培育发展符合市场经济要求的社会组织作为社会管理工作的重要内容，规范社会组织的行为，提高社会组织的素质，为社会组织发展营造良好的法律政策环境，培育发展了一批行业协会和社会公益性、服务性的社会组织，积极承接政府职能转变时剥离出的行业管理和公共服务职能。同时，对一些关系经济发展包括行业协会在内的工商领域的社会组织进行了结构性调整，在全省已基本形成了种类比较齐全、布局愈趋合理、功能不断增强、作用发挥充分的社会组织体系。第一，为了促进社会组织积极开展经营活动，增强自身造血功能和发展能力，省政府下发了《关于积极引导社会团体参与全省经济建设的意见》，并会同省工商局下发了《关于社会团体开展经营活动有关问题的通知》，为全省社会团体增强自身活力，逐步走向人员自聘、经费自筹、工作自主的发展道路提供了政策依据，使社会团体由政府的“附属”“官办”逐渐向独立、民办的方向过渡，使社会团体获得了更大的发展空间，一批社会团体由此得到了迅速发展。第二，针对社会组织开展经营活动在税收征管和发展方面存在的矛盾，与省地税局联合，率先在全国出台了《关于社会团体税收征收及发票管理有关问题的通知》，为社会团体提供了税收优惠政策，为社会团体发展创造了一个宽松的环境。同时将民办非企业单位一并纳入享受税收优惠政策范围，此举对促进甘肃乃至全国的社会组织良性发展都产生了积极影响。第三，下发了《关于全省开展农村专业经济协会登记管理工作的通知》，通过降低门槛、简化手续、不断完善等措施，把积极培

①李俊清、陈旭清：《社会组织在民族地区社会管理中大有作为》，载《中国民族报》2011年3月11日。

育和发展农村专业经济协会作为解决农村“三农”问题的有效手段来抓。目前，全省共有各类农村专业经济协会近万家，促进和推动了农村经济和社会发展。第四，有针对性地提出了社团廉洁自律的具体规定，及时遏制了社团违纪违法现象，使全省社会组织得以规范、有序发展。

目前，随着改革开放的深入和经济社会的发展，全省社会组织发展迅速，已经形成了门类齐全、层次不同、覆盖广泛、特色明显的组织体系。从总体来看，目前甘肃省社会组织发展呈现出以下态势：一是发展迅速。截至2012年底，全省登记注册的社会组织有11000多家，增长速度非常快。社会组织总数2003年有4009家，2009年有6006家，而2012年有11000多家。其中基层社会组织增长速度更快。二是覆盖面广。社会组织作为与行政事业单位、企业并列的新型法人组织，活动覆盖面广，服务内容涵盖文教、体育、卫生、科技、环保、公益慈善事业等社会领域的各个方面。三是农村基层社会组织大发展。其中专业经济协会成长最快。这些专业协会在促进农村经济社会发展中表现出了灵活、实用、互助、维权等特征：第一是形式多样，逐步探索出了党支部+协会、龙头企业+协会、农业服务机构+协会、能人+协会等发展模式，把党组织领导与民主管理、自主经营与社会化服务、能人示范与共同致富有机结合起来。第二是与发展和壮大农村特色产业联系紧密，比如，酒泉、定西、天水等市建立的啤酒原料、马铃薯、苹果等专业协会，从信息获取、技术支持、市场开拓、产业化经营等方面为农民提供了及时有效的服务。第三是利益矛盾的协调功能日渐显现，许多专业协会组织农民解决农产品难卖问题，抵制恶意压级压价，维护了农民利益。特别是河西石洋河灌区用水者协会在抑制水价、解决用水纠纷、减轻农民负担方面协调作用比较突出。[①]目前，甘肃省大多数乡镇都成立了扶贫互助会，政府也加大了财政资金支持力度。[②]三是影响力逐渐扩大。在经济领域，行业协会、商会积极参与行业规划、反映行业诉求、促进行业自律、调解贸易纠纷、维护市场秩序、健全社会信用体系，成为加快转变经济发展方式、促进行业可持续发展的“助推器”。在社会领域，民办学校、医院提供文化教育、医疗卫生、劳动培训等服务，吸纳社会人员就业，弥补公共服务不足，满足人民群众的公共服务需求，如兰州商学院长青学院、兰州市树人中学、兰州卡普兰芭蕾舞学校、兰州五泉职业培训学校、省红十字会黄河医院。在公益慈善领域，社会组织团结社会各界人士，吸纳民间资金，开展减贫济困、安老抚幼、扶弱助孤、助学助医等公益活动，弘扬了慈善文化，推动了慈善事业发展，如省慈善总会、童鹤赡养院、阳光老年公寓。在城乡基层领域，农村专业经济协会扎根基

①党雅琳：《甘肃省非政府组织发展问题及对策研究》，载《兰州石化职业技术学院学报》2009第31期。

②胡秉林：《建立返贫互助会　促进农村经济发展》，载《甘肃社会组织》2013年第2期。

层，带领农民脱贫致富，如玉门市黄闸湾乡啤酒原料协会、敦煌市阳关镇葡萄协会、武威市凉州区四坝镇特色蔬菜产业协会等。

而从局部来看，情况大体也是如此。以甘肃省天水市为例。相关统计数据与资料显示[①]，截至2012年，全市共注册登记社会组织1022家，其中，社会团体650家，民办非企业单位372家，分布在工业、农业、社会事业等各个领域。回顾天水市社会组织近三十年的发展历程，呈现出五个主要特点：一是开始起步早。20世纪80年代初期，天水市就有科协、文联、体育等部门管理的社会组织66家。二是发展势头猛。社会组织呈几何级的增长态势，经历了一个从无到有、从少到多、从小到大的发展过程。2005年以前以每年20家左右的速度递增，2005年以后，发展速度明显加快，以每年100家以上的速度递增。三是涉及领域广。全市社会组织涉及经济、社会、文化、科技、教育、卫生等多个领域，服务对象遍布各行各业、各个阶层，服务地点遍布全市每个城乡社区，成为人民群众参与社会、服务社会、管理社会的重要载体。四是主管部门多。社会组织作为市场经济发展的重要产物，不仅覆盖范围宽广，而且种类繁多，业务主管涉及了大部分党委和政府部门，主要以工商、民政、文化、教育、体育、司法、卫生、科技、工商联、人社、财政、农业、林业等部门为主。五是社会影响大。社会组织不仅涉及社会发展和人民生活的各个领域，与人民群众的生产生活紧密相关，而且从业人员和会员分布广泛，高素质人才相对集中，有较强的民主意识和发展呼声。特别是近年来随着经济发展方式转轨、社会结构转型、政府职能转变步伐的不断加快，呈现良好的发展态势，活动领域不断扩大，社会影响日益提高，在天水市经济、政治、文化、社会建设中发挥着越来越重要的作用，成为构建社会主义和谐社会的一支重要力量。[②]

近年来，天水市社会组织管理工作紧紧围绕“发展、规范、创新”的宗旨，不断加大管理力度，提升管理水平，基础工作不断夯实，作用发挥日益明显，取得了一定的成效。一是组织建设稳步推进，社会组织队伍日益壮大。通过集中推进、部门扶持、行业培育等途径，不断加大社会组织的建设力度，重点关注自治类、行业类等类型社会组织的发展，社会组织的非政府性得到进一步增强，实现了“民有、民办、民管”，建立起了遍布城乡的社会组织网络。在建立社会组织网格化覆盖体系的同时，坚持以党建引领社会组织发展，把社会组织领域党建工作纳入全市基层组织建设的工作大局，立足强基固本，谋划长远发展，积极推行抓组织覆盖、抓规范运行、抓作用发挥“三步工作法”，切实解决党组织难组建、组织运行不规范、

①天水市民间组织管理局：《天水市社会组织管理体制创新的实践与探索》，2013年08月15日。

②天水市民间组织管理局：《天水市社会组织管理体制创新的实践与探索》，2013年08月15日。

作用发挥不明显等问题,提升了社会组织党建工作的科学化水平,形成了党建工作与社会组织发展齐头并进、互促共赢的良好态势。目前,全市现有社会组织党组织641家,组建率达到了62.7%。二是管理机制不断完善,社会组织行为逐步规范。依法开展社会组织年检工作,全面推行党组织“登记年检、双报双推”制度,每年年检率都在95%以上,合格率达到98%。各级登记注册单位和业务主管单位进一步建立健全工作制度、工作机制和行业规范,创新工作载体,结合行业实际开展了践行服务承诺、行业发展研讨、行业文化建设等活动。如市工商联牵头建立了行业商会联席会议制度,定期组织成员单位开展活动,对行业商会工作中出现的问题及时加以指导和解决,取得了一定成效;财政局指导会计行业草拟了会计事务所行业诚信体系建设标准,从规范会计师事务所诚信职业角度进行了有益尝试等。三是自身职能不断发挥,社会组织作用有效显现。社会组织作为明显区分于政府与企业的“第三部门”,具有整合社会资源、专业人才集聚、机制灵活、反应迅速等不可替代的组织优势和制度优势。工作中,着重突出社会组织作为党和政府联系社会各阶层的桥梁和纽带作用,使社会组织迅速成长为服务经济发展、参与新农村建设、提供公益服务的有效载体。各行业协会积极投身行业管理,主动承接政府部分转移职能,参与行业资质认证、新技术推广等行业管理工作;认真开展行业服务,搭建信息和技术交流的平台;合理反映行业诉求,为市委、市政府决策提供有效信息,推动了优势产业的形成和发展。各农村专业合作组织主动参与新农村建设,广泛开展新产品、新成果的引进推广和农业技术服务等活动,带动全市50多万农户发展高效农业,促进了农业产业化结构调整,加快了农民增收致富的步伐。各类中介组织和民办非企业单位广泛开展服务社会专题活动,提供结对帮扶、义演义诊、扶贫济困、法律援助等服务,树立了良好的社会形象。结合创先争优活动,全市社会组织向服务对象发放“服务联系卡”,开展“法律援助进社区”、健康咨询、党员义工服务等便民服务。①

在看到成就的同时,通过对相关资料和数据的分析,以及通过访谈与观察,发现当前民族地区的社会组织建设与社会组织管理还存在一些问题,有的甚至是比较严重的问题,主要表现在以下三个方面。

从宏观的制度环境与舆论环境看:一是社会组织发展缺少政策指导和法律支撑。“坚决把政府不该管的事交给企业、市场和社会组织,充分发挥社会团体、行业协会、商会和中介机构的作用”,“规范和引导民间组织有序发展”,“培育发展行业协会、学会、公益慈善和基层服务性民间组织,发挥提供服务、反映诉求、规范行为的作用”,“坚持培育发展和管理监督并重,推动社会组织健康有序发展”,是2005

①《甘谷社会组织在双联村大显身手——甘谷县在双联村成立了24个扶贫互助协会》,2013年10月28日,甘肃社会组织网(http://www.gsshzzw.gov.cn/)。

年政府工作报告、“十一五”规划纲要、“十二五”规划纲要提出的关于社会组织建设发展以及社会组织参与社会管理的指导思想。但是,社会组织究竟如何发展,在“党委领导、政府负责、社会协同、公众参与”的多元化社会管理新格局中如何发挥作用,在政策与法律上还缺少具体指导与支撑,政策与法制准备严重滞后于现实需要,甚至出现制度与法制真空。比如政府购买社会组织服务问题,至今还没有形成统一的明确的法律条文加以明确规范。当前,民族地区一些地方,社会组织的培育与发展还存在着一定程度的随意性和盲目性,一些事关社会组织建设发展的基本的问题至今还未得到很好的解决。甚至存在长期缺乏规范和监督的自生长状态,这些情况的存在正在严重地恶化着社会组织的自生长环境。二是社会共治理念缺失。当前,在民族地区社会管理领域,社会管理主体的多元化是社会管理创新发展的趋势。“政府并不是公共权力的唯一主体,公民个人、非政府组织等也可以成为公共管理的主体,它们在共同的目标下参与式地决定公共政策和提供公共服务,共同承担公共事务治理的责任。”[①]加强和创新社会管理需要政府与社会组织合作。在西北民族地区,改革开放以来,为适应形势与任务的发展变化,党和政府大力推进社会管理创新,经过长期探索和实践,已经基本形成了“党委领导、政府负责、社会协同、公众参与”的社会管理新格局,逐步实现了社会管理主体由传统的政府“一元”向“多元”的转变,然而社会管理总体格局的变化,并不意味着管理理念已经实现了由“管理社会”向“社会管理”的转变。新的社会管理理念要深入人心,成为政府社会管理人员与社会组织以及社会成员的理性的行为自觉,还有艰巨的思想政治教育工作要做。尤其是转变惯性的政府管理思维,并不容易。长期计划经济体制下形成的政府一元化管理的惯性力量,要消解不是一朝一夕的事情。现在这种情况的存在是有具体表现的。体现在政府部门,一些管理人员对社会组织参与社会管理仍然心存疑虑,不敢放手让渡社会管理和社会服务空间,导致社会组织难有作为;体现在公众方面,政府对社会的长期全面介入,导致大多数社会成员政府依赖心理严重存在,现在还有大量群众存在“有问题找政府”“信访不信法”等思想。当前,社会共治理念的缺失,已经严重影响了社会组织的创新发展。三是社会组织与政府间的关系尚未理顺。目前,民族地区许多社会组织都是在政府职能部门或派出机构的主导下建立起来的,独立性差。“社会组织名义上承接政府委托的公共事务,实际上对自身活动尚缺乏完整的和长期的规划,其定位基本上是随时接受政府下派的任务,在这一过程中,社会组织实际上变成了政府部门的延伸。”[②]其发展还处于“脱钩转型”阶段,因而自治能力、自我生长

①吴志华、翟桂萍、汪丹:《大都市社区治理研究:以上海为例》,复旦大学出版社2008年版。

②王浦劬、[美]莱斯特·M.萨拉蒙等:《政府向社会组织购买公共服务研究——中国与全球经验分析》,北京大学出版社2010年版。

能力还不强，服务社会的内容和范围还相当有限，承接政府事务还是其主要活动内容。但由于政府下派任务的随机性，致使社会组织的规范性和长远性很难得到充分考虑。其发展还高度依赖政府行政管理体制改革所释放的空间大小。同时，由于社会组织管理能力和经验缺乏，在参与社会管理的过程中，社会组织很大程度上不得不依附于政府，难以自主行为。这些现象导致了社会组织与政府间存在严重的依赖与被依赖、支配与被支配的关系，进而引起了政府与社会组织责权关系的不清晰。一些政府部门甚至存在随意支配社会组织，要求其承担政府工作的情况，从而使社会组织职能行政化。社会组织与政府间的这种定位不清，既不利于社会组织的独立发展，也影响了社会组织的社会公信力。

从社会组织方面看：一是社会组织规模性发展相对滞后。作为实现社会管理的重要载体，一定规模的社会组织是实施有效社会管理的基本条件，如果社会组织发育不足，那么社会组织就难以在社会管理中充分发挥其主体性作用。近些年来，西北民族地区的社会组织迅速发展，规模呈上升态势，但还远远不能满足服务社会、管理社会的需要。尤其是基层社会组织，种类结构不合理，社会组织间的发展也不平衡。目前民族地区城乡基层社会组织，从数量上来看，研究会、学会、文体类组织占大多数，而当前社会急需的慈善类、救助类、社区服务类组织相对较少，尤其是社区养老服务、社区民办中小学、民办幼儿园、社区医疗服务站或社区诊所等，社区社会组织的培育发展严重滞后。其中，在农村绝大多数社会组织属于农村专业经济协会和其他农村经济合作组织。同时，目前民族地区城乡基层社会组织普遍缺少科学规范的内部管理，许多基层社会组织还严重缺少专门的组织管理人才，主要表现就是一些社会组织负责人和主要管理人员缺少社会组织和管理能力与经验，服务社会意识与观念不强。尤其是在农村，大多数农村专业经济协会都是由行政村的村主任、村支部书记或较有威望的人担任领导，主要管理人员大多数只有初中或小学文化程度。这些人虽然有号召力，有一定热情，但能力的欠缺也决定了这些社会组织作用的发挥始终是有限的。二是社会组织在社会管理中的主体性缺失[1]，社会组织缺乏独立性，行政色彩浓厚。作为独立于政府和企业之外的不以营利为目的的社会组织，独立性是它能够在社会管理中以不同于政府的角色发挥重大作用的基本前提。然而当前在民族地区，社会组织独立性的缺乏，对政府的依赖，使它在管理体制上表现出浓厚的行政色彩，实施的是双重管理体制，社会组织的成立和运行需要获得业务主管单位和登记管理机关的双重审查和管理。这样的双重管理体制将社会组织置于严格的控制和约束之下，严重影响了社会组织的发展。从人员配置来看，有重要影响的社会组织都由政府相关机

①何芸：《社会组织在社会管理中的主体性问题》，载《理论探索》2011年第4期。

构创立，而其主要领导人或负责人要么是由政府直接任命，要么是由政府退休党员干部担任。从经费来源来看，社会组织的经费主要源于财政拨款、经营性服务收费和社会捐赠三个方面。在财政资助方面，相当数量的社会组织主要依赖政府的财政资助，虽然资助水平并不高，但由于资助范围的不平衡性，也不是所有社会组织都可以得到政府财政的支持。当前，经费短缺已成为影响民族地区社会组织独立发展的重要因素。这一现象在基层组织表现得更为明显。总体来看，基层社会组织由于活动经费少，自我发展能力严重不够，一些社会组织连起码的固定的办公场所都没有。基层社会组织缺乏充足的经费保障，在一定程度上已经影响了自身建设和组织活动的经常性、有效性。三是社会组织在社会管理中的客体化倾向严重存在。社会组织在社会管理中具有二重性，它既是社会管理的客体，同时也是社会管理的主体。一方面，政府负有对社会组织的社会管理职责，在这个层面上，社会组织是社会管理的客体。另一方面，社会组织是社会的自我组织、自我管理和自我服务的机构，是广泛维护社会稳定和社会秩序的有效调节器，因此社会组织也是社会管理的主体。然而由于历史原因，目前民族地区社会组织在社会管理中更多地担着客体或对象的角色，政府与社会组织的关系一定程度上还是管理与被管理、控制与被控制、约束与被约束的关系，其主体性地位几乎被湮灭。① 这些原因，导致社会组织凝聚力不强。社会组织的主要职能是沟通、协调和服务，其中社会服务职能是最重要的职能。但是，现实当中，民族地区社会组织服务职能发挥十分有限，一些社会组织由于种种原因不能正常开展活动，无法为社会提供必要的社会服务，有的甚至是无经费、无办公场所、无专职人员的三无组织。结果导致社会成员对其缺乏认同感，参与意识也不强。

从政府方面看：一是社会组织发展缺少各种相关政策支持。改革开放以来，随着社会组织的发展与壮大，社会组织提供了越来越多的社会服务，从很大程度上弥补了政府公共服务供给的不足，推动了公共社会事业的发展。各级政府本应该转变政府职能，通过政府购买服务等形式，以及制定相关财政税收政策扶持、鼓励社会组织的发展，然而事实上目前大多数社会组织的发展还缺少必要的各种优惠政策的扶持。例如近年来农村专业协会的发展很快，有效地促进了当地农业产业化发展和农民增收。然而农村专业经济协会普遍缺乏来自于政府的资金支持。绝大多数农村经济协会没有固定的运转资金，经费的短缺使其无法提供更多的服务。当前民族地区各级政府虽然已经认识到了这一问题，但政府财政支持用以培育和发展农村专业经济协会的相关优惠政策并没有及时出台。二是政府社会组织管理部门管理力量薄弱，难以对社会组织进行有效管理和监督。为了加强

①李保平：《法治与社会管理创新的几个理论问题》，载《2012年中国社会学年会西部民族地区社会建设理论创新与政策设计论文集》。

对社会组织的管理,国家成立了民政部民间组织管理局,民族地区地方各级民政部门也相应成立了民间组织管理机构。但是目前民政部门社会组织管理机构人员紧张,经费短缺和工作被动的局面短期内难以改变。工作方式和技术手段也有待进一步改善和加强。诸如此类的情况与问题的存在,致使政府的社会组织监管机构无法对社会组织进行有效的监督管理,在一些地方,社会组织的发展基本上处于一种自生自灭的状态。[①]

三、民族地区加强社会组织管理的对策建议

当前,在西北民族地区,社会组织发展在数量上增长迅速,而且组织结构、组织资源、组织获得的支持以及面临的舆论氛围也呈现出日益优化的倾向,社会组织进一步发展有了较好的基础,特别是城乡基层社会组织的日益活跃,客观上要求社会组织管理体制要与时俱进,释放制度活力,进一步推动社会组织创新发展。通过前面的分析我们发现,当前西北民族地区加强和创新社会组织管理,可以说是机遇与挑战并存,未来必须要在若干方面有所作为。建议未来民族地区的社会组织管理要按照“政社分开”“权责明确”“依法自治”的原则健全和完善社会组织管理的体制机制。

1.厘清政府与社会组织的职能边界,增强社会组织独立性

政府与社会组织之间是一种合作伙伴关系,“这种伙伴关系强调多元化的民主参与,即公民、民间组织以及基层行政人员等多元主体对公共治理的共同参与,从而达到政府与公民社会良好合作的新境界”[②]。厘清政府与社会组织的职能边界,就是要彻底改变二者之间一定程度上还存在的管理与被管理、控制与被控制的关系,变为平等的协作关系。为此,要“建立与经济社会发展水平相适应,布局合理、结构优化、功能到位、作用明显的民间组织体系和法制健全、分类管理、分级负责的民间组织管理体制,充分发挥民间组织提供服务、反映诉求、规范行为的作用”,要“推进政社分开,增强民间组织自主发展、自我管理、自我约束能力”。[③]社会组织并非隶属于政府的下属单位,而是与政府平等的独立的自治组织,确立社会组织在社会管理中的主体地位,必须改变社会组织客体化的局面,消除社会组织的行政化色彩,允许社会组织进入某些社会公共服务领域,尤其是政府公共服务覆盖不到的领域。在“市场失灵”“政府失灵”的地方,社会组织往往具有无可替

①鲁可荣:《城乡基层社会组织发展管理中存在的问题分析与政策建议》,载《武汉科技大学学报》(社会科学版)2012年6月。

②吴志华、翟桂萍、汪丹:《大都市社区治理研究:以上海为例》,复旦大学出版社2008年版。

③回良玉:《在全国第十二次民政工作会议上的讲话》,2006年11月23日,中国政府网(http://www.gov.cn/)。

代的优势。当前随着“改革的不断深化，社会分层日益细化，社会利益关系日趋复杂，利益主体呈现多样化，收入分配差距拉大，社会流动加快，‘社会人’替代‘单位人’成为社会成员主要特征”[①]，在这种巨变面前，如果继续实行单一的社会管理模式，丰富多样的社会需求就难以满足。所以政府应给予社会组织充分的参与权，包括政府向社会组织购买公共服务，“实际上并非政府责任的转移，而是政府供给公共服务具体方式和机制的转变，是政府为了向公民提供更多、更优质的公共服务而将其具体生产过程让渡给社会组织”[②]。但在这一改革过程中要注意两个问题：一是事务转移与权力、资源转移要有对应性；二是职能的转移要有条件和有步骤地进行。[③]

2. 建立健全社会组织支持体制，加大对社会组织的培育力度

支持体制是指政府关于社会组织培育发展、扶持推动、优惠补贴各种支持性政策和制度体系，包括社会组织培育发展制度、优先参与购买服务等扶持制度以及优惠的税收制度等。[④]现在民族地区大多数社会组织亟须获得支持与扶持，“重点培育经济社会发展需要的行业协会、农村专业经济协会、公益慈善类、基层服务类民间组织，支持引导各类基金会和社会事业类民间组织发展”[⑤]。为此，一是要大力完善配套扶持政策，建立健全社会组织专职工作人员的基本医疗、基本养老保险等社会保险制度，积极创造条件为社会组织在活动场地、资金等方面提供优先优惠政策，逐步建立政府资助机制，通过地方财政支持资金、利用社会资金等多种筹资方式设立社会组织发展基金，重点扶持社会迫切需要的社会组织。二是加快政府职能转化进程，切实转变政府职能和管理方式，把行规行约制定、资质资格考核、技术质量鉴定、项目评估、行业自律等政府职能转移给社会组织，把慈善事务、社区服务等社会服务性和事务性工作委托给社会组织，充分发挥社会组织的职能作用。三是进一步推行购买服务制度，政府在调整优化公共财政支出结构、提高公共服务支出比重的同时，大力推行政府向社会组织购买服务制度，通过定向委托或授权“费随事转”、合同管理评估兑现等运作机制，利用社会组织的优势降低行政服务成本，提高公共服务效率。

---

①沈爱民：《和谐社会建设中的社会管理格局》，载《学习时报》2009年4月6日。

②王浦劬、[美]莱斯特·M.萨拉蒙等：《政府向社会组织购买公共服务研究——中国与全球经验分析》，北京大学出版社2010年版。

③王名等：《谈谈加快形成现代社会组织体制问题》，载《社会》2013年第3期。

④廖鸿、李培晓：《现代中国社会组织怎样练成》，载《中国社会组织》2013年第1期。

⑤回良玉：《在全国第十二次民政工作会议上的讲话》，2006年11月23日，中国政府网（http://www.gov.cn/）。

3.改革现行管理体制，给予社会组织发展良好的法制环境

首先，目前制约社会组织发展的最基本障碍是双重管理体制，双重管理体制意味着社会组织的活动空间狭小，受到的行政干预比较严重，丧失了自主性和独立性。为此，可以放宽社会组织的准入条件，降低对社会组织的行政约束和控制，激发社会组织的活力，使社会组织在社会公共事务和社会福利等领域充分发挥作用。要从根源上转变传统的双重管理模式为一元登记管理模式，为社会组织的发展提供一个宽松有利的社会环境。其次，要完善社会组织的管理法制，提供健全的法制环境。社会组织的管理法制不健全也是制约社会组织在社会管理中主体地位的确立，限制其发展空间的重要原因。加快制定和完善社会组织管理的基本法，从社会组织的登记成立到法律定位，从外部的监督管理到内部的治理约束，从职能范围到活动原则，从服务活动到规范标准等方面做出明确的规定，为社会组织的规范发展提供法律依据，进而保证社会组织得以健康有序的发展。

4.完善社会组织内部治理，提升社会组织的自律性

要"指导民间组织加强自身建设，实行民主选举、民主决策，健全民主管理制度，加强诚信建设，提高民间组织公信力和活动的透明度"[①]，一是要加强诚信建设，增强社会组织的社会责任感，规范日常行为，提高透明度，全面推行承诺服务制度。开展有偿服务活动必须公开服务内容、服务方式、服务责任，公开收费项目收费标准做到内容明确、责任到位、收费低廉。二是要全面推行信息公开制度，接受捐赠资助要严格按照与捐赠人、资助人约定的期限、方式和合法用途使用，并将有关情况向社会公开。收取的会费及服务收入除用于专职工作人员的工资福利待遇和必要的办公经费外，必须用于其章程规定的业务活动以进一步壮大社会组织。三是要加强专业队伍建设。建立健全社会组织内部激励和约束机制，发挥从业人员的积极性和主动性，逐步推行社会组织专职工作人员纳入社会工作师资格评定和职业水平评审范围，适当提高社会组织专职工作人员的工资福利待遇，促进社会优秀人才加入社会工作者队伍，推动社会组织人才队伍逐步年轻化、专业化、职业化。

5.健全社会组织的监督管理体制

社会组织监管体制是政府关于社会组织管理的行政机构设置、权限划分、权力运行机制等方面的制度体系，包括社会组织登记、备案、分类管理和行为管理等制度。[②]当前在民族地区健全和完善社会组织监督管理制度已经非常必要，各地

①回良玉：《在全国第十二次民政工作会议上的讲话》，2006年11月23日，中国政府网(http://www.gov.cn/)。

②杨柯：《社会组织监管体制存在的问题与改革对策探析》，载《云南行政学院学报》2011年第6期。

政府要积极探索与完善社会组织监督与管理工作体制和机制，“要依法加强监管，完善归口登记、双重负责、分级管理体制，建立信息化管理系统，加大对非法和违法行为的查处力度，促进民间组织健康有序发展”①。一是要创新双重管理体制，要认真落实业务主管单位和登记管理机关的双重管理体制，明确双方职责，各司其职，分工协作，密切配合，共同做好社会组织建设与管理工作。业务主管单位要切实承担起在社会组织中党的建设、思想政治工作、财务和人事管理等方面的工作职责。民政部门承担社会组织登记、审批、制定政策、监督检查和查处违法、违纪行为及打击非法组织等职责。要采取分类指导的办法，在基层和社区公益性民间组织中进行由民政单一管理的试点，对行业协会可探索实行统一业务主管单位的办法，以减少政府其他有关部门对行业协会的审批和过多的行政干预。对社科类专业性社会团体和民办学校医院等行业特点明显的民办非企业单位仍可沿用双重管理体制。二是要严格落实注册登记制度。要实行分类管理、区别对待、堵疏结合的办法管理中介组织、行业协会。志愿服务组织和民间公益性组织要充分发挥其在社会建设中的积极作用，降低准入门槛，壮大工作力量。对形形色色的境外非政府组织，要按照积极稳妥、趋利避害、突出重点、注重策略的原则设立一定门槛。三是切实加强动态监督管理。能够及时掌握社会组织基本情况，能够及时掌握活动动态，能够及时掌握违法犯罪。坚决防止组党结社、渗透颠覆活动。坚决防止实施经济犯罪，谋取非法利益。坚决防止组成犯罪集体进行有组织犯罪。同时，还要建立社会组织信息公开制度。要设立监督电话，接受社会查询和投诉，加强新闻舆论监督。要进一步整合相关部门的力量建立起由政法、民政、监察、外事等部门参加的快速反应机制，及时处置社会组织突发性事件，形成多层次、多方位的社会组织综合监督管理体系。

6.突出工作重点，提升社会组织服务经济发展和服务社会的能力

要从实际出发对不同类型的社会组织实行区别对待，分类指导。要紧紧围绕经济社会发展的需要，加强重点领域和重点行业社会组织的培育和发展。一是围绕促转型快发展，大力培育发展各类行业协会，着重抓好重点行业协会的建设，切实发挥行业协会桥梁纽带作用。二是围绕新农村建设，加快培育发展农村专业经济合作组织，建设一支以能人大户、技术能手为主体的带头人队伍，培育一批具有地方产业特色的专业合作组织，有效发挥专业合作组织协调服务、业务指导、带动致富等作用。三是“积极培育发展各类社会慈善组织和志愿者服务组织，支持开展形式多样、行之有效的慈善活动。制定完善志愿服务扶持政策和志愿者参与慈善公益事业的各项激励、保障制度，壮大志愿服务队伍。加大慈善捐赠的政策支

①回良玉：《在全国第十二次民政工作会议上的讲话》，2006年11月23日，中国政府网（http://www.gov.cn/）。

持，探索建立慈善组织行业自律机制和社会评估机制，提高慈善组织的社会公信力。加强社会捐赠管理，在城市街道和社区普遍建立社会捐助接收站(点)，深入开展专项和经常性捐赠活动，大力推广'慈善超市'和'爱心超市'，使社会捐助活动经常化、制度化、规范化"[①]。要整合利用现有的志愿者协会、心理健康辅导中心、困难职工帮扶中心、法律援助中心等资源和人才优势与社会组织开展共建活动，有效发挥公益慈善类组织在扶贫助困、兴教助学、便民利民、矛盾排解等方面的积极作用。

①回良玉:《在全国第十二次民政工作会议上的讲话》，2006年11月23日，中国政府网(http://www.gov.cn/)。

第三章　社会事业管理

从社会事业涉及的范围和社会事业管理的价值取向看,加强和创新社会事业管理既是社会主义本质属性"共同富裕""社会和谐"的内在要求,也是实现社会管理目标的客观需要。改革开放以来,西北民族地区在社会事业管理实践中已经取得一定成就,同时也存在一系列问题。但无论是成就还是问题,其实都奠基了下一步的发展,即便是问题至少也表明了下一步的实践重点所在。因此,在讨论民族地区加强和创新社会事业管理的时候,有必要对下一步发展的基础以及需要解决的问题有一个深刻的认识。这也是筹划下一步民族地区社会事业管理发展的限制性前提。

一、改革开放以来社会事业发展取得的成就与存在的问题

(一)社会事业发展取得的成就——以甘肃省的统计数据为分析对象[①]

1.稳定和扩大就业成效显著

一是实行积极的就业政策,就业渠道不断拓宽。到2010年末,全省就业总量达到1499.56万人,年城镇新增就业人数由"十五"末期的17万人增加到29.3万人,城镇登记失业率控制在4%以内。全省完成农民工培训230.27万人,5年输转城乡富余劳动力2168.69万人次,比"十五"期间增加1142.77万人次,增长111.39%。全省创劳务收入1441.83亿元,比"十五"期间增加1147.26亿元。高校毕业生年就业率保持在80%以上。二是就业公共服务体系建设步伐加快,服务能力有较大提高。全省已建立省、市、县三级公共就业服务体系。"十一五"期间,累计有100万人享受了职业培训补贴,76.5万人享受了职业介绍补贴,11.5万人享受了技能鉴定补贴。三是困难群体就业得到有效援助。实现了国有企业下岗职工基本生活保障制度向失业保险制度的并轨。50.1万名下岗失业人员实现再就业,帮扶38914户零就业家庭的43599人实现就业、再就业。四是劳动关系协调机制

①《甘肃省"十二五"就业和社会保障规划》,2011年9月13日,甘肃新闻网(http://www.gansutelecom.cn/)。

基本形成。建立健全劳动用工备案制度，"十一五"末期，劳动合同签订率90%，其中国有企业劳动合同签订率达到100%。全省共有2851家企业实现集体协商与集体合同制度，涉及用工70.5万人。全省14个市州、46个县区建立了劳动人事争议仲裁委员会。劳动保障监察进一步加强，重点规范劳动力市场秩序、清理拖欠农民工工资、整治非法用工，共检查用人单位20.3万户，涉及劳动者944.1万人。

2.初步建立了覆盖城乡的社会保障体系

一是多层次的社会保障体系初步形成，社会保险覆盖范围逐步从国有单位向多种经济社会组织、从单位就业人员向灵活就业人员、从城镇居民向农村居民拓展。"十一五"末期，基本养老保险、基本医疗保险、失业保险、工伤保险、生育保险参保人数分别达到242.5万人、589万人、164.2万人、130万人、82万人，比"十五"末期分别增长了22.28%、233.56%、2.63%、85.58%和104.9%。退休人员基本养老待遇不断提高，人均月基本养老金达到1468元，年均增幅达到12%以上。工伤保险伤残津贴每月增加到1105元，失业保险金发放标准每月达到430元。80%以上的地区职工和居民医保最高支付限额已达到职工平均收入和居民可支配收入的6倍以上。城镇职工和居民基本医疗保险住院报销比例分别达到70%和60%。农村新型养老保险试点加快推进，被征地农民养老保险制度、新型农村合作医疗制度稳步实施。截至2010年底，34个县被列为新农保试点县，覆盖556.4万人。全省被征地养老保险参保人数约为1.1万人，新型农村合作医疗参合人数为1906.92万人，参合率为95.54%。二是社会救助体系不断完善，救助力度显著增强。城乡低保对象由146万人增加到405万人，共发放保障资金115亿元。农村"五保"供养方式实现由农村互助共济向政府财政负担转变，集中和分散供养标准提高到年人均2310元和1640元，供养人数达12.5万人，共发放供养资金7.23亿元。城乡医疗救助和临时救助制度全面建立，共发放救助资金15.3亿元，实施救助456万人次。三是社会福利、社会优抚、残疾人事业进一步发展。截至2010年底，全省各类养老福利机构达到693个，拥有床位2.17万张。全省共扶持51万农村贫困残疾人解决温饱，对26万残疾人进行了职业技能和实用技术培训，安置6万残疾人稳定就业，残疾人就业率达到85%。为60万残疾人提供了康复服务，其中12万人不同程度康复。残疾少年儿童入学率达到80%。四是民生投入不断增加。"十一五"期间，全省财政就业和社会保障支出761.1亿元，2010年的投入是2005年的2.6倍，年均增长25.8%。

3.公共就业和社会保障服务设施建设稳步推进

"十一五"末，全省共建成1个省级和5个市州级人力资源市场和社会保障服务中心。目前，全省共有各级各类人才市场104家、劳动力市场89家、社会保障服务中心38家。142个街道、569个乡镇、1064个社区建立了劳动保障工作机构，基本形成了省、市、县、街道乡镇四级就业和社会保障服务网络体系。完成了省、市、县三级金保专网建设，在全省范围内基本实现了养老保险信息化管理。

4.城乡居民收入显著增长

“十一五”末，全省城镇居民人均可支配收入13189元，较“十五”末增长60.76%，年均增长11.43%。农民人均纯收入为3308元，较“十五”末增长了67.07%，年均递增11.52%。全省农村贫困人口为388.8万人，脱贫人口为53.6万人，贫困面为18.7%，43个国家级贫困县农民人均纯收入达到2294.4元。

5.教育事业快速发展[①]

2010年全省87个县市区全部实现了“两基”目标，“两基”人口覆盖率达到了100%。中等职业教育规模迅速扩大，在校生达到33.25万人，高中阶段毛入学率达到75%，比2007年提高23个百分点。高等教育质量和规模协调发展，大众化水平进一步提高。高等教育规模稳步扩大，在校生达到59.02万人，比2007年增加13.52万人，高等教育毛入学率从2007年的18%提高到2011年的23%。学前教育发展力度明显加大，步入了快速发展的轨道。截至2011年底，全省共有幼儿园2457所，在园幼儿43.22万人，比2007年增加10.19万人。中小学教师队伍建设得到全面加强，教师队伍整体素质明显提高，普通高中、初中、小学教师学历合格率分别达到91.52%、98.66%、99.55%，比2007年分别提高14.09、3.57、1.9个百分点。人民群众关心的热点和难点问题得到有效解决，教育公平迈出了新步伐。全省实现了免费义务教育，并在58个连片特困县组织实施“农村义务教育学生营养改善计划”；设立了中等职业教育国家奖学金、助学金；形成了奖、贷、助、补、减有机结合的高校家庭经济困难学生资助政策体系。其中生源地信用助学贷款自2007年启动以来，贷款人数达到30.02万人（次），贷款金额达到21.99亿元，贷款总额位列全国第六。

6.卫生事业取得新进展[②]

十七大以来，伴随着深化医药卫生体制改革，甘肃省卫生事业取得积极进展。覆盖城乡的医疗卫生服务体系基本形成，基本公共卫生服务均等化项目进一步扩展。人均公共卫生补助经费提高到25元，并全部落实到位。城乡居民健康档案规范化电子建档率分别达到78.7%、81.7%。基层医疗服务条件有了很大改观，仅2012年，共投资4.33亿元建设了5个县级医院、240个乡镇卫生院、6个县级重大疾病防控机构、29个县急救中心，并配备救护车及车载设备。医疗保障覆盖

①《甘肃省教育改革发展情况新闻发布会》，2012年11月2日，甘肃新闻网（http://www.gansutelecom.cn/）。

②《甘肃省卫生事业改革发展情况新闻发布会》，2012年11月5日，甘肃新闻网（http://www.gansutelecom.cn/）。

人口逐步扩大，截至2012年9月，全省参合农民达1921.50万人，参合率达到97.09%，新农合政策范围内住院费用报销比例达到77%。基本药物制度初步建立，国家基本药物制度稳步推进，药品价格合理下降。卫生事业得到全面发展，人民群众健康水平显著提高。我省人均期望寿命从2007年的72.10岁提高到2011年的72.23岁；孕产妇死亡率从2007年的62.63/100000下降到2011年的30.71/100000；婴儿死亡率从2007年的16.13‰下降到2011年的8.28‰；5岁以下儿童死亡率从2007年的18.19‰下降到2011年的9.53‰。

（二）目前社会事业发展存在的问题

当前甘肃省社会事业发展面临难得的历史机遇：一是需求拉动更加有力；二是财力支撑更加厚实；三是体制机制更加完善；四是政策机遇更加有利。①同时，也面临一系列挑战：一是基本公共服务均等化的要求更加紧迫；二是社会事业转型发展的要求更加紧迫；三是社会事业创新驱动的要求更加紧迫；四是扩大规模和提高质量水平的要求更加紧迫；五是公共服务供给不足等。②机遇给发展带来机会，而这些挑战也是筹划社会事业下一步发展必须要正视的问题。

1.在“十二五”期间，就业形势较为严峻

城乡新增劳动力年均达44万人，加上需要就业的失业人员和其他人员，每年需要安排就业50万人左右。从劳动力的需求看，每年可新增城镇15万个就业岗位，加上补充自然减员等，可安排就业25万人左右，年度城镇劳动力人口供求缺口仍在20万人以上。农村劳动力向第二、第三产业转移就业的压力加大，近400万富余劳动力需要转移就业，而以农业和重工业为主的产业结构不利于大量人员就业。“当前及今后20年左右的时间内，劳动力供大于求依然是我国经济发展和就业问题的基本矛盾，中国劳动力资源绝对数量庞大，15～64岁劳动年龄人口在2014年达到最高峰时的总量高达9.97亿，这是任何国家都无法比拟的。创造8亿岗位，对世界上任何一个国家来说，都是难以想象的巨大工程。同时，就业的结构性矛盾及就业质量问题更加突出，并日益加重，与就业的总量矛盾一起，逐步形成我国就业的三大主要困难。”③从这“三大主要困难”入手分析，目前西北民族地区

①《国务院办公厅关于进一步支持甘肃经济社会发展的若干意见》（国办发〔2010〕29号）出台，国家对西部地区的专项转移支付、均衡性转移支付倾斜支持力度加大及地区间基本公共服务均等化的推进，将有利于我省争取更多的项目和投资，为改变社会事业长期、整体滞后的局面提供强劲的推动力。

②甘肃省人民政府办公厅：《甘肃省“十二五”就业和社会保障规划》，2011年9月13日，甘肃新闻网（http://www.gansutelecom.cn/）。

③张丽宾：《对我国现阶段就业形势的认识问题》，2011年3月14日，新华网（http://www.xinhuanet.com/）。

城乡就业必须解决以下一些问题：劳动力供给与需求矛盾突出的问题、就业结构不合理的问题、就业工作和就业环境存在的问题、就业的劳动力自身存在的问题、就业保障存在的问题等。

2.社会保障体系需要尽快完善

社会保险的覆盖范围急需扩大，养老保险、医疗保险等社会保障基金承载着巨大支付压力。城镇个体劳动者和灵活就业人员、农民工、被征地农民的社会保障问题突出。对困难群体的救助水平低，保障能力需要尽快提高。社会保险统筹层次低，转移接续难度大。人口老龄化进程加快，2010年全省60岁以上人口达315万人，占总人口的11.88%。家庭保障能力也在急剧下降，对社会保障的需求尤其是养老保险及相关服务的需求骤然提升。当前西北民族地区社会进入转型期，社会转型在给人们释放自主性的同时，也使人们面临了更多的生活风险。从家庭方面看，家庭小型化趋势增强、人口流动速度加快、流动空间增大，家庭对于个人生活风险的保障功能逐渐弱化。从国家方面来看，改革开放以前，我们实行的是从生到死包下来的社会福利制度。在城市里面，企业职工的社会福利由企业全部承担。在农村，社会福利由农村集体负担。改革开放以后这一社会福利制度被打破。市场化、社会化的社会福利制度改革，以及地方政府基于发展的愿望把更多的资源投入了生产领域而不是公共服务领域，人们的社会福利就失去了相对稳定的国家保障。由于企业经济活动、经济效益的不确定性，组织对于个人的生活风险保障功能也开始弱化。以农村养老体制而言，改革开放以后，家庭副业、多种经营、乡村工业的发展，尤其是联产承包责任制的推行，农民收入增加，盖房、分家成为一个普遍现象，农村家庭结构悄然发生变化，小型化趋势快速出现。同时，由于土地分配给了家庭，乡村管理者的权限被削弱，重新从农民手中收取养老钱粮供养老人这一办法遇到困难，使得过去实施的集体养老制度被削弱，压力留给了个人。[①]诸如此类的问题，是未来必须要面对的。

3.建设和谐劳资关系的难度加大

工资分配关系不合理、分配秩序不规范的矛盾日益尖锐，企业工资决定机制不健全，劳资矛盾突出，用人单位侵害劳动者合法权益现象较严重，劳动争议继续呈大幅度上升趋势。发展和谐的劳资关系，最关键是要保证劳动者劳有所得，工资增长能够与企业效率的增长、资本收益的增加保持同步。目前劳资关系不和谐主要的诱因就是劳动要素所得比重过低，劳动工资被拖欠等。所以，如何“发挥政府、工会和企业作用，努力形成企业和职工利益共享机制，建立和谐劳动关系”[②]，

---

①李友梅等：《中国社会生活的变迁》，中国大百科全书出版社2008年版，第168页。

②温家宝：《关于制定国民经济和社会发展第十二个五年规划建议的说明》，2010年10月27日，新华网（http://www.xinhuanet.com/）。

改变目前劳动所得过低的状况，就成为构建和谐劳资关系的一项重要任务。同时，如何完善劳动关系协调机制，全面实行劳动合同制度和工资集体协商制度，确保工资按时足额发放，规范国有企业经营管理者收入，确定管理者与职工收入合理比例，实现“劳动报酬增长和劳动生产率提高同步”，也是必须要回答的问题。

4.教育方面

教育资源供需矛盾突出，教育资源总量不足，学校布局不尽合理，城乡、区域办学水平差距较大，教育基础设施建设改造任务繁重。各类教育发展不够协调。学前教育发展滞后，公办幼儿园数量严重不足。普通高中学校办学规模偏低，职业教育吸引力不强，本地学生就读职业学校比例偏低。高等教育入学率与东部城市和西部先进城市差距较大。整体教育质量和办学水平不高。各类优质教育资源紧缺，内涵发展明显不够，体制机制存在诸多制约因素。优质教师资源流动不够，城市义务教育管理体制尚未完全做到以县区为主，教育投入总体不足，教育发展环境还不够宽松。其中，义务教育资源分布不均是一个特别严重的问题。这种不均衡，几乎体现在西北民族地区义务教育的所有领域和地区。最突出的是城乡之间、区域之间、地域之间的差别，城市义务教育经费投入明显高于农村，一些“老、少、边、穷”地区和其他落后或者欠发达民族地区，地方财政的教育投入严重不足。农村义务教育的师资力量、校舍、基本教学用具等软硬件两个方面的条件普遍都较差，即便是城市里面，重点学校教育经费获得也比一般学校多。这样一来，就导致了农村地区、城市一般普通学校优秀教师的流失，呈现了教育资源集中化的趋势，与义务教育普及化、公平化、大众化的要求背道而驰。也导致农村地区义务教育读书难，甚至无书可读的情况出现。这些年农村地区学校的撤并现象，以及农村流入城市的子女读书难、城市义务教育的择校等问题的出现和存在，就是最好的例证。

5.医疗卫生方面[①]

疾病防控形势依然严峻。随着工业化、城市化和老龄化的发展，社会转型加速，生活方式迅速变化，疾病传播速度加快，疾病负担日趋加重。新发传染病、输入性疾病以及突发公共卫生事件防控形势不容乐观。医改进入攻坚阶段，统筹协调各方利益难度越来越大。基本医疗保障水平有待提高，群众“看病难，看病贵”的问题尚未得到根本解决，深层次矛盾和问题日益凸显。卫生资源配置不平衡，卫生人力资源发展滞后。城乡之间、区域之间卫生事业发展不协调。优质卫生资源多数集中在城市，城市卫生资源多数集中在大型医院。民族地区和经济欠发达地区卫生事业发展滞后。卫生人力资源总量不足与结构不合理并存。医疗是关

①《甘肃省“十二五”卫生事业发展规划》，载《甘肃日报》2011年11月8日。

系民生的大事之一，人民群众对此非常关注。未来，如何有效地对基本医疗保险实施监督，包括对参保人员、定点医疗机构、医疗保险工作人员等的监督；如何继续坚持并不断提升医疗卫生的公益性质；如何实现投入增长与经济增长的同步，加大对医疗卫生事业的投入；如何对医疗卫生机构进行改革，改革运行模式，改变以药养医的局面，真正为广大人民群众切实减轻看病的负担等，是必须要面临的挑战。

二、现阶段社会事业发展的目标和面临的主要任务

改革开放以来，民族地区社会事业成就巨大，尤其是社会保障建设取得很大成就，覆盖城乡居民的社会保障体系框架已经基本形成，以养老、医疗、失业和最低生活保障为骨干的保障体系正在快速发展和推进，城乡居民对社会保障的满意度明显增加。但与此同时，也还存在农村社会保障滞后、医疗保障需要加强、失业保险覆盖面需要加宽、收入分配改革滞后等问题。如今随着经济波动、人口老龄化加剧、人口流动加快、就业形式多样化发展等因素的影响，民族地区的社会事业必须要确立事关长远的发展目标，同时必须要加快发展速度，以适应新时期民族地区经济社会发展的要求。

（一）未来一个时期社会事业发展目标①

1.从就业发展看

改革开放以来，在经济快速发展的推动下，民族地区工业化、城市化的进程加快。伴随着经济增长，尤其是第三产业的发展，大量的就业机会被创造出来，但当前就业高峰的到来加上大量农民工的就业问题、高校扩招以后大量大学生的就业问题等，使就业问题成为当前民族地区社会管理问题的焦点问题。从宏观看，未来要解决就业问题需要破解一系列难题：一是劳动力供给与需求矛盾突出。就劳动力供给来说，人口增长过快导致劳动年龄人口规模过大。就劳动力需求来说，经济增长、国家投资总是有限的，其对就业岗位增加的贡献也是有限的。而且从目前的情况看，经济增长对劳动力需求反而有下降的趋势。二是就业结构存在问题。大量的劳动力集中在第一产业就业，第二产业就业比重明显不足，第三产业就业比重滞后。这说明产业结构调整还有待加强，城乡人员的就业比例失调，农业部门隐性失业严重。三是就业工作和就业环境存在问题。城乡二元结构的体制性就业市场仍然存在。城乡分割的就业市场严重阻碍着农村人口在城市的非农化产业的就业。四是就业保障存在问题。当前，失业问题已经有所加剧，失业人群往往是一些受教育程度低、劳动能力差、家庭生活困难的群体。就业、失业保

①《甘肃省“十二五”就业和社会保障规划》，2011年9月13日，甘肃新闻网（http://www.gansutelecom.cn/）。

障方面存在严重不足。就业是民生之本。解决这些问题，未来需要健全促进就业的政策体系，促进农村劳动力转移就业，建立城乡一体化的就业服务体系。到“十二五”末，全省城镇新增就业130万人，就业困难人员再就业40万人，城镇登记失业率控制在4%以内；服务业就业人数占全社会就业人数的比重较2010年提高4个百分点；完成职业技能培训100万人，创业培训20万人，农村劳动力累计输转2200万人次以上；集中供养有劳动力的孤儿基本实现就业；高校毕业生就业率达到85%。

2.从社会保障方面看

要完善与甘肃经济社会发展水平相适应、覆盖城乡居民、制度协调发展、保障水平全面提高、管理服务社会化的多层次社会保障体系，使城乡居民人人享有社会保障。城乡住房保障体系基本建立。城乡公共文化服务体系不断健全。一是要扩大社会保障覆盖范围。到“十二五”末，形成覆盖城乡居民的社会保障体系，实现人人享有社会保障的目标。全省城镇基本养老保险覆盖面达到94%，失业保险覆盖面达到95%，工伤和生育保险覆盖面达到85%，城乡基本医疗保险实现全覆盖，城乡居民最低生活保障制度继续实现应保尽保。城镇企业职工基本养老、失业、工伤和生育保险参保人数分别达到273万人、171万人、152万人和116万人。全省城镇居民养老保险全覆盖。新型农村合作医疗实现全覆盖，新型农村养老保险提前实现全覆盖，实现村干部、被征地农民养老保险与新农保并轨。二是要稳步提高社会保障待遇水平。职工基本养老金最低标准由1249元/月提高到2000元/月左右。基本建立适度普惠型福利体系。①城乡孤儿最低养育标准随经济社会发展逐步提高。不断提高城乡最低生活保障水平，使城乡低保对象月人均补助水平达到全国平均水平或略高于西部平均水平。尤其是要逐步提高农村居民最低生活保障水平。②失业保险金、工伤保险待遇、优抚对象生活水平逐步提高。三是要不断增长财政社会保障投入。社会保障支出由占财政支出的16%提高到30%左右。四是要建成与省情相适应的社会养老服务体系。到“十二五”末，

---

①社会福利，是国家和社会通过社会化的福利设施、福利津贴和各种其他非物质的福利形式，给社会成员提供服务，满足社会成员生存、享受和发展需要，促使其生活水平、生活质量随着经济的发展而不断提高的制度安排。它是更高层次上的社会保障形式，内容和范围涉及了教育、医疗、住房、文化娱乐等领域。

②在我国，最低生活标准有两个，也就是按照户籍身份识别的城乡不同的两个最低生活标准。形成这一现象的原因是多方面的，最根本的原因是国家的经济实力的问题。新中国成立以来的很长一段时间，我们实行的是城乡分治的管理模式，城乡之间不但生产方式、生活方式不同，而且社会保障也不同。农村居民的社会保障由“土地解决”，城市居民的社会保障由国家解决。城市经济与农村经济在收益方面的差别反映到社会保障上，就出现了城乡不同的两个保障标准。

全省初步建成布局合理、规模适度、形式多样、功能完善、与省情相适应的社会养老服务体系，基本实现全省每个县市至少拥有1所专业养老服务机构，社区和居家养老服务覆盖城乡社区，每千名老年人拥有养老服务床位达到30张。五是城乡居民居住条件明显改善。按照全面建设小康社会标准，逐步提高城乡居民居住水平，2015年城镇人均住房建筑面积达到30平方米，农村人均住房建筑面积达到32平方米，农村砖木、砖混住房比例占80%以上。覆盖城乡居民低收入家庭和部分中低收入群体的城乡住房保障体系基本建立。

3.从收入分配方面看

收入分配是民生之源。从这个意义上理解，收入分配问题是社会管理重要的问题之一。改革开放以来，随着经济的持续快速发展，民族地区城乡居民的收入有了较大增长，但与此同时，另外两个问题也同时出现：一是人们对经济增长与收入分配增长的不同步开始有了微词，一是收入分配差距扩大化的趋势开始出现，尤其是收入分配秩序混乱、行业之间收入分配差距加大、贫富差距扩大、社会分化严重等对社会和谐产生了相当大的影响。因此，收入分配的问题开始成为人们议论的重点。当前在民族地区收入分配领域存在一些严重问题，比如社会成员之间收入分配差距扩大化趋势明显。其一，贫富两极分化的程度加深，财富集中的趋势上升。其二，城乡之间收入分配差距进一步加大，城乡分化和区域之间的分化问题比较突出。其三，农民、城市部分工人、城市非正规就业者等一些社会群体的劳动收入偏低。再比如人们获得收入分配的机会不均等。首先，不同所有制之间、不同行业之间的人们获得收入的机会不均等的问题存在。其次，城乡居民获取收入分配机会不均等的问题存在，等等。解决这些难题：一是要改革和完善收入分配制度，提高居民收入水平。“十二五”末，农村居民年人均纯收入和城镇居民年人均可支配收入分别达到5830元和23100元，年均增长12%。二是要不断缩小城乡、地区、行业间收入差距，加大对城镇低收入居民的扶持，增加农民收入，减少贫困人口。5年减少贫困人口200万人。返贫率控制在15%以内，贫困发生率下降至10%以下。三是要建立合理的职工工资增长机制，提高工资性收入水平。职工最低工资标准提高到1200～1500元/月。

4.从教育方面看[①]

教育是民生之基，是个人获得知识和劳动技能进而融入社会，通过工作获取收入以实现人生价值的阶梯。从这个意义上来说，保障和改善民生离不开教育的发展，教育也就成为社会建设与社会管理的重要内容。教育与经济社会发展关系密切，它为经济社会发展不断提供智力支持、精神动力和人力资源支撑。一个人

①《甘肃省国民经济和社会发展第十二个五年规划纲要》，2012年3月14日，甘肃新闻网(http://www.gansutelecom.cn/)。

只有享受良好的教育，才能提高自己创业创新的能力，增强自己抵御市场风险的能力，也才能有效地维护自己合法的经济权益。尤其是贫困地区的贫困家庭、贫困居民，要脱贫致富，最重要的手段是通过教育提高自己的科技文化水平，不断增强自己创业致富的本领。各尽所能方能够各得其所，各得其所方能和谐相处。未来西北民族地区社会建设与社会管理创新发展，必须解决好“社会和谐之基”的教育问题。对甘肃省来说就是要达成以下一些目标：全省学前三年教育毛入园率达到50%，义务教育入学率达到99%、巩固率达到93%，青壮年文盲率下降到4%以内。高中阶段教育毛入学率达到85%以上，职普招生比例基本达到1:1，高等教育毛入学率达到32%，人均受教育年限提高到8年以上，各级各类教育师资水平明显提高，教育结构更趋合理。

5.从医疗卫生方面看[①]

基本目标是：改善疾病预防控制机构条件，提高重大传染病的防控能力，降低重大传染病的危害。加快建设卫生监督体系，加强食品药品安全监管，提高突发公共卫生事件应对能力。加强妇幼卫生保健工作，重点建设农村地区妇幼保健机构，提高综合服务能力。婴儿死亡率降至9‰，孕产妇死亡率降至30/10万，儿童计划免疫接种率达到95%以上，人均期望寿命达到73岁以上。卫生资源配置优化，覆盖城乡居民的公共卫生服务、医疗服务、医疗保障、药品供应保障体系建立和完善。农村自来水普及率70%，卫生厕所普及率65%；突发公共卫生事件和突发公共事件有效处置率100%，新农合参合率≥95%。

（二）未来一个时期社会事业发展的主要任务

改革开放以来，民族地区的社会事业在探索中前进，在发展中完善。社会事业经历了30多年的改革发展，走过了国家管理、单位管理加国家管理到社会管理的实践历程。在这个过程中，社会事业管理制度不断完善，社会事业发展不断取得新成就。但由于社会事业问题涉及的方面多，在改革发展阶段，由于受经济发展波动和体制机制变动的影响，目前社会事业管理制度还历史地存在一些问题，需要进一步创新发展。未来，需要做好以下几方面的工作。[②]

1.实施更加积极的就业政策

为应对严峻就业形势，要把促进就业放在经济社会发展的优先位置。健全劳动者自主择业、市场调节就业、政府促进就业机制，创造更多就业机会，提高就业质量，争取实现比较充分的就业。要实施更加积极的就业政策，把扩大就业作为

---

①《甘肃省国民经济和社会发展第十二个五年规划纲要》，2012年3月14日，甘肃新闻网（http://www.gansutelecom.cn/）。

②《甘肃省“十二五”就业和社会保障规划》，2011年9月13日，甘肃新闻网（http://www.gansutelecom.cn/）。

经济和社会发展的重要目标，纳入年度国民经济和社会发展计划。建立就业目标责任体系，并作为政绩考核的重要指标。进一步完善政府投资和重大项目建设带动就业机制，加大项目建设促进就业力度。适应转变经济发展方式要求，进一步拓宽就业渠道。大力发展劳动密集型产业、服务业和小型微型企业，千方百计扩大就业规模。积极促进民营经济发展，落实鼓励政策，优化发展环境，广开就业门路。同时，要加强就业政策支持和制度建设。建立城乡劳动者统一、平等竞争的就业制度，大力开发适合农村劳动力就业的岗位，充分利用新的增长点扩大就业，推动农村劳动力向城乡生产生活服务业转移就业。引导农村劳动力就地转移和自主创业。通过放宽市场准入限制、税费减免、贷款支持、财政补贴等有效措施，制定鼓励中小企业、非公有制企业和外资企业等非国有企业发展以吸纳就业的相关支持政策。同时，要为劳动者自主创业和自谋职业营造公平、竞争、宽松的市场环境。要加快构建创业公共服务和社会服务体系，建立健全创业指导中心和基层创业服务平台，为创业人员提供多方面的基本服务。要大力培育和扶持社会中介机构，支持和鼓励中介机构为创业提供专业服务。

2. 加强公共就业服务体系建设

要健全统一、规范、灵活的人力资源市场，完善城乡公共就业服务体系，为各类劳动者提供完善及时的职位信息、职业指导、职业介绍、政策咨询和职业培训等服务，定期公布人力资源市场供求信息和工资指导价位信息，引导各类求职者自主择业。要加强全省就业和社会保障信息化建设，提高规范化、专业化、信息化服务能力，逐步形成城乡一体、信息联网、资源共享的人力资源市场和社会保障服务体系。要健全面向全体劳动者的职业培训制度，加强职业技能培训能力建设。以提高劳动者就业能力为目标，建立培训对象广泛、培训形式多样、管理运作规范、保障措施健全的职业培训工作机制。同时，还要突出重点群体就业。要把高校毕业生就业工作作为重中之重。要切实支持农民工就业。要加大对老工业基地、资源枯竭型城市和困难行业的支持力度，开发大量适合困难企业职工就业的岗位。要组织开发一批公益性就业岗位，优先招用企业就业困难人群就业。

3. 构建和谐劳动关系

要建立规范有序、公正合理、互利共赢、和谐稳定的劳动关系。要全面推行劳动合同制度，不断扩大集体合同覆盖面。要加快推进劳动用工备案制度。规范劳务派遣用工。要引导企业改善劳动条件，加快劳动标准体系建设，加强劳动定额标准管理。加大劳动保障监察执法力度，加强《中华人民共和国劳动法》和《中华人民共和国劳动合同法》的贯彻实施，建立各级劳动仲裁机构，完善劳动争议处理机制，帮助各类劳动者解决劳动纠纷，维护劳动者的就业利益。要开展基层仲裁法院试点建设，努力解决基层调解仲裁机构基础设施薄弱问题，提高仲裁服务能力。同时,要发挥政府、工会和企业作用,努力形成企业和职工利益共享机制,建立和谐劳动关系。

4.加快完善社会保障体系

要根据各地经济社会发展水平,综合考虑城乡差异、不同地区和不同人群之间收入水平和经济承受能力,以保障人民群众基本生活为重点,努力健全和完善覆盖城乡居民的社会保障体系。要加快推进城镇居民养老保险制度,实现城镇居民和新型农村养老保险制度的并轨。要积极推进机关、事业单位养老保险制度改革,逐步缩小与企业退休人员之间的养老保险待遇差别。要逐步推进城镇职工、城镇居民基本医疗保险、新型农村合作医疗保险制度的有机衔接和并轨,全面开展医保关系转移接续、异地就医结算。要进一步发挥失业保险在预防失业、稳定就业和促进就业方面的作用。要基本建立工伤补偿、预防和康复三位一体的政策体系,较好发挥预防和促进工伤康复的功能。要全面建立全省统一的生育保险制度,实现生育保险与医疗保险统一参保,分项管理。要制定优惠鼓励政策,促进建立企业年金、职业年金、补充医疗保险和商业保险等多层次社会保障体系,促进各项社会保险制度相互衔接,协调发展,满足参保人员多层次保障需求。同时,努力扩大社会保障参保范围和覆盖群体,以城镇非公有制经济从业人员、灵活就业人员、自由职业者、无业居民、农民工和农村居民为重点,将各类群体纳入社会保险制度覆盖范围,着力解决困难企业职工和部分困难群体无力参保缴费问题。引导各类人员及早参保、长期参保和稳定参保。“十二五”期间,力争养老保险、工伤保险、生育保险和新农保参保人数年平均增长5%、8%、18%和30%以上,参保缴费率达到90%以上。还要巩固和完善基本养老保险省级统筹,积极做好向全国统筹过渡的基础准备工作。继续规范基本医疗、失业、工伤和生育保险市级统筹,完善城镇居民基本医疗保险门诊统筹,建立健全基本医疗、失业、工伤、生育保险省级调剂金,为实现省级统筹创造条件。

5.建立完善社会救助体系

要健全灾害应急救助体系,提高各级政府紧急救援和应急反应能力。要建立与当地经济发展和物价上涨水平相适应的城乡低保标准和保障资金自然增长机制,提高规范化管理水平,加大保障资金筹措力度,不断提高保障水平。要科学合理确定农村“五保”供养标准,加强城市社会福利机构和农村敬老院建设,全面改善城市“三无”对象和农村“五保”对象供养条件。要提高困难群众医疗救助水平,对符合条件的患病困难群众全部实施救助,建立健全参合参保、住院救助、大病救助、门诊救助和慈善救助五位一体的城乡医疗救助体系。要完善城乡居民临时救助制度,不断提高救助效果。要建立以完善城乡低保、“五保”供养、医疗救助、家庭收入核算、临时救助等为主要内容的社会救助信息管理系统。

6.加强社区建设

要加快推进城乡社区建设,提高城乡基层社会治理水平。城市社区在未来几年要全部达到和谐社区建设标准。要在农村普遍开展农村社区建设工作,50%以上的新建社区在未来几年要达到和谐社区建设标准。要着力建设社区服务设施,重点推进“一站式”社区综合服务平台建设,实现社区公共服务全覆盖。

7.推进教育事业全面发展

在农村初中校舍改造方面。加强“老少边穷”县农村独立初中学生宿舍、食堂、开水房等生活设施建设,改善食宿条件。在中小学校舍安全建设方面。重点安排中小学校舍加固、改造、重建。在农村学前教育推进工程方面。在农村地区新建和改扩建一批布局合理、安全适用、办园规范、面向区域内适龄儿童的普惠性幼儿园,提供基本的、有质量的农村学前教育。在农村学校教师宿舍建设方面。在边远艰苦地区新建和改扩建一批布局合理、实用适用的农村学校教师周转宿舍,改善农村特岗教师、支教交流教师和寄宿制学校管理教师等的基本工作生活条件,为缩小城乡、区域教育差距,全面提高义务教育质量,基本实现区域内均衡发展创造条件。在中等职业教育基础能力建设方面。改善县级职教中心和示范性中等职业学校办学条件,加快高素质劳动者和生产服务一线的技能型人才培养步伐。在教育信息基础设施建设方面。建设覆盖城乡各级各类学校的数字化教育服务体系,促进教育内容、教学手段和方法现代化。加快终端实施普及,推进数字化校园建设。重点加强农村学校信息基础建设。在义务教育学校标准化建设方面。改造义务教育阶段薄弱学校,实现城乡中小学校舍、师资、设备、图书、体育场地基本达标。在义务教育教师队伍建设方面。实施农村义务教育学校教师特设岗位计划,加强教师全员培训和农村学校薄弱学科教师队伍建设。在民族教育发展方面。支持民族自治地方贫困县高中阶段学校建设,加强民族地区双语教师培训。①

8.推动医疗卫生事业发展

要继续完善疾病预防控制体系。加强疾病预防控制能力建设,优化人员和设备配置,提高工作水平。“十二五”末,90%以上的疾病预防控制中心达到国家《疾病预防控制中心建设标准》(建标127—2009)基本配置要求。建设覆盖城乡的卫生监督体系。完善卫生监督体系特别是基层卫生监督网络,突出职业与放射卫生、医疗服务和传染病防治监督3项重点。加快推进突发公共卫生事件应急体系建设。加快卫生应急管理与指挥决策信息系统建设,全面提升突发公共卫生事件应急管理效率和水平。开展疾病谱排序分析,完善综合监测预警制度,提高突发

①《甘肃省“十二五”社会事业发展规划》,2011年12月15日,甘肃新闻网(http://www.gansutelecom.cn/)。

公共卫生事件的早期预警能力。加强市级卫生应急队伍建设,提高基层突发公共卫生事件现场应急处置能力。建设紧急医学救援基地网络,提高突发公共卫生事件应急能力。加强妇幼保健体系建设。支持省、市、县三级妇幼保健机构业务用房建设和基本设备配置,提高服务能力。到"十二五"末,50%以上妇幼保健机构达到标准化建设要求。全面加强食品药品安全监管。深入开展爱国卫生运动和健康教育活动。[①]

三、当前社会事业运行情况考察——以2013年第一季度为考察对象[②]

(一)2013年工作月报第一期

1.政府民生实事工作

其一,制定城乡居民职业技能培训实施方案。对18万名农村"两后生"(指初中、高中毕业后未继续升学的青少年群体)开展2~3年的职业技能学历教育培训。其中省扶贫办负责对贫困地区6万名"两后生"实施职业技能学历教育培训(含2012年招生的"两后生"继续接受第二年培训的3万名),省人社厅和省教育厅负责12万"两后生"(含2012年招生的"两后生"继续接受培训的6万名)实施职业技能学历教育培训。对4万名农民开展3个月左右的短期技能培训,主要开展有关劳务品牌项目培训。我省人社厅会同有关部门研究提出的实施城乡居民职业技能培训工程实施方案已报省政府,已完成各项培训准备任务。

其二,制定扶持高校毕业生就业1万名实施方案。在省普通高校毕业生就业工作领导小组统一领导下,由省人社厅牵头,省教育厅、省卫生厅、省农牧厅、省文化厅、省监察厅、省财政厅、省旅游局等有关部门配合,会同各市州、县市区政府,选拔10000名普通高校毕业生到基层工作。其中,招录3400名普通高校毕业生到基层学校任教(含选拔符合条件的农村中小学代课人员到农村中小学任教);招录2000名医学类(含护理专业)普通高校毕业生到乡镇卫生院工作;招录2000名畜牧兽医、农学类专业的普通高校毕业生到乡镇畜牧兽医、农技推广等涉农站(所)工作;招录1500名相关专业普通高校毕业生从事基层社保工作;招录600名相关专业普通高校毕业生到乡镇文化站工作;招录500名相关专业普通高校毕业生到基层旅游单位工作。目前,实施方案已报省政府。

其三,制定城镇居民基本医疗保险补助标准均由240元提高到280元实施方案。由省人社厅会同省财政厅积极协调,落实补助资金,不断提高居民基本医疗

①《甘肃省"十二五"卫生事业发展规划》,2011年10月28日,甘肃新闻网(http://www.gansutelecom.cn/)。

②甘肃省人力资源和社会保障厅:《2013年1月份人力资源和社会保障主要指标完成情况》,2013年。

保险待遇。根据《国家医药卫生体制改革"十二五"规划》,到"十二五"末城镇居民基本医疗保险补助标准提高到年人均360元,政策范围内报销比例达到75%。将城镇居民基本医疗保险补助标准再增加40元,提高到年人均280元。一是用于提高最高支付限额,提高支付标准费用支出按居民年可支配收入增加后的6倍计算,计算最高支付限额和最高支付标准,居民可支配收入增加后,确保最高支付限额和最高支付标准相应提高。二是用于居民医疗保险政策范围内住院支付比例达到75%的费用支出。在医疗费用逐年增长的情况下,引导参保人员到基层医疗机构就医来提高报销比例,确保基层医疗卫生机构报销比例提高到80%以上。三是用于居民医疗保险门诊统筹费用支出。加大门诊统筹工作力度,将基金结余部分作为门诊统筹费用,努力扩大居民医疗保险受益面,减轻居民门诊医疗费用负担。

其四,制定提高城乡居民社会养老保险基础养老金补助标准制度全覆盖实施方案。从2013年1月1日起,为参加城乡居民社会养老保险的60周岁以上老年人,在中央财政每人每月55元基础养老金的基础上,省财政每人每月再增加5元。全省60周岁以上参加城乡居民社会养老保险且符合待遇领取条件人员,按照《甘肃省城乡居民社会养老保险试点办法》规定,经测算,全省60周岁以上老年人口为281.5万人,省财政补贴基础养老金月标准为5元,每年省财政需补贴资金16890万元。

2.就业工作

一是全力促进和扩大就业。1月底,全省城镇新增就业2.6万人,完成年计划35万人的0.07%;失业人员实现再就业1.82万人,完成年计划8万人的22.75%。这两项指标与去年同期相比有所上升。

二是就业局势保持稳定并呈现上升趋势。2013年1月末全省失业动态监测企业岗位总数为345187个,与2012年12月末总数347708个相比,实际新增岗位1382个,减少岗位3903个,增减相抵净减少岗位2521个,流失率为0.73%。578户监测企业中,有144户企业存在岗位流失情况,占24.91%。

三是小额担保贷款进展顺利。1月底,全省新增担保基金1.1亿元。全省新发放小额担保贷款7.6亿元,其中为1.7万人发放7.4亿元;为16户小企业发放0.2亿元,安置吸纳623名下岗失业人员就业。贷款回收率达到99%。全省累计发放小额担保贷款362.24亿元。

3.劳务输转和农民工工作

2013年1月底,全省输转城乡富余劳动力61.6万人,完成年计划500万人的12.3%,比去年同期减少15.9%(正值春节)。其中,省外23.7万人(含境外就业0.2万人),占本月输转人数的38.5%;省内37.9万人,占本月输转人数的61.5%。创劳务收入11.4亿元，完成年计划640亿元的1.8%，比去年同期减少8.1%。完成技能培训6.9万人，完成年计划60万人的11.5%。认真组织实施农民工参加工伤保险“平安计划”和农民工大病医疗保障专项行动。全省共有4.1万名农民工参加医疗保险，有40.5万人参加工伤保险。

4.社会保险工作

1月底，全省城镇企业职工基本养老保险参保277.80万人，完成全年计划274万人的101.39%，比去年同期增长15.24%。城镇职工基本医疗保险参保292.95万人，完成全年计划307万人的95.43%，比去年同期增长2.13%。城镇居民基本医疗保险参保301.05万人，完成全年计划309万人的97.43%，比去年同期增长0.48%。失业保险参保163.72万人，完成全年计划166万人的98.63%，比去年同期增长0.36%。工伤保险参保158.15万人，完成全年计划165万人的95.85%，比去年同期增长5.33%。生育保险参保129.01万人，完成全年计划130万人的99.24%，比去年同期增长17.16%。

5.维稳工作

一是高度重视，周密部署，把维稳工作摆在各项工作的重要位置，积极发挥部门职能作用，省委组织部、省人社厅根据省委常委会议精神，就清理拖欠农民工工资、企业军转干部维稳等工作专门进行安排部署，提出明确要求。

二是加大监察执法力度，确保春节前农民工工资如数兑现。进一步落实春节前农民工工资支付工作会议精神，紧盯建筑、交通和水利等重点领域，加强日常巡查和举报投诉专查力度，实行动态监控，逐户进行检查，做到第一时间受理，第一时间到达现场，第一时间妥善查处，及时发现和解决问题。特别是对拖欠工资严重的用人单位实施重点监控，采取联合办公、集中攻关的办法，跟踪抓好工资兑现工作。

三是深入排查化解矛盾，认真做好信访工作。各单位对有可能引发集体上访和进京上访的问题进行了全面梳理排摸，提前做好矛盾排查化解工作，尽可能把矛盾化解在当地、解决在基层，并有针对性地制定了应急预案。

表2-3-1　2013年1月份人力资源和社会保障主要指标完成情况表

序号	重点工作		全年目标	完成情况	完成比例	与去年同期相比
一	就业再就业工作	城镇新增就业人数	35万人	2.6万人	7.4%	增长2.86%
		下岗失业人员再就业人数	8万人	8697万人	10.8%	增长7.6%
		城镇登记失业率	4%			
		零就业家庭就业情况				

续表2-3-1

序号	重点工作		全年目标	完成情况	完成比例	与去年同期相比
二	劳务输转工作	输转劳动力总数	500万人	61.6万人	12.3%	减少15.9%
		有组织输转人数				
		创劳务收入	640亿元	11.4亿元	1.8%	减少8.1%
		农村劳动力技能培训人数	60万人	6.9万人	11.5%	
三	农民工工作	参加医疗保险人数		4.1万人		
		参加工伤保险人数		40.05万人		
四	养老保险工作	参加基本养老保险人数	274万人	277.80万人	103.39%	增长1.75%
		新增缴费人数				
		基金征缴额				
		基金支出控制计划				
		清欠养老保险费				
		养老金发放率				
		实现社区管理退休人员社会化管理服务率	70%			
五	失业保险工作	参加失业保险人数	166万人	163.72万人	98.63%	持平
		新增缴费人数				
		基金征缴额				
		清欠失业保险费				
六	医疗保险工作	参加医疗保险人数	644万人	594.40万人	92.24%	增长1.64%
		新增缴费人数				
		基金征缴额				
七	工伤保险工作	参加工伤保险人数	165万人	158.15万人	95.85%	增长5.33%
		新增缴费人数				
		基金征缴额				
八	生育保险工作	参加生育保险人数	129万人	130万人	99.24%	增长17.16%
		基金征缴额				

(二)2013年工作月报第二期

1.政府民生实事工作

其一,城乡居民职业技能培训民生实事工作进展顺利。对18万名农村“两后生”开展2～3年的职业技能学历教育培训。其中省扶贫办负责对贫困地区6万名“两后生”实施职业技能学历教育培训(含2012年招生的“两后生”继续接受第二年培训的3万名),省人社厅和省教育厅负责12万“两后生”(含2012年招生的“两后生”继续接受培训的6万名)实施职业技能学历教育培训。对4万名农民开展3个月左右的短期技能培训,主要开展有关劳务品牌项目培训。有关部门研究提出实施城乡居民职业技能培训工程实施方案。

其二,扶持高校毕业生就业1万名民生实事工作积极推进。全省选拔10000

名普通高校毕业生到基层工作。其中,招录3400名普通高校毕业生到基层学校任教(含选拔符合条件的农村中小学代课人员到农村中小学任教);招录2000名医学类(含护理专业)普通高校毕业生到乡镇卫生院工作;招录2000名畜牧兽医、农学类专业的普通高校毕业生到乡镇畜牧兽医、农技推广等涉农站(所)工作;招录1500名相关专业普通高校毕业生从事基层社保工作;招录600名相关专业普通高校毕业生到乡镇文化站工作;招录500名相关专业普通高校毕业生到基层旅游单位工作。目前,实施方案已经印发。

其三,城镇居民基本医疗保险补助标准均由240元提高到280元。根据《国家医药卫生体制改革"十二五"规划》,到"十二五"末城镇居民基本医疗保险补助标准提高到年人均360元,政策范围内报销比例达到75%。今年将城镇居民基本医疗保险补助标准再增加40元,提高到年人均280元。一是用于提高最高支付限额,提高支付标准费用支出按居民年可支配收入增加后的6倍计算,计算最高支付限额和最高支付标准,居民可支配收入增加后,确保最高支付限额和最高支付标准相应提高。二是用于居民医疗保险政策范围内住院支付比例达到75%的费用支出。在医疗费用逐年增长的情况下,引导参保人员到基层医疗机构就医来提高报销比例,确保基层医疗卫生机构报销比例提高到80%以上。三是用于居民医疗保险门诊统筹费用支出。加大门诊统筹工作力度,将基金结余部分作为门诊统筹费用,努力扩大居民医疗保险受益面,减轻居民门诊医疗费用负担。

其四,提高城乡居民社会养老保险基础养老金补助标准制度全覆盖工作提前安排。从2013年1月1日起,为参加城乡居民社会养老保险的60周岁以上老年人,在中央财政每人每月55元基础养老金的基础上,省财政每人每月再增加5元。全省60周岁以上参加城乡居民社会养老保险且符合待遇领取条件人员,按照《甘肃省城乡居民社会养老保险试点办法》规定,经测算,全省60周岁以上老年人口为281.5万人,省财政补贴基础养老金月标准为5元,每年省财政需补贴资金16890万元。

2.就业工作

一是全力促进和扩大就业。2月底,全省城镇新增就业5.3万人,完成年计划35万人的15.1%;失业人员实现再就业1.82万人,完成年计划8万人的22.75%。这两项指标与去年同期相比有所上升。二是就业局势保持稳定并呈现上升趋势。2月底,全省失业动态监测企业岗位用工总数为345365个,与上月末总数345187个相比,实际新增岗位用工1817个,减少岗位用工1639个,增减相抵净增加岗位用工178个,增长率为0.05%(上月为岗位流失,流失率0.73%,本月转为岗位增长)。与2012年12月末岗位总数用工347708个相比较,被监测城市和企业实际新增岗位用工3199个,减少岗位用工5542个,增减相抵净减少岗位用工

2343个，岗位用工流失率为0.67%。578户监测企业中，有142个企业存在岗位用工流失情况，占24.57%。与上月24.91%基本持平。三是小额担保贷款进展顺利。2月底，全省新增担保基金960万元。全省新发放小额担保贷款1.07亿元，其中为2498人发放0.98亿元；为5户小企业发放0.09亿元，安置吸纳58名下岗失业人员就业。贷款回收率达到98.7%。全省累计发放小额担保贷款362.23亿元。

3.劳务输转和农民工工作

2月底，全省输转城乡富余劳动力237.4万人，完成年计划500万人的47.5%，比去年同期减少1.9%。其中，省外112.6万人（含境外就业0.6万人），占本月输转人数的47.4%；省内124.8万人，占本月输转人数的52.6%。创劳务收入50.2亿元，完成年计划640亿元的7.8%，比去年同期减少4.8%。完成技能培训16.9万人，完成年计划60万人的28.2%。认真组织实施农民工参加工伤保险"平安计划"和农民工大病医疗保障专项行动。全省共有4.1万名农民工参加医疗保险，有40.5万人参加工伤保险。

4.社会保险工作

2月底，全省城镇企业职工基本养老保险参保278.51万人，完成全年计划274万人的101.65%，比去年同期增长14.51%。城镇职工基本医疗保险参保293.14万人，完成全年计划307万人的95.49%，比去年同期增长2.79%。城镇居民基本医疗保险参保301.17万人，完成全年计划309万人的97.47%，比去年同期增长0.52%。失业保险参保163.51万人，完成全年计划166万人的98.51%，比去年同期减少0.02%。工伤保险参保158.23万人，完成全年计划165万人的95.90%，比去年同期增长5.38%。生育保险参保129.12万人，完成全年计划130万人的99.33%，比去年同期增长17.25%。

表2-3-2 2013年2月份人力资源和社会保障主要指标完成情况表

序号	重点工作		全年目标	完成情况	完成比例	与去年同期相比
一	就业再就业工作	城镇新增就业人数	35万人	5.3万人	15.14%	减少1.52%
		下岗失业人员再就业人数	8万人	1.8万人	22.75%	增长1.5%
		城镇登记失业率	4%			
		零就业家庭就业情况				
二	劳务输转工作	输转劳动力总数	500万人	237.4万人	12.3%	减少1.9%
		有组织输转人数				
		创劳务收入	640亿元	50.2亿元	7.8%	减少4.8%
		农村劳动力技能培训人数	60万人	16.9万人	28.2%	
三	农民工工作	参加医疗保险人数		4.1万人		
		参加工伤保险人数		40.05万人		

续表2-3-2

序号	重点工作		全年目标	完成情况	完成比例	与去年同期相比
四	养老保险工作	参加基本养老保险人数	274万人	278.51万人	101.65%	增长14.51%
		新增缴费人数				
		基金征缴额				
		基金支出控制计划				
		清欠养老保险费				
		养老金发放率				
		实现社区管理退休人员社会化管理服务率	70%			
五	失业保险工作	参加失业保险人数	166万人	163.51万人	98.51%	减少0.02%
		新增缴费人数				
		基金征缴额				
		清欠失业保险费				
六	医疗保险工作	参加医疗保险人数	616万人	594.31万人	96.48%	增长0.89%
		新增缴费人数				
		基金征缴额				
七	工伤保险工作	参加工伤保险人数	165万人	158.23万人	95.90%	增长5.38%
		新增缴费人数				
		基金征缴额				
八	生育保险工作	参加生育保险人数	130万人	129.12万人	99.33%	增长17.25%
		基金征缴额				

四、加快社会事业发展的建议

当前，社会事业发展面临难得的历史机遇：一是需求拉动更加有力。伴随工业化和城镇化进程加快，城乡居民收入水平不断提高，消费结构转型升级，迅速拉动基本公共服务和多样化非基本公共服务需求的增长，将形成社会事业发展强有力的需求支撑。二是财力支撑更加厚实。随着国民经济继续保持平稳快速发展，财政收入将大幅增长，国家将把保障和改善民生、加快社会事业发展作为扩大内需、推动经济发展方式转变的重要着力点，社会事业等民生领域财政投入将得到更加有效的保障。三是体制机制更加完善。改革进入攻坚克难的关键阶段，政府职能不断转变，将着力增强公共服务职能。教育、卫生、文化等体制改革逐步深入，将极大提高社会事业发展活力和机构运行效率。财税体制改革进一步深化，将为社会事业提供可持续的投入保障机制。城乡一体化建设广泛推进，将彻底打破城乡二元的传统公共服务供给体制，社会参与机制更加健全，将加快推动公共服务供给模式的创新。四是政策机遇更加有利。随着国家西部大开发战略的深入实施，国家对西部地区的专项转移支付、均衡性转移支付倾斜支持力度加大及地区间基本公共服务均等化的推进，将为改变社会事业长期、整体滞后的局面提供强劲的推动力。

同时，还必须看到，社会事业发展面临的主要矛盾仍然是供给规模和质量难以满足人民群众日益增长的需求，存在投入不足、发展不均衡、结构布局不合理、食品药品安全防治任务繁重、地方财力支持社会事业发展的能力不足等长期性问题。具体体现在：其一，基本公共服务均等化的要求更加紧迫。社会结构、利益格局进一步变动调整，公共服务诉求日趋多样，城市与农村、发达地区与欠发达地区公共服务发展失衡的矛盾将凸显公共资源分配的不合理，急需在基本公共服务制度建设上注重强基层、保基本、建机制，促进均衡发展。其二，社会事业转型发展的要求更加紧迫。传统的依靠政府管理、由政府包揽的资源配置方式和偏重硬件建设的发展模式还未发生根本改变，在政策环境上，尚未有效区分公益性和产业性特征，对于可依托市场发展的社会事业缺少相应的配套政策，社会力量参与社会事业发展的活力不足。在运行机制上，政府包揽过多、管办不分的现象依然存在，迫切要求转换到扩大公众参与、注重内涵发展、促进共建共享的轨道。其三，社会事业创新驱动的要求更加紧迫。解决公共服务领域供给效率低和服务手段落后问题，必须依靠体制创新和科技创新。推进社会事业单位管办分离、政事分开，打破各种限制和门槛，为民营资本畅通参与公共服务渠道的改革任务十分繁重。培育新型服务业态和提升服务机构信息化管理程度，促进科技与社会事业相结合仍很艰巨。其四，扩大规模和提高质量水平的要求更加紧迫。公共服务供给不足，规模和质量难以满足人民群众日益增长的需求仍是社会关注的焦点。此外，人们对公共服务的质量将更加关注，提升社会事业基础设施、服务质量及管理标准化水平的任务更加紧迫。因此，未来必须从以下几个方面入手，加强社会事业发展。

1.深入推进社会事业体制改革

改革是社会事业发展的动力，制度建设是做好社会事业管理工作的保障。面对不断发展变化的新形势、新情况，只有坚持与时俱进，不断创新工作思路，改进工作方法，用改革的办法解决深层次的矛盾和问题，适时调整完善有关政策，注重制度创新，形成长效机制，才能保证社会事业发展紧跟时代前进步伐，不断取得新突破、新发展。为此，要明确各级政府职责，建立健全以地方政府为主导、统一与分级管理相结合的多层次的社会事业管理体制。要加快推进政事分开、管办分开为基本特征的事业单位管理体制改革，实现政府公共服务职能与直接举办事业单位职能相分开。要按照公益性程度及营利性和非营利性特征，划分社会事业机构类型，实行公办民营、民办公助等不同类型的管理和运营模式。要深化社会事业单位内部改革，探索建立新型的社会事业单位法人治理结构和产权制度，深化劳动、人事和收入分配制度改革。要研究创新基本公共服务供给模式，鼓励和引导社会力量参与社会事业建设、运营和服务，逐步建立政府主导、市场引导、社会充分参与的基本公共服务供给机制，要研究制定统一准入标准，消除市场壁垒和准入障碍，凡法律法规未禁止的社会服务领域，都要向社会资本开放，确保不同所有制性质、不同区域的主体都能按照政策规定公平进入社会事业领域，激发发展活力，形成多元化社会公共服务供给格局。①要修订完善劳动力市场管理、社会保险、军人优抚、城市生活无着的流浪乞讨人员救助等地方性法规。要建立健全与国家就业和社会保障法律法规相配套，能够充分反映西北民族地区经济社会发展和广大人民群众根本利益的政策法规体系。同时，还要完善工作机制，加强组织领导和协调，政府职能部门要加强协调、密切配合，形成相互配套、互相支撑的运作体系，促进各项事业协调发展。

2.加大社会事业投入力度

切实保证社会事业发展所需的资金，是完善社会事业管理的重要内容。各级政府要按照党的十八届三中全会关于调整财政收支结构、把更多财政资金投向公共服务领域、加大社会保障等方面投入的要求，认真安排好灾害救助、最低生活保障、农村“五保”供养、社会福利和抚恤补助所需的资金，切实保障困难群体和特殊群体的生活权益。同时，要通过制定政策引导社会资金投入社会福利和社会公益服务事业，逐步形成以政府投入为主的多渠道筹集社会事业发展经费的机制。要加强对社会事业经费分配、使用和发放的管理与监督，严格实行专户管理、专款专用，严禁挤占和挪用。为此，要优化财政支出结构和政府投资结构，逐步增加政府对社会事业的投资规模，建立与社会事业发展相匹配的政府投资规模形成机制。要进一步转变政府职能，把社会事业发展放在更加突出的位置，努力提升政府公共服务质量和水平，实现向公共服务型政府转变。要逐步落实各级政府对教育、医疗卫生、人口和计划生育、文化体育、旅游和社会保障等民生领域的财政投入责任，建立公共财政投入社会事业基本公共服务经费的稳定增长机制。要进一步规范财政转移支付制度，加大对“老、少、边、穷”地区社会事业建设的支持力度，建立健全和完善多种融资形式，拓宽政府筹资渠道，增加对社会事业基本公共服务基础设施的投入。尤其是要积极探索多元化投融资机制，着力转变政府包办和直接提供公共产品和服务的传统做法，提高公共产品的供给水平和服务方式的社会

①《甘肃省“十二五”社会事业发展规划》，2011年12月15日，甘肃新闻网（http://www.gansutelecom.cn/）。

化、市场化程度。要创新融资方式,扩大融资范围,推动形成以各级财政为主、社会积极参与的多渠道、多形式、多层次的民生保障资金筹措机制。要鼓励和引导社会资金投资社会事业,不断扩大社会投资规模。要鼓励发展社会慈善事业,要鼓励经营性社会事业单位进入资本市场直接融资,政府退出竞争性、经营性领域,集中财力发展基本公共服务。

3.完善城乡社会救助体系,切实保障困难群众基本生活

要进一步健全完善各项救助制度。一是进一步强化规范城市居民最低生活保障制度,巩固应保尽保,推进分类施保,强化动态管理,并搞好与再就业、社会保险、最低工资制度的衔接。二是逐步建立农村居民最低生活保障制度,形成保障农村困难群众基本生活长效机制。三是贯彻《农村五保供养条例》,切实做到应保尽保、按标施保,确保供养资金落实。四是完善临时救助制度,帮助低保边缘群体、低收入群体解决特殊困难。五是积极推进建立城乡医疗救助制度,多渠道筹集资金,努力缓解困难群众看病难问题。六是完善流浪乞讨人员救助制度,坚持主动救助、分类救助,重点做好流浪未成年人和患重病、精神病的流浪乞讨人员救助工作。要通过加强制度建设,全面构建以最低生活保障、五保供养、特困救助、临时救济、医疗救助为主要内容的城乡社会救助体系。要积极引导和鼓励农民工、非公经济从业人员、灵活就业人员和宗教从业人员踊跃参保,推动各类用工单位及时参加工伤保险和生育保险。要在社保基金可承受的范围内,继续提高城镇职工和居民医保最高支付限额和住院费用支付比例,进一步减轻群众的就医负担。要按照中央统一部署,切实做好企业退休人员养老金提标工作。要加快研究解决不同养老保险政策之间的衔接接续问题,建立健全医疗、失业、工伤省级调剂金制度,实现城镇居民医保门诊统筹。要整合经办资源,探索建立以社保经办机构为主、社会服务机构为辅、社区服务中心为平台的社会化管理与服务体系,努力为群众提供优质、高效、便捷的社会保障服务。①

4.发展社会福利事业,努力满足人民群众福利服务需求

积极应对人口老龄化挑战,鼓励和引导社会力量兴办各类老年福利设施,完善"民办公助""公办民营"管理方式,在县城和大中城市城区,建设一批以老年服务为主的福利服务中心。要改善孤老集中供养条件,积极开展全国养老服务社会化示范活动,实施"爱心护理工程",广泛开展多层次、多种类、多形式的居家养老和集中养老服务。要采取多种形式保障残疾人的基本生活和合法权益,健全集中与分散相结合的残疾人安置就业机制,完善福利企业减免税收等扶持政策,促进有劳动能力的残疾人就业。要加快康复辅具技术和产品的研究开发,开展社区康

①回良玉:《在全国第十二次民政工作会议上的讲话》,2006年11月23日,中国政府网(http://www.gov.cn/)。

复，提高老年人和残疾人的康复水平。要落实孤儿养育、医疗、教育、就业、住房相配套的综合救助政策，发展特殊教育，实施“儿童福利设施建设蓝天计划”，采取集中供养、家庭收养、社会寄养等多种方式，提高孤儿养育水平，建立“孤残儿童手术康复明天计划”长效机制，对艾滋病致孤儿童实施救助和服务照料。要大力发展福利彩票事业，坚持宗旨，规范管理，安全运营，健康发展。加强彩票公益金的使用管理，确保彩票公益金全部用于社会福利事业。要通过努力，逐步形成以家庭为主体、社区为依托、机构为补充，面向社会公众、多元化投资、多层次发展、专业化服务的社会福利事业发展新格局。①

5.进一步强化社会和谐稳定的就业与和谐劳动关系基础

要以更加宽松的政策、更加开放的理念、更加高效的服务，拓展就业空间，拓宽就业渠道。要充分发挥非公经济和小型微型企业在扩大就业方面的主力军作用，积极引导和扶持全民创业，努力实现发展经济与扩大就业的良性互动。要继续以促进高校毕业生就业为引领，有计划安排一批公务员和企事业单位就业岗位，清理安排更多的公益性就业岗位，从政策上不断加强就业服务和扶持力度。同时，鼓励和引导高校毕业生开展自主创业、到基层创业。要进一步扩大小额担保贷款规模，以创业带动就业。要积极做好下岗职工、困难家庭、返乡农民工和军队退役人员的就业工作。要不断健全就业信息监测和失业调控机制，努力完善人力资源市场运行机制和监管体系，加快市县人力资源市场和基层就业服务平台建设步伐，促进供需双方及时联系对接，实现信息资源共享，为政府研判就业形势，提供准确、可靠的应对和决策依据。②要加快构建和谐稳定的新型劳动关系，要下决心解决当前劳动关系领域存在的突出问题，如企业用工不规范、损害职工合法权益，劳动一线职工工资偏低、增长偏慢，部分企业忽视职工发展需要、缺少人文关怀，劳动关系基层基础薄弱、协调能力不足等。要进一步加强对协调劳动关系三方机制制度化、规范化建设的指导，加大劳动保障监察争议调解仲裁的力度，完善劳动关系工资机制，及时有效化解劳动关系领域中的矛盾。要认真贯彻中央对农民工工作的新要求，建立健全部门联动机制，妥善解决农民工工资拖欠问题，按照属地管理、分级负责的原则，坚持“谁主管、谁负责”，督促各有关企业及时足额发放农民工工资，维护农民工合法权益。各级人社部门要统筹兼顾、分类指导，既整体推进，又突出重点、突破难点，既注重解决当前问题，又注重建设长效机制，努力在制度创新、政策创新和工作创新上取得新的进展，逐步形成企业增效益、职工

①回良玉：《在全国第十二次民政工作会议上的讲话》，2006年11月23日，中国政府网（http://www.gov.cn/）。

②咸辉：《在全省人力资源和社会保障工作会议上的讲话》，2012年1月16日，甘肃新闻网（http://www.gansutelecom.cn/）。

得实惠、经济有发展、社会更和谐的劳动关系新格局。

6.进一步推动教育事业发展

要全面实施素质教育,全力推进义务教育均衡发展,努力为广大适龄儿童提供更高质量、更加公平的教育机会。要进一步深化职业教育管理体制改革,整合优化职业教育资源,在调整专业结构和集团化发展两个方面狠下功夫。为经济社会的转型跨越培养“用得上、干得好”的技能型、实用型人才,要把提高质量作为高等教育改革发展的核心任务,实现高等教育工作重心从外延发展向内涵建设、从规模扩张向质量提升的转移。要坚持学前教育的公益性和普惠性原则,坚持政府主导、社会参与、公办民办并举的方针,努力保障适龄儿童接受基本的、有质量的学前教育。要以专业化建设为切入点抓教师队伍素质整体提高尤其是要加强农村教师队伍建设。要坚持不懈地做好教育系统维稳工作,尤其要建立健全学校安全管理制度,全面抓好学校交通、食品卫生、校舍、周边环境等方面的安全管理工作,确保师生人身、财产安全,保障正常的教育教学秩序。

7.进一步推动医疗卫生事业发展

各级政府要加强组织领导,将过于分散的卫生管理职能进行整合,探索实行医疗、医保、医药相统筹的卫生管理新体制。要深化医药卫生体制改革,继续完善区域卫生规划,优化城乡医疗卫生资源结构。要建立健全基层医疗卫生机构补偿机制,大力推进基层医疗卫生机构综合改革。要转变公立医院的运行机制,完善经济政策,理顺药品和医疗服务价格体系,改革医药费用支付方式,控制医药费用不合理增长。要在巩固覆盖面的基础上提高保障水平,特别是要推进大病保险、医疗应急救助等制度的建立和完善,人最宝贵的是生命和健康,要坚决防止“等钱救命”等冲击社会道德底线的现象发生。要合理确定并不断提高医务人员的薪酬水平,充分调动医务人员的积极性。加大投入力度,建立稳定的卫生经费保障机制。要强化政府在提供公共卫生和基本医疗服务中的主导地位,要保证配套资金和各项补助经费足额及时到位。各级政府把卫生事业作为财政支持的重点领域,把公共卫生、基本医疗服务和中医药事业发展作为公共财政安排的优先领域。新增政府卫生投入重点用于支持公共卫生、农村卫生、城市社区卫生、基本医疗保障。要实施人才规划,加强医药卫生人才队伍建设。尤其要加强农村村卫生室建设,制定优惠政策,鼓励和吸引卫生人才向基层流动。同时,还要依托网络平台,全面推进医药卫生信息化建设。要加强卫生信息化建设,以现有卫生信息网络为基础,以居民电子健康档案、电子病历和远程医疗为切入点,构建城乡卫生信息网络平台,统筹推进公共卫生、医疗服务、医疗保障、药品供应保障、卫生综合管理等医药卫生信息系统建设,完善电子健康档案和电子病历等基础数据资源库,逐步建立起统一高效、资源整合、互联互通、信息共享的医药卫生信息系统,提高医疗卫生服务效率和服务质量,提升卫生工作管理水平。①

---

①《甘肃省“十二五”卫生事业发展规划》,2011年10月28日,甘肃新闻网(http://www.gansutelecom.cn/)。

第四章　开放社会管理

现阶段,从传统农业社会向两个现代工业社会转型、从半封闭社会向开放型社会转型,是西北民族地区社会转型的两个基本方面。这一转型既有人们改善生活环境的强烈愿望与对城市生活美好向往的力量的推动,有西北民族地区工业化发展对农村剩余劳动力的刚性需求,有发达地区经济发展对西部地区廉价劳动力的客观需要,但更与改革开放以来制度变迁以及民族团结、民族融合程度提高的因素相关。市场经济的深入发展,资源配置的市场化,不但改变了经济结构,开放的市场、多种所有制经济的发展,尤其是第三产业的大发展,也给了人们更多的工作机会,给了西北民族地区人口由原居住地向其他地区,尤其是农村人口向城市流动的机会。即使对他们来说流动并不容易,需要克服各种困难,如在流动过程中必须支付较高的经济成本、必须跨越某些刚性的限制或者是影响异地融入的制度之坎、必须痛苦地克服与化解流动与融入带来的沉重心理压力等,也没有能够阻止他们大规模地向城市流动的冲动与行动,尤其是向发达地区流动。这一转型在现阶段突然加速,速度之快,甚至超出了人们的预料,以至于在人们还没有准备好应对的时候,它就突然把由于人口大规模流动带来的大量社会问题带到了西北民族地区党和政府以及社会的面前:是什么人在流动、他们为什么要流动、他们在以什么方式流动、他们流向了哪里、流动人口的生存状况如何、如何有效地对他们进行管理、如何为他们服务,等等诸如此类的问题。从这如此多的为什么看,从具有流出动机开始,直到在城市立足,涉及方方面面。流动人口的流动既涉及流出地,也涉及流入地,既涉及流出地政府,也涉及流入地政府。流动的链条如此之长,以至于对流动人口的管理与服务已经成为西北民族地区党和政府以及社会必须高度重视,并认真解决的问题。尤其政府是流动人口管理和服务的主体,做好流动人口的管理与服务,已经成为各级政府必须承担的责任。

一、加强流动人口管理与服务是政府的责任

(一)加强对流动人口的管理和服务何以必要

目前,西北民族地区流动人口总量大,其中以农民工为流动人口的主体。流

动人口改变了西北民族地区人口的结构和分布。在农村,大量青壮年劳动力离开乡村,前往短暂工作、居住或者是长期居住的城市。而在小城镇也有大量人口已经或者是开始向相对大的城市流动。客观地看,这种人口变化并非政府宏观调控的结果,而是在市场力量的推动下,人们被动或者主动选择的结果,是经济发展,是工业化、城市化和现代化发展的必然结果。目前在西北民族地区,这一数量巨大的流动人口群体,已经成为一个特殊的、需要关注的群体。流动人口在为城市经济社会发展发挥积极作用的同时,也改变了城市人口结构,引发了一系列社会问题。这些问题能不能有效地解决,既关乎城市社会稳定和城市发展活力,更决定了"三农"问题能不能得到解决,农村社会能不能保持稳定。因为在农业人口数量巨大,而农业资源却十分有限的西北民族地区,农民的非农化才是解决"三农"问题的唯一出路。

首先,农村剩余劳动力流向城市、流向非农产业,缓解了农村的人口压力,改变了庞大农村剩余劳动力拥挤在狭小的土地空间上低效率劳动的局面,既促进了农业和农村经济结构的调整,也增加了农民个人和家庭的收入,加快了广大农村地区尤其是贫困地区小康社会建设的步伐,在当前西北民族地区工业化、信息化、城镇化、农业现代化发展滞后的情况下,是当前有效解决"三农"问题的重要途径之一。农民进城务工是近年来农民增收最直接、最有效的途径。以甘肃省为例。据统计,目前流动人口家庭收入有61.5%来自非农收入,占家庭收入的52.3%。

其次,流动人口在一定程度上缓解了流入地主要是当前城市经济发展与城市劳动力特别是廉价劳动力相对不足的矛盾,为城市建设特别是基础设施建设和城市经济特别是第三产业的发展做出了重要贡献。从流动人口本身看,大量农村人口进入城市,开阔了眼界,更新了观念,在流动中提高了素质。这对于他们留在城市,特别是返乡继续从事农业生产和创业,提供了基本的智力、技能和资源条件。

从上面的分析看,流动人口既有利于城市经济社会的发展,也有利于农民个人和家庭的生活水平的提高,是西北民族地区社会经济发展的重要的力量。既然如此,政府对流动人口加强管理和服务,不断提高对流动人口管理与服务的能力,就成为一种必要。目前在西北民族地区的一些城市里面,流动人口甚至已经超过了原住地的人口,这一社会的特殊阶层,背后不但直接联系着数量更大的农民人口,而且对城市社会稳定和谐影响巨大,实现好、维护好、发展好广大流动人口的利益,对于巩固党的执政地位,维护社会稳定,保持长治久安的局面意义重大。

(二)加强和创新流动人口的管理与服务何以可能

讨论这个问题,是基于两个方面的因素:目前流动人口管理的确存在问题,而解决这些问题的条件已经具备,至少有些条件已经在准备过程中了。一方面,农民工管理与服务存在诸多问题。20世纪80年代中期出现流动人口现象至今已30

多年了。其间，规模由小到大、由个人流动到家庭迁徙、由短期流动到长期居住、由离土不离乡到离乡背井的跨区域流动，不断改变的人口流动形态带来不同的人口现象和人口问题，不断地考验着政府与社会的社会治安、劳动保障、计划生育、基础教育等公共管理与公共服务能力。在政府部门、社会与流动人口互动过程中，我们发现近些年来，政府、社会在主动与被动之间总是摇摆，但流动人口却一直处在弱势地位。直到今天，如何对流动人口进行有效的管理与服务对于各级政府和社会仍然是个难题，管理和服务工作始终不能令各方面满意。究其原因，主要还是政府职能转变的不到位，特别是在履行社会管理、公共服务职能方面还相当滞后。具体的表现，就是在对待流动人口问题时还存在这样一些问题：一是认识不到位。没能以科学的发展观为指导，没有以长远的、发展的眼光正确看待流动人口对社会经济发展的贡献。二是政策不到位。在一些流动人口管理和服务的办法中，没有充分体现“公平对待、合理引导、完善管理、搞好服务”的原则。三是措施不到位。现有的流动人口工作机构和管理服务人员，远远不能适应新形势、新任务的要求。特别是在流动人口较多的地方，机构不健全、人员不到位的现象严重影响了流动人口工作的正常开展。四是经费不到位。许多地方没有合理核定用于流动人口管理和服务的支出成本，没有将涉及流动人口的经费纳入正常的财政预算支出范围，造成流动人口管理和服务经费严重不足。五是职责不到位。流出地和流入地部门之间缺乏信息沟通和政策协调，管理和服务的环节出现空白或叠加。

另一方面，流动人口的管理和服务工作之所以成为问题，最根本的原因，一是计划经济条件下长期城乡分治形成的具有城乡二元结构特征的一系列制度安排，包括户籍制度、社会保障和福利制度、劳动就业制度、人事制度、组织制度、人口迁移制度、教育制度、财政制度、住房制度等，这些制度从总体上将农民工与城市居民有区别地分离出来，使其成为一个特殊群体。如果这些根本性的制度不改革，流动人口问题就解决不了。二是过去甚至当前西北民族地区由于经济发展水平的因素，政府还没有充分的财力、物力、人力来为流动人口进行有效的管理，特别是提供相关的哪怕是低水平的、城乡有别的公共服务和基本社会保障。但当前，在改革发展30多年以后，这些问题基本得到解决，或者是正在解决过程中。我们今天谈流动人口管理与服务问题，讨论加强和创新流动人口的管理与服务何以可能，是基于改革开放以来尤其是近些年来解决流动人口问题的制度环境和经济基础以及管理理念、管理经验、管理手段等，已经发生并正在发生巨大的变化。

（三）流动人口管理与服务何以做好

目前，处于社会经济转型时期的西北民族地区，由于工业化、城市化水平低，农业人口数量巨大，农村劳动力、农业人口转移引起的流动人口的现象和流动人口带来的问题将是长期的。历史地看,经验告诉我们,农民工融入城市是一个长期的阶段性的过程,一般来说要经历户籍身份变迁、职业改变、家庭的迁移、居住地变更和适应工业生产、服务业要求和城市生活的相关素质的提高等一系列环节,才能实现从职业流动到社会流动的转变。按照目前的人口状况和社会经济发展形势,绝大多数农民工要真正融入城市成为城市新移民,还需要相当长的时间。政府要想促成这一转变,既要依据宏观的统筹城乡和工业化、信息化、城镇化、农业现代化发展战略的要求未雨绸缪,加强顶层设计,也要顺应经济社会发展规律尤其是市场规律的要求,做好流动人口的管理和服务工作。具体来说,当前需要解决三个层面的问题。

一是制度性的问题。解决流动的农民工问题的根本出路在于顺应市场经济的发展潮流,加快制度改革和创新,按照政府职能转变的要求,从整体上改革社会管理制度,包括户籍制度、社会保障制度、劳动就业制度、人事制度、教育制度、财政制度、住房制度等等。

二是政策性的问题。各级政府要坚持以人为本的科学发展观,以满足流动人口要求为出发点和落脚点,按照“公平对待、合理引导、完善管理、搞好服务”的要求,统一认识,协调一致,齐抓共管,形成合力,制定有利于人口流动的各项政策,为人口的合理有序流动减少障碍,创造良好的环境和条件。

三是操作性的问题。流动人口的管理和服务一定要加强领导,更新管理理念,改革管理方式,提高服务能力,寓管理于服务之中,从维护流动人口合法权益,为流动人口提供优质服务的角度出发,最大限度地简化办事程序,减少相关手续,取消不合法、不合理、不必要的收费。①

总之,人口流动是改革开放,工业化、信息化、城镇化、农业现代化发展的必然产物,是全面建成小康社会的必然要求,是市场经济发展的必然结果。流动人口是人口问题,更是社会问题、经济问题,也是政治问题,是流动人口的事情,更是政府和社会的事情。对此,政府与社会必须要有清醒的认识。政府要主动应对,社会以及流动人口自身要有所作为。能不能解决好流动人口问题,既是对流动人口自身的考验,更是对政府的社会管理和公共服务的一次检验。为此,政府各部门要正确认识、加强和创新流动人口管理与服务工作,要从服从服务于经济建设的高度,从服从服务于全面建成小康社会的要求和实现中国梦的要求,做好流动人口管理和服务工作,创新思维与方法,有效解决流动人口问题。

---

①于学军、陆杰华:《做好流动人口的管理和服务是政府的责任》,载《市场与人口分析》2005年第5期。

二、当前西北民族地区流动人口的基本特征与存在的主要问题

当前,西北民族地区人口流动空前活跃,已经成为一个突出的社会现象。甘肃省作为典型的西北民族地区,流动人口以及流动人口的管理与服务问题,是当前各级政府和社会关注的问题,也是必须解决好的社会问题。最新的甘肃省人口抽样调查资料和流动人口统计资料显示,截至2011年,甘肃省流动人口总量达到293.15万人,已经占全省人口的10%以上。为了及时了解甘肃省流动人口的最新特点和发展变动趋势,甘肃省计划生育委员会对2011年甘肃省流动人口的情况进行了调查,他们提供的数据,为我们分析甘肃省流动人口的结构、分布、经济状况和居住状况等提供了依据。①

(一)流动人口的基本特征

1.年龄和性别构成

调查显示,目前,流动人口仍以青壮年人口为主。其中20～49岁之间劳动年龄的流动人口占80.33%,15～19岁年龄组只占1.91%,50～59岁占4.25%。流动人口平均年龄33.3岁,其中流入人口为33.9岁,流出人口为32.7岁。全部流动人口中,性别比为男性占53.5%,女性占46.5%,其中流入流出的性别比例差别不大。从性别年龄构成看,流动人口男性平均年龄为33.99岁,女性平均年龄为32.54岁。甘肃省的这一流动人口性别结构表明,越来越多的女性已经加入流动人口队伍,除了15～19岁的适龄学生群体和基本丧失劳动力的老年人外,农村青壮年劳动力有大规模流动的趋势。

2.民族构成

调查显示,甘肃省流动人口中汉族占88.16%,回族占9.48%,其他民族占2.36%。其中流入人口中汉族占93.6%,回族占4.5%。流出人口中汉族占84.7%,回族占12.3%,藏族占1.1%,其他民族占1.9%。而从性别看,甘肃省流动人口中汉族、回族男性女性比例差别不大,分别是51.74%和48.26、51.93%和48.07%,男女之间的性别差距只有3%左右。甘肃省这一流动人口民族结构表明,少数民族群体的社会流动不是非常活跃,其中原因除历史文化和传统生活方式等方面之外,其他的制约因素需要深入研究,并做出相应的安排。

3.婚姻和子女状况

从婚姻状况看,流动人口平均初婚年龄23.3岁,流动人口中未婚的占22.1%。在未婚人口中,15～29之间的占人口主要部分,占流动人口的20%。从分布看,在婚和离婚人口分布呈现正态分布的趋势。分性别来看,男性离婚的比

①《甘肃省流动人口动态监测数据分析报告》,2013年第3期。

例低于女性8.4个百分点，男性未婚人口比例高出女性未婚人口比例16.4个百分点。在调查的育龄妇女中，生育一个子女的占50.2%，两个子女的占35.9%，三个及以上的占6.7%。而从儿童与父母的关系看，调查显示，随父母流动的儿童多于留守儿童，在流入地随父母居住的流动人口子女中，66.5%为流动儿童，26.35%为留守儿童。这些数据表明，甘肃省流动儿童的教育管理问题、农村男性结婚难的问题已经非常突出了。

4.受教育程度

流动人口中的流出人口受教育程度以初中为主，占48.2%，接受过高中教育的占12.8%，接受过大专及以上教育者所占比例接近13%。而流入人口，受教育程度也以初中为主，占53%，接受过高中教育的占16.3%，接受过大专及以上教育者所占比例超过10%。流动人口平均受教育年限为9.6年。其中乡—城流动人口为9.2年，城—城流动人口为12.6年。乡—城流动人口中接受过高中以上教育的占21%，接受过大专以上教育的占3.8%，城—城流动人口的比例为72.6%和44.8%。从年龄组来看，45岁以下人口接受教育程度明显高于45岁以上年龄组，随着年龄组降低，接受初中以上教育的流动人口数量明显增加。从性别来看，男性平均受教育年限为9.87年，女性为9.52年，男性比女性高出0.35年。从数量上分析，只有未上学和中专流动人口中女性数量高于男性，其余阶段则为男性受教育程度高于女性。这些数据表明，流动人口素质已经普遍提高，虽然男性接受更高教育的机会仍然多于女性，但比例已经有所减小。但从整体看，流入人口的受教育程度偏低。

5.流动时间

甘肃省流动人口流入本地时间平均为4.5年，其中省内流入人口流入本地时间在1年以下的占13.1%，1～2年的占34.1%，3～5年的占26.8%，6～10年的占15.1%；在流入地居住呈长期化趋势，86.8%的流动人口在流入地居住超过1年，52.7%居住超过3年，25.9%居住超过5年，10.8%居住超过10年。流动人口滞留时间较长，很多流动人口已成为事实上的甘肃人。因此，应该考虑这些长期居住的流动人口对公共服务的需要，切实把流动人口纳入城市规划体系和城市公共服务体系之中。

6.户口与流动范围

流动人口中86.4%为农业户口，属于乡—城流动；13.5%为非农业户口，属于城—城流动。甘肃省流入人口中省内跨市流动占45.1%，市内跨县占21.1%，跨省流动占33.8%。分年龄组来看，在21～40岁年龄段中，省内跨市流动显著高于跨省流动和市内跨县流动，占到省内流动人口的33.1%。在分性别的流动人口范围中，跨省流动男性高于女性4.2个百分点，省内跨市流动和市内跨县流动差异性不大。

(二)流动人口的就业、收入、生活与社会保障情况

1.就业

就业状态。受调查流动人口中从业状态为就业(包括打零工、季节性歇业等)的占80.3%,操持家务占10.7%,失业和无业人数分别占1.1%和7.3%,其他人员(离退休等)占0.5%,与2011年相比没有太大变化。就业行业。从行业分布来看,流动人口主要集中在批发零售、住宿餐饮、社会服务和建筑业、制造业和农林牧渔等领域,分别占到24%、16.9%、12.1%、11%、7.9%和7.2%。职业构成。从职业分布来看,流动人口主要集中在经商、生产运输建筑设备等操作人员、商业服务、餐饮、家政保洁保安装修等领域,分别占到20.3%、19%、16.5%、14.9%、5.8%。就业身份。从流动人口就业身份来看,雇员占42.5%,自营劳动者占25.6%,其他占19.7%,因此可以看出流动人口并没有全部被城市现代产业部门所吸收,有相当一部分在城市非正规部门就业。就业单位性质。从流动人口就业的单位性质来看,流动人口主要集中在个体工商户、无固定单位和私营企业,分别占到45%、24%、12.3%。就业性别差异。男性流动人口就业比例为92.3%,女性就业比例为66.6%,男性比女性高了25.7个百分点,性别差异显著,受教育年限和接受专业劳动技能培训对于促进劳动力就业都有积极影响。而从劳动时间看,流动人口劳动时间较长,基本权益保护不足。2012年省内流动人口平均每天工作9.4小时,平均每周工作6.4天,每周工作超过5天的占79.6%,每天工作超过8小时的占76.9%。省外流出人口平均每天工作9.4小时,平均每周工作6.3天,每周工作超过5天的占76.3%,每天工作超过8小时的占75.1%。与上年相比,流动人口劳动时间偏长的情况有所加重,每周工作时间超过劳动法规定的44小时的流动人口高达78%。

2.收入

就业流动人口平均月收入为2790元,其中省内流入流动人口月平均2824元,跨省流出流动人口月平均2756元,月均收入在1000~3000的比例最高,占53.7%,省内流动人口月均收入占其家庭月总收入的65.1%,家庭月均总支出占家庭月均总收入的52.3%。农业户口、非农业户口平均月收入分别为2779元和3071元,家庭恩格尔系数为0.45。调查数据显示,外出流动人口收入高于本地流动人口的收入,自营人员的收入高于受雇人员的收入。

调查显示,男性流动人口月均收入3142元,女性月均收入2487元,差距明显;30~34岁年龄组的流动人口月均收入为3350元最高,最低是15~19岁的年龄组,月均收入1748元。在不同教育程度和工作经历的流动人口中,学历、工作经历和收入成正比,在相同层次的教育水平和工作经历组内,收入差距较大。在不

同职业的收入水平的调查中，国家机关企事业单位负责人、经商、建筑位居前三，保洁、保安和农林牧渔水利业生产收入较低。从流动人员从事的主要行业看，收入水平较高的是批发零售和制造业的农民工，月均收入分别为3348元和3039元；收入较低的分别是农林牧渔业、党政机关和社会团体的流动人员，月均收入分别为1459元、2080元。从收入增幅看，各行业平均水平收入增幅都高于去年。月均收入与教育程度、户口性质和行业之间的相关系数（皮尔逊系数）为0.072、0.040、0.051，双尾检验的概率值都小于1%，在0.01水平上显著相关。

从流动人口家庭经济状况看，流动人口家庭月均收入为4181.3元，食品和住房支出占总支出的60.6%，从流动人口家庭收入支出来看，流动人口家庭月总收入差距较大，流出人口家庭月收入和支出都小于流入人口。

3. 居住

居住方面，租住私房的占63.6%，自购房的占14.3%，雇主提供免费房的占6.7%，由政府提供廉租房的比例仅为0.3%（其中流入仅为0.1%，流出为0.5%），流动人口的居住质量较差。居住条件是衡量居民居住质量的主要内容。从流动人口所居住房屋的类型看，居住在农民原建房和农民专门搭建的待租房这两种类型的流动人口占全部流动人口的比例较大。另外还有流动人口居住在工棚、自建窝棚或工作场所。流动人口居住条件较差，一方面是由他们较差的经济条件决定的。另一方面，大部分的流动人口仅仅将住所作为短期栖身之地，因此改善居住环境并不是他们最终目的，这也成为流动人口居住条件较差的重要原因。

4. 社会交往与感受

社会交往调查中，与同乡的交往比例最高，占到49.6%。分年龄组调查显示，分年龄组和婚姻状况的流动人口社会交往差别不大，社会交往基本都集中在老家的同乡和本地人中。在不同教育程度的流动人口社会交往调查中，学历越高，同乡情节越少，与其他本地人交往越多，社会融合程度越好。在业余时间安排上，看电视电影录像和读书看报学习是流动人口的主要业余活动。两者的比例分别占到87.2%和47.2%。网络也成为他们获取信息的重要渠道，上网的占35.8%。另外，一部分流动人员选择了利用业余时间玩棋牌麻将电脑游戏，比例为24.7%，不同年龄组在社会参与活动差异不大，平均参与度30%，普遍偏低，认为本地人看不起自己的，在20～44岁年龄段比例最高，占20.2%。在流动人口对本地的认同感方面，喜欢本城市的占96.5%，并且愿意成为本地一员的比例为93.8%。认为本地人看不起外地人的占21.6%，总体来看，流动人口对本地的认同感较强。

5. 社会保障情况

流动人口社会保障情况比较差。以医保与权益保障为例。流动人口中仅有9.9%在流入地享有城镇职工医疗保险，其中农业户口、非农业户口分别为6.5%和

3.4%。参加选举活动的占11.4%，晚婚晚育休假占2.6%，孩子在公立学校就读的占94.3%，孩子在本地入学缴纳赞助费的占11.7%。对此，流动人口自身有切身感受。在不同户口性质的幸福感调查中，农业户口感到幸福和很幸福的占49.6%，非农业户口的占8.3%，远远低于农业户口的幸福感比例。在不同教育程度的调查中，在幸福感调查中，大多数人幸福感偏低。很幸福的比例为57.9%，且集中在初中和高中学历人群，学历较低和较高的两端幸福感都偏低。

通过上面的分析，当前甘肃省流动人口的突出特征表现在以下几个方面：

第一，从流动人口分布看，流动人口分布集中，且以流出为主。截止到2012年9月30日，全省流动人口293.13万人，其中流入77.22万人，流出215.91万人[①]，分别比去年同期增长6.98%，7.78%，6.69%[②]。流动人口主要集中在兰州、定西、天水、庆阳和平凉等城市，这5个城市的流动人口占全省流动人口的74.2%；其中流入人口主要集中在兰州，占流入人口的64.6%；流出人口主要集中在定西、天水、庆阳、平凉、陇南和临夏等市州，占流出人口的85.3%。[③]在跨省流动人口分布中，跨省流入排在前五位的是河南、陕西、四川、浙江和湖北，分别占5.68%、3.88%、3.66%、3.52%和1.80%，五省流入人口占甘肃跨省流入人口的33.82%。跨省流出排在前五位的是新疆、北京、内蒙古、广东和陕西[④]，分别占20.86%、10.09%、9.27%、9.1%和8.89%，五省流出人口占甘肃跨省流出人口的58.21%。

第二，从流动人口年龄、性别、学历看，流动人口以年轻劳动力为主，流动劳动力年龄集中在15～45，流动人口年龄结构年轻是突出体征之一。不同性别流动人口流动性因年龄而异。男性流动人口随着年龄增大流动性在增强，女性则随年龄增大而降低。从不同性别的流动人口流动情况来看，在20～34岁年龄阶段女性流动性大于男性，随着年龄的增大，女性流动性减弱，男性流动性增强。同时，大专以上学历流动人口跨省流动大于省内流动。大专以上学历人才流出规模大于流入总量，而且在19～34岁最为显著，呈年轻化态势，大专以上学历流出人口527人，大专以上学历流入人口431人。大学专科层次以上人口流出占总流出人口的8.3%，流入的占总流入人口的10.8%，总体来说，流出的大于流入的，且在80后新生代中较为突出。

第三，从流动人口社会保障看，流动人口参加社会保障的比例很低。目前，流动人口总量已达293.13万人，但流动人口中仅有9.9%在流入地享有城镇职工医疗保险，其中农业户口、非农业户口分别为6.5%和3.4%。甘肃省流动人口中15～

①《甘肃省流动人口月报》，2012年9月。

②《甘肃省流动人口月报》，2012年9月，《甘肃省2011年流动人口监测调查分析报告》。

③《甘肃省流动人口月报》，2012年9月。

④《甘肃省2011年流动人口监测调查分析报告》，2013年第3期。

49岁人口比例为95.8%，平均年龄为33.3岁，从事的工作主要集中在批发零售、住宿餐饮、社会服务和建筑业等领域，这些工作劳动强度大，工资水平低，风险大，受到疾病和意外事故的威胁也较为普遍。

第四，从流动人口收入情况看，流动人口收入增长较快，内部差距拉大。调查显示，就业流动人口平均月收入为2790元，比2011年有较大幅度提高(2193.7元)，但流动人口收入水平内部差距较大(月均收入标准差为2613元)，低收入流动人口面临生存发展和社会融合的双重困境。食品和住房仍然占主要支出，反映出对未来的预期信心不足和储蓄倾向。流动人口在医疗、子女教育和社会福利等方面的困境将造成更多的城市贫困人口，势必形成“城市二元结构”，成为影响城市社会稳定的隐忧。

(三)目前流动人口存在的主要问题

1.中心城市流动人口集中，流动性大，城市综合管理难度加大

根据六普资料分析，甘肃省人口在向中心城市聚集，10年间，兰州市安宁区、城关区和七里河区分别增长47.42%、36.49%和17.26%；嘉峪关市增长45.3%；酒泉市肃州区、庆阳市西峰区、金昌市金川区和平凉市崆峒区分别增长23.71%、18.86%、11.53%和11.24%。另据全员流动人口服务管理信息系统(GPL)数据汇总(2012年9月)，甘肃省流动人口主要集中在兰州、定西、天水、庆阳和平凉等城市，五市的流动人口就占全省的近80%。其中流入人口主要集中在兰州市，约占全部流入人口的74.31%。大量的流动人口涌入中心城市，给城市带来了巨大的压力。由于大多数流动人口来自不同地区，对城市管理及法律法规了解和掌握不够，生活习惯不同，受教育层次不够等方面的原因，致使城市综合管理的难度加大，对涉及流动人口的劳动就业、住房、交通、子女教育、社会治安、市容市貌、计划生育等在内的城市综合管理和服务提出了新的更高的要求。

2.流动人口基本公共服务均等化水平与国家目标、与流动人口的迫切要求差距明显

公共产品和服务的基本均等，是体现社会公平正义，是保障人的全面发展的重要条件。以计划生育为例。实现流动人口计划生育基本公共服务均等化是实现整个社会基本公共服务均等化的重要内容。调查显示，目前流动人口计划生育基本公共服务水平有所提升，试点城市已基本建立了能有效运转、能基本保障流动人口计划生育基本公共服务均等化的运行机制。但是，多数地区与国家目标、与流动人口的迫切要求差距明显。如免费服务方面，城市户籍人口享受的计划生育优先优惠奖励优待的基本公共服务政策，还没有全面惠及、落实到流动人口群体。

3.社会保障制度不完善，流动人口转变为市民的障碍巨大

解决流动人口融入当地，把流动人口真正转变成市民的关键，是实现就业、住房、教育、医疗等社会权益和保障的均等化。调查显示，90%以上的流动人口愿意融入本地生活，95%以上的流动人口喜欢现在居住的城市，表现出强烈的融入本地生活的意愿。但是，从流动人口就业的行业和部门来看，无固定职业的占到1/5，无固定单位的占到1/3。这反映出相当一部分流动人口实际上是城市的边缘群体，充分和稳定的就业是他们的期盼。与此同时，70%以上的流动人口居住出租房，居住政府提供的廉租房的不到1%。其他方面的权益和社会保障的水平也很低，使流动人口融入当地社会和转变为市民的概率很低。

4.人口限制区和部分疏散区常住人口不减反增，对实现国家生态屏障的战略目标影响巨大

根据资料比较分析，甘肃省人口限制区和疏散区土地面积占67.45%，2010年人口占48.67%。但是，这些地区基本上是自然保护区和不适合人类居住的荒漠化地区，以及人居环境临界适宜，资源环境承载力临界超载或超载的地区。按照主体功能区分，这些地区的战略目标和重点是建设国家生态屏障、提供全国性与区域性生态服务，缓解人与自然的矛盾。六普资料显示，甘肃省常住人口数量在减少，但是人口限制区不仅人口没有减少，反而增加近18.6%。人口疏散区虽然总体上人口减少了近30万，但是部分县区人口却大幅增加。由于这些地区的功能定位与其对人口发展的目标差距悬殊，人口的不断增加，对实现国家目标和战略重点影响重大。

5.民族地区常住人口增长过快，人口压力日益突出

据资料显示，甘肃省民族地区人口的年度增长率是全省的3～4倍。[①]临夏和甘南州除个别县人口略有减少以外，大多数县人口在不断增加，有的县增幅巨大。例如，10年间，临夏市、玛曲县、碌曲县、合作市等分别增长35.57%、32.27%、20.07%、18.76%。民族地区人口过快增长与脆弱生态环境的地理耦合，意味着民族地区人与自然的矛盾在持续恶化，人口数量增长与社会经济发展之间的矛盾日益突出。这与建设国家生态屏障、建设民族团结示范区的战略目标，对缓解人与自然的尖锐矛盾，对加快发展民族地区社会经济的要求构成严峻挑战。

三、加强流动人口管理的对策建议

流动人口的大规模出现，是西北民族地区在改革开放过程中出现的重要社会现象。随着改革开放的不断深化，流动人口还将急剧增长。大量流动人口的出现和存在，对30多年来西北民族地区经济发展和社会进步起到了重要作用，社会生

①根据六普资料比较分析，甘肃省2010年和2000年相比，常住人口年均增长率为0.18%，临夏州为0.62%，甘南州为0.74%，见《甘肃省2010年第六次全国人口普查主要数据》。

活的各个方面都产生了重大影响，也就必然引起政府、社会的广泛关注和重视。然而，从现实看，目前西北民族地区对流动人口问题的认识、研究以及解决还存在许多问题。

通过相关资料分析，当前西北民族地区流动人口存在一些突出特点，如流动人口的普遍化、流动原因的经济化、流动时间的长期化、年龄结构的成年化、性别构成的均衡化等，值得引起西北民族地区党和政府以及社会高度关注。

第一，现阶段的人口流动，受刚性户籍制度的制约，流动人口还处于非常不利的地位。城乡有别的社会保障、社会福利造成了流动人口与当地固定户籍人口的利益分歧、利益冲突，流动人口尤其是流动人口中的农民工权益受损害的现象还相当严重。

第二，现阶段的人口流动具有流动性强、归属感弱等特点。流动人口中的绝大多数人经常处于居无定所、工作与生活快速变动的状态。工作的极不稳定性、收入与生活的不稳定性，表明流动人口是风险性相对较高的社会群体和需要更多关心的特殊社会群体。

第三，在现阶段，流动人口常常需要付出一定的代价。如农民工的工资被拖欠、劳动时间被延长、缺乏必要的劳动保护、没有社会保险，甚至也不能享受当地的最低生活保障，其子女不能平等享受当地居民子女一样的教育机会等等，流动人口的权益迫切需要得到维护。

在看到这些特点的时候，我们同时发现，当前西北民族地区流动人口的社会流动已经表现出以下趋势：

第一，流动人口的数量规模持续扩大，而且持续扩大的势头很猛烈。

第二，流动人口的结构日益复杂化，城乡人口、未成年人及未就业人口、退休人员、举家流动、农村青少年大量流动等等，流动人口的结构日益复杂化。

第三，流动人口的流向走向多元化，单向的农村流向城市已经扩展到城市之间的互动及城市向乡村的流动，双向或者多向流动的趋势形成。

第四，流动人口的追求不断向上攀升。过去的人口流动一般以单纯的经济利益为目标，现在的流动人口开始追求社会公平正义及要求平等享受当地人的权益，开始有了融入当地社会的愿望。

第五，流动人口维权意识在逐渐觉醒。罢工、上访、诉讼乃至极端的方式来寻求维权的案例在增长，同时，流动人口关注的也不再仅仅是经济权益，还包括社会保障权益与政治权益。

流动人口和解决流动人口问题，需要社会各个方面共同努力，需要有改革的意识、勇气和公平主义的态度。在全面建成小康社会、实现中国梦的宏观背景下，对于这一点，西北民族地区各级党和政府的领导机关，各级党和政府的领导干部以及社会各界,必须要有清醒的认识。

1.要从思想上高度重视

要认识到流动人口问题将是一个长期性的问题。在工业化、城市化水平低的西北民族地区,人口流动现象、解决流动人口问题将是一个常态化的问题,相关流动人口的政策设计不能离开这一基本前提。但事实是目前我们还没有充分意识到这个问题的重要性,这也是在解决流动人口问题的政策思路上,我们经常缺乏连续性、一贯性的原因,也是许多早就存在的问题今天仍然无解的原因。同时,要认识到流动人口仍有较大幅度增长的可能性,认为它已经增长到顶点了,以后不会再有大的增长的判断是错误的。要看到农村剩余劳动力大量存在,目前城乡和地区之间收入差异并没有从根本上改变,有些条件如城乡和地区收入差异甚至比改革开放前有所强化的事实。

2.要积极解决流动人口就业问题

要构建城乡统一的劳动力流动机制,取消招聘的户籍限制,逐步建立公开、公平、竞争的就业制度。要清理和废止对流动人口就业的歧视和限制政策,使他们能够在城市获得与市民平等的待遇。要加强政府的公共服务,改善城市流动人口就业的市场环境。为此要加大体制改革的力度,建立起城乡统筹的就业制度,取消对劳动力就业的各项不合理限制,对城乡劳动力实行统一的劳动管理,提供统一的就业服务,逐步建设覆盖城乡的劳动力市场的信息网络。政府部门应转变观念,树立以人为本的管理和服务理念,对城市流动人口一视同仁,并提供及时便捷的服务。应尽快建立和规范流动人口就业的中介行为和中介市场,建立正规劳务市场,提供就业需求。各级政府要规范用工单位的行为,完善企业工资支付监控、欠薪预警和劳动合同管理等制度,确保工资按时足额发放。要强化对劳动力市场秩序的监管,平衡和协调劳资关系。坚决清理和制止向城市流动人口的收费和变相收费,清理和废止对城市流动人口就业的歧视和限制政策。国家要鼓励能增进城市流动人口权益保护的制度创新,健全城市流动人口权益保护机制。要完善工会组织,从而通过集体谈判的力量来平衡劳资关系和确保劳动者权益。国家要建立面向城市流动人口的法律援助制度,使其成为维护城市流动人口合法权益的制度性安排。政府要允许其他社会力量,主要包括各种民间组织、志愿者组织、非营利组织等,参与城市流动人口权益保障事业。

3.要积极解决流动劳动力公共服务问题

流动人口享受基本公共服务,在国家相关政策中是做了规定的,而且在制度设计上很多基本公共服务推进的要求并没有划分流动人口和非流动人口,就是给常住人口提供相关的基本公共服务。目前,流动人口享受到的基本公共服务与户籍人口之所以有差距,有两条最主要的原因。一是流动人口自身的原因,其权益意识差一些。另外,流动特点决定其获取公共服务的能力和意识相对差一些。二是对于服务提供方来说,流动人口的大量集聚地,原本提供服务的能力就不足。提供方确实有经费投入不足的地方,应该列入基本的公共服务预算。当前,随着流动人口年龄结构、受教育程度提高等因素的影响,流动人口中的年轻人尤其是受过良好教育的年轻人的诉求,已经不单纯是出来挣钱,还要谋求多方面的发展,因此对于生活的要求也在增多,对于社会保障、维权的诉求也在增加。在这种情况下,推动公共服务均等化,积极解决流动劳动力、流动人口的基本公共服务问题,已经是一件非常紧迫的工作。尤其是流动人口卫生计生基本公共服务均等化问题。近年来,流动育龄妇女数量和比重在不断增加,流动育龄妇女在户籍地以外生育的比例逐年提高。新生代流动人口婚前同居、婚前怀孕、生殖健康问题比较突出,这些都对流动人口卫生计生服务管理提出了更高要求。因此,按照《国家基本公共服务体系建设"十二五"规划》提出的"加快建立农民工等流动人口基本公共服务均等化制度"要求,建立分层、分类、有梯度的公共服务供给制度,是西北民族地区党和政府以及社会必须要做的工作。

4.要关注流动人口政治参与问题

改革开放以来,随着城市化进程的加快,流动人口逐渐出现并成为一个庞大的群体,其政治参与问题也成为一个重要的社会问题和政治问题。流动人口积极广泛地参与政治,不仅是实现和维护其切身利益的需要,也是维护社会稳定的需要。在西北民族地区,流动人口作为一个庞大的群体,在政治管理上是一个不容忽视的群体。但受诸多因素影响,流动人口尤其是少数民族流动人口在政治参与中存在权益缺失的现象,其政治参与处于边缘化状态,这种令人担忧的状况严重影响了民族地区民主政治建设的进程。为此,要把解决城市流动人口政治参与问题与落实城乡统筹、建立合理的利益表达与责任分担机制结合起来。要统筹城乡、区域协调发展,从源头上解决城市流动人口问题,为有序扩大城市流动人口政治参与提供经济基础和政治保障。要改革以户籍制度为核心的城乡二元体制。流动人口权益问题是社会公平公正的"试金石"。消除阻碍人口自由迁徙流动的制度障碍,户籍制度改革是关键。要加强流动人口的政治参与法制化、制度化建设,对流动人口政治参与的内容、方式、途径等明确规定,并用法律的形式将其固定下来,做到有章可循,依法参与。要拓宽城市流动人口政治参与的有效途径,丰富政治参与形式,拓宽城市流动人口政治参与的渠道。要加强对城市流动人口的教育,利用多种形式积极开展社会主义核心价值观教育,尤其是法律教育和民主意识教育,以提高他们的政治素质和政治参与的能力。

5.要想办法解决流动人口子女教育问题

当前,在西北民族地区的流动人口子女教育方面存在许多问题。学校教育方面，一是流动人口子女失学的现象在一定范围内依然存在。尤其是部分贫困的外来人口，其子女的失学现象严重存在。二是流动人口子女就学与当地户籍人口子女就学存在着很大的差异，这些差异既表现在学费上，也表现在就学过程中难以得到平等的教育，外来人口的子女也被视作本地义务教育体制外的另类求学对象。家庭教育方面，一是流动人口子女教育出现了隔代培养情况；二是流动人口家庭教育、学习环境较差；三是流动人口中的许多人难以胜任和承担起家庭教育的职责。社会教育方面，一是社会对流动人口子女的教育缺乏足够的重视和公平对待；二是接受社会教育的渠道不足；三是多元化的当前有待加强管理的社会媒介环境给孩子带来了不利的影响。而要解决流动人口子女受教育问题，首先必须在流入地树立平等观念，将流动人口视为"本市人口"的一部分而不是"外来人口"。其次，政府应该承担起教育的职责，统筹政府教育资源的分配，并加大投入，使流动人口子女不因其流动而丧失受教育的机会。再次，要进一步降低义务教育的门槛，使得应该接受义务教育的孩子都能够接受义务教育。最后，广开门路，整合各类教育资源，增加教育体系的容纳能力。

6.要积极推动流动人口社会融入

当前在西北民族地区，由于区域之间、城乡之间公共服务政策制度和文化存在差异，流动人口特别是来自农村的流动人口还没有真正融入所居住的城市。在流动人口流量、流向、结构和群体利益诉求都在发生深刻变化的情况下，流动人口的社会融合问题已经日益凸显。当前，西北民族地区的人口流动由个体劳动力外出务工阶段步入核心家庭整体迁移阶段，流动人口在居住地居留的长期化、家庭化趋势明显增强，融入当地社会愿望强烈。尤其是新生代流动人口，融入愿望更加迫切。与上一代流动人口相比，他们的思想观念、行为方式与城市居民更为接近，注重体面就业机会，利益诉求更加明确，维权意识更强，渴望公平的生存发展机会。因此，未来，在推进工业化、信息化、城镇化、农业现代化发展的过程中，需要有流动迁移人口社会融合方面的战略考虑和制度安排，以消除歧视和排斥，特别是消除少数民族流动人口在文化习俗、宗教信仰等方面与流入地居民的差异，促使流动人口的城市融入。要加快制定以人口城镇化为核心的城镇化发展规划，推进户籍和居住证制度改革，建立城乡统一的人口登记制度，将符合条件的农业转移人口转为城市居民，引导形成合理的人口城乡布局。要发挥群众组织的社会协同作用，鼓励流动人口参加公益性、互助性社会组织，培养社会融合工作志愿者，形成全社会、全方位推进社会融合格局。要强化流动人口聚集社区的工作网络和资金支持，为流动人口融入城市社区和与城市市民和睦相处提供更加便捷高效的服务。

7.要关注流动的少数民族问题

西北民族地区少数民族多，少数民族流动人口是流动人口中的重要组成部分，由于文化习俗、宗教、受教育程度、生产技能等方面的影响，少数民族流动人口问题是西北民族地区流动人口管理和服务的重要问题。这些流动的少数民族，从业特征鲜明，多以个体经营为主要经济活动形式，对城市融入，他们相比汉族愿望没有那么强烈。同时，少数民族流动人口还存在年龄小、文化程度低、相对流动时间与地点不稳定、同族同乡群居和与周边居民接触较少的情况和趋势，这对管理和服务提出了更高的要求。而考察现实，对少数民族流动人口的管理和服务存在两个方面的相互影响的问题，一方面少数民族人员对城市生活与管理不适应，一方面是城市管理者目前还存在服务和管理不到位，管理和服务的相应的体制机制缺失。如今这两个相互关联的问题严重考验着西北民族地区党和政府以及社会的社会管理能力与服务能力。建议：要强化专门的少数民族流动人口管理组织机构；要依法加强对少数民族外来流动人口的管理，在处理和解决涉及少数民族外来流动人口的问题上要充分考虑党和国家的民族政策及少数民族自身的民族特性；要切实保障少数民族群众的合法权益，为少数民族外来流动人口做好服务工作；要建立少数民族流动人口法律援助中心，维护少数民族的合法权益；要支持鼓励基层社区民族工作，突出少数民族流动人口服务与管理；要加强对少数民族流动人口突发事件的预防与处理，提前排查不利于民族团结、社会稳定的因素，尤其要妥善处理涉及民族方面的群体性事件。

8.要创新思路在“新四化”的有利条件下通过城镇化解决问题

要把流动人口问题纳入现代化和城市化的战略高度加以认识。历史经验表明，城市化尤其是城镇化，是解决农村人口流动、农民市民化的有效途径。这是中国农民用他们的流动实践走出的一条中国特色的城市化之路。这是一条正确的城市化道路，是一条国家没有付出巨大经济社会发展代价，个人也没有更多忍受身份转换带来的巨大的心理不适的相对平稳的城市化道路。如今，党的十八大明确地提出了“新四化”的发展战略，把工业化、信息化、城镇化、农业现代化作为未来中国发展的重要战略。从解决城乡差别、从解决“三农”问题的角度看，这一发展战略其实是对流动人口解决提出了新思路。工业化大发展对劳动力的刚性需求，给流动提供了机会；信息化发展，提升了工业化水平，服务业有了进一步发展的空间，产业结构调整也就成为可能，接下来农民的非农化就有了可能。而城镇化发展，给了农业实现土地规模化、集约化经营的可能，使农民能够离开被低生产力水平束缚的土地，促进了农民的流动，等等。这一切都将推动城市化发展，既使更大规模的流动成为可能，也使流动人口尤其是农民流动人口融入城市更加容易。

9.要未雨绸缪提前应对即将到来的一些挑战

第一，要及早重视来自城镇的流动人口和接受过高等教育的流动人口开始出现的趋势。目前西北民族地区的流动人口已经不仅仅是来自农村的人口。事实上,城镇人口在目前流动人口中一直占着比较大的一个比例。未来如果县域经济得不到大发展、城镇化不能够有效推行、地区收入差异得不到缩小,可以预料会有越来越多的城镇人口加到流动人口中来,从而使流动人口规模增大。从前面分析中我们看到,在流动人口的素质结构中,一场静悄悄的变革正在发生,就是一大批接受过本科甚至研究生教育的高等教育毕业生已经加到流动人口的大军中来了。第二,要为更多儿童和老年人口作为流动人口的到来做好必要的准备。当前,在西北民族地区,随着流动人口收入水平提高,随着国家对待农民工各种优惠政策的出台,随着用人单位越来越重视农民工的待遇问题,随着农民工对子女教育问题的日益重视,以及人口老龄化时代的到来,青少年流动人口以及老年流动人口将开始加速增加。作为流入地的城市,需要及早为这些孩子和老人的到来做好必要的准备。

第五章　风险社会管理

公共安全是人们正常的生活和生产秩序状态，公共安全管理是对这种秩序状态的维护与保持，对打乱该秩序状态的各类事件的应对，以及对事件后果的消除、对秩序状态的恢复的全过程。目前，我国正处于经济和社会的转型期，生产力水平和经济社会发展水平很不平衡，公共安全的社会基础、保障条件薄弱，与经济高速发展的矛盾越来越突出，影响着国民经济全面协调、可持续发展，经常给人民生命和财产带来重大损失。当前，经济的快速发展对社会发展提出了更高的要求，加强公共安全管理，预防和减少各类灾害、重大生产事故、重大违法犯罪等公共安全事件，保持社会稳定和国家安全已经成为亟待解决的战略任务。

一、当前西北民族地区公共安全面临严峻形势

当前我国公共安全面临的形势十分严峻，这是一个显见的事实。

一是自然灾害频发、分布广、损失大。自然灾害具有突发性和严重性等特点，一次重大的灾害在极短的时间内，可能造成数万甚至数十万人死亡，致使千百万人的生活、生产受到影响，受灾面积可以达到几十平方公里甚至上千平方公里，并可能引发其他灾害，造成社会动荡和严重的社会安全问题。例如1976年7月唐山地震在短短30多秒的时间内，造成了24.2万人死亡、16万人重伤；1975年8月由于台风暴雨导致河南两座大型水库垮坝，造成数万人死亡；1922年8月广东汕头风暴潮灾害，造成数万人死亡。我国重大突发性灾害频发，70%以上人口，80%以上工农业和城市，受到各种灾害的严重威胁，是世界上自然灾害最为严重的国家之一。据近十年来统计，我国每年由于自然灾害造成数千人死亡，经济损失达2026亿元。其中，台风、暴雨和洪水灾害频发、规模大，每年造成上千亿元经济损失和数千人死亡。每年由于滑坡、泥石流灾害造成的死亡人数超过1000人，经济损失超过100亿元，并造成每年数十次重要铁路、高速公路干线的路基毁坏和交通中断；中西部1/2的地区和县级城市受到滑坡、泥石流灾害的严重威胁。我国还是遭受地震灾害最为深重的国家，20世纪发生的破坏性地震占全球的1/3，死亡人数占全球的1/2，高达60万人。我国22个省会城市和2/3的百万以上人口的大城

市均位于地震高危险区。防灾减灾一直是我国政府重视的问题,但是,在当前经济社会中,由于某些方面存在盲目追求经济效益、忽视防灾减灾的严重倾向,人为地加重了自然灾害的破坏性,使社会承受灾害的能力愈加脆弱;如果不加以重视,在未来一段时期内,重大自然灾害对于社会公共安全的威胁可能会更加严重。

二是生产事故总量居高不下,屡屡发生的重特大事故更具突发性、灾难性和社会危害性。我国正处于生产安全事故的高发期,亿元GDP生产安全事故死亡率(2007年的控制指标是0.518)、工矿商贸十万就业人员生产安全事故死亡率和道路交通万车死亡率均远远高于发达国家。全国发生各类生产事故以道路交通事故最多,工矿企业中以煤矿发生的生产事故最为严重。我国每年因各类事故造成的经济损失在2000亿元以上,约占GDP的2%。严峻的生产安全问题也会造成不良的社会影响,成为社会不稳定的因素,部分省市日益增多的劳动争议案件中涉及安全卫生条件和工伤保险的已超过50%。如果不采取强有力的措施,我国生产安全问题在未来相对长的时间内仍将十分严峻,事故发生率仍将在高位徘徊。而且事故的种类增多,事故防范、处理的复杂性和技术性将增强,事故发生造成的社会影响和经济损失将更加严重。

三是食品安全隐患大增,威胁人民的生命和健康,影响社会安定和经济发展。食品污染与中毒是我国主要的食品安全问题。尽管20世纪90年代初以来,我国食品污染与中毒的发生有所减少,但形势仍然比较严重。食品安全的危害因素除有害微生物外还包括农药、兽药、生物毒素、亚硝酸盐等15类之多,蔬菜中有机磷农药(特别是甲胺磷)以及其他农药、兽药引起的污染与中毒事件数量占有较大比例,食品污染的慢性危害对消费者的健康具有更大的威胁。据估计,我国有超过8亿人体内残留有早期使用的农药的某些成分。长期食用含有促生长激素的动物产品而带来的后果十分值得关注,特别是兽药残留而引起的抗药性是全球共同关注的问题。我国2001年度残留物质监控计划中对规模化养殖加工企业的动物和动物产品监测结果表明,多数食用动物及其产品的农药、兽药残留和重金属、环境污染物的污染状况不容乐观。

四是火灾频繁对人民生命财产和社会秩序造成极大的冲击。火灾是危害我国人民和社会最持久、最剧烈的灾害之一,我国火灾年平均损失(不含森林、草原火灾)近200亿元。近年来的火灾形势严峻,每年因火灾而死伤的人数都在几千人以上,直接经济损失十几亿元人民币,森林火灾致使年均森林受害率5.99‰,是世界年均森林受害率的6倍,每年造成的直接经济损失70～100亿元。经济的发展使火灾现象越来越复杂和多样化:现代城市人口、建筑、生产、物资集中的特点使火灾发生更为集中;各种新型材料的使用,使可燃物种类增多,燃烧形式和产物更加复杂,火灾有毒气体危害问题突出;各种新能源和电器产品的使用导致火灾起因更为复杂、多样和隐蔽；高层、复杂、超规建筑的增多使火灾扑救和人员疏散的条件恶化；火灾环境从地面发展到地下（地铁、地下商场），从陆地发展到水上（舰船、海上钻井）和天上（飞机、航天器），从固定环境（建筑物）发展到移动环境（交通工具）；绿地/林区融入城市，使森林火灾和城市火灾相互耦合，对公共安全的威胁从城市扩展到林区；煤田与矿井自燃火灾，以及伴随各种地下铁道、山体隧道、建筑信道等场所的地下工程火灾大量发生。火灾现象的频发、复杂和多样化对火灾安全科技发展提出了更高和更紧迫的要求。

五是社会矛盾冲突严重，潜伏巨大社会危机。当前我国处于经济转轨、社会转型的特殊历史时期，在这期间利益重新分配，新旧观念相互碰撞，社会结构发生剧烈变动，社会不稳定因素增加。也就是说，当前在中国经济高速增长的背后正隐藏着种种复杂多变的不稳定风险。这些风险具有一定的潜伏期和高度的不确定性，在特定环境和条件下一旦爆发，很可能导致非常态扩散和放大，尤其是以下五大矛盾正处于从潜在风险向公共危机转化的临界点上：一是贫富差距正在进一步扩大，基尼系数超过0.5，逼近社会容忍线；二是社会深层次矛盾日益凸现并有激化的趋势，通货膨胀、社会分配不公、贪污腐败现象乃当前之首；三是社会治安形势严峻，无直接利益关系的群体事件或恶性事件呈现上升趋势；四是仇富、仇官、仇权的社会心态问题日渐突出，极易借助现代传播媒介迅速放大为社会危机；五是非传统安全危机正成为公共安全的主要威胁。

六是社会治安形势严峻，违法犯罪活动日趋组织化、职业化、智能化。近年来，我国违法犯罪总量仍高居不下，危害日趋严重。严重暴力犯罪案件十分突出，犯罪分子持枪作案明显增加，重大爆炸案件比重上升，带有恐怖色彩的谋杀、绑架人质案时有发生。用高新技术犯罪和犯罪分子防侦破意识增强，给破案、取证带来很大难度。尤为突出的是网络犯罪，大大增强了犯罪行为在时间上的随意性、空间上的模糊性和手段上的多样性，向传统的社会公共安全工作提出了挑战，对国家的安全和社会的稳定构成了极大的威胁。

七是国内外极端势力制造的各种恐怖事件时有发生，公共安全受到威胁。由于各种原因，新型恐怖主义犯罪阴影笼罩全球，进一步危害国家和社会的安宁。目前我国国内外分裂主义、极端主义分子的“内乱裂变”活动一直不断。其中，“东突”分子为了把新疆分裂出去，制造了乌鲁木齐“2·5”爆炸案、伊犁“2·5”骚乱等严重事件。

西北民族地区相比全国其他地区，面临的形势更加严峻。以甘肃省为例，目前就面临以下一些严峻的问题。西北民族地区，生态脆弱，基础设施建设落后，公共安全形势不容乐观，不但各类自然灾害时有发生，而且生产安全和环境安全事故也易发频发，公共卫生事件发生的不确定性大，影响社会和谐稳定的不利因素大量存在。以甘肃省2012年为例。在自然灾害方面。4月起，甘肃省就出现了连续的降雨过程，由此引发的地质灾害和冰雹洪水灾害给全省大部分地区经济社会发展造成了严重损失。其中，尤以“5·10”岷县特大冰雹山洪泥石流灾害为甚。而一向降雨量稀少的河西地区，2012年也遭受了特大降雨的冲击，造成了较重损失。此外，黄河兰州段、白银段出现了26年来未遇的特大流量，不仅冲毁了部分沿岸堤坝、民房、农田，还造成了城市交通、供水方面的突发事故，给人民生活和安全带来了较大冲击。5月3日，甘肃省酒泉市金塔县、内蒙古自治区阿拉善盟额济纳旗交界处分别发生5.4级地震和3.6级地震。5月10日，甘肃省定西市部分地区发生大范围冰雹及强降雨，引发冰雹洪涝灾害，因灾直接经济损失76.27亿元。6月18日以来发生的风雹灾害，造成天水、庆阳、平凉、定西、陇南5市18个县（区）40.5万人受灾。7月20日15时起，甘肃省部分市州先后出现强降雨天气并引发洪涝灾害，兰州、张掖、武威、庆阳、金昌、白银、临夏、陇南、定西、天水等10个市州、24个县区的39.33万人受灾。7月26日以来的洪涝灾害造成兰州、嘉峪关、金昌、白银、武威等9市州31县区29.6万人受灾，等等。在安全生产方面。上半年全省共发生各类生产安全事故1699起，死亡639人，受伤1545人，直接经济损失5774.3万元。其中工矿商贸企业共发生事故44起，直接经济损失650.8万元。道路交通事故1313起，死亡570人，受伤1539人，直接经济损失877.8万元。发生火灾事故328起，死亡3人，受伤1人，直接经济损失1348.4万元。在公共卫生方面。2011年1至7月，全省共通报一般性公共卫生事件66起，较大级别突发公共卫生事件1起。进入2012年，季节性传染病发病率有所上升，上报病种有所增加。在社会安全方面。“虽未发生重大群体性事件，但是由于某些权力部门执法行为的不规范，群众对待公权力的不安全感、不信任感、焦虑感可能会引发在个别地区、个别领域内的群体性事件；此外，由于城市公共服务及基础设施建设的不到位，也会导致利益相关群体的集体行动。可以预计的是，此类行为将会随着社会公众权利意识的增强、媒体传播速度提高及范围扩展而继续增多，但大多将会以非暴力形式出现。”[①]2012年“五一”期间，兰州市部分出租车因为加气难等原因出现过罢运。[②]8月27日兰州市发生了一起摊贩与城管执法人员冲突事件，数百人

①安文华、包晓霞：《甘肃蓝皮书：甘肃社会发展分析与预测（2013）》，社会科学文献出版社2013年版，第34页。

②2012年4月25日起，兰州市个别出租车司机通过多种方式，以出租车“加气难”“黑车多”为由，鼓动出租车司机在“五一”期间停运。根据监控情况，5月1日和5月2日全天，兰州市中心城区出租车营运数量减少，但远郊县区出租车营运正常。2012年5月3日，人民网（http://hn.people.com.cn/GB//n/2012/0608/c338398-17123769.html）。

围堵执法车辆，造成了人员受伤和交通堵塞[①]，等等。当前民族地区公共安全的形势不容乐观。

二、当前民族地区公共安全方面存在的主要问题

近年来的社会运行迹象表明，民族地区社会政治大局稳定，经济呈现平稳较快增长势头，各族民众生活水平不断提高，公共安全形势总体呈现趋向好转、平稳发展态势。这从以下的统计数据就可以得出结论。以甘肃省为例。近年，甘肃省各类生产安全事故起数、死亡人数、受伤人数和直接经济损失呈现逐年下降趋势，安全生产形势稳定好转。统计数据显示，2012年上半年全省共发生各类生产安全事故1699起，死亡639人，受伤1545人，直接经济损失5774.3万元。与去年同期相比，事故起数减少373起，下降18%；死亡人数减少101人，下降13.6%；受伤人数减少91人，下降5.6%；直接经济损失减少4257.7万元，下降42.4%。全省共发生道路交通事故1313起，死亡570人，受伤1539人，直接经济损失877.8万元。与去年同期相比，事故起数减少72起，下降5.2%；死亡人数减少74人，下降11.5%；受伤人数减少76人，下降4.7%；直接经济损失减少1358.1万元，下降60.7%。全省共发生火灾事故328起，死亡3人，受伤1人，直接经济损失1348.4万元。与去年同期相比，事故起数减少293起，下降47.2%；死亡人数减少1人，下降25%；受伤人数减少4人，下降80%；直接经济损失减少2293.3万元，下降63%。[②]分析上半年各类生产安全事故统计数据，甘肃省生产安全形势呈现出稳定好转的趋势。但在看到好的趋势的同时，我们也注意到当前民族地区在公共安全方面还是面临严重的问题与挑战。以甘肃省为例。近年来虽然甘肃省公共安全形势已经大幅改善，但实际情况还不容乐观，自然类和社会类的突发性和渐发性公共安全事件，部分地区、行业和领域的安全形势，各类突发公共事件，诸多非传统公共安全因素引发的社会类公共安全等问题的存在，使当前甘肃省危机治理和社会风险控制难度正在加大，公共安全形势依然严峻。诸多问题亟待解决，这些问题主要是：

1.突发性自然类公共安全事件频发、突发性强、呈现叠加态势

---

①2012年8月27日晚9时许，兰州市城关区永昌路夜市西苑小区门口，城关区执法局张掖路中队与临夏路中队城管执法人员在清理占用机动车道经营摊点时，与夜市个体摊贩发生纠纷和肢体冲突，两名个体摊贩和两名城管执法人员受伤。事后，事态进一步扩大，包括部分摊贩和围观群众在内的上百人将一辆城管执法车围堵在永昌路和武都路十字路口无法离开，导致该路段交通拥堵1个多小时。《兰州晨报》2012年9月5日。

②2012年甘肃安全生产形势保持稳中趋好态势，甘肃省安全生产管理监督局，2012年9月24日。

以甘肃省为例。甘肃省的地质环境条件十分脆弱敏感,全省83个县级以上城市中有65个位于山地丘陵和黄土沟壑区,其中52个城市经常遭受滑坡、泥石流等地质灾害的侵害,使得甘肃省气象和地质灾害频发。地质灾害:统计数据显示,2011年全省共发生各类地质灾害115起,其中特大型1起、大型1起、中型15起、小型98起。与2010年相比全省共发生各类地质灾害起数、伤亡人数有所下降,但直接经济损失则由2010年的22786.8万元上升到51428.15万元。气象灾害:2011年自然灾害造成甘肃省农作物受灾面积达120.98万公顷,比上年增长3.62%,其中成灾面积88.16万公顷,比上年增长0.44%。据不完全统计,2012年5月暴雨洪涝致甘肃农作物受灾43154.44公顷,成灾面积为31270.04公顷,绝收面积为15491.93公顷,直接经济损失84.5亿元,其中农业经济损失1.8亿元(岷县未计入)。再如,环县仅2012年上半年"先后遭受旱灾、洪涝、风雹等三大类自然灾害,7次灾害过程,累计致使全县20个乡镇、117个行政村、388个村民小组、69237人(次)不同程度受灾,农作物受灾面积23340.6公顷,成灾面积20641.3公顷,绝收面积5387.6公顷"①。灾害共造成直接经济损失5755.91万元,其中农业损失5522.57万元。2012年8月25日,突发性冰雹阵雨造成甘肃省的天水等5个市州、9县区、18个乡镇、47758人受灾,农作物受损7069公顷。2012年6月7日,肃北锑矿探矿点因雪崩造成4人死亡、6人失踪。地震灾害:据统计资料显示,2012年甘肃省全年发生5级以上地震1次。

2.渐发性自然类公共安全问题成为诱发社会类公共安全问题的潜在因素

首先是城市空气污染不容乐观。受制于诸多因素,甘肃省环境污染相当严重。近些年,虽然省委、省政府加大大气污染治理力度,全省大气环境质量逐年改善,但环境改善的速度、程度、效果与人民群众的感受和要求相比差距较大,对此市民反响强烈。其次是生态环境压力大。长期以来,在干旱少雨的恶劣气候条件及不合理开发等诸多因素共同作用下,甘肃生态系统非常脆弱。资料显示,甘肃的生态水平处于全国平均水平线以下,仅高于内蒙古、贵州、宁夏和山西。目前,全省林业用地总面积981.21万公顷,占全省土地总面积的21.82%,森林覆盖率为13.42%,荒漠和沙尘每年给甘肃省造成巨大经济损失。而脆弱生态环境中频繁的气象和地质灾害,在给甘肃省经济和农业生产带来巨大损失的同时,也极容易诱发诸如饮用水水源污染等诸多公共卫生事件,导致重大传染病疫情发生。因此,如果由自然类因素引发的各种公共安全事件得不到有效控制,它将借助一定的外界条件,在"内传"加"外溢"的作用下,其产生的影响和后果将在社会层面引发大范围的连锁反应,甚至会演化成社会类公共危机,使全省各族民众生命财产

①《环县2012年上半年自然灾害频发》,2012年7月18日,甘肃扶贫信息网(http://www.gsfp.gov.cn/zxzx/1342576560d36048.html)。

和经济社会发展面临诸多潜在威胁。[①]

3.突发性社会类公共安全形势依然严峻、压力不小

首先是事故灾难事件发生率较高。甘肃省安全生产形势严峻,重大事故时有发生,给各族民众生命财产带来严重损失,民众缺乏公共安全感,给社会稳定带来不可忽略的影响。如近些年甘肃省城镇化、城市化发展速度较快,在建筑领域安全危机时有发生。如2012年8月2日,兰州市安宁区保障性住房建筑工地(惠民佳苑小区)发生了围墙坍塌事故,致使正在施工的安陇公司4名建筑工人死亡、2人受伤。因此,遏制和减少各类安全生产事故,确保全省安全生产状况持续稳定好转是一项长期而艰巨的工作。其次是公共卫生存在潜在危机。在公共卫生安全方面,多种传染病当前在甘肃尚未得到有效遏制,时有发生。目前全球新发现的30余种传染病已有一半在甘肃省发现。同时,近年来甘肃省连续发生多起较严重的职业危害事故,全省有超过400万的从业人员处于各种职业危害中,工矿企业职业病危害呈上升趋势。2011年全省职业健康状况调查数据显示,甘肃省"现在有1255家企业,接触粉尘毒物人数约30万。2011年全省共报告各类职业病新发病例184例,其中,新发现尘肺病例170例,占92.4%,死亡病例3例;急慢性职业中毒5例,占2.7%;专业性耳鼻喉口腔疾病8例,占4.4%;专业性皮肤病(黑变病)1例,0.6%"[②]。在公共卫生领域,也存在一系列的潜在安全危机,如新建公共聚会场所的卫生规范、食品药品安全、家装安全、狂犬病防治等问题。再次是由人民内部矛盾引发的群体性事件时有发生。近年来,伴随社会转型,政治、经济、社会、文化等诸多领域中都发生了程度不同的突发性群体性事件,对甘肃省社会稳定和正常社会秩序产生直接冲击,加大了各族民众对公共安全的忧患意识,导致他们的安全感下降,给其社会心理造成严重不良影响。同时,随着网络的普及,甘肃省群体性事件的形成途径和传播方式都发生了显著变化,群体性事件呈现网内网外互相推动和影响的新特征和交织放大的趋势,增加了群体性事件的处置难度和防范阻力。

4.渐发性社会类公共安全问题呈现潜伏性、多层面的特征

首先是影响政治稳定的因素仍然不同程度地存在。西北民族地区地处边疆、贫困面大、多民族、多宗教的省情决定了民族地区是西方进行渗透和颠覆的主要目标,民族、宗教领域的诸多问题所引发的各类矛盾是民族地区社会公共安全的潜在威胁。其次是社会治安案件频发,严重危及公共安全。当前,由于经济社会发展和发展成果享有的差异性,由于民族地区人口流动加大加快,流动人口在为

①安文华、包晓霞:《甘肃蓝皮书:甘肃社会发展分析与预测(2013)》,社会科学文献出版社2013年版,第34页。

②人民网甘肃频道。

民族地区经济社会发展做出重要贡献的同时,民族地区社会的消极因素也在增多,各种刑事和社会治安案件频发,对民族地区社会的公共安全影响较大。流动人口犯罪,是当前民族地区城市公共安全的新焦点。再次是信息网络危害。21世纪以来,随着计算机的普及,民族地区公共安全面临信息网络危害的威胁日益严重,严重威胁民族地区社会公共安全。

5.政府管理职能错位导致公共安全管理效能低

具体表现:一是在涉及公共安全的规划、设计、建设、管理、处置、监督等过程中,政府部门各自为政,缺乏信息共享平台。在公共安全管理体系中,存在多部门管理、协调运作不足问题,存在责权模糊、分工不明确的问题。在应对各类公共安全时,缺乏统一协调的意识,公共安全管理的有效性存在一定问题。二是政府把主导等同于主体,全民参与不足的问题依然存在。各级政府在制定各种公共安全规划和制度时,缺少社会参与。在应对和处置突发公共安全事件时,措施仍局限于部门或者地区、行业,尚未充分调动起政府以外的"第三部门"力量来共同应对公共安全问题。

三、"7·22"甘肃省岷县地震及抗震救灾启示

2013年7月22日7时45分,甘肃省岷县发生6.6级地震,震中位于北纬34.5°东经104.2°,震源深度20公里,地震中心区烈度为Ⅷ度,为当地500年以来的最强地震,共造成全省6个市州的37个县区、592个乡镇受灾。因灾死亡95人、受伤2414人。紧急转移安置288896人,倒塌房屋35305户、146611间,受损房屋209281户、671844间。其中,岷县梅川、中寨、蒲麻、申都、维新、禾驮、闾井、茶埠、寺沟、岷阳、锁龙、西江等乡镇受灾严重。①

1.高度重视,人民利益高于一切

地震发生后,中共中央总书记、国家主席、中央军委主席习近平对此高度重视,做出重要指示,要求甘肃省和有关部门迅速组织力量,全力抗震救灾,当前要把抢救人员放在第一位,尽最大努力减少人员伤亡。要尽快组织群众避险和做好安置灾民工作,加强余震监测,采取措施防止次生灾害发生,把地震灾害造成的损失减少到最低程度。中共中央政治局常委、国务院总理李克强做出指示,要求有关部门立即启动应急响应机制,抓紧派出工作组和专业力量,赴灾区指导抗震救灾和协助开展应急救援工作。

甘肃省委、省政府高度重视,立即启动地震应急Ⅱ级响应,并成立了省政府抗震救灾指挥部和抗震救灾现场指挥部。省委书记王三运、省长刘伟平在第一时间

①《定西市质监系统第一时间投入抗震救灾工作》,2013年7月22日,中国定西党政网(http://www.dingxi.gov.cn/portal/xwl/bmdt/webinfo/2013/07/1374081600405752.htm)。

赶赴省地震应急指挥中心，主持召开抗震救灾指挥部紧急会议，安排部署抗震救灾工作。岷县县委、县政府也是高度重视，立即启动应急预案，召开紧急会议，成立“7·22”抗震救灾指挥部，县四大班子领导第一时间深入各乡镇核查灾情，现场指挥抗震救灾，安抚受灾群众、处理善后事宜。同时，发动全县各级组织和党员干部以及武警官兵、民兵预备役、黄金部队赶赴重点受灾乡镇开展人员搜救、道路抢修等工作；安排县直各部门分赴各自双联乡镇、村社开展抗震救灾工作；卫生部门紧急调集医疗人员和救护车辆分赴重灾乡镇开展受伤人员救治；民政部门迅速组织力量深入一线核查灾情，帐篷、食品等救援物资正在调运当中；公路、交通、电力、通信部门立即组织力量开展道路抢修、供电维护、通信恢复等工作；公安、交警等部门及时深入一线，组织、疏导交通；水务、国土部门对全县水库、地质灾害隐患点进行全面排查，安排专人24小时监测；教育部门对全县各中小学校校舍及学生安全进行全面排摸。

2.生命救援，争分夺秒

生命救援在争分夺秒地进行。震后第二日，救援人员开展了拉网式排查搜救。23日早晨，解放军和武警部队4000多名官兵已到达所有受灾点位，展开拉网式搜救排查。兰州军区救援官兵先后进入岷县梅川、会川、禾驮、维新、蒲麻、中寨、申都、文斗等8个乡镇的17个点位展开救援行动，分散派出270多个班组，向边远灾区开进，逐个村庄查、逐栋房子过，进行拉网式排查搜救。7月23日下午，在地震重灾区岷县梅川镇永星村，陆军第21集团军“铁锤子”团的20多名官兵经过连续10多个小时的挖掘，终于从被泥石流淹没的废墟里挖出褚怀德老人老伴的遗体。“只要有一线希望，我们就绝不放弃。”“铁锤子”团副团长曹龙华说。23日，在这两个村子，因山体滑坡遇难的村民遗体全部被找到。

伤员及时得到收治。地震发生后，岷县卫生局第一时间组织医护人员，抽调救护车47辆，及时赶赴重灾乡镇开展伤员救治和转运工作。甘肃省卫生厅动员全省医疗卫生资源参与救灾，中国疾控中心派出的4名灾后防疫指导专家于23日抵达岷县和漳县灾区，协助灾区做好卫生防疫工作。甘肃省各级卫生部门向灾区派出多支医疗救援队，调配消毒车、水质快检设备试剂、消杀药械、个人防护用品等物品奔赴灾区开展卫生防疫和卫生监督工作。救援人员对所有受灾村庄进行排查，确保所有伤员都能得到及时救治。23日各级医疗卫生机构共收治伤员1246人，其中危重伤员57人、重伤员128人。截至23日16时，共有42名地震中受伤的伤员转入省级医疗卫生机构进行治疗。地震发生后，地震灾区暂无重大传染病疫情和重大突发公共卫生事件发生。

3.应急及时，保障群众生活

地震发生后，救灾物资及时发放，受灾群众基本生活得到保证。23日，经过

24小时的艰苦抢修，地震灾区12700户用户的供电得以恢复，超过失电户总数的2/3。岷县8个医疗救治点、漳县4个医疗救治点和4个灾民安置点全部供电。岷县地震灾区所有通村公路已于23日6时全部打通，灾区生命线得到保障。23日16时，甘肃境内通往定西岷县灾区的G212、S306及县乡公路也全部抢通。为了方便灾区群众，灾区公安机关在梅川镇、梅川马家沟、永光、车路、东山片区、中寨维新等村镇临时搭建7个"帐篷派出所"，接受群众救助咨询，受理户籍、身份证登记等业务。在岷县禾驮乡拉路村的安置点，帐篷数量由22日的30多顶增加到100顶，食物、饮用水等救灾物资已发放。有些村民从自家的废墟中挖出一些生活物品，可以烧热水泡方便面了。

地震发生后，中央财政紧急拨付5亿元应急救灾综合补助，用于灾区抢险救灾、公共服务设施抢修等。国家计生委向灾区调派5批34人的医疗防疫专家。民政部已从中央救灾物资哈尔滨储备库、郑州储备库、西安储备库和兰州储备库，向甘肃省调拨帐篷1万顶、棉被3万床、睡袋1万条、折叠床5000张。国家防总向地震灾区派出工作组，协助和配合展开水利工程查险排险，指导灾区地震次生灾害防范工作。应用中心启动一级应急响应机制，紧急调度我国民用陆地观测卫星获取灾区图像。22日当天完成地震灾区数据处理，立即将地震前后的图像提供给国家地震局、国土资源部和国家地震应急搜救中心等相关单位。交通部门也积极参与到救灾工作中来。针对岷县山路崎岖难行，刚修通的路不但拥挤而且随时还有塌方滑坡的危险以及灾区人口承载能力有限的情况，甘肃交警部门采取"远端分流、近端控制、中心管制"的措施，160多名交警日夜奋战在救灾一线，指挥疏导交通。省公安厅工作组第一时间赶赴岷县组织协调执勤警力全力疏导受阻道路交通，指导公安机关会同相关部门排除山洪、泥石流造成的道路障碍及险情。同时，交警部门依托新闻媒体及手机短信平台，及时向社会发布灾区交通管制措施，发放灾区交通提示卡，提醒过往车辆配合公安交警部门的交通管制措施，自觉遵守交通法规，安全文明行车，保障交通安全。

4.一方有难，八方支援

各地救援力量迅速抵达震区。地震发生后，黑龙江、青海、四川等地向灾区伸出援助之手。7月23日上午，满载5000顶帐篷，3万床棉被的援-108次专列准备开往甘肃，这是黑龙江省首批通过铁路援助震区的救援物资。青海省委、省政府向甘肃提供救灾资金100万元；青海省红十字会紧急调拨350顶帐篷、500条防潮垫和500件衣物等救灾物资。7月22日19时，由四川省青川县20名民兵、4名医护人员等共计36名队员组成的地震救援队，带着救援工具，连夜赶赴定西地震灾区。同时，救援队还带着救灾款和物资。经过连续14个小时的快速机动，23日凌晨3时许，武警陕西省总队赴甘肃定西地震灾区的170名救援官兵顺利到达岷县北部梅川镇。[①]

同时，社会组织也在行动。为了配合政府的灾害救援行动，在省民政厅的领导下，甘肃公益救灾联盟等各类社会公益组织充分发挥各自优势，开展了形式多样的抗震救灾专业化服务，成为政府部门在灾害管理方面的强有力补充。以甘肃伊山伊水环境与社会发展中心为核心的甘肃公益救灾联盟成员机构在第一时间响应，地震发生后的当日下午4点到达灾区，下午6点将第一批救援物资送到重灾区梅川镇马家沟村。同时，在震中梅川镇设立了“甘肃公益救灾联盟壹基金联合救灾指挥部”，在重灾区迅速实施灾后紧急救援行动，发放帐篷、棉被、彩条布、食品、生活用品等救援物资1200万多元；在灾区设立了20所“壹乐园儿童服务站”，为受灾害影响的儿童提供安全的活动场所和社会心理支持服务。其行动之迅速，参与社会组织之众多，资源动员之广泛，协作之紧密，服务之专业，发放物资数量之多等，在甘肃社会组织参与抗震救灾的历史上写下了新的篇章。地震发生后，许多省外的社会组织也积极加入救灾工作中。比如壹基金。地震发生后，壹基金与甘肃当地的公益伙伴取得联络，了解灾情，同时开始调配备灾仓库内的急救物资。截止到23日上午10点，第一批救灾物资共三卡车，分别从临夏、天水等3个备灾仓库分头运往灾区，其中包括600个救灾包、64顶大灾帐篷和一部分食品。[②]许多壹基金志愿者也纷纷通过微博支持壹基金的行动，黄晓明、文章、陈妍希、汪小菲、陈燃、李静都纷纷转发支持。

5.奋力自己救，人在希望就在

地震发生后，漳县立即成立了“7·22”地震灾害抗震救灾领导小组，启动《漳县地震应急预案》，并成立抢险救援、群众生活保障、医疗救治和卫生防疫等9个工作小组。县上领导及相关部门负责同志，分赴一线，慰问受灾群众，稳定群众情绪，有条不紊地开展救灾抢险工作。石川乡三条沟村是漳县的地震重灾区，村里的房子几乎全部遭到损坏。地震后，村医李成刚和辛万霞夫妇顾不得自己家里的情况，就急匆匆地加入抢救和转移受伤人员的队伍中。当天，夫妇俩协助乡卫生院转移完伤病员后，就留在了集中安置点，熬药、心理疏导、消毒防疫、给灾区群众讲解灾后防疫常识……震后第6天，李成刚夫妇依然坚守着。他们说，每个人都出点力，乡亲们的生活就会好一点。漳县大草滩乡小林村村民漆龙花在地震时不幸被掉落的砖头砸中头部，听到呼喊后，住在隔壁的韩玉昌第一个跑了进来，随后陆续赶来七八位村民，他们将漆龙花救起，看其伤势严重，决定送往岷县人民医院救治。村民们艰难地从简易桥上通过村口的小河，接着一路小跑，用最快速度将

①《生命救援，争分夺秒》，载《人民日报》2013年7月24日。

②《壹基金在抗震救灾中行动迅速》，2013年7月22日，甘肃省社会组织网（http://gansu.gansudaily.com.cn/system/2013/11/18/014765498.shtml）。

她送往50公里外的医院进行救治。为了能让老人和孩子有个栖身之地,小林村村民们将自家的农用车开到空旷地带,找来塑料、篷布,搭成了一个临时帐篷。年轻人和男人们守在简易帐篷边,让受到惊吓的老人和孩子能睡个安稳觉。在宕昌县受灾最严重的哈达铺镇牛家村,有支特殊的救灾队伍——邻村互助队。"俗话说,远亲不如近邻。牛家村地震损失惨重,作为相邻的村子,我们绝对不会观望。"互助队队长张有荣说。张有荣来自结藏村,是该村的村支书,此次地震中他们村也有几户人家的房屋倒塌,可当听到邻村牛家村灾情非常严重时,他和结藏、金木、郝藏3个村的12名年轻人,于当天下午就赶到了牛家村。

6.党旗飘扬,哪里有困难哪里就有共产党员

李晨星是岷县梅川镇的"80后"副镇长,地震发生后,作为永星村、永光村、车路村的包片镇干部,他带着沿线几个村的10名驻村干部第一时间就往村上赶,"电话打不通,路也断了,只能徒步前行"。一路上,他们边救人边行进。7月23日,大批的救援人员、物资到了,李晨星更加忙碌,竟忘了给自己家里报个平安。24日凌晨5时许,和衣而卧的他翻身起来:"满脑子都是事,物资怎么更有效发放、棉被放在哪里安全、如果下雨怎么办?群众遭了这么大的灾,这么多的活,我怎么能偷懒!"说着,李晨星继续投入救灾工作中。漳县石川乡三条沟村楼儿上社社长康尚志家在这次地震中受灾十分严重,2间房屋倒塌,年幼的孩子被砸伤。他没有先顾自家,而是第一时间去帮助乡亲们。经过村民康三强家门口时,一阵阵孩子的哭声传来,他立刻冲进院子,只见年仅8岁的孩子趴在院子里,头上鲜血直流,康尚志抱起孩子冲向了救护车。康兹保老人被倒塌的房屋砸伤,在老人最无助的时候,康尚志带领几个年轻党员背起老人,沿着山路,把老人送上了救护车。"咱是党员,在困难和灾难面前,就应当冲在最前面。"康尚志如是说。地震后,共有6.8万名联村联户干部进入受地震波及的6个市州参与救灾。7月24日夜间,降雨导致岷县梅川镇永星村附近的山体出现裂缝,"双联"干部及时发现这一险情,立即组织79名群众紧急转移。梅川镇文斗村地处偏远,道路狭窄,大型车辆无法到达,帐篷运送十分缓慢。为了让受灾群众的基本生活得到有效保障,"双联"干部和武警官兵一起用了一整天时间,将20顶帐篷和食品运进了文斗村,并为村民搭建临时安置点。在巨大的灾难面前,广大党员干部不悲不惧、挺身而出,用实际行动诠释着共产党人的本色,在抗震救灾一线彰显了党的优良作风。①

西北民族地区是一个灾难多发的地区,近些年来灾难总是不期而至。而每一次灾难后,民族地区的人们也都从灾难中学到了一些东西。岷县抗震救灾,至少有以下一些有益的经验值得总结,这就是:思想重视,行动迅速;以人为本,保障生

①《党的建设》采编组:《灾难压不垮刚强的脊梁》,载《党的建设》2013年第8期。

命；信息透明、心中有数；统筹安排、形成合力；党员干部一线指挥，受灾群众奋力自救。从岷县地震之后的抗震救灾看，当前西北民族地区应对突发公共安全事件的能力已经有了极大提高。从汶川地震到“7·22”岷县地震，西北民族地区在应对突发性灾难方面，进步了。进步的原因，是高度重视风险社会管理和风险社会管理能力提高的结果。

四、加强民族地区公共安全管理的对策建议

从西北民族地区的实际来看，目前各种公共安全事件发生的诱因，既包括传统因素，如自然条件恶劣、经济基础薄弱、教育发展落后等，也包括非传统因素，如政府应对公共安全能力不足，行为不规范，社会参与体系不完善和社会利益诉求多元化，信息、资源、人员流动加速等，这些因素都给民族地区党和政府以及社会应对各类公共安全事件带来了一定难度。而各种体制性诱因和社会利益、价值结构的多元，也对党和政府还有社会应对各类公共安全的管理体制与管理理念提出了改革创新的要求。从公共安全管理体制看，民族地区已经建立的公共安全管理体制，在应对和处理各类公共安全事件时，基本满足了公共安全管理的需要。但是从社会转型加速、社会风险急剧加大的前瞻性的角度来看，目前已有的体制机制，面对已经面临“全面风险”的公共安全管理时，表现出一定程度的内在紧张。从公共安全的管理理念来看，当前民族地区部分党和政府以及社会在对待突发事件的态度及应对策略还停留在“刺激—反应”和“就事论事”的层面，忽略了公共安全管理结构主体优化等宏观层面的体制机制建设问题，还没有树立全面的、系统的、综合性、整体性的社会公共安全管理理念。

公共安全问题具有的综合性、关联性及事故后果的严重性，往往与社会建设、社会发展状况密切相关，重大事故往往发生在自然基础薄弱、基础设施建设不到位、公共服务不充分的地区和领域，而受影响大的群体又大多数是社会经济地位较低、自救能力和安全防范意识较弱的群体。在事件发生后，如何在尽可能短的时间内控制事态延续、降低损失；如何保持与社会的有效沟通，维护国家利益和政府的公信力；如何从事故和灾难中学习，从而推动公共安全管理领域体制机制的完善和创新，前瞻性地预防和减少公共安全的发生，等等问题，将是当前和今后一个时期西北民族地区党和政府及社会面临的严峻挑战，也是需要进一步深入研究的问题。当前，西北民族地区已经进入经济社会发展新阶段。在新的历史发展阶段筹划公共安全管理问题，需要从构建社会主义和谐社会的高度出发去认识加强公共安全的重要性，创新公共安全管理体制机制。具体来说，就是要从治理格局、信息系统、体制机制、基础保障和社区能力等方面对公共安全体制机制改革创新。

第一，要建立完善的公共安全治理格局。要真正形成和完善“党委领导、政府

负责、社会协同、公众参与”的公共安全治理新格局；要加快政府职能转变步伐，优化配置行政管理资源；要大力发展各类民间组织，深度开发自律管理资源；要创新基层社会管理体制，用好基层自治管理资源；要建立健全风险危机管理，统筹调度应急管理资源。

第二，要建立完善的公共安全信息系统。要以现有的电子政务体系为基础，建立完善全省公共管理和公共服务的电子平台，使之与应急平台相匹配，从而建立高效优质的数字化和网络信息化的常规管理和常规服务联动中心，以此构筑甘肃省周密安全、快捷高效的安全中心和保障屏障。

第三，要建立完善的公共安全新体制机制。要建立一个集中统一、协调配合、灵敏高效的公共安全机构，实行省长负责制。完善的安全机制应包括管理、服务和常规、应急机制、总机制、分机制、教育宣传和公共参与机制等，这些机制既单独运作，又互相组合、一体化运作，以形成庞大的安全工作机制群。

第四，要夯实公共安全保障新基础。要完善安全力量保障，即解决安全保障的人力资源及其能力培养提升问题，增强其全面应对和处置公共安全事件的水平和能力；要建立完善的公共安全资金和物资储备保障体系；最后，建立救治性社会保障体系，通过多方努力夯实甘肃省社会共同参与的公共安全保障新基础。

第五，要建立以公共安全相关产业为核心的技术创新平台。要在整合公共安全资源的基础上，建设一批公共安全产业发展迫切需要的信息数据库、专业人才信息库、专业仪器共享平台等，以达到资源配置的效益最大化。

第六，要提升社区公共安全事件的应急处置能力。社区是公共安全事件发生的主要区域和公共安全事件后果的承受主体，在公共安全事件应急处置过程中扮演着极为重要的角色，因此，应结合目前开展的和谐社会建设，把提升社区公共安全事件的应急处置能力作为建设的重要内容之一，以实现公共安全重心下移。

第六章 虚拟社会管理

计算机技术和互联网技术的飞速发展，催生了一个前所未有的网络空间，并快速渗透进人类生产生活的各个领域，人们称其为虚拟社会。虚拟社会，是指不同网民之间经由计算机、远程通信终端等技术设备相互连接起来以进行信息的共享、互动与交流，并在其中进行社会交往、社会活动而形成的一种亚社会性质的网络虚拟空间。[①]近年来，互联网技术和应用发展突飞猛进，已经渗透到西北民族地区社会的各个层面，一个庞大的虚拟社会在西北民族地区已经形成。虚拟社会活动主要基于互联网进行，由于具有开放性、匿名性及高技术性等特点，如何对虚拟社会进行有效管理是西北民族地区当前面临的新问题和新挑战。

一、虚拟社会及其管理

1.虚拟社会的特征

互联网络最初并不是以社会性的形式存在，而是以工具性和空间性的形式存在的。互联网络要发展成社会，需要同时满足两个基本条件，一是在一定空间环境中有人的存在，这是形成社会的必要条件；二是在这个空间环境中的人，不是以单独的方式存在，而是以群体的方式存在，即人与人相互之间通过活动结成比较稳定的相互联系和关系，这是形成所谓网络社会的充分条件。只有满足这两个条件，互联网络才能在真正意义上成为社会。[②]

作为一种特殊的社会形态和社会模式，虚拟社会有其独特的社会属性，与现实社会相比有着较为明显的特征。

第一，时空的无形化。信息数字技术的发展使人们从物质“原子”时代迈入数字“比特”时代，它打破了现实社会中人们在交流和交往中对时间和空间的要求，使得跨地域的人们在转瞬之间就可以进行交流和互动，这大大地拓展、延伸了人们社会交往的范围和空间。数字比特所构建的空间是虚拟的，人们随时随地就可

---

①杨昕：《论虚拟社会的基本特征及其管理》，载《社会工作》2012年1月。

②董凤娟：《我国虚拟社会的管理问题及其对策研究》，硕士学位论文，北京邮电大学，2012年。

以在网上进行求职、购物、考试、游戏等活动。这种空间与时间的分离性消除了现实社会中主体必须在场的界限，主体只需要借助于电脑与网络代理服务器，就可以自由地穿梭于网络中的任何一个地方，可以自主地在网上发布信息、进行社会活动，网络中所展现的只是一个个闪动的符号。

第二，主体的多元化。互联网汇集全球各种信息，是一个不断变换的开放信息系统，任何人只要具备了一定的互联网知识和硬件设施，在任何时间、任何地点都可以自主选择需要的信息，自由地发表自己的观点，它打破了国家地域的界限，把全球不同角落的人紧密联系起来，也使不同的思想观念、价值取向、宗教信仰、风俗习惯和生活方式不断发生冲突或融合。它涉及的主体更为丰富，关系也更为复杂，不同年龄、不同性别、不同社会阶层、不同文化背景的人们都可以随意选择自己感兴趣的网络空间，选择自己乐意交谈的对象敞开心扉、畅所欲言，而不必考虑遵循什么既定约束。网络已不是由某个人、某个团体、某个国家、某个共同体建立的，而是由大家一起"织"起来的，每个参与者都在织这个网，所以它的主体性是开放的、多元的。

第三，身份的隐蔽性。正如网上广泛流传的一幅漫画所展现的：在因特网上，没有人知道你是一条狗。在虚拟社会中，如果你不愿意透露自己的信息，别人就无从知道你的姓名、年龄、民族、性别、经济状况等身份信息。人们之间也不需要面对面的交往，没有正面的冲突，通过网络虚拟的"人机交往"可以实现人际交往。也就是说，虚拟社会是一个高度隐蔽的社会，网络主体面对的是一个符号化的世界，互动各方的性别、职业、爱好等都尽可能隐去。在网络中，对于另一终端的其他人而言，你可能只是一个无主体、无身份的信息交流者，你的身份对他人来说是毫无意义的。

第四，行为的自主性。在虚拟社会里，人们可以摆脱外部因素的束缚，可以自由地表达思想，自主地进行网络社会交往与其他活动。人们可以自主地选择网络活动的方式与目标，确立适合自己的虚拟社会活动方式；人们也可以自主地决定与网络中的哪些人进行交往、互动，也可以随时终止交往，离开那些使自己感到压迫的个体或群体。虚拟社会的技术平台使网民的活动具有了完全的自控权，而且不用考虑自己的行为会给现实生活带来什么负面影响，这正是虚拟社会吸引人的独特之处。

第五，交往的互动性。人们在虚拟社会中的行为效果和影响是在互动过程中显示和张扬出来的，互动是虚拟社会形成与发展的重要特性。由于媒介条件和客观环境的变化，虚拟社会群体之间的互动呈现出新的特点。在现实生活中，人们往往由于时间、空间等多种条件的限制而无法进行及时有效的互动，但在网络社会中，人们随时可以在网络空间相遇，相遇者只要愿意即可进行互动，互动的内涵就变得丰富起来了，互动的空间也变得无限广阔了。在现实社会中，群体互动往往是一对一的、线性的，话语会随着时间流逝而不可重复，但是网络群体之间的互动交流则是多向的、共时的、非线性的，一个人在网上可以同时与多人进行交流和互动，这在很大程度上满足了人们渴望交流和沟通的心理需求。

从虚拟社会的特征看，虚拟空间有"虚拟性"，但更具公共性。当前随着网络技术的普及与发展，越来越多的人成为网民。在这种情况下，社会管理的内涵与外延就不仅仅包括现实社会，还应当包括虚拟社会。

2.加强虚拟社会管理的必要性

任何事物都具有两面性，网络也不例外。网络在给个人和社会带来前所未有的进步的同时，也蕴藏着巨大的危险。"数字化世界是一片崭新的疆土，可以释放出难以形容的生产能量，但它也可能成为恐怖主义者和江湖巨骗的工具，或是弥天大谎和恶意中伤的大本营；它是一个虚弱的宣传工具，但却是施展阴谋的好地方。"[①]如果管理不善，互联网的巨大功能有可能会被滥用：网络盗窃以及网络诈骗等网络犯罪可能严重危害虚拟社会交易安全，网络色情、虚假信息、垃圾邮件等可能严重污染网络环境，网络病毒和电脑黑客等可能使人们对网络安全和电子商务产生怀疑。另外，利用互联网侵害网络空间的知识产权也将变得更加容易。如果不能对虚拟社会生活中出现的种种问题进行及时的管理和控制，那么虚拟社会就极有可能出现一种混乱而无序的局面，甚至影响现实社会的稳定和发展，对国家的安全造成极大的威胁。尤其是网络舆论，基于网络信息传播速度无比快捷、无比方便，还有网络热点形成的时间段以及网络言论通常比较感性化、情绪化、简单化，具有明显非理性色彩，网民发议论往往仅凭个人好恶和直观感受，一些人在表达上也呈现偏激、粗俗倾向等特点，如果不加以关注和正确引导，它对社会稳定的影响将是巨大的。因为网络舆论的从众性和跟风效应非常明显，一种舆论一旦形成，往往会快速传播，形成大的声势，继而进一步强化跟风效应，导致集体性认知失真，反应过度。至于议论的事实是不是清楚，判断是不是正确，在这种情况下已经变得不重要，甚至谣言也会被信以为真，反复传播。这样一来，网络社会的稳定与秩序就将不复存在。秩序是任何社会存在和发展的前提，对虚拟社会的有效管理也是人类社会安全、文明、和谐的重要保证。对虚拟社会进行管理的直接目的就是保障虚拟社会的正常运行，把网络带来的负面效应降低到最低程度。但由于虚拟社会多元秩序的特征，使得虚拟社会秩序的建立变得更加复杂和困难，因此，虚拟社会的管理需要从社会秩序的各个组成部分着手，再配以适当的政府控制，至此虚拟社会的有序化方能实现。

---

①[美]埃瑟·戴森：《2.0版数字化时代的生活设计》，邱显正译，海南出版社1998年版，第17页。

近年来，我国网络安全开始逐渐面临严峻形势，网络犯罪呈上升趋势，各种传统犯罪与网络犯罪结合的趋势日益明显，网络诈骗、网络盗窃等侵害他人财产的犯罪增长迅速，制作传播计算机病毒、入侵和攻击计算机与网络的犯罪日趋增多，利用互联网传播淫秽色情及从事赌博等犯罪活动仍然突出。据统计，1998年公安机关办理各类网络犯罪案件142起，2007年增长到2.9万起，2008年为3.5万起，2009年为4.8万起，2013年为3.4万起。其中，2013年先后关闭违法网站4322家，警告和限期整改网站2.5万家，对30家违法信息多发网站和13家违规为未备案违法网站提供接入的服务商进行挂牌督办。[①]为有效打击网络违法犯罪活动，加强互联网管理，1994年以来，中国颁布了一系列与互联网管理相关的法律法规，主要包括《全国人民代表大会常务委员会关于维护互联网安全的决定》《中华人民共和国电子签名法》《中华人民共和国电信条例》《互联网信息服务管理办法》《中华人民共和国计算机信息系统安全保护条例》《信息网络传播权保护条例》《外商投资电信企业管理规定》《计算机信息网络国际联网安全保护管理办法》《互联网新闻信息服务管理规定》《互联网电子公告服务管理规定》等。《中华人民共和国刑法》《中华人民共和国民法通则》《中华人民共和国著作权法》《中华人民共和国未成年人保护法》《中华人民共和国治安管理处罚法》等法律的相关条款适用于互联网管理。2001年5月，中国互联网协会成立，这是全国性互联网行业组织，其宗旨是服务于互联网行业发展、网民和政府的决策。该协会先后制定并发布了《中国互联网行业自律公约》《互联网站禁止传播淫秽色情等不良信息自律规范》《抵制恶意软件自律公约》《博客服务自律公约》《反网络病毒自律公约》《中国互联网行业版权自律宣言》等一系列自律规范，促进了互联网的健康发展。中国互联网协会为治理垃圾邮件做出了不懈努力，使中国的垃圾邮件占全球垃圾邮件的比例从2002年的23%下降到2009年的4.1%。为加强公众对互联网服务的监督，2004年以来，中国先后成立了互联网违法和不良信息举报中心、网络违法犯罪举报网站、12321网络不良与垃圾信息举报受理中心、12390扫黄打非新闻出版版权联合举报中心等公众举报受理机构，并于2010年1月发布了《举报互联网和手机媒体淫秽色情及低俗信息奖励办法》。未成年人已成为中国网民的最大群体，截至2009年底，中国3.84亿网民中，未成年人约占1/3，互联网对未成年人成长的影响越来越大。同时，网络淫秽色情等违法和有害信息严重危害青少年的身心健康，成为社会普遍关注的突出问题。为此，中国政府高度重视依法保护未成年人上网安全，始终把保护未成年人放在维护互联网信息安全的优先地位，国家采取措施，预防未成年人沉迷网络，禁止任何组织、个人制作或者向未成年人出售、出租或者以

①《全国警方破涉网案3.4万起》，载《法制日报》2013年11月17日。

其他方式传播淫秽、暴力、凶杀、恐怖、赌博等毒害未成年人的电子出版物以及网络信息等。当前,中国政府正积极推进“母亲教育计划”,帮助家长引导未成年人正确使用互联网。

二、现阶段西北民族地区虚拟社会管理面临的问题与挑战

从互联网发展和使用的现实看,以甘肃省为例,目前西北民族地区虚拟社会管理主要面临以下一些问题与挑战:

一是网络充斥大量虚假、垃圾信息问题。网络上有“网络水军”“网络推手”,也有“灌水公司”“删帖公司”“投票公司”等,他们使用一些非法手段在网络上捏造事实、进行话题炒作、制造一些虚假民意。这些不仅对网络环境、市场经济公平竞争环境造成破坏,也对社会风气产生毒化作用,甚至妨害社会稳定。尤为突出的是,网络上存在一些诽谤现象,从诽谤民间人士、企业组织,到诽谤党委政府、党政官员,甚至对中国特色社会主义制度进行污蔑攻击,严重妨害国家安全和社会稳定和谐。如2013年发生的张家川网络谣言事件。据媒体报道,甘肃省张家川回族自治县16岁初三学生杨某,因在QQ空间质疑一男子死因,且转发量超500次,成因转发造谣被刑拘第一人。9月22日,经甘肃省公安厅和天水市公安局联合工作组对张家川县杨某涉嫌寻衅滋事案调查核实,鉴于杨某系未成年人以及归案后的悔罪表现,根据刑法、刑事诉讼法的有关规定和宽严相济的刑事政策,本着“教育为主、惩罚为辅”的原则,决定撤销刑事案件,依照《中华人民共和国治安管理处罚法》,对其行政拘留7日。①

二是网络信息安全受到严重威胁问题。一些不良网民利用病毒和木马侵入网络系统,肆意窃取信息、个人隐私,或破坏信息系统,严重危害网络信息安全。如2011年6月甘肃省武威首起网络黑客攻击案件,“新郎未入洞房先进班房事件”。该市首起网络黑客攻击案件日前被当地警方成功侦破,犯罪嫌疑人胡玉生(化名)被警方依法采取强制措施。就在胡玉生结婚的前几天,武威市公安局网络安全保卫支队的民警找到了他,胡玉生没想到,自己痛快一时的网络“杰作”被武威警方以该市首起网络黑客入侵案展开侦查。随后,胡玉生涉嫌破坏计算机信息系统罪被警方拘留。被拘留的当天,胡玉生的婚礼已经进入倒计时。他的父母和亲友都在为这场即将到来的婚事操劳和张罗着。不料,“新郎未入洞房先进班房”,突然出现的变故让两家人惊诧不已。“经过我们调查了解,胡玉生婚礼的请帖已经下发,双方的亲友已经受邀参加他们的婚礼,鉴于胡玉生本人及其家人对该案配合较为积极,综合本案的其他因素及人性化办案,经研究决定,我们对胡玉生

①何新田:《甘肃发帖被拘初中生获释案值得深刻反思》,2013年9月26日,人民网(http://yuqing.people.com.cn/n/2013/0925/c212785-23035331.html)。

实施了取保候审，让他先举行婚礼。原因是他的一款软件入侵网络，由于黑客入侵，甘肃大拇指科技公司托管于武威电信公司IDC机房的服务器遭到侵扰，导致该公司旗下的网站和该公司为其他部门制作并托管的甘肃好网、武威百姓网、西部学习网等51家网站全部瘫痪。”[①]此案的告破，对进一步净化互联网网络环境、维护网络安全、震慑网络犯罪将起到积极的作用。在黑客及不法分子手段日益翻新、涉及网络安全的案件数量呈上升态势的情况下，网站和网络运营商更应加强自身的技术力量和防范措施。同时，警方将加大网络犯罪案件的查处和打击力度，为企业保驾护航，努力营造一个健康的、安全的网络之家。

三是网络违法犯罪已成社会公害，严重妨害社会治安秩序问题。网络盗窃、网络诈骗等侵财类犯罪异常突出，传播淫秽色情、网络赌博等违法现象大量存在，侵犯著作权和知识产权日益严重。这些违法犯罪行为严重侵害企业、个人的合法权益，严重破坏网络文化、社会道德，严重干扰经济发展和社会秩序，严重影响网民安全感和社会治安稳定。据统计，近些年来电信诈骗、网络诈骗在甘肃省日益突出，犯罪分子通常采取“甲地作案、乙地诈骗、丙地取钱”的手段让公安部门破案存在一定难度。为有效维护国家、个人信息安全和社会治安稳定，按照公安部部署，甘肃省公安厅从2013年8月1日至10月31日，在全省范围内组织开展打击整治非法调查类违法犯罪专项行动。[②]据媒体报道，2013年酒泉市肃州公安分局破获一起利用“微信”组织卖淫案。2012年11月以来，酒泉男子刘某利用手机“微信”软件相关功能，注册、使用具有色情诱导意味的用户名招嫖，通过“微信”联系掌握的卖淫女，组织、介绍卖淫嫖娼数十起，从中抽头渔利。[③]

四是网络群体性事件频发，严重冲击现实社会和谐稳定问题。网络民意对现实社会的影响力日益增大，网民的呼声已经成为引导和影响社会舆论的重要力量。尤其需要关注的是，微博极易制造全国性的舆论热点，从而形成网上群体性事件，进而成为妨害社会稳定的诱因。当前甘肃省尤其要加强对网络谣言的打击力度，网络谣言是当前引发网络群体性事件的重要诱因。对此，2013年甘肃省公安厅召开了全省公安机关集中打击整治网络违法犯罪专项行动电视电话会议。会议强调，全省各级公安机关要强化情报意识，对网络违法犯罪，网上危害国家安全、制造传播谣言等事件线索进行全面梳理排查；要强化侦查打击力度，对网络违

①《武威首起网络黑客攻击案件：新郎未入洞房先进班房》，载《兰州晨报》2011年6月24日。

②《诱人“馅饼”原是骗钱“陷阱”——我省公安部门强力打击电信网络诈骗犯罪》，载《甘肃日报》2013年9月4日。

③《酒泉警方破获我省首例利用“微信”组织卖淫案》，2013年3月2日，每日甘肃网（http://gansu.gansudaily.com.cn/system/2013/03/02/013724761.shtml）。

法犯罪要坚持主动出击，追源头、摧网络、断链条，彻底摧毁违法犯罪活动的网络体系；要深化清理整治，全面清理网上违法、有害信息，加强对互联网服务单位的管理力度，标本兼治，综合治理，提升监管能力；要把打击网络违法犯罪、整顿网上秩序和维护网上安全有机结合起来，增强维护网上安全的效能；要充分发动群众检举揭发违法犯罪人员，着力营造社会舆论声势，有力震慑网络违法犯罪活动。

五是技术的先进性与管理的滞后性反差强烈，虚拟社会管理一定程度上处于被动问题。与互联网日新月异的先进技术相比，管理手段和方法相对滞后。普遍"技术先行，管理滞后；先发展，后规范"。许多互联网新技术一开发，未经安全评估就迅速投入应用，偏重经济效益，忽视技术风险，缺少相应的配套管理措施，客观上存在安全漏洞，往往出现问题才考虑出台管理措施，虚拟社会管理处于被动状态。据《人民日报》2005年12月8日报道，2005年11月14日，甘肃省破获首例利用邮政储蓄专用网络进行远程金融盗窃的案件：一名普通的系统维护人员，轻松破解数道密码，进入邮政储蓄网络，盗走83.5万元。

除了应对这些挑战，未来还必须对一些在虚拟社会出现的新趋势予以高度重视：

手机已经成了新增网民第一来源。在2013年上半年的新增网民中，70.0%使用手机上网，手机成新增网民第一来源。在网民使用的上网设备方面，使用手机上网的网民比例增长到78.5%，而使用台式电脑上网的比例则略有下降。手机作为第一上网终端的地位更加稳固。

网络即时通信网民规模增长最多，手机端发展超整体水平。截至2013年6月底，我国即时通信网民规模达4.97亿，比2012年底增长了2931万，在各应用中用户增长规模第一；使用率为84.2%，较2012年底增加了1.3个百分点，使用率保持第一且持续攀升，尤其以手机端的发展更为迅速。手机即时通信网民规模为3.97亿，较2012年底增长了4520万，使用率为85.7%，增长率和使用率均超过即时通信整体水平。

PC端网络娱乐类应用增长乏力，手机端成发展亮点。相比2012年，各网络娱乐类应用的网民规模并没有显著增长，使用率变化也不大，网络游戏的使用率甚至略显下降，整体行业发展放缓。与此同时，手机成为重要突破点。手机网络音乐、手机网络视频、手机网络游戏和手机网络文学的网民规模相比2012年底分别增长了14.0%、18.9%、15.7%和12.0%，保持了相对较好的增长率。

手机端电子商务类应用使用率整体上升，手机支付涨幅最大。电子商务类应用在手机端应用发展迅速，领域内各应用的使用率相较其他类应用涨幅更大，其中手机在线支付使用率的涨幅最大，相比2012年底增长了3.9个百分点，手机在线支付网民规模增长了43.0个百分点。此外，手机购物、手机团购和手机网上银行的使用率相比2012年底分别增长了3.3%、2.1%和2.7%。

中国互联网在农村普及速度较快，农村网民增长规模较大。截至2013年6月底，中国新增网民规模为2656万人，其中新增农村网民占54.4%，达1445万人，延续了2012年农村新增网民数超越城镇网民数的增长之势，成为中国互联网的重要增长动力。

截至2013年6月底，中国网民中30岁以上各年龄段人群占比均有不同程度的提升，总占比为46.0%，相比2012年底提升了2.1个百分点，说明我国互联网的普及逐渐从青年向中老年扩散，中老年群体是中国网民增长的主要来源。

截至2013年6月底，中国网民中小学及以下、初中学历人群的占比分别为11.2%和36.3%，相比2012年底均有所上升，尤其在初中群体中的升幅较为明显，说明中国网民向低学历人群扩散的趋势继续发展，初中及以下学历人群是中国网民的主要增长点。①

三、当前西北民族地区互联网发展和使用现状②

当前，互联网已经从一种技术成就演化为一种社会现象，并深刻地影响了西北民族地区社会生活的各个方面。近些年来，西北民族地区互联网技术获得较大发展，互联网普及率有了极大提高，与此同时，互联网使用率无论是个人使用频率还是使用者人数都有了数量上的巨大增长。以甘肃省为例。目前甘肃省非移动上网用户人数为122.4万，占全国上网用户总人数的比例为1.5%，是甘肃省总人口的4.7%。上网计算机数为38万台，占全国上网计算机总数的比例为1.2%。CN下注册域名数为1274个，占全国CN下注册域名总数的比例为0.4%。WWW站点数为3369个，占全国WWW站点数的比例为0.6%。而随着移动互联网技术的发展以及手机的普及，目前西北民族地区上网用户数量巨大，生活在网络空间或者说进行虚拟社会生活的人群数量开始呈现出巨量增长的趋势，而且人们对于网络技术发展、虚拟社会生活的更高要求也开始出现，与此相对应的是，虚拟社会现状与虚拟社会管理面临的局面越来越复杂。

1.宏观概况

上网用户人数：甘肃省上网用户人数为122.4万，占全国上网用户总人数的比例为1.5%，是甘肃省总人口的4.7%。上网计算机数：甘肃省上网计算机数为38万台，占全国上网计算机总数的比例为1.2%。CN下注册域名数(不含EDU)：甘肃省CN下注册域名数为1274个，占全国CN下注册域名总数的比例为0.4%。WWW站点数(包括.CN、.COM、.NET、.ORG下的网站)：甘肃省WWW站点数为

①《第32次中国互联网络发展状况统计报告》，2013年7月。

②《中国互联网络发展统计报告》，2004年。

3369个，占全国WWW站点数的比例为0.6%。

2.互联网用户行为意识调查

用户个人信息：用户的性别。甘肃省上网用户中，男性占69.1%，女性占30.9%，男性占据上网用户主体。用户的年龄分布：甘肃省上网用户中，年龄在18岁以下的用户所占比例最多，为22.3%；其次是18～24岁和25～30岁的用户，分别占18.5%和17.2%；年龄在31～35岁、36～40岁和41～50岁的用户所占比例分别为13.4%、10.2%和15.3%；年龄在50岁以上的用户有3.1%。用户的婚姻状况。甘肃省上网用户中，未婚者占41.2%，已婚者占58.8%，已婚者占据上网用户主体。用户的受教育程度。甘肃省上网用户中，受教育程度在高中（中专）的用户所占比例最多，为34.8%；其次是大专，占29.3%；本科和高中（中专）以下用户分别占18.9%和14.6%；还有2.4%的用户受教育程度在本科以上。用户的行业分布（不包括军人、学生和无业人员）。甘肃省上网用户中，从事公共管理和社会组织的用户所占比例最多，为18.2%；其次是制造业和教育业，各占12.7%；位居第四的是采矿业，占10.9%；从事其他行业的用户相对较少。关于用户的职业分布。甘肃省上网用户中，学生所占比例最多，达到27.3%；其次是专业技术人员，所占比例为13.3%；国家机关/党群组织工作人员、企事业单位管理人员和教师所占比例也较多，分别为10.3%、9.7%和9.1%；其他职业的用户所占比例相对较少。用户的个人月收入。甘肃省上网用户中，个人月收入在1001～1500元的用户所占比例最多，为27.1%；其次是月收入在500元以下的用户，为21.3%；16.1%的用户月收入在501～1000元，12.9%的用户月收入在1501～2000元，10.3%的用户没有月收入；月收入在其他范围内的用户所占比例相对较少。月收入在2000元及以下的用户占据主体。

用户对互联网的使用情况：用户每月实际花费的上网费用。甘肃省上网用户中，每月实际花费的上网费用（仅限于上网费及上网电话费，不包括使用网络服务的费用）以51～100元的用户为最多，达到42.3%；其次是低于50元的用户，占40.3%；每月花费在101～150元、151～200元的用户分别占10.6%和3.8%；每月花费超过200元的用户占3.0%。甘肃网民每月实际花费的上网费用主要集中在100元及以下。用户平均每周上网时间。甘肃省上网用户平均每周上网时间为9.7小时。用户平均每周上网天数。甘肃省上网用户平均每周上网天数为3.4天。用户通常上网时间。受人们日常生活作息时间的影响，甘肃省上网用户一天中使用互联网的时间波动非常大：凌晨1点至早上7点钟是网民最少上网的时间；从早上8点钟起上网的人数逐渐增加，到中午11点达到一天当中的第一个高峰，有21.8%的用户在这一时间上网；中午12点略有回落，14点开始上网人数开始增加，到16点达到一天当中的第二个高峰，有37.6%的用户在这一时间上网，这之后上网人数开始下降,直至18点;从19点开始上网人数激增,21点达到一天当中的顶峰,有55.8%的用户在这一时间上网,这之后上网人数又迅速减少。甘肃网民使用互联网的高峰时间在晚上。用户拥有E-mail账号数。甘肃省上网用户人均拥有1.0个E-mail账号,其中免费的E-mail账号为0.8个。用户平均每周收发的电子邮件数。甘肃省上网用户平均每周收到3.8封电子邮件(不包括垃圾邮件),收到垃圾邮件6.6封,每周发出电子邮件2.1封。用户上网最主要的目的。甘肃省上网用户中,将休闲娱乐作为上网最主要目的的用户所占比例最多,为37.0%;紧随其后的是获取信息,占36.4%;13.3%的用户将学习作为上网最主要的目的;选择其他上网目的的用户所占比例则很小。

3.用户对互联网的看法

关于"使用互联网可以提高工作/学习和生活的效率"。甘肃省上网用户中,关于"使用互联网可以提高工作/学习和生活的效率"的观点,37.0%的人非常赞成,50.9%的人比较赞成,7.9%的人半信半疑,4.2%的人不太赞成。绝大多数甘肃网民对这一观点持赞成态度。

关于"在单位/学校/邻里中,会上网的人好像高人一等"。甘肃省上网用户中,关于"在单位/学校/邻里中,会上网的人好像高人一等"的观点,4.3%的人非常赞成,13.0%的人比较赞成,9.3%的人半信半疑,46.9%的人不太赞成,26.5%的人很不赞成。大多数甘肃网民对这一观点持不赞成态度。

关于"使用互联网容易结交不好的朋友"。甘肃省上网用户中,关于"使用互联网容易结交不好的朋友"的观点,2.5%的人非常赞成,14.5%的人比较赞成,12.6%的人半信半疑,49.7%的人不太赞成,20.8%的人很不赞成。大多数甘肃网民对这一观点持不赞成态度。

关于"使用互联网容易暴露隐私"。甘肃省上网用户中,关于"使用互联网容易暴露隐私"的观点,2.5%的人非常赞成,19.7%的人比较赞成,9.6%的人半信半疑,53.5%的人不太赞成,14.6%的人很不赞成。大多数甘肃网民对这一观点持不赞成态度。

关于"使用互联网容易受不良信息影响"。甘肃省上网用户中,关于"使用互联网容易受不良信息影响"的观点,4.3%的人非常赞成,26.5%的人比较赞成,12.3%的人半信半疑,45.1%的人不太赞成,11.7%的人很不赞成。大多数甘肃网民对这一观点持不赞成态度。

对互联网的信任程度。甘肃省上网用户中,5.5%的人对互联网完全信任,60.7%的人比较信任,27.6%的人半信半疑,5.5%的人不太信任,0.6%的人完全不信。总的来讲,甘肃省网民对互联网比较信任。

综上所述,甘肃省上网用户数为122.4万,上网计算机38万台,CN下注册域名数为1274个，WWW站点数为3369个。其中住宅电话覆盖的上网用户（不包括住校大学生）中以男性、已婚者为主体，18岁以下的青少年所占比例最多，受教育程度为高中（中专）的用户最多。个人月收入主要集中在2000元及以下，其中以月收入在1001～1500元的用户为最多。职业分布上以学生为最多，其次是专业技术人员。就行业分布来看，公共管理和社会组织、制造业和教育业是用户相对比较集中的行业。用户每月实际花费的上网费用主要集中在100元及以下，平均每周上网3.4天，9.7个小时，晚上九点钟是用户上网的高峰时间。人均拥有1.0个E-mail账号，其中免费的E-mail账号为0.8个，平均每周收到3.8封电子邮件（不包括垃圾邮件），收到垃圾邮件6.6封，每周发出电子邮件2.1封。休闲娱乐是用户上网的最主要目的。在对互联网的看法上，甘肃省上网用户对“使用互联网可以提高工作/学习和生活的效率”观点持赞成态度，对“在单位/学校/邻里中，会上网的人好像高人一等”“使用互联网容易结交不好的朋友”“使用互联网容易暴露隐私”“使用互联网容易受不良信息影响”等观点持不赞成态度。总的来讲，甘肃省上网用户对互联网比较信任。

四、民族地区加强虚拟社会管理的对策建议

虚拟社会存在的问题源于现实社会，是现实社会中矛盾的映射和表现。加强和创新虚拟社会管理，首先要从解决现实社会矛盾入手，注重源头治理，切实关注民生热点问题，真诚广泛倾听民意，健全和完善公众诉求表达机制、社会矛盾动态调处机制，着力解决人民群众最关心、最直接、最现实的利益问题，特别是要解决好人民群众最关注的基本民生问题。在此前提下，可以从以下六个方面探索虚拟社会管理的新途径。

第一，建立虚拟社会综合治理新机制。要把对网络虚拟社会与现实社会的管理统筹来抓，加强网络管理能力建设和机制创新，积极构建和谐虚拟社会。要清醒地认识到网上各类问题的严峻性和复杂性，充分认识加强虚拟社会管理的必要性和紧迫性，切实提高对虚拟社会的管理水平。政府职能部门必须从偏重现实社会管理转变到现实社会、虚拟社会统筹并重，主动将现实社会管理职能自然延伸至虚拟社会。要“形成网络违法犯罪防范和打击等工作联动机制”，要综合运用政策法规、经济措施、技术手段、社会监督和网民自律等多种方式，形成齐抓共管新格局。特别重要的是，政府部门要从取信于民的高度，健全完善公开透明的信息发布制度，及时发布权威信息，牢牢把握网络舆论阵地，有效澄清不实传言。对此，党的十八届三中全会的决定指出：“要健全网络突发事件的处置机制，形成正

面引导和依法管理相结合的网络舆论工作格局。”[①]传统主流媒体和编辑记者要通过网站和微博,主动占领网络舆论制高点,充分发挥自身客观、理性、权威的优势,积极有效引导网络舆论。对此,可以借鉴其他地区的先进经验。

第二,进一步健全完善法律法规,为依法严管虚拟社会提供法制保障。尽管我国出台了上百个有关互联网管理方面的法规,但立法主体多、统筹协调不够,导致一些网络违法犯罪行为认定困难,执法操作性不强,直接妨碍到对网络虚拟社会的日常管理和对网络违法犯罪的打击处理。要尽快制定一部整体上规范互联网产业的法律,健全完善各项法规政策,真正让虚拟社会管理有法可依。

第三,广泛运用先进管理设备和技术手段,着力提高虚拟社会管理水平。互联网技术飞速发展,管理设备和手段也要同步跟进。从国家层面而言,政府主管部门应当紧跟互联网技术革新的步伐,建立行业技术安全防范机制,从源头上维护互联网的安全。特别是要对新技术的运用进行安全评估,建立一整套网络技术安全评估体系,在新技术推向市场之前充分论证新技术的安全性,减少对现实社会的负面影响。其他有关政府部门也要从履行职能出发,充分运用先进的管理设备和技术手段,健全完善科学严密的工作机制,着力提高实际管控水平。

第四,依法严打网络违法犯罪行为,切实提高网络虚拟社会安全感。网络虚拟社会的安宁和谐直接影响到社会治安稳定,直接影响到公众社会安全感。必须严厉打击各类网络违法犯罪行为,加大对互联网黑客攻击、入侵、破坏等网络黑客技术犯罪的打击整治力度;深化对网络淫秽色情、网络赌博、网络传销等违法犯罪的打击治理;严打网络诈骗、网络盗窃等网络侵财类犯罪;重点监管网络传递信息流,及时发现处理有害信息,尤其要对网络谣言进行及时甄别,打击背后的“大谣”,斩断网络谣言的利益链条[②];加强对重点网站和信息系统的安全技术保护,构建全时空、全方位的网络虚拟社会安全防范体系。

第五,明确互联网行业承担的社会责任,尽快建立科学有效的自我审查监督机制。政府部门要明确互联网企业必须承担的社会责任和法律责任,督促指导互联网企业建立健全行业自我监管体系。重要门户网站、新闻网站、商业网站、重点论坛等都应当健全科学有效的信息发布自我审查制度,充分履行自身的管理职责,通过分类审查、过滤筛选,及时发现不良和有害信息并通报相关职能部门处理;要建立上网实名制度,可以采用上网实名、网上匿名的方式。上网实名,便于管理,能够在事后追究当事人法律责任。网上匿名,可以体现对网民的自主性与隐私的尊重。二者结合有利于增强网民的自律意识,规范网络行为[③];对不落实自

①《中共中央关于全面深化改革若干重大问题的决定》,载《光明日报》2013年11月20日。

②吴学安:《网络管理创新要顺势而为》,载《中国法制报》2013年11月20日。

③吴学安:《网络管理创新要顺势而为》,载《中国法制报》2013年11月20日。

我监管的互联网企业，政府部门依法处罚。

第六，教育、引导、规范网民网络行为，积极营造健康、文明、和谐网络环境。和谐有序的网络环境需要政府部门、互联网企业、网民共同营造。如果网民缺乏自律，不能规范自身上网行为，政府和互联网企业提供的网络平台再好，也不能保证网络平稳高效有序运行，最终还是会妨害广大网民的切身利益。因此，在加强行业自身监管的同时，还应当加强社会监督，建立网络监督平台，方便网民监督举报。教育引导网民树立科学理性的态度，对自己的网络言行负责，不要轻易相信、发表、转发没有来源、未经查证的信息。如果网民中的大多数能够自我约束，网络环境就会更加文明和谐。网络“意见领袖”和“名人微博”要本着对社会大众负责的态度，发挥示范引导作用，为营造健康、文明、和谐的网络环境多做贡献。

第七章　多元社会管理

现阶段，我国经济体制深刻变革、社会结构深刻变动、利益格局深刻调整、思想观念深刻变化。这种空前的社会变革，导致社会阶层迅速分化、利益多样化和价值取向多元化的趋势出现。这种空前的社会变革，在给社会发展带来了活力与动力的同时，人民内部矛盾也开始经常、集中、大量地产生和出现，给社会管理带来了巨大的压力和挑战。历史和现实的实践已经反复证明，一个社会是否能够良性运转、和谐发展，很大程度上依赖于其是否能够协调各种矛盾和利害冲突。面对迅速分化的社会，当前和今后一个时期，如何提高党的执政能力、如何提高党和政府的社会管理的能力与水平，正确化解和妥善处理人民内部矛盾，更好地维护广大人民群众的各种权利与利益，化解分化社会的社会风险，实现分化社会的包容性发展，是西北民族地区党和政府必须认真思考并着力解决的问题。

一、现阶段我国人民内部矛盾的形成机制与应对之策①

现阶段，我国经济体制深刻变革、社会结构深刻变动、利益格局深刻调整、思想观念深刻变化。这种空前的社会变革，既给发展带来了活力与动力，也引起了人民内部矛盾经常、集中、大量产生，出现了一些需要我们认真把握的新趋势、新特点。这些矛盾，如不及时正确处理，就会影响中国特色社会主义事业的健康发展，也会影响全面小康社会的建成。因而正确处理人民内部矛盾，协调好各种利益关系，促进社会和谐稳定，也就成为当前我们所面临的一个重大理论和现实问题。对此，2010年9月26日，胡锦涛同志在中共中央政治局第二十三次集体学习时强调，面对复杂多变的国际形势，面对艰巨繁重的改革发展任务，我们要深刻认识正确处理人民内部矛盾的重要性和紧迫性，着眼于最大限度激发社会创造活力、最大限度增加和谐因素、最大限度减少不和谐因素，更加积极主动地处理好人

①岳彬、郭海奇：《现阶段我国人民内部矛盾的形成机制与应对之策》，载《科学·经济·社会》2011年第2期。

民内部矛盾。[①]而我们在此讨论现阶段我国人民内部矛盾的形成机制与应对之策问题，就是以胡锦涛同志的这一讲话为出发点，试图在分析现阶段我国人民内部矛盾表象和成因的基础上，依据胡锦涛同志的讲话精神，对新时期正确处理人民内部矛盾的实践问题做理论上的探索。

（一）现阶段我国人民内部矛盾的基本表现及其典型特征

现阶段，在我国社会生活各个领域中大量产生和出现的人民内部矛盾，从总体来看，集中在以下几个不同的宏观领域。

1.城乡二元结构矛盾突出

纵观历史，我国的现代化进程几乎是在城乡彼此封闭的情况下启动的，工业化、城市化的发展并没有吸收大量的农村剩余劳动力进而提升农业生产效率和提高农民收入。相反，计划经济的积累机制却将大量的农业剩余转移到了城市，由此，引起了城乡之间的矛盾冲突。改革开放以来，在以市场化为取向的改革发展的推动下，这一矛盾被放大。一方面，城乡居民收入差距扩大且呈现出持续的趋势。据统计，从1997年至2006年，全国农民人均纯收入年均增长为4.9%，同期，城市居民为55%。二者收入差距由1984年城市化改革之初的1.83∶1持续扩大至2006年的3.28∶1。如今，这一差距已经更大，而且已经转化成了消费水平方面的差距。另一方面，城乡之间公共服务享有水平差距加大。城乡居民身份识别的政策性公共服务、公共产品享有与提供模式，至今没有改变。城乡居民享有的教育、医疗、就业和社会保障、社会福利等方面的差距，使农村居民的消费水平明显低于城市居民。

2.区域经济社会发展不平衡的矛盾加剧

中国经济发展客观上存在东、中、西三大地带，由于自然和历史的原因，在发展中形成了不同的经济区域。依据经济发展程度，这三大经济区域呈明显的由高到低的经济差距。区域经济社会发展失衡，是我国在发展中阶段性存在的一个突出现象。据统计，2006年东部的经济总量是中西部总和的3.48倍，西部人均生产总值还不到东部的40%。改革开放以来，随着经济总量和资源配置不断向沿海经济发达地区集中和向中部地区倾斜，我国东、中、西部差距迅速拉大，东、中、西部之间，甚至同一个省份的不同地区之间，经济社会发展的不同步、经济发展水平上的差异，在效率优先的原则下，如今已经转化成了不同地区之间人们在收入分配上的差距和发展成果诸如社会公共服务、社会福利待遇等享有上的不均衡。这一不均衡，引起了人群之间的利益冲突，尤其是“老少边穷”的经济不发达地区与经济发达地区居民由于利益上的反差而引发的人民内部矛盾日益突出。

①胡锦涛：《扎实做好正确处理人民内部矛盾工作　为经济社会发展创造良好社会环境》，2010年9月30日，人民网（http://politics.people.com.cn/GB/1024/12860168.html）。

3.经济体制调整、社会结构转型引起的人际矛盾大量出现

改革开放以前,我国实行的是单一的所有制布局,整个社会分为两个阶级、一个阶层,反映收入分配差距的基尼系数被制度安排所人为压低。改革开放以来,伴随着经济体制调整和社会转型,我国社会主体正趋于多元化,社会组织正在重组,原先同质的社会群体分化趋势明显,人员流动加快。在以竞争性释放社会主体生产生活积极性的改革发展中,在中国经济发展的起飞阶段,基于效率优先的原则,不同社会个体之间由于自然禀赋不同、所有制身份不同、身处行业不同、部门不同,他们在参与发展的机会上、资源的配置上、财富的创造上、收入分配上、消费水平上,就有了更加明显的差异,这是实现效率目标的必然分配选择。如今,随着市场化改革进程的加快,这种差异有了进一步扩大的趋势。这一差异,在引起社会阶层结构和社会利益结构急剧分化的同时,也转化为了人与人之间基于利益享有不同而产生的人民内部矛盾。

4.城市化发展、城市治理过程中的矛盾不断产生

工业化驱动之下的城市化、城镇化迅速发展,是我国目前正在发生的一个重要趋势。目前在我国,城市化发展、城市管理对土地占有、房屋拆迁、城市公共秩序、城市公共卫生要求的内在冲动与现实需要,引发了一系列人民内部矛盾的产生:失地农民、新改变身份的城市化农民工、早期非农化靠房屋出租为生的城市居民,他们基于生活方式、劳动技能、补偿安置以及户籍制度对其就业、社会保障、社会福利的刚性约束,可持续的生计压力加大;城市改造中部分城市内部居民的拆迁补偿问题、搬迁能力问题,城市管理与身处城市社会底层的市民生计问题等,引发了大量的人民内部矛盾。如今,这一矛盾已经呈现出经常性与突发性、普遍性与特殊性、个体自发性与有组织性并存的特征,是目前中国社会比较引人关注的人民内部矛盾。

5.党群、干群关系紧张,矛盾显现

改革开放以来,随着民主政治与市场经济的发展,人们的利益观念强化,在党群、干群之间的多重关系中,利益关系开始突出。随着人们利益意识的觉醒,广大人民群众参与经济发展的自主性已经充分释放,其对物质文化产品的需要,也得到了满足。在此基础上,广大人民群众又有了新期待,其民主政治参与、民主权利享有的愿望也开始强烈。而与之相对应的,是部分基层党组织和部分领导干部推动科学发展的能力和促进社会和谐的能力却无法适应这一要求。民主愿望与主观主义、官僚主义、家长作风的矛盾对立,部分领导干部与群众在发展目标上、收入分配上、利益享有上的差距,以及部分领导干部的贪腐、搞不正之风、侵占群众利益等问题所引起的党群、干群关系紧张,是目前我国广泛存在的人民内部矛盾,而且,这一矛盾还往往成为其他矛盾的载体和汇聚地。

通过以上分析，我们可以得出以下几点结论：

其一，当前在我国社会大量产生和广泛存在的人民内部矛盾，有历史上就存在的矛盾，即需要与生产的矛盾的延续，但更多的却是在改革开放以来的发展过程中新产生和出现的基于效率与公平的矛盾。

其二，这些人民内部矛盾，大量的表现为利益矛盾，是不同的社会主体基于发展能力不同、发展机会不同、发展代价不同、发展结果不同而形成的发展成果享有不同的事实所引起的人与人之间的利益矛盾。人民群众在资源配置、市场参与、生产经营、劳务关系、分配收入等方面的社会矛盾比较突出，矛盾的构成具有普遍而又强烈的利益驱动性。

其三，这些利益矛盾，又突出地表现为群体之间的利益冲突。目前，随着市场化改革的深入推进，我国社会群体分化加剧，人民内部已经形成明确分界的多种利益群体，人民内部的利益群体呈多元化的格局，群体之间界限分明，群体利益要求明确，群际矛盾开始明朗化。

其四，这些人民内部矛盾，已经集中地汇聚到了一个焦点，即党群、干群矛盾突出化趋势开始加强。人民内部矛盾开始更加集中地通过党群、干群关系表现出来，党群、干群之间的矛盾在内容上和表现形式上都有了许多新的特点。

（二）现阶段我国人民内部矛盾的成因

现阶段我国人民内部矛盾的产生和出现，其原因是多方面的，既有历史的原因，也有现实的原因；既有国情的特点，也有体制机制和政策因素的影响。要考察现阶段我国人民内部矛盾的诱因，必须坚持历史与现实相统一、国情与体制机制和政策相统一的方法。只有这样，我们才能获得对矛盾成因的正确认识。以此为出发点展开讨论与分析，诱发现阶段我国人民内部矛盾的主要因素，有以下几点：

1. 长期城乡分治的负面影响在改革发展中没有被消除，加剧了城乡居民之间的矛盾

在我国，长期实行城乡分治是一项基本制度安排。改革开放以前，基于积累的需要和工业化水平低城市无法吸纳大量农村剩余劳动力以及城市对农村支持、反哺能力有限的刚性约束，国家在制度上实行了城乡居民身份识别的刚性户籍制度和城乡有别的发展模式，事实上形成了农村支持城市和城市管理农村的发展模式和治理结构。其结果，一方面限制了农村人口通过教育提高劳动能力和农村剩余劳动力的合理流动，影响了其通过自身努力获得更好发展的预期的实现。另一方面，城市管理农村的治理模式，也导致了城市居民利益取向的经济社会政策的形成，政府制定了旨在保护城市居民利益的“城市取向的经济政策”，社会公共服

务、公共产品供给,更多地倾向于城市居民。[①]而改革开放以后,虽然有大量的农村剩余劳动力进入城市,但由于城乡有别的社会保障制度的影响,进入城市的农民工的社会保障依然主要由农村承担,因此农村经济虽然获得了一定的发展,但在生产效率和人均收益方面与城市经济相比仍然存在较大差异。同时,在工业化、城市化的内在驱动下,城市又较农村获得了更多的发展的财政、金融、税收、人才和技术支持,这又进一步加大了城乡之间在发展上的差距。这种差距体现在民生上,就是城乡居民在发展利益享有上有了更大差异,二者的就业水平、收入增长、消费水平明显不同。这一收入差距和社会福利享有的二元结构,引发了城乡居民之间的矛盾对立。解决这一矛盾,是今后相当长历史时期内我们面临的核心课题。

2. 区域之间自然禀赋的差异在改革发展中被放大,加剧了不同区域人群之间的矛盾

目前在我国,不同区域之间在发展模式、发展速度、发展程度上存在较大差异。分析原因,既有自然禀赋因素,也有非均衡发展战略因素。从自然禀赋方面看,我国地域辽阔,由东向西、由南向北,存在巨大差异。从非均衡发展战略看,改革开放以来,基于同步富裕不可能实现的事实,国家在经济社会发展政策方面做了倾向性安排,国家的投入更多地投向了东中部地区,这一举措,进一步放大了自然禀赋的差异。目前我国区域经济发展的现实是,东部沿海地区由于拥有海岸线和港口,在改革开放融入经济全球化的过程中,更多地获得了国际投资、国内投资和国家的政策支持,因而在发展中处于先发地位。中部地区由于有适宜的发展环境和相对雄厚的工农业基础,也紧随东部地区获得了大发展。而广大的西部地区却由于自然禀赋和宏观经济政策的原因,在发展中处于后发地位。这一差异,如今在市场化改革发展的进程中已经迅速地转化为发展机会、发展能力、发展预期、收入分配、社会公共服务等方面的差距。近年来,虽然我们一直在推行区域经济协调发展战略,但自然禀赋差异和早期倾向性的政策安排的消极影响,一直未能消除。这一消极影响,导致了事实上的不同区域人群之间在发展上和收入分配、公共服务以及社会福利上的双重二元结构,由此引发了不同区域人群之间的矛盾对立。

3. 利益协调机制失灵,引发了尖锐对立的人与人之间的矛盾

现阶段我国人民内部矛盾,集中、大量、突出地表现为利益失衡引起的利益矛盾。深层次的原因,是利益协调机制失灵。从微观方面看,企业和社会组织内部收入分配、人员流动、民主管理、政治沟通等利益分配、利益协调机制不合理、不健

---

①陆铭、陈钊:《城市化、城市倾向的经济政策与城乡收入差距》,载《经济研究》2004年6月。

全。部分企业和社会组织甚至没有严格按照国家相关的法律法规的要求给员工提供起码的工作条件以及各种必要的福利待遇。由此引发了管理层与员工之间，以及员工相互之间的矛盾对立，导致了劳动关系的不和谐。从宏观方面看，不同所有制之间、不同行业之间基于所处地位不同，基于所掌握的政治、经济、社会资源的不同，在发展机会、发展能力、发展前景上存在差异。这一差异在市场化取向的收入分配模式下，体现在利益享有上，就是不同所有制、不同行业由于资本收益的不同，员工收入、福利待遇也不同，尤其是部分垄断行业，其收入和福利水平明显比其他行业要好，引起人们微词不断。这一欠缺公平的利益获取模式和利益分配方式，引发了不同所有制和不同行业之间的矛盾对立。而从国家层面看，我国社会发展相对滞后于经济发展，国家还没有建立起完善的社会保障体系、社会公共服务体系和既体现效率优先又保证实现公平的金融、税收，以及财政转移支付制度，通过社会保障这张安全网和对收入分配的有效政策性指导、政策性调控，来调节收入水平差距和公共服务差距，弥合收入分配问题、就业问题、教育问题、医疗问题、中央与地方利益不协调问题、政府与社会自组织关系不协调问题等引起的社会裂痕和社会矛盾。

4.工业化、城市化发展对农民土地的争夺，以及城市改造、城市管理对城市弱势群体利益的忽视，引发了一系列人民内部矛盾

改革开放以来，随着现代化建设发展的提速和中国融入全球化步伐的加快，在由传统农业社会向现代工业社会的急剧转型过程中，我国的工业化、城市化获得了大发展。但同时，工业化和城市化发展也引发了大量人民内部矛盾。一方面，工业化发展、城市扩容存在对土地占有的内在冲动和现实需要。工业化、城市化发展对农民土地的争夺，使大量农民失去了土地，其惯性生活也被打破。而失地农民基于受教育程度、生活方式和劳动技能对其适应城市生产、生活的影响，对工业化、城市化发展占用其土地心生疑虑和不满。加之刚性的城乡身份识别的社会福利提供以及耕地占用、补偿、安置等因素的影响，导致了一系列矛盾的出现。另一方面，在城市发展过程中的旧城改造对早期失地，如今已经非农化的城市郊区居民住房，以及部分城市内部居民住房的拆迁，也引发了一系列由于政府城市发展理念与民众生活理念不同，以及被拆迁者搬迁能力有限而产生的矛盾。同时，在城市治理的过程中，城市管理部门与城市内部弱势群体之间也出现了基于政府管理职能与弱势群体利益取向无法达成一致而引发的管理者与被管理者之间矛盾冲突，即城市内部的下岗失业人员、再就业能力差的人员，以及不断涌入城市谋生的农村剩余劳动力在城市自谋职业给城市管理带来不便与城管管理理念、管理手段不科学二者形成的对立，引发了大量的社会矛盾。解决这些矛盾，是当前城市管理者面临的严峻挑战。

5.部分党和政府领导机关科学执政、民主执政、依法执政能力不强,引发了一系列人民内部矛盾

目前,在我国部分地区、部分部门,党群关系、干群关系、单位内部上下级关系紧张,是一个显见的事实。展开这一事实我们发现,是部分党和政府领导机关科学执政、民主执政、依法执政能力不强,引发了这一紧张关系。而深层次的原因,却是其决策科学化能力和水平无法适应改革发展需要所致。表现在现实中就是:第一,部分人员对决策科学化本质与内涵认识不足和存在偏差,没有真正认识到科学决策、科学执政对于协调利益、化解矛盾、促进和谐发展的重要意义,仍然沿袭了惯性的政治集权、经济计划的治理思维。第二,部分人员民主意识淡漠,不能够深入群众、深入实际了解情况,导致了决策民主参与不足。尤其是一些处在社会底层如身处农村和普通社区的居民,参与决策的机会少,他们的利益诉求不能体现在党和政府的相关方针政策中,使大量社会矛盾在基层积累。第三,部分党和政府领导机关的决策没有明确而稳定的制度安排和相关规定,随意性决策、随机性决策的现象时有发生。这些因素的存在,导致了部分党和政府领导机关以及领导干部主观主义、经验主义、本位主义和家长作风盛行,既影响了对群众利益诉求的了解,也导致了部分领导干部个人主义、享乐主义、拜金主义的出现和部分利益集团损害大众利益的现象发生,许多社会矛盾由此而生,甚至引发了严重的党群、干群和上下级之间的矛盾冲突。

(三)现阶段正确处理和妥善解决人民内部矛盾的对策

现阶段在我国大量产生和出现的人民内部矛盾,既有历史的矛盾的延续,也有改革发展过程中新出现的矛盾。因而现阶段人民内部矛盾的解决,既需要从历史中吸取智慧,更应该依据党中央的最新部署来展开工作,这些最新部署,为在新的时代条件下处理好人民内部矛盾指明了方向、提供了思路。

1.加强学习,夯实正确认识和妥善处理人民内部矛盾的理论基础

当前,认识和解决人民内部矛盾所面临的不确定因素也越来越多。在这种情况下,要使自己的思想、理论素养和知识储备适应新的应对和解决人民内部矛盾的需要,就得学习。学习的主要内容,一是要学习研究马克思主义和中国共产党几代领导人关于正确认识和处理人民内部矛盾的思想理论和方法。二是要注意对当代自然科学和社会科学最新成果的学习和掌握。在这两个学习中,尤其应当加强对科学发展观的学习。通过学习要让广大党员干部和人民群众认识到,正确处理人民内部矛盾,实现社会和谐,既是社会主义本质属性的要求,也是中国发展必须有一个稳定的社会环境和群众基础的需要。而学习的目的,是要充分领会和掌握科学发展的精髓,结合现阶段我国人民内部矛盾的典型特征,把以可持续发展基础上的经济增长和公平正义基础上的增长共享为目标的包容性增长理念作

为新时期处理和解决人民内部矛盾的基本原则。只有这样,才能提高广大党员干部和人民群众正确认识和妥善处理人民内部矛盾的理论素养,在他们中间形成自觉、科学、民主、依法地推动包容性增长的好作风,从而把握发展的平衡性,实现经济发展与社会发展的"包容",实现城乡发展、区域发展的"包容"以及人与人之间发展的"包容"和党群、干群的"包容"。

2.推动经济又好又快发展,为正确处理人民内部矛盾打牢物质基础

目前在我国,生产力发展和财富积累受到多方面因素制约,生产关系和上层建筑也还不完善,充分满足所有人的多方面需要和实现全面发展、共同发展还不能够完全做到。这种需求与满足需求能力之间的差距,必然使人民内部矛盾大量地以利益矛盾和利益冲突的形式表现出来。这是人民内部即使在根本利益一致的情况下也会产生诸多矛盾的根本原因。同时,又由于是在改革开放和市场经济条件下发展的,随着改革开放的深入和市场经济的发展,不同社会个体之间利益要求开始多元化,其利益矛盾也越加复杂。目前,在利益获得主要还需要通过竞争和效率来决定的情况下,社会个体之间在利益获得上产生了差异,这种差异导致了大量利益矛盾的产生和出现。这一矛盾从源头上看,其实是初级阶段中国社会主要矛盾在区域、城乡、行业和人与人之间的收入分配、生活水平、生活质量上的一种反映。要消除这一差异,只有把发展作为第一要务,坚持以经济建设为中心。只有经济发展了,才能为解决这些矛盾提供必要的物质基础;只有经济发展了,国家才能给人民群众提供内容更丰富、更全面、更完善的公共服务和社会福利,弥合社会由于利益分化而出现的裂痕;只有经济发展了,也才能加大对不发达地区的投入和扶持,缩小城乡之间、区域之间、社会群体之间的利益差距,从而消除人民内部矛盾产生的诱因。由此可见,推动经济又好又快发展,夯实经济基础,是正确处理和解决人民内部矛盾的治本之策。

3.建立健全利益协调机制,用制度确保社会和谐稳定

目前在我国社会大量产生和出现的人民内部矛盾,有许多是利益冲突引起的。要化解这些矛盾,必须建立健全能够科学有效地平衡和调整社会利益的利益协调机制。首先,要建立健全社会保障体系,通过财富的二次分配来缩小社会成员之间的收入分配差距和社会公共服务、社会福利享有的差距。要优化公共资源配置,更多地向农村、基层和不发达地区倾斜,尤其要加大对特殊群体的社会救助、社会福利和优抚力度。其次,要建立国家宏观调控和指导下的合理收入分配制度。合理的收入分配制度能够将社会财富和其他利益,以及社会合作的负担、责任合理地分配给所有社会成员,在此基础上实现社会整合、社会和谐。为此,要加大收入分配政策的调控力度,加快人民群众收入增长速度,尤其要增加低收入者收入,实现中央与地方、积累与消费、企业资本收益与员工工资增长关系的和

谐。再次,要加强各种协调利益关系的相关法律法规的制定和执行力度。一方面要加强立法工作,针对社会结构深入变化,利益关系更加复杂而出现的新问题、新矛盾的解决立法。一方面要坚决贯彻执行原有的法律法规,尤其是要针对目前突出的矛盾的解决,加强诸如劳动法、合同法、食品卫生法、安全生产管理条例、房屋拆迁管理条例等的执行力度,构建和谐的劳动关系、和谐的生产者与消费者关系、和谐的城市发展与人发展的关系,以减少矛盾和避免矛盾的产生。

4.加强政治沟通,做好群众工作

政治沟通是利益表达、利益协调以及决策和决策输出的过程,其科学内涵包括联系群众、了解情况和协调利益、制定决策两个方面。从这个意义上看,联系群众、制定决策、协调利益、促进和谐的政治沟通对于化解人民内部矛盾,具有重要的实践价值。“共产党领导机关的基本任务,就在于了解情况和掌握政策这两件大事。”①政治沟通是党和政府领导机关的重要工作。改革开放以来,党的各级领导机关政治沟通的理论水平、民主能力和制度能力都有了极大提高。如今,党的各级领导机关的政治沟通能力和水平与其所肩负的历史使命总体上是适应的,但也存在一些不足和问题。如2007年在党的十七大报告中胡锦涛同志所言,目前“一些基础组织软弱涣散,少数党员干部作风不正,形式主义、官僚主义问题比较突出”②。在现实当中这些不适应,这些形式主义、官僚主义的突出表象就是不注重政治沟通。表现在情况了解方面,就是部分人对人民内部矛盾产生、形成的影响因素、苗头的了解认识不主动、不深入;表现在矛盾的处理方面,就是部分人主观主义、经验主义、教条主义盛行,既缺少与矛盾双方的沟通,也缺少结合现实研究问题、解决矛盾的主动性和创新性。今天,当面对大量的出现在中国经济社会深刻变化背景下的人民内部矛盾,必须加强政治沟通以积极应对。

5.创新社会管理体制机制,释放社会活力

加强社会管理,创新社会管理的体制机制,是缓和和化解人民内部矛盾的必要制度手段。这一制度手段的核心价值原则和价值取向,是充分的党外和党内民主以及在此基础上的民主集中。其方法:一是要建立一个格局,即建立健全党委领导、政府负责、社会协调、公众参与的社会管理格局。因为在我国,党领导人民有效治理国家,它不但是政治运行的基本逻辑,而且也是社会治理的基本逻辑。二是要加强社会管理的基层基础建设,以发挥基层组织协调利益、化解矛盾、排忧解难的作用。我国人民内部矛盾大量发生在基层,预防和处理人民内部矛盾,最终要靠基层组织去完成。一方面,要发挥农村、城市基层组织如村民委员会、街

①《毛泽东著作选读》(下),人民出版社1957年版,第46页。

②《十七大报告学习辅导百问》编写组:《十七大报告学习辅导百问》,学习出版社2007年版,第5页。

道、社区、基层工会、妇联，以及行业协会在联系群众、协调利益、化解矛盾方面的作用。另一方面，也要提高基层群众自治组织自我管理、自我服务、自我教育、自我监督的能力。实践表明，大量影响社会稳定的矛盾和问题与基层组织、社会自组织能力不够、管理不善以及部分基层干部作风不正有关。三是要加强社会组织管理和服务体系建设，提高社会管理信息化水平。也就是要利用现代科技的最新技术和手段来拓宽社会信息获取的渠道，及时了解并利用信息化技术对其进行科学的定性与定量分析，从纷杂的现象中发现规律性，对人民内部矛盾的产生和出现做出前瞻性的预测。

二、包容性增长的时代价值及其实践取向①

包容性增长这一概念，是2007年由亚洲开发银行首先提出来的，其基本的含义是公平合理地分享经济增长。②2009年以后，胡锦涛先后两次谈到了这一问题，并赋予了它以明确的含义。2010年9月16日在第五届亚太经合组织人力资源开发部长级会议开幕式上，胡锦涛指出，实现包容性增长，根本目的是让经济全球化和经济发展成果惠及所有国家和地区、惠及所有人群，在可持续发展中实现经济社会协调发展。我们应该朝着生产发展、生活富裕、生态良好的目标，坚持发展经济，着力转变经济发展方式，提高经济发展质量，增加社会财富，不断为全体人民逐步过上富裕生活创造物质基础。我们应该坚持社会公平正义，着力促进人人平等获得发展机会，逐步建立以权利公平、机会公平、规则公平、分配公平为主要内容的社会公平保障体系，不断消除人民参与经济发展、分享经济发展成果方面的障碍。我们应该坚持以人为本，着力保障和改善民生，建立覆盖全民的社会保障体系，注重解决教育、劳动就业、医疗卫生、养老、住房等民生问题，努力做到发展为了人民、发展依靠人民、发展成果由人民共享。③胡锦涛论述包容性增长是在"十一五"即将结束、"十二五"快开始的时候，是在后金融危机时代。这表明，尽管改革开放以来中国发展迅速、成就巨大，但过去的已经过去，新的现实的包容性增长要求已经凸显，民生幸福、社会和谐的社会理想将在未来实现，在这过去与未来的转换期，我们需要秉持包容性增长的发展理念。

（一）包容性增长的科学内涵及其特征

包容性增长的核心是协调发展、共同发展，其科学内涵包括可持续发展基础

---

①岳彬：《包容性增长的时代价值及其实践取向》，载《安徽师范大学学报》2010年第6期。

②周建军：《如何理解"包容性增长"》，载《人民日报》2010年10月27日。

③胡锦涛：《深化交流合作　实现包容性增长——在第五届亚太经合组织人力资源开发部长级会议上的致辞》，2010年9月16日，新华网（http://news.xinhuanet.com/politics/2010-09/16/c_13514808.htm）。

上的经济增长和公平正义基础上的增长共享两个方面，实现这两个方面连接并促使其前进的动力是“生产发展、生活富裕”的增长理念和增长实践的与时俱进。

包容性增长这一概念在我国虽然才刚刚提出，但事实却由来已久，它其实是改革开放以来中国发展的基本要求和基本特质。当代中国的包容性增长经历了一个由认识层面向实践层面的转化过程，在这个过程中，其特征也越来越清晰。

第一，随着经济社会发展失衡所引发的一系列社会问题日益引起人们的广泛关注，平衡发展的理念深入人心，成了包容性增长的重要推动力量。

改革开放30多年以来，中国采取的是一种非平衡发展模式，这是基于这一时期中国发展受到资源、资金约束而被迫进行的一种选择。这一发展战略在推动中国经济奇迹般增长、发展的同时，也给经济社会发展失衡埋下了隐患。一方面，社会建设被忽视，经济的持续稳定发展并没有带来民生问题持续稳定的改善，人们有效的需求没有转化成推动经济发展的稳定动力。由此引起了国内消费不足的问题，经济增长方式长期处于出口和投资依赖状态，可持续发展受到严重影响。另一方面，导致了城乡之间、区域之间、人与人之间收入差距持续扩大。在财政放权体制和公共服务领域市场化改革之下，收入差距转化成了公共服务在城乡之间、区域之间、人与人之间的不均等，引起社会分化加快，社会群体之间矛盾凸显。因此，包容性增长，首先就是要实现发展的平衡化。这就需要我们及时对中国经济社会发展的总体布局进行调整，更多地关注社会领域的发展，使更多的老百姓能够共享经济发展成果，使中国发展走上平衡且可持续的发展道路。

第二，随着当代中国决策民主化工作的深入推进，越来越多的社会成员开始主动的政治参与，凸显公平的广泛民主参与已经成为包容性增长的基本特征。

改革开放以来，中国的发展体现了充分的民主政治参与和经济参与，已经建立起了民主化、科学化的决策制度，建立起了政府与市场结合的教育、就业、创业和社会流动制度，在发展方面既体现了效率优先的竞争原则，又体现了公平正义的、民主的包容性原则。因此，对于包容性增长来说：一方面，发展有广泛的民主参与；另一方面，在发展中人人都能获得平等的机会。在民主参与方面，党和政府的决策是建立在充分有效的政治沟通基础上的，广泛了解民情、收集民意、吸取民智，增加决策的透明度和公众参与度，从而制定出以民为本的路线方针政策，使人民群众的历史主体作用得以发挥，是其基本特征。在平等发展机会方面，进一步完善制度安排，逐步建立起以权利公平、机会公平、规则公平为主要内容的社会公平保障体系，“使人们平等、广泛地参与经济增长的过程并受益”[①]，不断消除人民参与经济发展方面的障碍，给广大民众提供充分的教育、就业、社会流动的机会，

①周建军：《如何理解“包容性增长”》，载《人民日报》2010年10月27日。

实现效率公平的并重，既鼓励支持一部分有条件的人先富起来，又要让弱势群体能够有机会各尽其能，是其基本特征。历史经验告诉我们，发展的民主性是包容性增长的基本要求。

第三，随着政府职能由管理型向服务型的转化和公共服务能力的提高，公共服务的均等化成了包容性增长实现的重要保障。

将公共财政用于教育、医疗、住房、养老等与人民基本生活密切相关的领域提供公共服务，以使得人们在这些领域获得最基本的保障，并不至于在发展成果的享受方面存在大的差距，是改革开放时期中国公共服务的基本目标和原则。但改革开放以来，在城乡分治、财政分权和经济发展、社会服务市场化的发展模式下，目前中国的公共服务在区域之间、城乡之间、个体之间的供给上还存在着不均等的现象，基于各种因素，不同人群之间在公共服务享有水平上还存在较大差距，严重影响了社会和谐。因此，中共十七大提出要重点加强以改善民生为重点的社会建设，实现公共服务的均等化。胡锦涛指出："必须在经济发展的基础上，更加注重社会建设，着力保障和改善民生，推进社会体制改革，扩大公共服务，完善社会管理，促进社会公平正义，努力使全体人民学有所教、劳有所得、病有所医、老有所养、住有所居，推动建设和谐社会。"①由此可见，在新的历史起点上，包容性增长的基本特征，应当体现在公共服务的均等化上。

第四，随着收入分配体制改革的深入，收入分配差距的日益缩小，收入分配的公平化成了包容性增长的具体体现。

改革开放以来，随着中国经济的恢复和发展，我国城乡居民的收入有了较大增长，人民生活水平有了极大提高。但同时，在收入分配领域也存在一些不容忽视的问题。中共十七大以前，中国的收入分配原则主要是初次分配注重效率，再分配注重公平，目的既是要通过差异化的收入分配激发人们的生产积极性和创造热情，又要防止收入差距过大而引起社会的不稳定。但在现实当中，随着市场经济的发展，收入分配领域也出现了一系列严重问题，如收入分配秩序混乱、收入分配不公、贫富差距不断扩大、社会分化加剧等，严重影响到了经济社会发展和社会稳定。因此，中共十七大提出了要解决收入分配的公平性问题，要求初次分配和再分配都要处理好效率与公平的问题，更加注重公平。从这个意义上看，胡锦涛强调包容性增长，要求建立以分配公平为主要内容的社会公平保障体系，不断消除人民分享经济发展成果方面的障碍，是在告诉我们，在新时期的发展过程中要高度关注收入分配制度不完善、分配不公正和贫富差距问题，通过调整政府、企业和个人的收入分配结构关系，调整高收入、中等收入和低收入者之间的关系，让人

①《十七大报告学习辅导百问》，学习出版社2007年版，第16页。

民的收入增长快一点，让中低收入者的收入增长得快一点，促进成果共同享、共同富裕。从胡锦涛的一系列讲话看，包容性增长的具体体现，就是收入分配的公平化。

（二）包容性增长的时代价值

改革开放以来的中国包容性增长虽然不像经济增长那样具有明显的外部特征，但内在的力度和取得的成效依然十分显著。中国已经成功地实现了改革开放之初邓小平提出的“两个大局”的第一个大局，并在这个过程中兼顾了共同富裕的价值诉求，如今，已经开始了与第二个大局的对接并逐步深入展开。如果没有科学、有效的包容性增长，中国就不可能在稳定、团结的基础上渐进式发展，取得今天这样小康社会基本实现的巨大成就。与此同时，另一个显著的现象是，这一时期的包容性增长是在改革开放探索、发展中国特色社会主义的总体格局下进行的，是在不断实验、不断总结经验教训的基础上开展的，这一特质决定了改革开放时期的包容性增长并不能总是前瞻性地保持正确性而不存在问题。事实上，目前的中国发展也还存在着一些包容性不足的问题，必须引起高度重视，这也是新时期进一步推动包容性增长，实现包容性发展的价值所在。

第一，树立包容性增长意识，坚持包容性增长是贯彻落实科学发展观的具体体现。

科学发展观是在总结中国和世界发展经验的基础上提出的，是指导中国经济社会发展的科学方法论。而树立包容性增长意识，推动包容性发展，就是要把科学发展观落实到经济社会发展的各个领域，更好地推动经济社会的协调发展、推动民生问题的解决和社会和谐的实现。科学发展观强调，要坚持把发展的目的和发展的成果体现和落实到人民富裕程度普遍提高上；既要通过发展增加社会财富、不断改善人民生活，又要通过发展保障社会公平正义、不断促进社会和谐；要着力解决人民群众最关心、最直接、最现实的利益问题，努力形成全体人民各尽其能、各得其所而又和谐相处的局面，为发展提供良好的社会环境。这些重要论述与包容性增长所强调的经济发展成果惠及所有人群，在可持续发展中实现经济社会协调发展；坚持发展经济，使全体人民逐步过上富裕生活；逐步建立以权利公平、机会公平、规则公平、分配公平为主要内容的社会公平保障体系，不断消除人民参与经济发展、分享经济发展成果方面的障碍；注重解决教育、劳动就业、医疗卫生、养老、住房等民生问题等等，是完全一致的。因此，树立包容性增长意识，推动包容性发展，就是对科学发展观的最好坚持和实践。在新时期，只有坚持包容性增长的理念，全面建成小康社会的实践才有新思路，进一步改革发展才能有新突破。同时，只有始终坚持把包容性增长理念贯彻到民生建设的各个领域，体现在解决民生问题的行动中，才能做到统筹兼顾，妥善协调利益关系，真正走上生产发展、生活富裕、生态良好、人民生活普遍富裕的民生发展道路。

第二，树立包容性增长意识，坚持包容性增长是应对中国发展内部失衡和后金融危机时代发展外部失衡的挑战，推动“十二五”健康发展的需要。

进入“十二五”，中国将迎来全面建设小康社会的关键时期和深化改革开放、加快转变经济发展方式的攻坚时期。站在新的历史起点上规划未来，需要破解一系列两难命题：在发展目标上，要处理好短期增长与持续发展的关系；在积累与消费问题上，要处理好国强与民富的关系；在城乡融合问题上，要处理好城市居民和农村居民的关系；在区域经济发展问题上，要处理好发达地区与落后地区的关系；在利益分配问题上，要处理好经济增长与社会和谐的关系；在世界和谐发展问题上，要处理好中国发展与世界发展的关系。

仔细分析这些问题，每一个都是两难问题，其形成都有错综复杂的原因，但它们也有一个共同的诱因，那就是发展缺少了“包容性”。在这种发展模式下，从国内来看，城乡之间、地区之间、不同人之间占有的资源和拥有的发展机会不对等，造成了发展程度、收入水平和公共服务的不均等，中国发展出现了内部失衡问题。从国际来看，“由于中国城市倾向的政策和城市劳动力市场的激烈竞争，再加上地方政府在GDP的推动下不重视劳动者权益，中国长期维持了低廉的劳动力成本”①，同时，随着中国劳动生产率不断上升，中国出口迅速增长，中国对全球资源的需求也迅速上升，导致中国经济增长具有了产品出口依赖和资源进口依赖的特征。而在后金融危机时代，在国际贸易保护主义有所抬头、国际资源利用竞争、国际金融竞争、国际贸易竞争加剧和中国主要出口目的国消费不足等因素的影响下，这种发展模式，已经显得越来越不可持续，中国发展出现了外部失衡问题。

这双重失衡的存在，严重地影响了中国发展。解决好这双重失衡，对未来的中国发展，具有特别的意义。而要破解这一难题，方法只有一个，那就是坚持包容性增长。如胡锦涛所言，实现包容性增长，根本目的是让经济全球化和经济发展成果惠及所有国家和地区、惠及所有人群，在可持续发展中实现经济社会协调发展。这是现实的要求，也是理性的选择。

第三，树立包容性增长意识，坚持包容性增长是全面建成小康社会的必然要求。

就当下小康社会的实际情形观察，从经济基础方面看，经济实力大幅提升与经济发展不均衡两种现象并存。一方面，经济发展取得巨大成就，经济实力大幅提升。另一方面，经济发展也显示出极度的不均衡性，区域之间、城乡之间，经济发展程度、发展水平、发展模式还存在巨大差异，发达与不发达、富裕与不富裕、粗

①陆铭等：《中国的大国经济发展道路》，中国大百科全书出版社2008年版，第32页。

放型增长与集约型增长并存。很明显，目前的小康社会经济是现代化渐进发展过程中的一种经济。在这个过程的进行中，有条件的地区和社会主体先发展，城市经济先于农村经济发展，仍是中国经济发展的典型特征。目前的小康社会，是一种过渡型社会，从上层建筑看，政治文明建设、精神文明建设大发展及其与物质文明建设发展失衡，两种现象并存。还处在政治、经济、文化和社会体制的深刻变动期，经济体制改革先于其他体制改革并取得成效，但还没有进入"十二五"即将进行的包含"积极稳妥的政治体制改革"的全面改革的攻坚期。这一时期的发展，空间大，难度也大。从民生方面看，人民生活显著改善与现实当中不发达或者说落后的社会生产无法满足人民群众更高的生活要求，两种现象并存。一方面，人民生活已经显著改善。另一方面，与民生关系密切的劳动就业、社会保障、收入分配、教育卫生、居民住房、安全生产、司法和社会治安等方面的问题仍然较多。从现实来看，目前的小康社会，正处在由生活型向享受型和发展型的转化期。这一转化期与经济基础和上层建筑的深刻变革期重叠，变革的消极结果，将对这一转化的顺利进行产生制约作用，因而要完成这一转化，还有很长的路要走。从这个意义上看，树立包容性增长意识，坚持包容性增长，是全面建成小康社会的必然选择，是现实的需要，也是未来的召唤。

(三)包容性增长的实践取向

包容性增长是新时期中国发展的基本要求和目标导向。改革开放以来，通过包容性增长推动中国经济社会协调发展，促进社会和谐，一直是党和政府的基本诉求。但由于种种主客观条件的影响和限制，部分领导机关和个人甚至仅仅停留在认识层面，没有把它转化为具体的实践行动。在此意义上来说，实现包容性增长是新时期中国面临的新课题，并存在很大的发展空间。

包容性增长的核心理念是全面发展、共同享有，这就要求新时期的中国发展必须围绕这一目标来进行，以确保生产创造财富、制度保证秩序、社会进步人发展这一中国经济社会发展逻辑的顺利运行。这在很大程度上已经成为中国进一步发展能否取得成功的关键，也是理性确立下一步发展战略，实现"四位一体"的发展目标，全面建成小康社会的限制性前提。因而新时期的中国发展必须把包容性作为一个重要的价值标准和实践原则。

1.加强教育，夯实包容性增长的思想基础

通过教育解决好广大党员干部的思想问题，打牢工作的思想基础，是我们党的一条基本经验和行之有效的方法。新时期实现包容性增长要从抓教育入手，深入开展以马克思主义和中国共产党几代领导人关于包容性增长重要性的相关论述为主要内容的宣传教育活动。让广大的党员干部充分认识到包容性增长是社会主义共同富裕、全面发展、社会和谐的本质属性的要求，事关小康社会事业的成败。新时期中国经济社会和后金融危机时代的国际政治经济局势深刻变化，中国发展面临复杂和困难的局面，需要统筹兼顾，让发展体现出包容性才能真正实现科学发展。只有这样，才能提高广大党员干部对包容性增长重要性的认识，在他们中间形成自觉、科学、民主、依法地推动包容性增长的好作风，构建起密切联系实际、密切联系群众的工作体系，拓宽党员干部服务群众、服务社会的渠道，促使他们把政治智慧的增长、执政本领的增强、领导艺术的提高，深深扎根于包容性增长的实践沃土，不断从中吸取营养和力量，真正成为心系科学发展、心系社会和谐的先进分子。

2.把握发展的平衡性，实现经济发展与社会发展的“包容”

改革开放以来，中国借助于市场化进程实现了30多年的经济高速增长，经济获得了大发展，社会财富极大增加，人民生活水平普遍改善。但同时出现的另一个问题是，社会建设明显滞后于经济发展，在生产力原则和经济中心原则的导向下，人们在发展中总是强调经济建设，但在一定程度上也往往忽视了社会建设，经济社会发展的不平衡制约了中国的进一步发展。一部分在发展中处于优势而受益的人对发展充满信心，另一部分在发展中处于劣势的人却因为没有拥有平等的发展机会和不能实现快速发展的预期而对发展前景心生疑虑，由此导致了发展的动力不足，使进一步的发展陷入困境。由于政府没有通过社会建设来让社会成员公平地享有经济发展的成果，以及没有通过它来弥合收入分配的差距，经济增长的成果并没有体现在人们生活质量的极大提高上。因此，呼吁社会建设、呼吁公平正义的声音越来越高。解决这一问题，就需要在发展的过程中要有包容性意识。而方法就是按照包容性增长的要求，一方面，要转变经济发展方式，推动经济又好又快发展，创造出更多更好的社会财富。因为“包容性增长既强调经济增长的速度，也强调经济增长的方式，二者同等重要”[①]，解决人们生活水平提高问题、解决收入分配差距问题，归根到底要靠经济发展。为了“包容”而牺牲经济发展的速度、牺牲一部分人的利益，历史证明是不可取的。另一方面，在经济快速发展的同时，要更加注重社会建设，把发展的成果体现在公共产品的丰富、公共服务水平的提高上。只有这样我们才能找准发展的基点，把生产发展、生活富裕作为正确处理生产与生活、改革发展与稳定关系的结合点，使发展始终得到全体人民的拥护和支持，实现胡锦涛在中共十七大提出的发展目标：“要通过发展增加社会财富、不断改善人民生活，又要通过发展保障社会公平正义、不断促进社会和谐。”[②]

3.缩小二元结构，实现城乡发展、区域发展的“包容”

在目前的中国，区域之间和城乡之间发展不平衡是一个显见的事实。无论是

①周建军：《如何理解“包容性增长”》，载《人民日报》2010年10月27日。

②《十七大报告学习辅导百问》，学习出版社2007年版。

从经济社会发展的程度上看，还是从人民的生活水平的差异上看，都存在巨大的二元结构。要解决这一问题，必须采取包容性的发展方式，这既有利于缩小收入和生活水平的差距、实现社会和谐，也是实现城市化、区域经济发展一体化的先决条件。要做到这一点，就需要确立以权利公平、机会公平、规则公平、分配公平为主要内容的发展战略，消除人民参与经济发展、分享发展成果的障碍，形成人人参与、共建共享的良好局面。推动城乡、区域包容性发展的目的，不是仅仅让农民转变身份或者说实现区域之间的同步发展，而更为重要的是要践行共同富裕的社会主义价值目标。在城乡包容性发展方面，不是将农民从农村迁入城市，而是要从制度上减少城市对农村劳动力流入的限制，以及逐渐使农民与城市居民享有同等的社会保障和公共服务，以及同等的发展机会。其中尤其要加大对农村基础设施的投入，改善其基本生产生活条件。要加大对农村教育的投入，提高农村居民的人力资本水平和就业、创业的能力，使之能够适应未来工业化和城市化发展的需要。在区域包容性发展方面，实施区域一体化发展是一个很长的过程，需要有连续性、科学性，其成功要靠政府的决策、民众的支持、企业的参与。一方面政府要通过积极的政策支持落后地区的发展，合理进行产业布局和产业转移。另一方面，先发地区也要积极贯彻邓小平在改革开放之初提出的两个大局战略，支持后发地区的发展。只有这样，中国的发展才能真正体现出包容性、协调性，进而缩小二元结构，实现共同发展。

4.完善收入分配制度，实现人与人之间发展的“包容”

包容性增长的基本要求，就是要让经济社会发展成果的享有体现出效率与公平并重。目前在我国，收入分配差距过大的现实已经很明显。近些年来，居民收入、劳动报酬两个比重持续下降，城乡、地区、行业、群体之间收入差距继续扩大，尤其是部分劳动者收入偏低，导致社会出现了严重的两极分化，由此引起的社会矛盾影响了社会的安定团结。我们也注意到，改革开放以来随着中国经济的高速发展和关注民生的相关制度安排的做出，我们已经有了效率与公平并重的缩小收入分配差距的经济承受能力、改善民生的政策支撑以及良好的社会环境，也就是说，我们已经具备了完善收入分配制度，实现人与人之间包容性发展的基本条件。在这种情况下推行包容性发展，就需要我们加大改革力度，采取积极的收入分配政策。在初次分配方面，要统筹兼顾、适当安排，调整国家、集体、个人之间的分配关系，以民富国强、企业可持续发展为目标，协调三者的利益分配，着力提高居民收入、劳动报酬两个比重，使居民收入、劳动者报酬与经济增长、企业经济效益保持同步协调增长。在二次分配方面，既要注重效率，保护人们的生产积极性、创造性，允许一部分人因为贡献大而先富起来，也要设立最低生活保障标准，继续提高最低工资标准。要加大收入分配政策改革的力度，提高农民、城乡困难居民、企业退休人员和低收入工薪劳动者这部分人的收入,调控垄断性行业过高收入,规范灰色收入、打击非法收入。同时,还要通过财政、金融、税收政策的调整,解决收入分配的差距问题。通过财政的转移支付,支持贫困落后地区和部分弱势群体解决发展问题,通过金融改革让金融资源更合理地配置,支持农村、内地和低收入群众发展,通过税收政策如提高个人所得税起征点和征收财产税、遗产税、资产交易税等,改善社会收入分配结构,逐步使全体人民过上共同富裕的生活。

5.转变政府职能,调整社会政策,体现社会的"包容"

改革开放以来,中国经济和社会结构发生了很大变化。在这种情况下,政府职能也应该做出相应的调整,以适应经济社会发展需要。政府除了发挥其经济职能,对国民经济进行宏观指导和调控之外,要把主要工作聚焦在社会建设方面,把精力和资源转移到提供公共产品方面去,承担起公共服务的职责,以弥合市场机制的缺失和不足。同时,政府要合理安排社会制度,确保公平正义、人人都能获得平等发展机会的包容性增长实现。为此,要建立以权利公平、机会公平、规则公平、分配公平为主要内容的社会公平保障体系,不断消除人民参与经济发展、分享经济发展成果方面的障碍。在基本社会保障体系的建设方面,要加强社会保险、社会救助、社会福利的衔接和协调,不断提高社会保障水平。要加大公共财政的社会保障投入,扩大各类社会保险覆盖面,健全社会救助体系,发展社会福利事业和慈善事业,不断在全体人民学有所教、劳有所得、病有所医、老有所养、住有所居上取得新成效。在社会保障的享有方面,要推行实现公共服务均等化。在经济转轨、社会转型的关键期,政府要在公共服务、基础设施建设方面增加投入,尤其是加大对落后地区和农村的投入力度,为包括流动人口在内的所有居民提供更多更好的、均等的公共服务。在与个人发展密切相关的教育和就业资源的提供方面,要优先开发人力资源,发展教育,提高教育现代化水平,坚持教育的公益性和普惠性,保障公民依法享有受教育的权利,提高劳动者素质和参与经济发展和改善自身生存发展条件的能力,这是推动经济持续发展、实现包容性增长的基础。"要实施更加积极的就业政策。要多渠道开发就业岗位,提高劳动者就业能力,促进充分就业。要发挥政府、工会和企业作用,努力形成企业和职工利益共享机制,建立和谐劳动关系。"这是各尽其能,实现包容性发展的根本。

三、现阶段党内关怀的变化与实践[①]——兼论党组织对内职能的转变

党内关怀是党组织对党内成员的组织、培养和爱护,并善于使用他们。[②]按照中国共产党的一贯做法,一是组织他们经常学习、经常检讨工作,以适应工作的需

①刘先春、岳彬:《现阶段党内关怀的变化与实践》,载《安徽师范大学学报》2011年第2期。

②《毛泽东选集》第2卷,人民出版社1991年版,第526页。

要,以防止自私自利、消极怠工、贪污腐化、风头主义这些政治尘埃侵蚀党员的思想和党的机体;二是切实关心他们的生活和工作问题,并在可能限度内用心给以照顾。“不仅要关心干部的思想和工作,而且要关心干部的生活和生理、心理健康。”[①]近些年来尤其是十七大以来,从共产党员先进性教育到学习型党组织建设活动的开展,党内关怀问题引起了党的高度重视。2010年4月6日在全党深入学习实践科学发展观活动总结大会上,继党的十七大提出“要建立健全党内激励、关怀、帮扶机制”之后,胡锦涛再一次提出要加强党内关怀工作,推动各级党组织对内职能的转变。他要求,要“建立健全教育、管理、服务党员长效机制”,“要加强对老党员、生活困难党员的关怀帮助,真正重视、真情关心、真心爱护基层党员干部,让他们切实感受到党的温暖,增强荣誉感、归宿感、责任感”。[②]胡锦涛的这一论述表明,在新的时代条件下,新的党内关怀的要求已经显现。

(一)现阶段党内关怀的新变化

从理论和实践来看,党内关怀实际上是一个历史和时间概念上的对党员干部进行教育、管理和服务的党建活动,是更富生活气息和人文内涵的党建的另一种表述方式。它贯穿了党的整个历史,是一种极具动态性的党建活动,有一以贯之的活动主线,不同时期也重点分明。从现阶段开始,党内关怀工作将开启新的历程。这一进程,根植于中国社会急剧转型,党情、国情正在发生深刻变化的实践土壤。这一时期的党内关怀既是改革开放以来党内关怀理念和实践与时俱进的集中体现,也是现阶段党内关怀的现实新要求的呼唤。当前的党内关怀工作,经过几十年的发展、演变,较之以往相比,已经具有了诸多新的特点。

第一,关怀的视野更加开阔。既往的党内关怀,是从解决中国革命、建设和改革发展的领导力量问题着眼,注意力始终集中在提高党员干部驾驭中国经济社会发展的能力问题上,也就是集中在对党员干部的教育和管理问题上。而这一次的党内关怀实践,从本质上看,已经将目光聚集在了两个相互关联的问题上,即既关注党员干部引领经济社会发展的能力问题,又关注党员干部自身的需要问题,党组织的服务功能开始被重点提及,党内关怀的视域更加开阔,目标更加多元化,人文气息也更加浓厚。

第二,关怀的目光触及了日常生活层面。以往的党内关怀,从一开始就面临着不同程度的经济基础与上层建筑的双重制约。一方面,工作开展受到物质基础薄弱的影响,我们往往只强调了对党员干部的精神关怀,没有能力或者是事实上忽视了对他们的物质关怀。另一方面,工作的开展也受到体制机制缺失或不完善

①江泽民:《论党的建设》,人民出版社2001年版,第440页。

②胡锦涛:《在全党深入学习实践科学发展观活动总结大会上的讲话》,载《人民日报》2010年4月7日。

的影响以及受到只重视党员干部的社会价值,忽视其自身价值的关怀理念的影响。而这一次党内关怀工作的开展,虽然从本质和内在原因看,仍然面临上述问题,但又在很大程度上同改革开放以来已经取得诸多积极成果,有着更为密切的关联。比如说现在我们已经可以立足于经济发展取得的成果,开始关注党员干部的生活问题、学习问题、就业问题、特殊困难生活补助问题等,可以说,是在新的历史起点上起步,开始把党员干部作为"历史的"、"具体的"、有各种各样现实需要的人加以认识和对待。

第三,心理关怀开始受到重视。以往的党内思想关怀工作,更多的是在对党员干部进行马克思主义思想理论教育,旨在提高党员干部对党的事业的忠诚和信心,在全体党员干部中形成中国特色社会主义共同理想信念。但改革开放以来尤其是近些年来,在市场经济环境和多元生活方式下,党员干部思想观念深刻变化,部分党员干部出现的心理问题在一定程度上却被忽视了。而新时期党内关怀工作的开展,在强调新时期党建"五位一体",即加强思想建设、组织建设、作风建设、制度建设、廉政建设的要求外,对党员干部的心理关怀已经从思想关怀和廉政建设中被单独提了出来,成为新时期党建的重点之一。

现阶段党内关怀所具有的上述这几个显著特点,是目前党内关怀的现实境况和坚持以人为本的发展理念,让党内关怀真正体现在化解党内矛盾,解广大党员干部之忧、排广大党员干部之难上,体现出对现实的高度适应性的内在要求所决定的。

就目前党内关怀的现实境况考察,一方面,随着改革开放的不断深入,我国的经济体制深刻变革、社会结构深刻变动、利益格局深刻调整、人们的思想观念深刻变化。在这"四个深刻变化"的背景下,中国社会传统的工人、农民、知识分子的三大社会阶层内部出现了结构分化,同一阶层的异质性增强,人员的社会流动加快。同时,随着人们的利益意识的觉醒、利益来源的多元化和利益主体的多元化,人们之间的利益追求,无论是目标还是内容都出现了差异,并引起了人们之间思想观念的差异和人们之间利益矛盾、利益冲突的增加。中国社会的这一深刻变化,目前在党内,同样也有所反映。改革开放以来,随着党员群众基础的扩大,党内利益协调问题开始出现。虽然我们党仍然坚持没有独立于人民群众之外的特殊利益,但是党员个体以及具体的党组织是有具体利益的,而且这些利益也是有差异的。而要缩小甚至是消除这些差异,在实现党的整体利益的前提下,充分尊重党员个体的权利和利益,并给他们提供成就自己的机会与平台,以保持党内动态的和谐,有效整合党组织,就需要加强党内关怀,尤其是要充分发挥党内关怀的服务功能。

另一方面,目前党内存在需要得到党组织关怀的有生活困难、就业困难问题的党员群体。近些年来,随着以市场化为取向的改革发展的深入推进,各种所有制共同发展,社会组织形式开始多样化,人们的就业方式开始灵活化,这一趋势发展的结果是广大党员的组织关系流动性开始加强。这一方面弱化了原有的党组织对党员的吸附力,另一方面也导致了事实上的党内关怀主体的时常缺位。比如对于身处农村地区的和非正规就业的部分流动党员来说,由于受基层党组织组织生活的不固定、流出地党组织和流入地党组织缺乏有机衔接,以及非正规就业单位基层党组织功能弱化等因素的影响,他们的生活和就业再就业困难问题没有得到党组织给予的及时帮扶和解决。

同时,目前党内也存在需要得到党组织关怀的有心理问题的党员群体。近些年来,在中国经济社会深刻变化的背景下,部分党员干部由于各种主客观因素的影响,其社会地位发生了变化,加上市场经济条件下个人收入主要通过竞争手段获取,而国家相应的弥合社会裂痕、缩小收入分配差距的社会保障和社会福利事业发展的相对滞后,部分党员群体尤其是低收入党员群体由于受发展成果享有上的差异和对未来发展的预期等因素的影响,出现了心理焦虑和心理失衡问题,亟须各级党组织通过党内关怀予以化解。而同时还有另一个群体也亟须得到心理关怀,那就是一些身处领导岗位和要害部门的党员群体。近些年来,在市场经济的环境中,有部分党员干部放松了对自己的要求,逐渐忽视了个人修养,实用主义、拜金主义、享乐主义开始抬头,在各种各样的诱惑面前,心理防线脆弱。这部分群体,也需要加强对他们的心理关怀。

上述的事实提示我们,目前的党内关怀实际上正处于教育、管理、服务三大功能失衡,生活关怀、心理关怀需要加强的状态,部分关怀主体的党内关怀理念还存在着重管理、重教育,轻服务、轻生活的倾向,党内关怀的进一步发展,面临的平衡压力很大。但与此同时,随着党内关怀思想和理论的进一步发展,随着全面改革攻坚下党内关怀体制机制的不断完善,以及随着党内关怀视野的不断拓展,党内关怀的服务功能越来越引起人们的重视,新时期的党内关怀已经有了新的切入点,有了更广阔的发展空间。

(二)现阶段党内关怀推动着党组织对内职能由管理型向管理服务型转变

从党内关怀的内涵和新时期党内关怀的特点来看,新时期的党内关怀实际上已经覆盖了已有党建的全部内容,而且还赋予了党建新的内涵。过去我们提党建,更多的是强调党的权力和党员的义务,更多的是强调党的思想建设、组织建设、作风建设和廉政建设,在一定程度上忽视了党员干部的权利和党组织的责任,忽视了对党员干部的生活关心、心理关怀。过去我们总是把党员干部作为抽象的人对待,把他们看作是特殊材料做成的人,忽视了他们其实也是历史的、具体的、有各种各样需求需要被满足的现实的个人。比如过去我们谈论党内民主的时候,更多的时间是在脱离党员干部日常生活的情况下，抽象地谈论党员干部的权利、义务问题，并没有在党建中强调并突出对党员干部生活、心理关心的人文内涵。而在现阶段胡锦涛重提党内关怀问题，提出要建立健全教育、管理、服务党员的长效机制，要加强对基层党员干部、老党员和生活困难党员的关心，把党内关怀的服务功能作为重要的方面单独提出进行说明，这实际上是要求我们要实现对马克思主义的真正回归，要让党内民主从意识形态层面扩展至日常生活层面。要求我们要正确把握中国的国情、党情的新变化，把对党员干部的心理关怀、生活关怀等人文关怀作为新时期党建的重要范畴予以推进。胡锦涛的这一要求，在充实新时期党建新内容的同时，还对党建提出了新要求，推动党组织对内职能由管理型向管理服务型转变。

第一，现阶段的党内关怀正在实现由义务本位向权利本位的转变。从历史上看，中国共产党党内关怀的目标一直集中于党的凝聚力、战斗力。对于党员个人来说，接受党内关怀，使自己保持共产党员的先进性是其基本的义务。对于党组织来说，党内关怀是其基本工作内容之一，是促使党员在思想上、理论上、作风上保持共产党员先进性的重要手段。这一做法是一种以党组织的权利为本位，党员义务为本位的党建思想。虽然我们并不否认这一做法的功能和效果，但是关怀与被关怀是一个主客体双向互动的过程，在强调党员有义务接受关怀的同时，还应充分尊重党员希望得到其相应的关怀的权利问题。改革开放以后尤其是党的十六大以来，中国共产党出台了许多关于党内关怀的法规条例，在强调党员有义务接受来自于党组织关怀的同时，也强调了党员接受党内关怀的权利问题。如《关于加强党员经常性教育的意见》就明确规定了党员有义务接受来自于党组织的关怀，《中国共产党党员权利保障条例》也明确规定了党员有接受党内关怀的权利。这些规定体现了党内关怀由义务本位到权利本位的转变。

第二，现阶段的党内关怀正在实现党组织权利到党组织责任的转变。党内关怀的双向互动发展并不是党内关怀的自然发展的结果。改革开放以前尤其是十七大以前，许多人并没有认识到接受党内关怀是党员的权利和党组织的义务问题。近些年来，随着党内民主建设的发展和党员民主意识的增强，越来越多的党员开始把接受党的关怀看作是一项普通的、基本的党员的权利，并要求党组织主动承担义务，保证党员能够获得均等的接受关怀的机会。在这种情况下，党组织与党员个人、党的领导人与普通党员之间的权利与义务关系开始发生根本性的变化，从强调个人的义务转变为强调党组织和党的领导在提供党内关怀服务方面的责任。要求各级党组织和各级领导给他们创造必要的条件，使所有党员都能够获得接受马克思主义和中国化马克思主义理论以及现代科学知识学习的机会，获得提高自身素质和专业技能实现个人发展的机会，并给予其基本生活以关心和照顾。尤其是一些身处基层的党员，比如农村党员和在城市非正规就业的党员，迫切希望得到党组织对其就业和生活困难问题的关心，这就使党组织和领导干部的权利与义务紧密联系在一起并有了内在的一致性。因此，党的十七大以来各级党组织加强了党内关怀工作的设施力度，从学习机会的提供，党校师资的配备，党内关怀经费的筹措，困难党员的帮扶，高危群体的警示教育等方面做出了努力，有条件的地方还明确地制定了对困难党员的关怀的方向和具体内容，甚至有学者还提出了中国共产党有自身利益的极端说法。[①]但不管怎么说，新时期党内关怀的发展既是既往党内关怀的历史的延续，也是新的时代条件下中国共产党对党内关怀本质认识不断深化，党内关怀视野不断扩大，党内关怀功能更加全面发展的结果，它推动着党组织对内职能由管理型向管理服务型的转化。

回顾历史，分析党内关怀的理论与实践，在胡锦涛正式阐述党内关怀的科学内涵之后，党内关怀实际上已经完成了一个完美的转变，即视党内关怀为被关怀者的义务，发展为被关怀者的权利；视党内关怀为党组织的关怀权利，发展为党组织的责任。这一转变与发展党内民主，促进党内和谐的党内民主发展的趋势也是相一致的。这一变化推动了党组织对内职能由管理型向管理服务型的转变，在强调党组织的管理、监督、培养职能的同时，也突出了党组织服务职能的充分发挥对于增进党内团结，促进党内和谐，提高党组织凝聚力、战斗力的作用。从政治体制改革的角度看，这是继政府职能转变、行政体制转型和经济发展方式转变之后[②]，中国政治体制改革的又一重大举措，甚至有可能成为新的突破点，其理论与实践意义有待进一步探讨。

（三）现阶段党内关怀的实践取向

现阶段的党内关怀以既往的历史成就与历史经验为基础和发展的方法论指导，在新的历史条件下创新发展，既往的成就与经验是其发展的基础，现实中存在的需要解决的问题也是其进一步创新发展的缘由。现阶段党内关怀的新实践必须坚持以胡锦涛、习近平等在十七大以后的系列讲话为依据，深入开展。

1.强化“三个意识”

现阶段党内关怀工作顺利开展并取得成效的首要前提就是各级党组织和党的各级领导干部要强化“三个意识”，即忧患意识、公仆意识、节俭意识。首先，要强化忧患意识，加强党内政治关怀、思想关怀。“思则有备，有备无患。”（襄公十一年）要注意到目前党内还存在许多与全面建成小康社会不相适宜的问题需要我们通过有效的党内关怀去解决。如在党的十七大报告中所言：“党的执政能力同新形势新任务不完全适应”，“一些基层党组织软弱涣散”，“少数党员干部作风不正，

①王长江：《要重视对“党的利益”问题的研究》，载《马克思主义与现实》2004年第4期。

②汪青松：《行政体制转型与经济发展方式转变》，载《安徽师范大学学报》2010年第6期。

形式主义、官僚主义问题突出，奢侈浪费、消极腐败现象仍然比较严重”。要充分认识到党内关怀既关乎中国改革发展事业的成败，也关乎党的执政地位的巩固。如党的十六届四中全会的《中共中央关于加强党的执政能力建设的决定》所言：“党的执政地位不是与生俱来的，也不是一劳永逸的。我们必须居安思危，增强忧患意识。”其次，要强化公仆意识，切实推动党组织尤其是基层党组织对内职能的转变。要把党员干部作为历史的、具体的、现实的人对待，在从政治上、思想上、理论上关怀他们的同时，还要针对现实需要加强对他们的生活关怀、心理关怀。尤其是要加大对广大基层党员，如身处农村和非正规就业的党员群体以及退休的老党员、劳动能力与劳动素质不适应现在就业要求的党员群体等的关怀力度。要充分认识到他们的生活、就业等方面还存在许多困难和问题需要党组织帮助解决。如不及时解决，会导致他们产生对党和党的事业的认同危机和信仰危机。最后，要强化节俭意识。一方面要把有限的党内关怀的资金使用好，用在最需要的地方和最需要的人身上让其真正发挥作用。如用以解决特殊困难党员群体的生活问题、心理问题；如用以解决党员干部尤其是基层党员干部的理论学习、劳动技能学习以及特殊党员群体的廉政警示教育等方面。另一方面，要把强化节俭意识作为反腐败的重要手段。“历览前贤国与家，成由勤俭败由奢。”（李商隐《吟史》）要通过节俭意识的树立，自觉地践行“两个务必”，防止拜金主义、享乐主义和官僚主义引起的腐败现象对党组织凝聚力、战斗力的削弱。我们应当充分看到这样一个事实，近些年来越来越严重的腐败问题已经加重了部分党员的心理失衡和认同危机。目前我国社会出现的一种情况，即当干部与群众、政府与社会产生矛盾冲突时，部分利益相关的甚至利益不相关的党员选择支持群众的事实，正说明了这样的问题。

2.加强制度建设

健全和完善的党内关怀制度体系，是减少党内关怀中非科学性因素的存在，实现党内关怀有序、有效的保障。新时期党内关怀工作的有效开展，不仅涉及了党内关怀的思想、理论，党内关怀的方法、内容，而且涉及了与党内关怀密切相关的一系列制度建设问题。这些制度既是党内关怀演化发展的土壤，也是党内关怀有序、有效的保证。新时期党内关怀工作的开展，要配合“十二五”时期的全面改革攻坚，严格按照党内相关法律法规的要求，如近些年来颁布的《中国共产党党员权利保障条例》《关于加强党员经常性教育的意见》《中国共产党基层组织选举工作条例》《关于加强党员流动中组织关系管理的暂行规定》等的要求，结合现实情况完善党内关怀的具体细则，建立健全党内关怀的制度体系。第一，要建立健全党内关怀沟通机制。一方面，各级党组织要深入调查研究，主动与关怀对象沟通，了解关怀对象的实际需求；另一方面，也要提高广大党员的沟通意识，强化其对党内关怀实践效果的评价意识和反馈意识。第二,要建立健全党内关怀的经费筹措、保障机制。党内关怀进行的基础,是必须要有一定的资金做后盾的。我们首先要寻求党的基本理论的突破,明确党员利益与人民群众利益的一致性,明确党组织服务党员与服务人民群众的一致性,认清党员既是人民群众中的先进分子,也是人民群众,也有利益需要保护,也有需要被满足这一事实。然后要在宪法、法律、法规和国家政策允许的范围内,建立各种党内关怀基金,拓宽关怀资金的筹集渠道。第三,要建立健全党内关怀的执行机制。要建立健全各级党组织内部的党内关怀工作机构,改变过去党组织内部重视组织工作、宣传工作、监察工作,轻视生活工作的状况。没有设立生活委员职务的基层党组织要尽快设立,已有的要加强其职能。要针对新时期党内关怀的新内容,建立健全相应的规章制度和工作机制。如政治关怀方面要建立健全党内公开公示制度、教育管理制度,落实党员对党内事务的知情权、参与权、监督权、选举权;生活关怀方面,我们必须承认一个现实,目前随着党的群众基础的扩大,党员来自于社会各个阶层,经济社会地位也呈现出多元化的趋势。在市场经济条件下,在中国社会转型过程中,党内不同成员之间出现了利益分化。一部分党员由于各种原因生活困难,需要给予帮助、扶持。为此,要建立健全定期走访慰问制度和帮贫解困制度,对生活困难的党员、老党员、长期有病的党员要进行定期走访慰问,要实施党员就业工程、生产扶助工程、领导干部一对一帮扶等措施;在心理关怀方面,要及时对那些遭受挫折的和遇到困惑的党员进行心理疏导,化解情绪,解决实际问题。

3.狠抓落实、善抓落实

重理论学习与理论思考,更重实践行动与实践创新,是中国共产党从马克思主义那里继承来的对待理论与实践的辩证法。对于这一点,习近平同志2011年3月在中央党校春季学期开学典礼的讲话中明确地把它具体化为"狠抓落实善抓落实"。他指出,各级党组织和各级"领导干部要坚持眼睛向下看、身子往下沉,深入基层、深入群众开展调查研究,及时了解在上面难以听到、不易看到和意想不到的新情况新问题,掌握第一手资料,向群众问计问策,不断推进和深化各项工作的落实"[①]。结合当前中国共产党党内关怀的实际境况来看,习近平同志这一"狠抓落实善抓落实"实践要求,对于新时期党内关怀的有效开展具有十分重要的理论和现实的指导意义。首先,当前的党内关怀已经不缺少理论支持,欠缺的就是"狠抓落实"问题。近些年来尤其是十七大以来,国情、党情新变化,事关党员民主权利实现、积极性和主动性发挥的党内激励问题;事关部分党员群体尤其是面临生活困难和生产、就业困难的党员群体的生活关怀和生产、就业帮扶问题,已经引起了

①习近平:《在中央党校春季学期开学典礼上的讲话:领导干部要狠抓落实善抓落实》,载《光明日报》2011年3月2日。

党的高度重视并出台了一系列的方针政策予以解决。但在现实当中，为什么依然存在诸多这样或者那样的问题呢，究其原因，关键是部分党组织和部分领导干部的党内关怀还仅仅停留在思想意识上，缺少的就是“狠抓落实”。因此，新时期党内关怀的开展必须把抓落实放在第一位，也就是要反对空谈、强调实干，把党内关怀的好思路、好政策、好措施落到实处。其次，新时期的党内关怀在抓落实的过程中必然会遇到许多矛盾和问题。各级党组织和各级领导干部还应当善于抓落实。为此，要求真务实，开拓进取，不怕遇到矛盾和问题，要敢于正视矛盾和问题，并千方百计地去求得矛盾和问题的及时正确解决，在抓落实的过程中增强预见性，及时发现、尽早处置问题。各级党组织和各级领导干部要把抓党内关怀工作的落实和创新作为检验领导干部的思想品质、工作作风和实际能力的标准之一，以及考察和选用干部的重要依据，要褒奖埋头苦干、狠抓落实善抓落实的干部，教育和调整只尚空谈、不干实事的干部，问责和惩处弄虚作假、失职渎职造成严重后果的干部，努力营造良好党内关怀氛围，真正做到在党员最急的时候解其忧，在党员最难的时候办实事，让党内关怀真真切切地落到实处。

总之，新时期党内关怀工作的开展千头万绪，要做的工作有许多。但从实际出发，目前我们亟须推进的工作就是上述这几项。

四、高校文化维稳：可能性、必要性与实现路径论略①

作为一个特殊的社会单位和社会组织，高校社会环境有它的特殊性。其人群来源构成的四面八方与五湖四海特征，以及其“传授知识、科学研究、服务社会、传承文化”的功能价值取向强烈的家国取向，决定了它的稳定既关乎万千家庭，更关乎社会稳定与国家民族发展。因此，历史地看，高校的社会稳定问题一直是党和政府、教育界以及学术界关注的热门话题。但梳理已有实践成果和研究成果我们发现，已有的实践和研究在很大程度上也有意无意地淡化或者是忽视了高校的文化维稳视角。基于此，我们将从文化的社会功能出发，以“高校文化—高校社会关系秩序”为分析框架，在“高校文化建设加强—社会稳定度提高”的假设前提下，对高校文化维稳的可能性—维稳的根据、必要性—维稳的困境、体制机制—与维稳相关的一系列制度安排，做了理论上的探索。

（一）高校文化维稳何以可能

所谓社会稳定，从表象看，是整个社会处于稳固、安定、和谐的状态，是经济、政治、文化等多种人类活动因素综合作用的结果，是一个历史的、综合的、动态的概念。从内源动力看，是社会认同。社会认同是个人行为思想与社会规范或社会

①岳彬、刘先春：《高校文化维稳：可能性、必要性与实现路径论略》，载《长春工业大学学报》2012年第9期。

期待趋于一致，表现为自我特性的一致认可、对周围社会的信任和归属、对有关权威和权力的遵从等等，是实现政治社会稳定的非强制性力量，是团体增加凝聚力的价值基础。[①]从维系手段看，一是道德建设、道德整合，从国家、社会和组织层面构建基础性社会认同；二是制度整合和机制重建，基于社会认同用制度规范社会生活，不断增进社会活力，保持社会必要的张力，实现社会内在的有机联系与协调。任何道德、任何制度都是建立在特定的社会认同基础上的，而社会认同的价值基础的核心要素，是文化。从这个意义上看，文化是社会稳定的根本性力量。文化是什么？文化是人类在长期的生产实践、社会实践以及长期的自我认知、自我实现过程中产生形成的一系列"知天、知人、知己"的思想观点和生活习俗的总和。从存在与意识的关系看，文化产生的基础和反映的深层次的存在，是人的利益。不同的人有不同的利益追求。但从文化形成的社会机制看，它却也是人所特有的社会属性——使人类能够在多样化社会生活的各个领域、各个层面上形成群体行动与目标认同，在观念层面的反映。所以文化从本质上来说，是社会性的、群体性的，既通过个体表达，也由人际横向传播、代际纵向传递，在社会与历史中保持着继承与弘扬，指导着个体价值与社会价值的实现，是维护社会稳定、社会和谐的一种重要精神力量。而文化在维护高校社会稳定方面之所以可能，是缘于以下两个方面：其一，文化是一所高校的灵魂和旗帜。从文化社会学与文化地理学的角度看，高校文化[②]包括人文文化、学术文化和管理文化，是高校人群在高校这个特殊的社会环境、地理环境中交互作用的过程中形成的其独特的生活习俗、思想观念、思维行为方式以及各种制度等。任何一所大学，由于其语言的民族性，与知识关系密切的生活方式，功能价值取向的人本性目的及其成员对真善美的追求等，其文化从产生形成之初，就有着"观乎人文，以化成天下"的强烈的道德功能和社会功能。同时，高校不同于一般的社会组织，其有着文化人才和文化成果富集的巨大优势，追求真理、崇尚学术、善于独立思考的精神气质，始终坚持价值理性与工具理性并重的育人目标，使它始终能够保持高度的文化自觉和文化自信。而高校文化生长土壤和内生机制的这一特殊性，也使它成为新思想、新文化滋生发育的沃土，所以即便时代变迁，文化总能为其提供维护社会稳定所需的价值系统和强大的精神动力。其二，高校是历史文化传承和社会主义先进文化传播的重要阵地，中国传统文化中积极因素强烈的和谐倾向，社会主义先进文化所蕴含的凝聚社会的价值系统，决定了它们对高校维稳的不可或缺性。中国传统文化中蕴含的丰富的可资借鉴的稳定和谐的精神资源和人生智慧，对解决当前高校的社会冲突、社会危机是十分有益的。尤其是传统文化中的"知天、知人、知己"之道，"仁者

①张春新：《青年的认同与迷失》，华东书局1993年版，第27页。

②乔联蓉：《大学文化与高校内涵的发展》，载《现代教育科研理论》2012年第10期。

爱人”的基本道德标准,以及“执两用中”“致中和”的处世哲学,主张通过自我完善、和谐处世,促进人与人之间互相尊重、互相信任,最终实现社会稳定和谐的更多价值的人文精神和人生智慧,对于维护高校社会稳定,具有极其重要的理论与方法论启示。同时,社会主义核心价值体系中马克思主义理论、毛泽东思想和中国特色社会主义理论强烈的意识形态功能和目标导向功能,对于高校的社会稳定更是意义非凡。社会主义核心价值体系是党和国家在我国社会主义革命、建设和改革发展过程中探索出的一套有效的凝聚社会的价值体系。对此,邓小平曾经指出:“我们这么大一个国家,怎样才能团结起来,组织起来呢?一靠理想,二靠纪律,组织起来就有力量。没有理想,没有纪律,就会像旧中国那样一盘散沙,那我们的革命怎么能够成功?我们的建设怎么能够成功?”他认为,最重要的是人的团结,“要团结就要有共同的理想和坚定的信念,没有这样的信念,就没有凝聚力。没有这样的信念,就没有一切”①。作为涵盖面极广的社会主义核心价值体系,它关照了、协调了不同的利益关系,包容了不同社会群体多方面的价值取向,对于形塑高校社会认同,维护高校社会稳定,具有重要的理论和实践的指导意义。正是基于上述缘由,文化维稳议题历来为党和政府以及高校和社会所关注,尤其是改革开放以来,文化维稳一直是高校社会管理的重要手段。

(二)当前谈论高校文化维稳的必要性

历史地看,高校的文化维稳活动是一个历史与时间概念的维护高校社会稳定的社会管理活动。既有承前启后、一脉相承、一以贯之的活动主线、活动内容,不同时期也重点分明。但整体来看,有的活动是后来活动的基础,给后来的活动提供可以借鉴的经验与教训。当前,中国正在经历重要的历史转折与变化,可以说是处在社会大变动时期。这一社会大变动,在给高校社会生活带来活力的同时,也使高校加强社会管理、维护社会稳定的任务比任何时候都更加艰巨繁重。社会大变动带来的后果,尤其是在文化价值层面,随着社会的价值取向趋于多元并且带有明显的功利化倾向,社会面临新的整合的困境,出现了信仰缺少、精神迷茫和社会生活秩序的一定程度的混乱,将是高校在今后一个相当长的时期内所面临的严重挑战。如何积极应对这一严峻形势,特别是在社会管理体制机制不完善、应对不充分的条件下,如何首先对这些变化及其后果做出文化方面的回应,是需要高度重视的。当前,高校文化维稳面临一系列矛盾和问题,主要表现是:

第一,随着“以生为本”的教育教学改革的推进,以及彰显个性、追求丰富多彩生活方式的个人生活理念的出现,高校社会生活的自主性开始张扬,这种自主性在带给高校社会生活活力的同时,也解构着原有的高校社会关系秩序,不同的个

①《邓小平文选》第3卷,人民出版社1993年版,第190页。

人在追求自主性的过程中,逐步产生了相互矛盾的利益与认知格局,高校文化开始由一元化向多元化转化,校园内个体认同与群体认同之间的矛盾与冲突开始日益突出,高校"传统"文化与"现代"社会关系之间出现矛盾,文化维稳面临新情况、新问题、新挑战。

第二,在全球化、市场化改革发展的大背景下,随着高校社会开放性程度的不断加深,校园外的社会文化对校园社会文化的影响日益深刻。当前,随着校园内外社会文化越来越频繁、越来越多领域、越来越深层次的交流、碰撞,两种文化对接的缝隙,"外来"文化与"校园"文化之间的矛盾,尤其是校园外消极社会文化对校园文化的侵蚀乃至破坏作用,引起了校园社会生活、社会关系秩序的内在紧张,客观上要求校园文化要创新发展,为校园内的人群提供新的社会认同,以建构校园社会生活、社会关系新秩序。

第三,校园文化建设和校园维稳方面存在的诸多现实问题,使当前高校文化维稳面临一系列挑战。如在校园文化建设方面,由于重自然科学知识传授、重科学研究、重工具理性培养,轻文化传承、轻人文社会知识教育、轻价值理性培养的人才培养理念的严重存在,一些高校在校园文化建设方面无论是在政策、经费、管理等方面,还是在人文社会学科建设尤其是政治理论课建设方面,都投入不足,导致高校稳定缺少了文化这个最基础也是最重要的精神力量。如在校园维稳方面,由于片面强调制度力量、片面强调教师主体作用、片面强调学生自觉性,忽视文化的稳定作用、忽视学生自组织作用,尤其是忽视校园文化对校园内社会群体社会关系的调节作用、忽视校园文化对校园稳定的价值这样一些错误思想的存在,导致了一些高校在文化建设、文化维稳方面,既重视程度不够,方法、手段、主体、内容形式也比较单一,完全不能适应现实要求。

但在看到矛盾与问题、困难与挑战的同时,也看到,当前高校文化维稳进一步发展也面临前所未有的机遇,这些机遇主要表现在四个方面。

一是新的实践呼唤新的理论指导,而当前文化维稳新思想、新理念的出现,也为高校文化维稳进一步发展奠定了坚实的思想基础、理论基础;

二是当前国家、社会以及高校文化建设与社会管理总体部署和新格局的确立,已经开启了高校文化维稳历史与现实解读和阐发的研究路向;

三是当前高校文化维稳的现实与理想的反差以及文化维稳的现实实践,正在为高校文化维稳的进一步发展提供着新的问题与新鲜的经验;

四是当前高校文化维稳客观条件的改善,为其文化维稳进一步发展,实现实践创新和方法创新提供了相当有利的条件。

上述这些矛盾与问题、机遇与挑战,反映了当前和今后一个时期内高校文化维稳所面临的形势已经发生巨大变化,是我们今天讨论高校文化维稳何以必要这一话题的缘由。而这些矛盾与问题、机遇与挑战以及这些变化，一方面要求作为观念形态的文化维稳思想、理论创新发展，另一方面也为文化维稳实践创新提供了必要的物质基础。在文化维稳进一步发展的价值基础、物质基础已经存在或者至少已经在形成过程中的时候，抓住机遇，推动文化维稳创新发展，对维护高校社会稳定来说，具有历史的必然性和现实的重要性。

（三）高校文化维稳的实践取向

通过上面的分析发现，高校文化维稳面临多样的矛盾和问题，机遇与挑战并存。从总体来看，需要解决“传统”文化与“现代”社会的关系问题、“外来”文化与“校园”文化的关系问题、校园文化与校园社会的关系问题以及校园文化发展面临的各种问题等。这些矛盾和问题的存在，迫切需要我们加强以下三个方面的工作。

其一，深入开展理论研究，加强对文化维稳的理论支持。高校文化维稳活动需要理论的支持，目前的校园文化建设、社会管理、社会稳定、文化维稳理论研究需要高度关注这一课题。近些年来，与此相关的理论研究虽然已经成为理论研究的重点。然而从已有成果来看，基础理论研究部分还比较薄弱，对于涉及的高校文化维稳的概念、特征，以及文化维稳的原则和要求等问题，缺乏透彻的阐述。另外，已有研究对文化维稳活动的一般规律揭示得也还很不够。这就要求今后的研究要转变思维、调整视角，扎扎实实从基础理论研究开始，尤其要加强对文化维稳活动规律的研究。既要从对经常的、重复的文化维稳活动事实的分析中揭示出活动的各种规律，把握这些规律之间的相互联系，也要在阐发规律的同时，揭示出运用这些规律的方法。

其二，加强道德建设、和谐文化建设和社会主义核心价值观建设，实现价值的重建与社会的整合。当前在我国，与快速的社会转型同步，高校的社会价值观念也处在快速变动过程中。当前在我国社会同时并存的三种价值观形态，即计划经济时代形成的以集体为本位的价值观，随着市场经济体制建立而形成的重功利、重才能的价值观，以及在西方文化影响下形成的极端个人主义、绝对功利主义的价值观，也存在于各个高校。[①]其中，后两种价值观对前一种价值观形成了强烈的冲击，冲击之下，高校部分个人与组织出现了“价值虚无、无所适从”的状况，造成了价值失范、价值观之间相互冲突和信仰危机的现象，价值观冲突和信仰危机甚至引发了严重的社会矛盾和社会冲突，需要我们加强道德建设、和谐文化建设和社会主义核心价值观建设，实现价值的重建与社会的系统整合。而建设的实质，是在高校日益多元化的价值观背景下，从学校、组织和个人层面重建基础性认同

①袁贵仁:《价值与文化》，北京师范大学出版社2002年版，第87页。

的社会核心价值，以此重新整合高校社会、凝聚社会力量。基本的做法就是按照党和国家以及高校关于加强道德建设、和谐文化建设和社会主义核心价值体系建设精神的要求，如按照2001年颁布的《公民道德建设实施纲要》的要求、按照十六大以来党提出的关于建设社会主义和谐社会若干问题的相关要求、按照2006年全国“两会”提出的“八荣八耻”的社会主义荣辱观的要求等，加强“三德”建设，引导人们在遵守基本行为准则的基础上追求更高的思想道德目标；加强和谐文化建设，巩固社会和谐的思想道德基础；加强社会主义核心价值体系建设，培养文明道德风尚。

其三，建立健全文化维稳的长效机制。体制机制是关系高校文化维稳的一系列基本制度和工作程序。高校文化维稳工作的开展，不仅涉及了与维稳相关的一系列理论、思想和方法等，而且涉及了与活动密切相关的一系列制度建设问题，这些制度既是活动开展的土壤，也是活动创新发展的保障。在制度设计上，我们需要重点考量三个问题：一是要依据党和国家以及高校关于文化建设和社会管理总体部署的要求，确定活动的内容；二是要确定活动的程序、方法和步骤等；三是要建立活动的保障与支持体系。从相对直接一些的角度考察，推动高校文化维稳活动有效开展，我们需要建立和完善以下体制机制：

第一，建立健全文化维稳领导机制。历史与现实、理论与实践都表明，高校各级党组织和行政部门作为高校社会生活和社会管理中许多规则的制定者，它有足够的能力和手段来维护高校社会稳定。因此，各级党组织必须居安思危，增强忧患意识，深度介入文化维稳活动，强化对文化维稳活动的领导。而介入的根本出发点是促进和放大“社会”的积极性、主动性和创造性的正面作用，抑制和弱化其负面作用，防止“领导失灵”“组织失灵”与“社会失灵”，促进道德建设、和谐文化建设和社会主义核心价值体系建设健康发展。

第二，建立健全文化维稳自我约束与自我管理机制。从制度与生活之间的关系看改革开放时期的中国高校社会管理改革，制度变动释放社会是改革的目标之一。如今，高校社会生活逐渐走出了制度约束，个人的自主性开始不断增强，人们的思想、价值观念和生活方式等都发生了重大变化，在个人经济生活、政治生活以及个人思想领域，人们的自由选择空间越来越大。在这种情况下，建立健全文化维稳自我约束与自我管理机制，加强高校个体和各种社会组织自我约束与自我管理，把文化维稳的要求融入日常生活之中，成为日常生活的基本遵循，不断增强“自我文化”“自我稳定”意识与能力，就成为必然。

第三，建立健全文化维稳支持和帮扶机制。对文化维稳活动的支持和帮扶是高校对校园文化建设和高校社会管理活动的教育、管理和服务，其注意力集中于两个相互关联的目标上：既关注校园里的个人与组织文化建设、社会管理、文化维稳的能力问题，又关注其能力提高所需要的支持和帮助的问题。目前，进一步加大这一工作的力度，变革和创新支持和帮扶的体制机制，实现支持与帮扶的制度化[①]，积极帮助解决相关的政策问题、经费问题、人员问题、场地问题等实际问题，已经成为一种必要。

第四，建立健全文化维稳的监督机制。严格的监督是校园文化维稳健康发展的保障。主动接受监督和依法依规保护监督，自觉把自己置于各种法律法规的监督之下，是高校内的组织与个人的义务。就当前校园文化维稳监督机制的构建来说，关键要建立和完善学校各级党组织和领导机关监督、个人与社会组织参与监督以及舆论监督的多层次的监督制度体系。同时，为了使监督有法可依和监督切实发挥作用，还要完善相关的监督法规、监督条例，并建立有效的监督责任追究制度。

第五，建立健全文化维稳的评估机制。文化维稳评估是文化维稳政策制定和管理过程中的一项重要机制，其要义是对校园文化维稳真实情况进行评估，并将评估结果作为决策的主要依据以做到各种评估标准出台前有依据，实施后有明确的责任追究。考察现实，当前校园文化维稳评估机制还存在若干问题，需要完善。一是要加强评估沟通反馈与监督机制建设，既密切评估双方联系，又撇开评估主体与评估项目及评估者之间存在的特殊利益关系。二是要扩大评估参与主体的内涵，并保障各方力量对比的相对平衡。此外，还要科学合理地设置评估对象内容，并把评估结果作为校园文化维稳支持和帮扶的重要依据。

第六，建立健全文化维稳的奖惩机制。校园文化维稳活动顺利开展，不能光靠所谓主动性、自觉性，还需要从配套政策和激励、奖惩机制上下功夫。在活动开展过程中，我们要按照精神鼓励与物质奖励相结合，以精神鼓励为主的原则对文化维稳的先进组织和个人进行表彰，激发其政治热情和社会责任感。同时，对那些无视文化维稳的组织，尤其是那些道德理想目标丧失、道德失范、道德情感麻木，一切以自我为中心，无视社会公德的个人，则要按照相关规定予以严肃处理。

①刘先春、岳彬：《现阶段党内关怀的变化与实践》，载《安徽师范大学学报》2011年第3期。

第三编

研究的发现及进一步需要讨论的问题

对改革开放以来的西北民族地区社会管理问题的研究，尤其是体制机制创新问题的研究，是当前学术界比较关注的热点问题之一，尤其是在全面建成小康社会、实践中国梦的关键时期，按照中国梦的基本要求“国家好、民族好、大家好”，创新社会管理的体制机制，通过合理的制度安排，形塑国家、社会与个人合理的权利阈限，充分调动一切社会管理的积极因素参与社会管理，把西北民族地区建成一个经济更加富裕、政治更加文明、文化更加繁荣、社会更加和谐、环境更加良好、人民群众生活更加殷实的社会主义和谐社会，是十分必要的。而要实现这一目标，既需要加强顶层设计，也需要有摸着石头过河的实践精神，还需要深入总结历史经验，从中抽象出规律性的东西来指导“设计”和“过河”，实现历史与现实、理论与实践的关系辩证。从这个意义上讲，完全有必要深入持久地展开对改革开放以来的民族地区的社会建设与社会管理的研究。

第一章　当前民族地区社会建设与社会管理存在的主要问题

社会生产、社会生活、社会管理的总体目标是人民群众整体利益的实现。人民群众的整体利益总是由各方面的具体利益构成的。“人们首先必须吃、喝、住、穿，然后才能从事政治、科学、艺术、宗教等。”①从初级阶段现有的条件出发，从宏观方面着眼，从微观方面入手，既关注社会建设的全面发展，更注重解决民生问题，是改革开放时期西北民族地区社会建设的辩证法。改革开放时期的民族地区社会建设，重点在民生领域，在就业、收入分配、社会保障、文化教育、医疗卫生和社会管理这几个与人民群众生存、发展和享受密切相关的领域。这是民族地区在改革开放以来的社会建设过程中得出的基本经验和结论。中国历来重视社会建设，改革开放以前，就实行了与计划经济体制相统一的社会保障政策，最大限度地向人民提供各种社会保障，尽管这种保障是低水平的。改革开放以后，把社会问题的解决落脚在具体的民生领域，邓小平对我国社会建设的改革发展提出了一系列新观点，采取了一系列新举措，开始从教育、就业、收入分配、社会保障、社会稳定几个方面入手解决现实的社会建设问题。在全面建设小康社会时期，江泽民更是提出要从宏观和微观两个层面理解“社会”的含义，关注教育、医疗、卫生、就业、分配以及社会保障等方面具体的社会发展目标和发展内容。而在党的十七大、十八大报告中，中国共产党则更是明确提出要“加快推进以改善民生为重点的社会建设”。这一切充分表明，把社会建设与民生相联系，在改革开放时期，中国已经找到了社会建设与社会管理的切入点。在这些思想的指导下，改革开放以来，西北民族地区在具体的社会建设与社会管理实践中，社会建设取得了很大进步，社会管理积累了相当经验。

一、近年来社会建设发展取得的进步②

以甘肃省2010年为例。

①《马克思恩格斯选集》第3卷，人民出版社1995年版，第776页。

②陆浩：《在省市主要领导干部研讨班暨省委十一届十次全委扩大会议上的讲话》，2010年10月29日。

在社会事业方面，首先是关于就业。甘肃省颁布实施《甘肃省就业促进条例》，推行公益性就业政策，建立了省市县三级人力资源市场和社会保障服务中心，健全统筹城乡的就业服务体系。坚持政府主导促进高校毕业生就业，招录了1万名高校毕业生到农村中小学、乡镇卫生院及兽医站工作。以农村“两后生”为重点，实施了14万农民技能培训工程，出台相关政策，新发放小额担保贷款44.8亿元，支持以创业带动就业。截至2010年9月底，全省城镇新增就业24.2万人，同比增长5.2%；下岗失业人员再就业8.2万人，超额完成预定任务，全省就业形势继续保持稳中向好态势。

在教育、卫生、文化等方面。进一步加大了“两基”攻坚力度，全面“两基”攻坚任务基本完成。职业教育办学规模扩大，区域职业向教育集团化方向发展。高等教育发展迅速，平均录取率达到61.5%。实施了全省中小学校舍安全工程和特殊教育学校建设工程，办学条件继续改善。扩大了新型农村合作医疗覆盖面，补助标准由每人每年80元提高到120元。深化了医药卫生体制改革，加强了基本药物制度建设。加快了基层医疗卫生服务体系建设，群众看病更加方便。实施了一批文化基础设施重点建设项目，农家书屋覆盖全省 2/3 的行政村。

在社会保障体系建设方面。继续提高城市、农村低保标准和补助水平，全省城市低保标准继续提高10%，全省农村低保标准由728元提高到850元。实施城乡居民临时救助制度，发展残疾人事业、老龄事业、慈善事业，帮助群众解决生活困难。统筹城乡的社会保险体系建设稳步推进，第一批新型农村社会养老保险试点工作进展顺利，10个试点县的参保率达到92%，在全国处于领先水平，启动了藏区和第二批新型农村社会养老保险试点，村干部养老保险和失地农民养老保险制度进一步健全。加快城乡危旧房改造工程和保障性住房建设，截至2010年9月底，全省实施廉租住房保障家庭13.7万户、39.8万人，城市和国有工矿棚户区改造已实施6.4万户、574.5万平方米。

在社会管理方面。为保持社会稳定，从党政一把手抓起，不断健全和完善了社会管理工作机制，强化了责任落实，有效防范和妥善处置各种不稳定事件，着力营造了积极向上的社会氛围，保持了社会大局的和谐稳定。一是深入推进三项重点工作。中央关于深入推进社会矛盾化解、社会管理创新、公正廉洁执法三项重点工作的意见下发后，省委及时制定实施意见及分工方案，着力推进贯彻落实。省委省政府认真开展重大矛盾纠纷积案化解年活动，采取挂牌督办、领导包案、上下联动的方式，集中时间、集中力量化解重大矛盾纠纷和疑难复杂案件，妥善解决了一批影响社会稳定的问题。进一步完善矛盾纠纷定期排查化解制度，使90%以上的矛盾纠纷都能在乡镇（街道）以下得到及时解决。采取督查督办、定期通报、责任追究等方式，清理化解涉法涉诉信访积案。注重对各级领导干部预测预判、现场指挥、依法处置、舆论引导能力的培训,一些群体性事件得到及时妥善处置。坚持试点先行、重点突破,加强政策指导和制度机制建设,社会管理工作的制度化、规范化水平有了新的提高。从优化司法职权配置、加强队伍建设等方面入手,有序开展新一轮司法体制改革和工作机制改革,为公正廉洁执法营造了良好氛围。二是认真落实平安建设的各项措施。坚持实施治安防控体系建设,加大军警民巡逻队伍和专职群防队伍组建力度,预防、控制、打击违法犯罪的能力有了新的提高。开展了社会治安重点整治行动,对重点地区和重要部位进行排查整治,解决了一批突出治安问题,有效扭转了一些地方社会治安混乱的状况。深入开展了安全生产执法、专项治理、宣传教育"三项行动",安全生产不断加强。三是不断深化了藏区维稳工作。始终把维护藏区社会稳定摆在突出位置,藏区维稳工作转入了常态化。召开省委藏区工作会议,对推动藏区实现跨越式发展和长治久安做出安排部署,省财政拿出1亿元设立藏区发展专项资金,建立完善省内对口帮扶工作机制,为藏区的改革发展、和谐稳定创造了条件。四是努力营造了积极健康的思想舆论氛围。围绕构建社会主义核心价值体系,坚持用党的最新理论成果武装党员、教育群众,推进马克思主义大众化。坚持把新闻舆论的主基调始终放在增强信心、克服困难、抓住机遇、加快发展上,围绕全省中心工作,组织开展一系列有声有色的宣传活动,统一了广大干部群众的思想和行动。特别是在舟曲抢险救灾过程中,及时准确地报道灾情和救灾工作进展情况,很好地发挥了舆论引导作用。深入实施了公民道德建设纲要,不断加强未成年人思想道德建设,公民文明素质和社会文明程度有了新的提高。

如果说仅从2010年的数字还不足以反映整个改革开放以来甘肃省在社会建设、社会管理方面取得的进步与发展,那么我们再来看看整个"十一五"时期甘肃省社会事业发展的相关情况。"十一五"期间,甘肃省委、省政府制定了促进社会建设发展和改革的一系列政策措施,进一步加强了社会发展各领域基础设施建设,推动了社会领域体制改革与创新,全省社会建设、社会管理事业稳步发展。

一是全面加强社会事业,城乡群众生活水平和质量大幅度提高。全面加强社会事业,大力推动民生建设,是推动科学发展的内在要求,也是"十一五"期间甘肃省着力最多的领域之一。"我们坚持反弹琵琶,优先发展教育事业特别是职业教育,加大城乡劳动力培训力度,着力提高劳动者素质。高度重视科技、卫生、文化等社会事业发展,许多科研成果运用到生产实践之中。加快发展文化事业和文化产业,一大批文艺作品荣获国家大奖,人民群众的文化生活日益丰富。千方百计扩大就业,制定出台了多项促进就业的政策措施,启动实施就业服务专项行动,采取政府购买的办法,每年开辟1.5万个工作岗位安排高校毕业生就业,缓解了大学生就业困难。着力完善社会保障体系,新型农村合作医疗制度覆盖全省,参合率达到95.54%，比全国提前一年建立城乡低保制度，并连续四年提高保障水平，扩大了保障覆盖面。2009年底，全省农村享受低保人数达到260万人，城市享受低保人数达到80.9万人，两项保障率均高于全国平均水平。甘肃省坚持量力而行、尽力而为，逐年加大财政投入，区别轻重缓急，突出工作重点，围绕解决群众关心的就业、就医、上学、行路、饮水、住房等实际问题，保证每年都能为群众办成一些覆盖面大、受益面广的实事，使群众得到了更多的实惠。'十一五'期间，全省城乡群众收入水平和生活质量都有较大幅度的提高，农民人均纯收入从2005年的1979.9元提高到2010年的3424.7元，2010年城镇居民可支配收入13188.55元，比2005年增长63.09%，平均增长10.28%。由于收入持续增长，'十一五'期间甘肃城乡居民消费水平明显提升。”

二是有效驾驭复杂局面，经济发展、社会稳定和民族团结的大好局面得到进一步巩固。“十一五”时期，是民族地区遇到各种重大风险和挑战最多的时期。在党中央、国务院的坚强领导下，甘肃省迅速果断地做出一系列重大决策部署，紧紧依靠广大干部和各族人民群众，顺利化解了低温冰雪灾害，成功组织了陇南地震和舟曲特大山洪泥石流抢险救灾，以最快的速度开展应急抢险，以最快的速度安置群众生活，以最快的速度恢复灾区生活秩序，以最快的速度开展灾后重建，最大限度减少了人民群众的生命财产损失。妥善处置“3·14”甘南藏区不稳定事件①和陇南“11·17”群体性事件②，果断平息事态，迅速恢复秩序，维护了国家安全、民族团结和社会稳定。甘肃省积极应对国际金融危机的挑战，认真实施党中央、国务院扩大内需的一系列方针政策，迅速出台确保工业平稳较快增长的十条措施，使全省经济保持了平稳较快发展的势头。完善维稳机制，严格落实信访领导责任制，深入推进社会矛盾化解、社会管理创新、公正廉洁执法等重点工作，综合施策，全面治理，扎实推进平安建设，全省社会大局持续和谐稳定。着眼于增强加快发展的责任感和紧迫感，加强和改进宣传思想工作，大力弘扬“人一之、我十之，人十之、我百之”的甘肃精神，为加快发展鼓劲打气、营造氛围。突出党的执政能力和先进性建设这条主线，不断加强党的思想、组织、作风和制度建设。以完善惩治和预防腐败体系为重点，切实加强反腐倡廉建设，坚决查处大案要案，惩治犯罪，严肃党纪，赢得了广大干部群众的赞许。所有这些，都为维护安定团结的政治局面提供了重要保证，为完成“十一五”目标任务营造了和谐稳定的发展环境。

---

①2008年3月14日以来，由于受拉萨严重打砸抢烧事件的影响，甘南州部分藏区也发生了一系列不稳定事件，在党中央、省委的坚强领导和总体部署下，州委、州政府及时采取迅速有力措施，很快平息了事态，恢复了全州正常的生产生活秩序。（见《甘南州年鉴》，2009年）

②2008年11月17日上午，陇南市武都区发生了由拆迁引发的群体性事件。（2008年11月20日，人民网）

三是转变政府职能，深化与社会建设、民生建设相关的体制改革，尤其是破除制约社会管理良性发展的体制机制，“我们大力推进行政管理体制、文化体制、社会管理体制、财政金融和行政审批制度改革，积极消除体制机制障碍，努力转变工作作风，加快发展的社会环境得到进一步改善”。

“回顾过去的五年，我们完全可以自豪地说，这五年，是甘肃历史上经济社会发展最好最快的时期，是基础设施、生态环境建设投入力度最大、成效最为显著的时期，是产业发展最为迅猛、经济实力增长最快的时期，也是各项社会事业发展最好、城乡面貌变化最大、人民群众得到实惠最多的时期。”[①]

二、近年来社会管理实践获得的一些经验

始终重视社会管理问题，是贯穿西北民族地区社会建设历史的一条主线。改革开放以来尤其是党的十六大以来，加强社会管理，创新社会管理的体制机制，一直是民族地区社会建设的主要内容。回顾历史，在实践过程中，民族地区在社会管理体制机制创新方面积累了相当成功的经验。对其进行梳理和总结，从中获得有益的启示，对于进一步解决全面性、深刻性、复杂性的社会建设问题具有重大的理论意义与实践意义。

一是构建合理的社会管理格局，从政府管制到社会共治，释放管理活力。社会管理从来都不是政府“自己的事”，而是“社会的事”。不是政府唱独角戏，而是政府与社会的合作与共治。单向度的政府管制，其结果必然是社会自主性的消失和社会自发形成的社会秩序的缺失，从而引起某种程度的社会的无序。离开社会自我组织、自我管理、自我教育、自我服务、自我监督，社会动态和谐、充满活力而又稳定有序的局面是无法实现的。因此，创新社会管理首先要创新社会管理的主体构成。改革开放以来，在不断探索合理的社会管理主体构成的过程中，尤其是党的十八大提出“要健全党委领导、政府负责、社会协同、公众参与、法制保障的社会管理新格局”以来，西北民族地区合理社会管理的主体构成已经基本形成。

二是转变社会管理理念，社会管理实现了从管制到服务、从消极到积极的转变。社会管理说到底是对人的管理和服务，是政府的基本职能之一。政府合法性的来源之一，就是能够为社会个人与社会组织提供它们所需要的各种服务，这些服务当然地包括公共产品、公共服务、公共安全、社会福利等方面的个人与社会组织自己无法提供给自己的各种服务。作为政府，主动地、积极地履行公共管理、公共服务职能，是它的义务。改革开放以来，西北民族地区各级政府，在社会管理的实践中很好地实现了从“管制”到服务、从消极到积极的政府在社会管理，尤其是

①陆浩：《在省市主要领导干部研讨班暨省委十一届十次全委扩大会议上的讲话》，2010年10月29日。

公共事务、公共事业管理方面的管理角色和管理理念的转变。

三是丰富管理手段，社会规范从单一的泛政治化特征和构成转变到了多样化、价值取向多元化的特征与构成。社会管理必须要有相应的社会管理规范。一般的社会规范有三种，即道德、法律、契约。改革开放以前，市场经济不发达，意识形态高度一元化。西北民族地区社会管理从管理工具的角度看，泛政治化趋向明显。改革开放以后，随着意识形态领域的新变化，随着对社会管理认识的日益深刻，多规范的社会管理工具结构逐步形成。当前，西北民族地区已经基本形成了由健全的法制体系、完善的政策体系、社会主义核心价值观、信息化管理体系、舆论手段、传统政治优势、民族文化传统手段等构成的多样化的社会管理规范体系，有效地满足了社会管理的现实需要。

四是充分释放社会，培养、催生新社会组织，缓解了单位制社会解体引起的基于社会管理主体单一引起的管理紧张。社会组织是不同于政府和企业的社会团体、行业组织、社会中介组织或者是基于某种共同兴趣爱好而结成的人群共同体。在组织和共同体内部，有其独有的文化和价值认同标准，是社会管理的合理而必要的主体补充。改革开放以来，西北民族地区大力培养、发展社会组织，坚持一手抓管理、一手抓发展，在社会组织发展过程中，社会组织有挂靠单位，所谓的有“婆婆”，同时，社会组织也有相当的自我发展的维度与空间。如今民族地区社会组织无论是数量上，还是涉及的社会生产生活领域的宽度上，都是历史上规模空前的。而且在党的十八大以后，政府还进一步放宽了社会组织的门槛，开始逐步采用登记，并向有实力的社会组织购买社会服务。①

五是夯实基层组织，管理重心下移，实现基层组织“有人、有权、有钱干事”。任何社会管理，总是具体的社会管理，从这个意义上讲，社会管理的重心在基层。改革开放以来，在相当长的时间内，在西北民族地区的社会管理中严重存在着“上面千根线，下面一根针”的情况。也就是社会管理的大量事权在基层，但大量社会管理的人权、财权、裁量权却在上级政府、上级组织，这一管理重心倒置的情况导致大量社会问题、社会矛盾由于基层无法解决而形成的实际社会管理的层层上移，通俗一点就是出现大量的所谓信访问题。在大量的事实面前，西北民族地区开始探索将社会管理重心下移，逐步形成了有效的基于层级的“各级政府、街道（乡镇）、社区（村社）、各种社会管理员”构成的四级管理、重心在基层的管理体制，力争矛盾发生在基层、问题出现在基层，矛盾协调化解在基层、问题解决在基层。

六是正视社会生活领域扩大、社会新问题大量出现的现实，不断拓展社会管

---

①2012年，中央财政安排专项资金，支持社会组织参与社会服务项目，社会服务项目分为社会组织发展示范项目、承接社会服务试点项目、社会工作服务示范项目、人员培训示范项目四类。西北民族地区仅甘肃省就立项21个。资料来源：2012年5月4日，甘肃社会组织网。

理视野，加强对特殊群体如流动人口和网民的管理，加强对社会生活新领域如虚拟社会的管理。改革开放以来，随着制度变迁、政府职能转变、社会转型加速，大量社会个体开始了所谓的人口流动，尤其是广大农村富余劳动力开始离土离乡，在西北民族地区社会出现了一个巨大的社会群体，即流动人口。同时，随着信息技术的飞速发展和人们上网时间的越来越多、网上活动的内容越来越丰富，一个全新的社会，即所谓的网络社会开始出现。如何对流动的人群进行有效的社会管理，化解其社会融入的风险，增加社会认同，协调其与原住民的关系；如何对虚拟社会进行管理，构建虚拟世界安全、诚信、真实的环境，是摆在西北民族地区各级党组织、各级政府和广大社会管理工作者面前的重要课题。以虚拟社会管理为例。正视社会生活领域扩大、社会新问题大量出现的现实，不断拓展社会管理视野，改革开放以来，民族地区党和政府以及广大社会管理工作者、社会组织尤其是互联网企业，经过探索，已经建立起了由政府监管体制、企业依法运营体制、行业自律体制、技术保障体制、公众监督体制、社会教育体制、个人自律体制、网络实名制等体制机制构成的互联网管理体系。通过这一体系，在过去的时间里西北民族地区很好地实现了对虚拟社会的管理，没有因此类问题发生过重大的影响社会生活秩序和社会稳定的事件。

三、当前民族地区社会建设与社会管理存在的主要问题

研究结束之后，发现当前西北民族地区的社会建设与社会管理还存在一些问题，这些问题包括：

1.经济发展应当有更为广泛的社会发展目标

西北民族地区经济发展水平相对落后，加快经济发展有各个方面的、复杂的尤其是民生的需要。以甘肃省为例。截至2012年，甘肃省小康社会实现程度比全国平均水平低17.1个百分点，排在全国倒数第五位；2012年，全省人均生产总值为全国平均水平的57.2%，排名全国倒数第三位；城镇居民人均可支配收入为全国平均水平的56.9%，排名全国倒数第一；城镇化率为38.8%，比全国平均水平低14个百分点；按照农民人均纯收入2300元的国家标准，全省还有692万农村贫困人口，占全国贫困人口的6%，农村贫困面高达333.2%。[①]当前西北民族地区社会的两个基本特征，生产力不发达和人民群众生活水平低，决定了民族地区社会主要矛盾（落后的社会生产力与人民群众日益增长的物质文化需求之间的矛盾）的民生性和经济性特征。因此加快经济发展是解决这一矛盾，逐步使各民族人民生活水平由比较低的状态向比较富裕的状态过渡的基本要求。而事实上，改革开

①王永和：《坚持甘肃特色发展战略在西部大开发中实现转型跨越》，载《党的建设》2013年第10期。

放以来乃至当前，经济增长都是民族地区经济社会发展的第一目标。但在追求经济增长的同时，民族地区也事实上存在社会建设被忽视，或者说经济增长与社会发展不协调的问题。也就是说过去三十多年的西北民族地区单纯的经济增长并没有必然地带来社会的进步，经济增长反而引起了一些社会矛盾和社会问题，给社会建设、社会管理带来了巨大的压力。比如基于收入分配差异而产生的以利益冲突为典型特征的社会矛盾(劳资关系和劳企关系紧张、纠纷、冲突等问题)，比如经济增长与就业的不协调问题，比如伴随着经济增长出现的环境危机问题，比如伴随经济增长出现的大规模人口流动问题以及随着经济财富迅速增加社会成本急剧增大问题(各种社会案件增加速度加快；交通、建筑等各种事故频发；城镇转型贫困人口数量增加)等。①

研究发现，经济发展的目标应当有更为广泛、更为具体的社会发展目标，以扭转当前社会建设总是被动适应经济发展、社会管理总是被动地对经济增长引起的社会问题进行管理的局面。“我们提出跨越式发展，既包含经济发展的内容，更包括社会发展的内容。”“必须坚持统筹兼顾，在抓好经济建设的同时努力促进各项社会事业协调发展，让全体人民共享改革发展成果。”②建议：第一，正确认识经济与社会的关系。在经济与社会的关系上，一方面，社会建设对于经济发展方式的转变具有手段性意义，因为社会建设是经济发展的动力所在。一是加快社会发展和改善民生，不断满足人民群众日益增长的物质文化需要，可以使社会成员更加

①胡鞍钢、王磊认为，经济增长对社会稳定具有促进与破坏的双向效应。促进效应主要通过以下效应来实现：一是减贫效应，二是良好的预期效应，三是结构效应，四是合法效应，五是社会控制效应，六是制度化效应；经济增长对社会稳定的破坏作用归结为以下五个方面：趋利效应、不均衡效应、不确定效应、信息不对称效应以及开放风险效应。他们认为，既然经济增长对社会稳定同时存在促进和破坏两种效应，那么一个不难理解的推理就是，最终表现出来的社会稳定状况就取决于这两种效应的竞争。如果促进稳定的效应大于破坏效应，则社会呈现出稳定态势，反之则表现为不稳定。幸运的是，这两种效应在一定程度上是可以人为控制的，我们可以通过增进正效应，降低负效应来实现社会最终稳定。当然这种控制绝非一个人或者是几个人的力量所能及的，而是需要政府的介入。因此，为了社会稳定，他们认为，政府应该在以下几个方面有所作为：政变经济增长类型，变“不公平的增长”为“公平的增长”，变低就业的增长为创造就业的经济增长；利用税收、转移支付等财政工具，缩小社会贫富差距，促进社会中间阶层形成；为穷人提供基本公共服务，提供弱势群体应对风险的能力，保障他们基本的生活、医疗、教育以及人身安全；扩大普通民众政治参与，听到他们更多的声音；转变政府职能，建设一个高效、廉洁、透明的“公共服务型政府”“社会管理型政府”。《经济增长对社会稳定的双向效应》，载《湖南社会科学》2005年第6期。

②陆浩：《在省市主要领导干部研讨班暨省委十一届十次全委扩大会议上的讲话》，2010年10月29日。

积极地参加下一步的发展进程；二是加快社会发展也有利于加快解决经济发展中不平衡、不协调、不可持续的问题，切实推动科学发展和保持社会和谐稳定；三是加快社会建设推动社会事业领域相关产业发展，进一步扩大居民消费，可以推动经济发展方式的进一步转变。另一方面，从深层次上看，社会建设对于经济发展方式的转变还具有目标性意义，即经济发展是社会发展的基础和前提，经济发展要坚持科学发展，要体现以人为本的基本原则，因此经济发展的成果最终要由广大人民群众生活幸福来体现，所以，民生的改善、社会福祉的提升是经济发展的根本目的所在。[①]第二，经济发展要与解决就业问题相联系，关注民族地区经济发展方式转变和产业结构调整问题。第三，经济发展要以摆脱贫困、公平分配、增加社会福利为目标。第四，经济发展要以最小的资源、环境等要素投入为代价，以保证发展的可持续性，保证人们有良好的生活环境。第五，经济增长和经济发展的速度、效益、质量必须与民生改善、公平正义、社会和谐相联系。第六，衡量经济发展水平和质量需要加入社会性评价要素，比如加入人民群众普遍的幸福感、安全感、公平感以及对社会的认同程度等指标。因此，经济发展的目标必须用社会福利、社会公共产品、公共服务等社会性指标来衡量。摆脱贫困的经济发展的内容，包括了人民生活的改善、受教育机会的增加以及其他社会福利的普及和提高，既包括经济发展目标，也包括社会发展目标。这样才能体现出社会主义生产的目的，保证各民族成员有充裕的物质生活和体力智力的充分自由发展，才能使生产与消费、生产与生活保持协调，推动社会可持续发展。

2.加强和创新社会管理政府需要转变观念

众所周知，有效社会管理的基本特征，就是在于政府与社会的良性互动，就是在于社会与国家在明确的分工范围内各司其职，在国家提供必要的协助之外，保障大多数社会事务在由公民个体和社会组织构成的社会自治的基本框架内得到及时有效的处理。[②]一方面要防止政府越位与缺位，另一方面同时又要避免社会的越位与缺位。“绝不是国家制约和决定市民社会，而是市民社会制约和决定国家。”就第一方面来说，政府过度地集权社会管理，社会将成为一个被动的管理对象，社会自身的动力与活力被抑制，社会将缺失成长的空间，强政府、弱社会，政府单向度的管理，政府势必成为民众各种不满的焦点。就第二方面来说，社会自主性无限释放，社会管理完全按照市场的逻辑运行，社会也难以稳定有序，甚至相比第一方面的负面影响还要严重。市场逻辑的内在机理的实质与精髓在于人的自利性得以充分发挥，人们可以通过所谓合规则的自利行为去谋求社会财富和个人

①《科学社会主义》杂志评论员：《发展方式转变是一次全面的转变》，载《科学社会主义》2010年第3期。

②韩东雪：《我国社会管理的模式与路径选择》，载《阅江学刊》2013年第1期。

的发展。也就是说，市场逻辑尊重市场主体的独立人格、独立意志和独立利益，让个人的努力以及个人愿望有实现的机会与空间。但同时也将引起一系列矛盾和问题的出现。比如单一的市场机制也必然地会造成以收入分配差异为主要表现形式的市场机制对社会公平正义的无力。这就要求政府强化社会职能，以消除市场机制的负面影响。

研究发现，与民族地区社会建设发展相伴随，民族地区的各级政府也在转变观念、转变职能。但现实中存在的问题，也是严重的。具体表现：一是部分政府和部分社会管理工作者还存在"管理社会"的思维定式。二是在等级制的社会管理体系下，各个层级之间社会管理的"事权""财权""人事权"配置存在严重的结构性不合理。基层管理单位有大量"事权"，却没有"财权""人事权"。三是部分政府忽视了一个基本的，但也是最重要的问题，那就是自身行政管理体制的改革创新问题。忽视了这样一个基本事实，即政府行政管理体制的合理化、科学化对于社会的成长是不可或缺的。研究发现，未来的西北民族地区社会管理要创新发展，政府要转变观念，必须做出努力：一是所有的政府都要转变思维，深刻理解"社会治理"的内涵，在"管理社会"与"社会管理"之间寻找适当的平衡点，尤其是要补上"让社会自我成长"这一课，在政府、社会和公民三者之间形成良性互动的格局。二是各级政府与社会管理机构之间要明确各自职责，分工明晰，合理架构"事权""财权""人事权"。三是各级政府都有必要对其社会管理体制中的行政管理体制进行改革创新。

3.就业和收入分配问题是当前社会建设与社会管理的基本问题

就业、收入分配与民生息息相关，是社会建设的重要内容。加强社会建设、创新社会管理必须首先解决好就业问题、收入分配问题。

第一，当前和今后一段时间内，西北民族地区解决就业问题要关注两个目标，既实现充分的就业，又要尽量避免劳动力短缺现象的产生。研究发现，目前，一方面，西北民族地区还不能为每一个有劳动能力并愿意工作的劳动者找到就业机会，事实上存在失业问题、待业问题。而与此同时，另外一种情况也已经出现，与全国其他地区相似，西北民族地区人口红利开始消失，人口老龄化现象严重，同时每年新增劳动力开始逐年减少尤其是年轻劳动力。从我国总体水平看，到2012年末15～59岁年龄劳动力人口为937727万，比2011年末减少345万，下降0.6个百分点。[①]随着低成本用工时代基本结束，随着受户籍身份约束、事实上的城乡分割的就业市场的影响和城市高涨的房价的影响以及东西部经济社会发展水平差异的影响，从农村转移出来的劳动力有回流的趋势，向西北民族地区大中城市转

①迟福林：《以改革红利释放发展潜力》，载《时事报告》（大学生版）2013年1期。

移的农民开始大量向东部地区转移，西北民族地区劳动力短缺问题已经出现，城市用工紧张的问题已经出现。因此，今后西北民族地区将不得不同时去破解充分就业和解决劳动力短缺这个两难命题。不解决这个问题，社会分化问题、社会救助问题、社会风险问题、流动人口问题等社会管理问题就没有办法从源头上予以解决。而解决方法，就是对就业问题进行理性的整体规划，把握好进一步扩大和促进就业的顶层设计和实践探索，建立完善的扩大和促进就业的体制机制。比如，要“立足于创造更多的就业机会，把发展公共服务与扩大就业结合起来，不断开辟公益性岗位，积极发展劳动密集型产业和服务业，增加社会就业容量”。①比如，要大力发展家庭服务业促进就业。②比如，要鼓励支持创业，以创业带动就业等。③但更重要的工作，对西北民族地区来说，是转变经济发展方式，调整产业结构。以甘肃省为例。有研究表明，“十二五”期间，甘肃省第一产业就业人数总量呈现上升趋势，但所占比重呈现波浪式趋势；第二产业就业人数总量和所占比重呈现下降趋势；第三产业就业人数总量和所占比重均呈现上升趋势。从状态总体看，第一产业就业人数所占比重偏高，第二、第三产业就业人数所占比重偏低，这说明目前甘肃省产业结构对就业结构变化趋势有很大影响，或者说产业结构相对就业结构有滞后性，调结构已经成为促就业的必然选择。具体来说：一是要提高第一产业效益，促进农村劳动力转化。以甘肃省为例。甘肃省第一产业占GDP结构总量比重不大，但容纳的劳动力比例很高，反映出第一产业发展效益低。为此，要提高第一产业效益，实现从粗放型农牧业向集约型农牧业方向转化，减少“靠天吃饭”对农牧业发展的影响。要针对农牧区劳动力由于受教育程度低、就业能力弱、迁徙能力差等因素的影响，加强对农牧区劳动力的教育培养。二是要调整第二产业内部结构，提高劳动力就业容量。要加快第二产业内部结构调整，改变资源密集型企业比重过大但就业容量有限的情况。要充分利用资源优势，全力打造全产业链，实现劳动力就业的增加。要充分利用产业转移的时机，引进劳动力密集型产业，实现剩余劳动力就业。三是要大力发展第三产业。尤其是要充分

①陆浩：《在省市主要领导干部研讨班暨省委十一届十次全委扩大会议上的讲话》，2010年10月29日。

②2013年6月甘肃省召开了全省发展家庭服务业促进就业联席会议第二次全体会议，会议提出了2013年工作要点，要求要落实好扶持政策，按照国家服务业发展“十二五”规划，以家政服务员、养老护理员和病患陪护员等为重点，大力开展订单式培训、定向培训和在职培训，提高从业人员的职业素质、专业技能和服务水平。依托现有培训资源，创建一批家庭服务从业人员实训基地；鼓励支持有创业意愿、有志于家庭服务业的人员参加创业培训；加大家庭服务业职业经理人培训工作力度，为行业发展提供人才支持和储备。

③甘肃省在这方面已经收到成效。2012年全省城镇自主创业人员5.6万人，占全年就业人数的比例从2011年底的10.2%提高到15.6%。资料来源：甘肃省人力资源与社会保障厅。

发挥西北民族地区旅游文化资源丰富的优势，大力发展文化旅游产业，以增加就业。尤其是甘肃省，要充分发挥好国家级华夏文明传承区的优势，抓紧时机发展文化产业。[①]

第二，目前在西北民族地区，存在许多社会矛盾，其中最大量存在和出现的显性和隐性的社会矛盾，是收入分配差距引发的。加强社会管理，化解、舒缓这些社会矛盾，必须建立和完善现代薪酬制度，从源头上解决收入分配的不公问题。所谓现代薪酬制度，是指在组织范围建立科学的职位、职责和能力体系，通过科学的绩效管理制度，使组织在制定薪酬时有公认的依据和标准，在组织层面上树立正确的价值创造和价值分配的评价标准，以取缔非法收入，限制垄断收入，防止和反对"后进驱逐先进"，既推动和谐劳动关系的形成，又激励员工，提高组织的核心竞争力。或者是通过社会保障、社会救助弥合收入分配差距引起的社会裂痕。"要加快健全覆盖全省的基本公共服务体系和社会保障体系，扩大覆盖范围、提高保障水平、提高统筹层次，加大对低收入群众帮扶救助力度。要合理调整收入分配关系，稳步提高城乡居民收入水平，实现公平分配。"[②]研究发现，目前在西北民族地区，农村地区的收入不平等高于城市，农业部门的收入不平等高于非农业部门。目前，越是资金、资源和人口集中的区域，如城市经济，特别是大城市经济都比较繁荣。相比之下，远离大城市的地区以及一些边缘地带的发展，特别是农村的发展、农民的生活状况却令人忧虑[③]，这一现象将长期存在。而且在现阶段，这种不平等，或者说是收入分配差距有进一步扩大化的趋势。推动这一趋势有两种因素：一是市场因素，一是社会机制的不合理。从收入来源分析，收入与市场化关系越密切，收入越是呈现出不平等。体制外就业人员的收入不平等程度高于体制内的就业人员。从社会机制来看，目前还没有形成一种科学合理的能够同时制约市场不平等和权力不平等以及二者的结合导致的收入分配的不平等的社会机制。因此现阶段民族地区既要通过财政、税收和社会保障与社会福利手段来解决市场化引起的不平等，又要运用市场竞争机制来防止权力与资本的结合导致的不平等。

4.社会管理创新必须坚持包容性增长原则

包容性增长这一概念，是2007年由亚洲开发银行首先提出来的，其基本的含义是公平合理地分享经济增长。2009年以后，胡锦涛先后两次谈到了这一问题，

---

①王恩才：《改革开放以来甘肃省产业结构与就业结构演化研究》，载《西北人口》2013年第2期。

②陆浩：《在省市主要领导干部研讨班暨省委十一届十次全委扩大会议上的讲话》，2010年10月29日。

③雷国珍、肖万春：《民生中国》，湖南人民出版社2008年版，第175页。

并赋予了它以明确的含义。[①]包容性增长的核心是协调发展、共同发展，其科学内涵包括可持续发展基础上的经济增长和公平正义基础上的增长共享两个方面，实现这两个方面连接并促使其前进的动力是“生产发展、生活富裕”“经济发展、社会和谐”的增长理念和增长实践的与时俱进。

包容性增长，在当前的西北民族地区有客观的需要。改革开放30多年来，西北民族地区采取的是一种非平衡发展模式，这是基于这一时期发展受到资源、资金约束而被迫进行的一种选择。这一发展战略在推动经济奇迹般增长、发展的同时，也给经济社会发展失衡埋下了隐患。这就是：一方面，社会建设被忽视，经济的持续稳定发展并没有带来民生问题持续稳定的改善，人们有效的需求没有转化成推动经济发展的稳定动力。另一方面，导致了城乡之间、区域之间、人与人之间收入差距持续扩大。在财政放权体制和公共服务领域市场化改革之下，收入差距转化成了公共服务在城乡之间、区域之间、人与人之间的不均等，引起社会分化加快，社会群体之间矛盾凸显。而包容性增长有广泛的民主参与，在发展中人人都能获得平等的机会的特征。能够使人们平等、广泛地参与经济增长的过程并受益，不断消除人民参与经济发展方面的障碍，给广大民众提供充分的教育、就业、社会流动的机会，实现效率公平的并重，既鼓励支持一部分有条件的人先富起来，又要让弱势群体能够有机会各尽其能。这正是当前民族地区经济社会发展所需要的。

研究发现，当前西北民族地区加快社会发展，创新社会管理体制机制，需要破解一系列两难命题：在管理的目标上，要处理好管理社会与社会管理的关系；在管理阈限与管理权的架构上，要处理好政府、社会组织与个人的关系；基于多民族的特点和民族团结的要求，在社会管理方面要处理好民族独立性与民族融合的关系；在城市化、城镇化发展成为趋势以及人口流动开放的背景下，要处理好原住民与新移民或者说外来人口的关系；在均衡发展方面，要处理好区域经济社会发展失衡、经济发展与文化发展失衡、单位GDP能耗大、经济发展与资源环境代价大等等关系。[②]仔细分析这些问题，每一个都是两难问题，其形成都有错综复杂的原因，但它们也有一个共同的诱因，那就是发展缺少了“包容性”。而这些诸多严重二元对立的问题的存在，也是现阶段西北民族地区社会管理面临极其复杂局面的源头性因素。“新时期新形势下，社会管理工作出现了很多新情况新问题，要求我

---

①胡锦涛：《深化交流合作　实现包容性增长——在第五届亚太经合组织人力资源开发部长级会议上的致辞》，2010年9月16日，新华网（http://news.xinhuanet.com/politics/2010-09/16/c_13514808.htm）。

②裴广群等：《甘肃省全面建设小康社会统计监测报告（2012）》，载《省情咨文》2013第2期。

们必须进一步创新管理机制和管理方式,正确处理人民内部矛盾,进一步提高从源头上化解矛盾的能力和应对突发事件的能力,努力促进社会和谐稳定。"[①]而要破解这一难题,推动社会建设创新发展,方法只有一个,那就是坚持包容性增长原则,不断破除制约社会管理包容性发展的体制机制,推动社会管理健康发展。比如在处理经济发展与就业的关系时,就要坚持效率与公平并重的包容性增长原则。经济发展、经济结构与就业密切相关,经济发展的质量、经济结构的合理性决定着就业的弹性。社会主义国家经济发展必须以实现充分就业为目标,所以要解决就业问题,就必须实行有利于就业的经济发展规划。

①陆浩:《在省市主要领导干部研讨班暨省委十一届十次全委扩大会议上的讲话》,2010年10月29日。

第二章　民族地区加强和创新社会管理需要进一步努力的方向

从宏观方面看，当前西北民族地区正处在经济转轨和社会转型阶段，转型过程中社会管理面临的一系列问题，需要通过体制机制的顶层设计予以解决。比如社会转型引起的农民工子女的上学、就业以及他们需要的公共服务问题解决的制度安排问题；比如伴随着信息技术发展出现的虚拟社会的管理制度的健全和完善问题等。从微观方面看，近年来，民族地区各地围绕各自的问题和特点，各地区、各部门在社会管理体制机制方面进行了大量的创新，已经积累了相当的经验。这为民族地区社会管理进一步创新发展提供了有益的经验借鉴。研究结束之后发现，西北民族地区社会管理进一步发展、体制机制创新需要在把握好宏观大局、深入研究微观层面的经验的基础上，按照十八大报告中提出的“四个加快”，即“加快形成党委领导、政府负责、社会协同、公众参与、法治保障的社会管理体制；加快形成政府主导、覆盖城乡、可持续的基本公共服务体系；加快形成政社分开、权责明确、依法自治的现代社会组织体制；加快形成源头治理、动态管理、应急处置相结合的社会管理机制”，按照十八大提出的“五个加强”，即“加强社会管理法律、体制机制、能力、人才队伍和信息化建设”[①]的要求，按照党的十八届三中全会提出的改进社会治理方式、激发社会组织活力的新命题、新要求，做好以下几个方面工作。

一、加强理论研究和理论创新

当前，西北民族地区正在进一步改革发展、实现社会转型、全面建成小康社会，这一宏观的大改革、大转型、大发展，必将引起社会领域发生一系列变化，这一系列的变化带来的后果将是它在今后一个相当长的时期内社会管理所面临的严重挑战。如何积极应对这一严峻形势，特别是在经济不发达、应对不充分、党和政府的自身建设又存在诸多问题的条件下，如何首先对这些变化及其后果以及应对做出理论说明，是需要充分研究的。恩格斯曾经说过，一个国家、一个民族，要想永远站在人类文明的高峰，就一刻也离不开理论思维。考察西北民族地区社会管

①《十八大报告辅导读本》，人民出版社2012年版，第35页。

理的历史我们发现,党和政府在社会建设、社会管理理论研究与创新方面每前进一步,社会建设、社会管理就跟进一步。以“世情、国情、党情—社会建设、社会管理理论—社会管理”为分析框架,在“理论创新发展—党和政府以及社会管理能力提高”的假设前提下,通过对西北民族地区改革开放以来的社会建设和社会管理的研究发现,立足现实,牢固树立时机意识,时刻保持对社会管理的高度理论自觉,对社会管理的健康发展至关重要。而建立健全理论研究与理论创新发展的体制机制,必须始终做到“两个坚持”“两个并重”。对现实中重大理论问题与实践问题首先做出理论回应,是社会管理理论创新发展的重要路径。

梳理社会管理实践历史,从新中国成立至今尤其是改革开放以来,西北民族地区社会管理实践有承前启后、一脉相承、一以贯之的活动主线,不同时期重点分明,社会管理的不同方面和内容被提到重要位置加以强调,总体上呈现出高度的动态性。与之相随,社会管理理论创新发展也贯穿了整个历史,呈现出与时俱进的态势。比较不同时期的社会管理实践,我们发现彼此之间的差异和分歧并不仅仅缘于实践所置身的背景要素的变动,也缘于理论方面的差异。按历史顺序前后继起、彼此相连的实践活动,后者并不是对前者的否定或清除,而是依据“冲击—回应”的“世情、国情、党情变化—社会管理理论创新发展—社会管理创新发展”的逻辑来重组实践而已。这一分析结果给了我们这样的启示:社会管理与其所置身的背景要素之间、与相应的理论之间始终是相互渗透的,任何特定的社会管理活动总是依附于特定的现实逻辑与理论逻辑。而引起社会管理在不同时期目标、任务、内容、方法等变动的现实背景要素和理论这两个彼此相关联因素的共同作用,是社会管理呈现出高度动态性的根本原因。同时,从这一启示中我们又得出了这样的结论:深刻认识和正确把握社会管理背景基础上的理论创新发展,是社会管理创新发展的重要动力。

任何理论都是对现实的回应,理论发展的真相不是新的理论在或者要否定先前的理论,新理论的产生,有历史缘由,但现实的变动才是根本。当前我们谈论社会管理理论创新之所以有意义,原因就在于支撑当前社会管理的物质基础已经发生并正在发生深刻变化。这一变化必然引起社会管理的价值基础——社会建设、社会管理理念的变化。因此,依据理论发展和实践发展规律,首先从理论上对上述两个方面的变化做出正确回应,进而提出社会管理的新思路,这既是社会管理实践创新发展的呼唤,也是社会管理理论发展的内在要求。考察各种社会现象、社会运动的发生、发展,任何一个社会现象和社会运动在发生、发展的过程中都经常出现若干个发展的转折期、突变期。社会管理活动是一种特殊的社会运动,其内在规律固然决定着它的发展方向、发展道路,但从发展的态势上看,在发展过程中也必然地存在着若干个发展的转折期、突变期。转折或者突变既是社会管理所置身的各种客观的背景要素变动的催生与推动，更蕴含社会管理的主体即党、政府、社会以及社会个体的智慧和理性，也就是社会管理理论的力量的作用。从理论与实践的辩证关系看，这些重要的转折和突变客观上呼唤社会管理理论对转折期与突变期的现实做出回应，消除理论对现实的紧张，转折与突变需要理论发挥其指导作用。历史与现实都告诉我们，社会管理理论每创新一次，社会建设就跟进一步。从理论的产生看，转折期与突变期生动的现实和转折、突变，实现发展的强烈愿望，是理论创新发展的土壤与契机。①

当前，西北民族地区正处在社会大变动时期。其实，民族地区社会很久以来就处在大变动时期了。20世纪70年代末80年代初认识到"贫穷不是社会主义"后的改革开放是大变动；90年代邓小平南方谈话澄清了计划与市场之辩、明确了"三个有利于标准"之后开始由计划经济向市场经济转变，是大变动；20世纪末提出科学发展观，全面建设小康社会和社会主义和谐社会也是大变动。但就其性质而言，现在的变动比过去的变动要深刻得多。随着改革深入推进，全面小康社会建设和社会主义和谐社会建设面临严重挑战，比如改革开放前期非均衡发展战略引起的政治、经济、文化、社会、生态发展失衡问题；城乡、区域发展失衡等的后继效果的消除问题；"四个深刻变化"之下社会整合问题、共同理想问题、社会和谐问题，以及国际经济危机背景下就业波动问题、人口老龄化问题等等，都是西北民族地区党和政府以及社会必须面对和解决的问题。作为一个多民族的、经济社会发展水平落后、大发展的愿望强烈的地区，认真总结经验，立足现实，不失时机地推动社会管理理论创新发展，无论如何是至关重要的。

审视当下，社会管理理论创新发展面临前所未有的历史机遇，也面临一些挑战，但即便是挑战，其实也是理论创新发展的机遇。就当前理论创新发展所面临的机遇来看，主要表现在三个方面：

一是实践需要理论指导，也为其发展提供了新的问题与新的经验；

二是社会管理新格局的确立，开启了社会管理历史与现实解读和阐发的研究路向；

三是马克思主义社会建设、社会管理理论研究以及中国化马克思主义社会建设、社会管理理论研究成果的不断取得，提供了研究新视角。

而就理论创新发展面临的挑战看，亟须解决以下一些二元对立的矛盾冲突：

一是社会转型期复杂国际国内环境对社会管理的高要求与现实中部分政府、社会组织与个体社会管理、社会参与能力不足之间的矛盾；

二是社会管理对党的引领作用的要求与部分党组织尤其是部分基层党组织

①岳彬、刘先春：《党的建设理论创新及其背后的理念与路径》，载《江苏省委党校学报》2013年第5期。

创造力、凝聚力、战斗力不强之间的矛盾；

三是改革发展关键时期尤其是政府行政管理体制改革对社会管理理论创新、制度创新、实践创新的要求与现实中部分党员干部和基层党组织本本主义、主观主义、官僚主义思想严重之间的矛盾。

上述这些机遇与挑战，反映了当前和今后一个时期内社会管理所面临的形势已经发生巨大变化，这些变化一方面要求作为观念形态的党建理论去反映它，另一方面也为与之相适应的社会管理理论形成提供了必要的物质基础。在理论发展的物质基础已经存在或者至少已经在形成过程中的时候，牢固树立时机意识，抓住机遇，提出理论发展的新任务推动理论发展，是理论发展的必然要求。

未来的西北民族地区社会管理理论创新，既要以历史成就与历史经验为基础和方法论指导，更要以新的历史方位为基点，对重大理论和实践问题进行新探索、做出新回答。具体来说：

第一，要建立完善促进理论创新发展的体制机制。在制度设计上，要重点考量三个问题：一是依据党的社会建设、社会管理总体部署的要求，结合实际，确定在哪些方面和领域创新发展，创新什么。创新发展无止境，但创新发展有原则。二是怎样创新的问题，即确定创新的程序、方法和步骤等。三是创新的保障问题，也就是创新的支持问题。在这方面，我们是有成熟的经验和行之有效的方法的，这就是在坚持社会管理基本理论、基本经验，坚持解放思想、实事求是基础上的这些年来不断建立健全的党员干部走基层制度、理论学习制度、理论研讨制度等制度的构建。以史为鉴，在体制机制构建方面，未来要做好几件事：一是要建立完善理论学习制度，加强学风建设；二是要进一步完善调查研究制度，对重大理论与实践问题进行新探索，做出新回答；三是要建立和完善党统一领导下的，广大党员干部与群众广泛参与的理论创新制度；四是要建立和完善理论创新发展的支持保障制度，也就是要建立和完善组织、人事、经费、激励奖惩等方面的对理论创新发展提供必要支持的制度体系。

第二，要“两个坚持”“两个注重”。“两个坚持”“两个注重”：一是坚持党的社会建设、社会管理基本理论、基本经验，注重继承和弘扬；二是坚持创新发展，注重研究新情况，回答新问题。首先，要加强对马克思主义和党的重要文献的研究。文献研究是理论发展的理论和历史依据，也是历史起点。研究要以当下的正在发生的事为主，实现文献思想的当代转化，以正在或者将要面临的问题为向导，以实践激发理论、引导发展方向，从而实现理论的创新发展。其次，要以正在做的事情和将要做的事情为中心，在与时代和实践的对话中阐发已有理论的当代价值并赋予新的内涵。

第三，要自觉对现实中的突出问题首先做出理论回应。首先，要加强对热点、重点、难点问题的理论研究，不失时机地在一些重要领域和方面实现新的理论突破。比如说加强对社会治理命题的研究。其次，要加强对社会管理活动事实、过程尤其是经验的研究，研究的目的是要从对一系列活动事实和经验的分析中，揭示出活动的规律，并在阐明规律的同时阐明运用规律的方法。如胡锦涛同志所言："加强和改进新形势下党的建设，有其客观规律需要我们去认识、去把握，有大量复杂课题需要我们去研究、去破解。现在，一些党建工作还没有取得预期成效，一个很重要的原因就是我们对新形势下党的建设新情况新问题研究得不够不深。"①

二、加强顶层设计

改革是中国发展最大的红利。制度变革与制度创新是经济增长和社会发展的基本动力。回顾历史，过去30多年西北民族地区经济社会之所以取得大发展，关键要素之一就是通过改革实现了制度创新，即破旧的体制、制度和机制，立新的体制、制度和机制。这一制度层面的破立之举，让过去30多年西北民族地区经济社会发展有了空前的动力和活力。从这个意义上讲，改革是民族地区发展的最大红利。

现阶段，西北民族地区社会管理面临迫切的改革任务，社会转型、社会利益结构调整、利益矛盾化解等都对社会管理改革有刚性需求，都在呼唤改革。无论从时间上看，还是从空间上看，当前西北民族地区社会管理改革的约束性都在增强。从时间上看，无论是推动社会转型还是利益结构调整、利益矛盾化解等，改革都是在与时间赛跑。因为全面小康社会建成的时间点已经越来越近了。从空间上看，改革开放以来，在30多年的改革当中，西北民族地区不但在宏观的经济、政治、文化、社会发展方面存在严重的失衡问题，而且在单一系统的内部，也存在诸多严重的结构性矛盾。从宏观方面看，就存在经济发展与社会发展失衡的问题。比如，当前民族地区经济体制出现了深刻变革，社会结构出现了深刻变动，利益格局出现了深刻调整，思想观念出现了深刻变化，由此引发的一系列社会问题，由于社会建设的滞后，社会管理总是被动地应对。从微观方面看，在经济领域，就存在行政调控力量与市场力量的结构失衡问题；在社会领域，就存在不同社会主体社会管理权力结构失衡问题；在政治领域，就存在政府力量与社会力量结构失衡问题；在文化领域，就存在需求与满足需求、文化产品经济效益与社会效益等结构失衡问题。要消除这诸多二元结构，必须推动又一次全面的体制改革。

全面改革的背景，决定了现阶段西北民族地区的社会建设、社会管理体制机

①胡锦涛：《努力开创新形势下党的建设新局面》，载《求是》2010年第1期。

制改革创新有鲜明的改革特征，决定了当前的社会建设和社会管理改革有双重目标。由于在全面的体制改革过程中，政治体制、政府行政管理体制改革明显滞后于经济体制改革，因此现阶段西北民族地区社会管理体制改革、创新体制机制，与政府行政管理体制改革有高度的关联性，二者不可能截然分开。当前西北民族地区加强社会建设、创新社会管理，除了要完成体制机制创新的任务外，还承担着推动政府行政管理体制改革的任务。一方面，通过合理的体制机制的建构，让社会管理走上科学化、合理化的发展道路。另一方面，通过行政管理体制改革，将政府从一些领域解放出来，集中更多资源致力于公共产品、公共服务的提供。既实现政府行政机构的"瘦身"，也去掉社会的"奴化外壳"。[①]同时，由于现阶段西北民族地区民生建设任务繁重，社会建设、社会管理体制创新，还必须更多地联系经济发展、经济增长，也就是说必须协调社会建设、社会管理体制改革同经济增长、经济体制改革、经济跨越式发展的关系。当前，这二者之间存在某种严重的二元对立矛盾。一方面，经济增长、经济发展需要社会资源的优化配置，需要更多资源投向经济领域，为社会建设服务，为社会管理创新发展提供物质基础方面的支持。另一方面，社会建设、社会管理要求将更多的资源投入社会领域，要求更多的非市场逻辑的公平正义。因此，现阶段西北民族地区的创新社会管理体制机制的社会管理改革，还有一个与其关联度极高的经济发展约束指标和经济增长约束指标需要同时兼顾。

当前，西北民族地区创新社会管理体制机制的社会管理改革的这一系统性、复杂性背景，客观上要求在宏观统筹社会管理改革时，除了要在国家与社会、市场与市场、权利与权力、管理与治理等一系列关系的平衡协调机制外，还必须要在社会建设与政治发展、经济发展、文化发展之间建立起适当的平衡。这就引出了另外一个问题，那就是社会管理体制改革创新不仅仅是社会管理自身的事情，要实现改革创新，还需要在政治、经济等其他领域有所作为。否则，便没有办法建立起一套科学合理的社会管理体制机制。比如，在制定经济增长、经济发展的目标时，我们就必须要在其中加入社会发展的目标。因为，经济因素在社会管理中的作用是不容忽视的，与民生密切关联的经济领域的改革，是社会组织产生发展、是个人主动或者被动社会参与、是国家与社会在社会管理上形成合理权力结构的直接动因。同时，社会组织的发展，个人社会参与能力的提高，在很大程度上又将为经济发展注入强劲动力。这一结论给出了强烈的启示，经济发展与社会发展、经济体制与社会体制，从来都是密不可分的。仅从社会管理体制改革角度讨论社会管理体制机制创新问题，忽视其他领域的关联性因素的变动，真正能够满足社会管理

①韩东学:《我国社会管理的模式与路径选择》，载《阅江学刊》2013年第1期。

需要的科学合理的社会管理体制机制是建立不起来的。正如李克强同志所说："社会领域改革与经济、文化乃至政治领域改革密切相关，是把转方式贯穿经济社会全过程和各领域的重点任务。"①

通过上面的分析，可以得出这样的结论：一是在全面改革的背景下，当前西北民族地区社会管理体制机制创新面临异常复杂的外部环境，以及由外部环境变动而引起的体制机制的内在紧张。在这种情况下，改革社会管理、创新体制机制，不但已经成为必要，而且已经成为一种可能。一方面，宏观的全面的改革已经启动，这一改革将破除影响社会管理体制机制创新的一些障碍，为系统、全面地改革完善现有社会管理体制机制提供了机遇，尽管这在某种程度上是被动的选择。另一方面，全面改革也必然会引起大量的、复杂的，有时甚至是系统的问题，导致已有的管理体制内在紧张，开始倒逼社会管理改革、体制机制创新。未来，在全面的改革发展中，西北民族地区要想抓住机遇推进社会管理体制改革，创新社会管理体制机制，统筹兼顾是必须要坚持的基本原则和基本方法论。具体的方法论，就是在政治发展、经济增长、社会建设、文化建设、生态文明，乃至政府职能转变、行政管理体制改革与社会管理体制改革之间建立适当的配合关系，在彼此的建设发展、改革发展过程中，为其他领域的改革发展预留更多的空间、时间余地。二是西北民族地区社会管理体制机制创新，必须加强顶层设计，宏观统筹好党委领导、政府管理、社会参与的社会管理格局体系建设，统筹好"政府主导、覆盖城乡、可持续的基本公共服务体系"建设，统筹好"源头治理、动态管理、应急处置相结合的应急管理体制建设"，统筹好"社会管理法律、体制机制、能力、人才队伍和信息化建设"等社会管理基础性建设工作。

三、引导全社会牢固树立法治意识

法律的权威源自人们的内心拥护和真诚的信仰，以及在此基础上形成的有权力就有责任、有权利就有义务的法治意识，充分认识到法律既是保障自己权利的有力武器，也是必须遵守的行为规范。"人人生来自由，但无往不在枷锁之中。"当你自由地自我选择、光明正大地自我主张的时候，你也同时选择了必须承担责任和遵守规范的不自由。引导全社会树立法治意识，增强法治观念，是依法治国、创新社会管理的长期基础性工作。

法律是一种行为规范，具有一视同仁的约束性。任何组织与个人都必须尊重法律的权威性，在法律的范围内活动，一旦逾越，将会受到外来的惩处和源自于法律意识的自责——法律有他律和自律两个方面的约束功能。任何人一旦违反法

①李克强：《认真学习深刻领会全面贯彻党的十八大精神　促进经济持续健康发展和社会全面进步》，载《党的十八大报告辅导读本》，人民出版社2012年版，第13页。

律,就要受到惩处。这种外在的强制,构成了他律——国家权力保障的、在迫不得已的情况下适当使用。除了他律之外,法律还有一个自律问题,也就是自我强制问题,它源于人们的良知和人们对于违反法律将受到惩处的心理暗示——法律意识激发的法律自觉。从法律实践的历史与现实看,自律相比他律更应该受到关注和重视,甚至比他律还重要,关系着法律的存亡。在任何国家,外在强制都不会缺少。但自我限制的坚实外壳一旦出现裂痕或者破裂,法律遵循,法治大厦,就会毁于一旦。

相比他律的立竿见影,自律的养成需要经过一个长久的过程。历史已经证明,只有当法律规范内化为人们的法治意识——人们对法律发自内心的认可、崇尚、尊重和服从,在人们心里生根开花,或者说人们的法律心理准备已经完成,人们才会主动信法遵法守法用法,法律才能起到规范作用。如习近平总书记所言,法律要发生作用,首先全社会要信仰法律。如果一个社会大多数人对法律没有信任感,认为法律解决不了问题,那就不可能建成法治社会。

“依法治国”的目标提出已经多年,但现实当中法律的分量还是有点轻,这其中有无法可依,即有的法律法规未能全面反映客观规律和人民意愿,针对性、可操作性不强,或者是有的法律已经过时失效,有的法律本身违反宪法,有的法律在制定的时候没有充分的民主参与,合法性存在问题的原因;有部分社会成员以情害法、以礼伤法的原因;有一些国家工作人员特别是领导干部依法办事观念不强、能力不足,知法犯法、以言代法、以权压法、徇私枉法的原因。但更多的却是由于法律仅仅停留在纸面,没有深入人心,人们的法律心理准备还没有完成,法治意识还没有形成。所以法律有时甚至还不如道德、宗教、乡规民约管用。

翻看人类文明史,可以发现,文明规则意识的形成过程漫长而困难,有的甚至需要几代人的经验与体验。比如当代中国民主意识的形成。改革开放以来,民主一直是中国社会的中心议题之一,改革开放中成长起来的一代人,从小接受民主的教育熏陶,参与民主实践,比起上一代人,他们对民主的认识更深刻,接受民主就容易得多。法律是一种社会文明规范,规范本身和规范意识一起,才构筑起了人类社会的法治大厦。大厦挺立,既需要法制的钢筋龙骨支撑,也需要法治意识的坚实外壳护卫。

当前,引导全社会树立法治意识,是与法制建设本身同等重要的事情。法制形成容易,法治意识形成不易。法制建设与法治意识的形成不总是保持同步的,法制的形成、被接受和被内化为自觉遵守的规范,这个过程滞后于法制的建立。所以,法制的建立和完善,不等于法治就一定实现。法制完善不等于万事大吉,还要培育与之相适应的意识,尤其是法治心理的养成,更是需要有耐心,需要全社会共同努力。以民主意识的形成为例。民主需要制度建设,也需要文化建设。既需要制度的刚性硬件，也需要文化的柔性软件。如今中国人接受民主，遵循民主规则，这与几十年来不遗余力地在文化、思想层面开展一系列以民主为主题的社会活动，强化民主宣传、弘扬民主文化是分不开的。

当前，部分社会成员法治意识薄弱，原因很多，如公共生活缺乏、组织生活缺乏，于是导致公共观念形成、纪律养成、法治精神养成困难；如受西方极端个人主义思想和极端自由主义影响等，但法制宣传教育出现问题确实也是重要的原因之一，必须引起高度的重视。现实当中，我们经常看到有违法犯法以后觉得冤枉，不知已经违法犯法的人和事，就是由于法制宣传教育在一些社会群体和社会阶层那里出现了断层。20世纪90年代有一部电影叫《被告山杠爷》，电影中的主人公山杠爷治理村子是以“国有国法，村有村规，如果把一个村看成一个国家，村规就是国法”的名义。虽然他把村子治理得很好，本人也深得村民的拥戴，但山杠爷在治理村子的过程中却采取的是国法所不允许的手段，最后违了法。山杠爷的悲剧，究其根本原因，是由于当时地方法制宣传教育不力造成的。

法律制定以后，相比法律执行、法律制裁更重要的工作是法制宣传教育工作。全面推进依法治国的当务之急，是当前我们需要把旨在推动全社会树立和增强法治意识的法制宣传教育作为长期的基础性工作，在全社会培育、发展、形成“学法尊法守法用法”的法治自觉，强化“有权力就有责任、有权利就有义务”以及“自觉守法、遇事找法、解决问题靠法”的法治观念。开展这一工作，需要全社会合力，国家、社会组织与社会个人都要参与，其中重要的是思想文化和宣传教育层面的工作，讲清楚依法治国的现实性、必要性与可能性。同时，还应当开展广泛的法治宣传教育社会运动，以提升全社会的法治素养。只有这样，法治意识才会逐步树立，依法治国才会落到实处。

“国无德不兴，人无德不立。”当前，在引导全社会树立法治意识、增强法治观念的过程中，有一个问题还必须引起注意，这就是加强公民道德建设，弘扬中华优秀传统文化，增强法治的文化和道德底蕴，发挥契约精神和公序良俗对法治意识形成的潜移默化的心理暗示与促进作用问题。2014年11月，习近平总书记在福建考察时提出，要发挥乡规民约、市民公约在基层社会治理中的作用。他指出，市民公约、乡规民约等道德规范和契约规范在社会治理中具有重要的作用，有助于培育社区居民遵守法律、依法办事的意识和习惯的养成。对此，中国人认识深刻。“礼法兼治”，是中国传统。从古至今，法治与德治都是中国社会治理的重要手段，也就是所谓的“德礼政刑，综合为治”。

“德礼政刑，综合为治”的模式，是古代中国治国理政的一个独具特色的重要经验。儒家强调“德治”“仁政”在社会治理中的作用，将“礼”作为社会治理的重要工具。法家主张“不务德而务法”，强调法律在社会治理中的作用，试图通过“法”

达到“民莫敢为非”“一国皆善”的目的。而且，在实践过程中，“法”与“礼”相互支撑、相互促进，构成了社会治理的一体两面。“礼”是“法”的文化和价值基础，“法”也使“礼”得到了法律多方面的确认和保证，成为“礼”的底线。如各种礼仪规范、人伦道德、社会风尚等等，或纳入法条，或借法推动，有相应的制度建设密切配合。如为了提倡以孝治天下，选拔孝悌的人做官，设立了察举、征辟制度。唐代的赋役制度规定，家有80岁老人，侍丁1人；有90岁老人，侍丁2人；有100岁老人，侍丁3人。侍丁是一种身份，拥有便不再服役。在唐代服役是一种较沉重的负担，唐的这一政策安排，很好地推行了孝道，使之成为社会风尚。

道德是人类基于知识和生活经验的一种理性的行为自觉，是一种惯性，也就是通常人们所说的传统、习俗、规则等，同时，也是一种知识、一种行动，是对应知的已知，并能够以此行动。作为一种社会规范，道德规范是依靠社会舆论、传统习俗和人们的内心信念来调节人与人、人与社会组织以及组织与组织之间关系的行为原则和规范。它以善与恶、公正与自私、诚实与虚伪、高尚与卑劣、正义与非正义、光荣与耻辱等道德观念来约束与评价人们的社会行为，从而达到社会规范的效果。如康德所言：“有两种东西，我们愈是时常反复地思索它们，它们就愈是给我们的心灵灌注了新的灵感与慰藉，我们越是对它们赞叹和敬畏不已。这两样东西是什么呢——是我们头顶的星空和心中的道德法则。”道德和文化是人们对自然、对社会、对人生的一种认知，道德实践和文化实践是人们基于对道德和文化信仰的一种理性的行为自觉。道德实践、文化实践，是有助于法治意识形成的，这一点不容忽视。

党的十八届四中全会提出的全面推进依法治国的总目标是建设中国特色社会主义法治体系，建设社会主义法治国家。这一总目标设定了未来中国依法治国的两大议题或者说指出了未来依法治国的两个方面的工作内容：一个是以良法实现善治，另一个是以法治意识的提升倒逼良法形成并发挥效用。这一总目标，蕴含了两个与“树立”有关的诉求：一个是法律权威性的树立——法律强制性作用发挥，另一个是法治意识的树立——人们内心拥护和真诚信仰法律。树立法治意识，增强法治观念，是依法治国的重要实践内容。到底该怎么做呢？党的十八届四中全会通过的《中共中央关于全面推进依法治国若干重大问题的决定》从法治意识培育形成规律和当前的实际出发，从组织管理、制度建设和实践方法三个方面提出了当前和今后一个时期的工作要求。具体来说：一是各级党组织要高度重视。历史与现实、理论与实践都表明，党作为依法治国的领导者，它有足够的能力和手段来组织和管理好引导全社会树立法治意识的活动。因此，各级党组织必须深度介入这一活动，强化对活动的领导。二是要建立健全相关体制机制。在全社会树立良好的法治意识不能光靠社会成员的良心与自觉性，还需要在相关体制机制方面下功夫，以保障活动规范化、常态化开展。党的十八届四中全会要求，要健全和完善各级党委和政府领导，宣传、文化、教育部门和人民团体共同发挥作用的格局体系。要健全普法责任制，实行国家机关“谁执法谁普法”的普法责任制，落实各部门各行业以及各单位的普法责任。要建立引导群众参与到活动中来的相关制度，建立法官、检察官、行政执法人员、律师等以案释法制度，健全普法讲师团、普法志愿者队伍建设的相关制度，健全媒体公益普法制度，加强新媒体新技术在普法中的运用，提高普法实效。三是要做好重点人群的工作。要把领导干部守法、学法作为树立法治意识的关键，努力使各级干部增强法治意识。要把法治教育纳入国民教育体系，从青少年抓起，在中小学设立法治知识课程，法治意识从小培育。四是要以加强社会诚信建设为现实的实践抓手，健全公民和组织守法信用记录，完善守法诚信褒奖机制和违法失信行为惩戒机制，使尊法守法成为全体人民的共同追求和自觉行动。

四、完善社会管理格局体系

在市场经济发展、社会结构变化、社会管理资源增加和社会管理主体多元化趋势下，当前和今后一个时期，西北民族地区要加强社会管理体系建设，必须要建立健全党委领导、政府负责、社会协同、公众参与的社会管理格局，进一步明确社会管理各个主体在社会管理中的地位、作用、责任，进一步整合社会管理资源、改善各个主体的管理方式以及参与管理的方式，提高管理能力和水平，构建起更加有效的社会管理体制。要加强党的建设，切实提高政府依法管理社会和社会的自主、自律能力，充分调动各个方面的积极性，推动政府调控机制同社会协调机制互联、政府行政功能同社会自治功能互补、政府管理力量与社会管理互动的社会管理网络的建立，形成分工合理、调控有序、对全社会进行进一步覆盖的和全面管理的社会管理体系。具体要从以下几个方面着手：

第一，要坚持和加强党对社会管理的领导。“离开了中国共产党的领导，谁来组织社会主义的经济、政治、军事和文化？谁来组织中国的四个现代化？在今天的中国，绝不应该离开党的领导而歌颂群众的自发性。”[①]党的作用就是将沙化的社会凝聚起来，按大多数人的意愿制定社会发展目标，领导社会向前发展。党领导人民有效治理国家是中国政治运行的基本逻辑，是中国经济社会发展的内在要求，也是民生问题得以解决的政治保证。但这一逻辑顺利运行的基本前提是党的领导有力。现阶段西北民族地区在社会管理中之所以存在各种各样的问题，真相是部分党组织和党员干部的社会管理本领不够、能力不够。而深层次的原因，是

①《邓小平文选》第2卷，人民出版社1993年版，第170页。

存在“四风”问题，即存在形式主义、官僚主义、享乐主义和奢靡之风。未来，各级党组织要切实履行对社会管理的领导作用，就必须以“为民”“务实”“清廉”为抓手，加强党的建设，增强社会管理本领，提高社会管理能力。何为“为民”，具体一些，就是毛泽东说的，“要把衣、食、住、用、行五个字安排好”，“使人人有衣穿，有饭吃，有书读，有事做”。按邓小平的话说，“社会主义的资格，最终要拿人民群众的生活水平来说话”。所谓“务实”，强调的是要深入实际，深入群众，去了解群众生产、生活和社会交往过程中的、深层次的需要和矛盾。而不是高高在上、主观主义、想当然地干一些事，做一些决策。现在我们经常有这样一种情景上演，党员干部在抱怨，群众也抱怨，实质是什么，是部分党组织、部分党员干部的决策、措施，没有解决群众的问题，群众不欢迎。所谓“清廉”，就是清正廉洁，反对各种腐败。而解决的办法：一是各级党组织要强化自己的服务职能，在履行领导职能的同时，更多地发挥出服务社会管理的职能；二是加强对党员干部的教育培训，提高社会管理能力和水平；三是以调查研究为抓手，让广大党员干部深入实际、深入群众去了解情况，解决问题。

第二，要进一步改变政府职能。管理与服务，是政府的两个基本职能。改革开放以前相当长一个时期，政府的管理职能无限扩张，服务职能弱化。市场化取向的改革三十多年过去了，虽然西北民族地区各级政府已经在一定程度上比较深刻地认识到了，政府的两个职能都包含丰富而深刻的“公共内涵”，既包括管理社会公众，也包括管理社会公众生产生活相关之事。当然这些事也包括社会公众的各种权利保障和各种要求的满足。但从实际来看，部分政府、部分政府工作人员对此的认识与实践还是存在一些偏差：一是没有真正意识到自己的权力是社会公众赋予的，是有限的事实。二是没有意识到社会本身是具备自我调节能力的事实。社会公众在长期的交往过程中形成的一些风俗、习惯、道德、宗教等，是可以为他们提供公共生活理性的。三是对公众之事的理解还不全面，忽视了公共服务、公共产品这些社会公众自己本身无法解决的问题需要政府解决的事实，尤其是忽视了随着经济发展，广大人民群众对公共服务、公共产品要求更高的事实。由于这些认知的偏差，当前西北民族地区部分政府在社会管理方面存在一些突出的问题：首先，政府时常越位，没有给社会充分参与社会管理的机会。具体表现就是，当前西北民族地区社会组织发育、发展水平严重落后于全国水平。其次，政府时常缺位，对自己公共服务、公共产品提供的职责履行不够。具体表现就是西北民族地区有些地方，与经济发展水平相比，基础设施建设严重滞后，教育、医疗卫生等资源严重缺乏，即便是国家对西北民族地区长期以来有财政、金融、税收等各个方面的政策支持。未来，加强和创新社会管理，西北民族地区的政府必须在三个方向发力：一是政府必须对社会管理投入相当的关注度，以在构成社会管理各个主体如政府与社会、政府与市场、“社会”与“社会”之间形成合理的张力关系，并从宏观层面完善社会管理的顶层设计。二是加快行政管理体制改革，合理架构政府管理阈限与内容，向社会放权，大力支持、培育、扶持社会组织成长。也就是按照十八届三中全会要求，支持和发展志愿服务组织。限期实现行业协会商会与行政机关真正脱钩，重点培育和优先发展行业协会商会类、科技类、公益慈善类、城乡社区服务类社会组织，成立时直接依法申请登记。[①]三是切实承担起公共服务职责，在公共服务方面更有作为。再次，是要充分发挥市场和社会组织提供公共服务的作用，要加快推进政府向社会购买公共服务的步伐，让“事情有人办”，解决当前大量存在的“政府干不了，事情就没法办”的问题。在这一方面，西北民族地区已经明显落后于全国其他地区。

第三，要推进社区建设，健全社会组织。城乡居民自治组织集自治、服务功能于一体，是中国的特色和优势。现在，大多数社区承担的公共服务和公共管理职能，已经逐步由政府延伸到社区的服务窗口，实现了初步的政社分离。今后要进一步强化城乡居民自治组织的自治功能，要通过多种渠道拓宽社区经费来源，结合城区改造、征地拆迁、股权改革等增加社区服务实力，使之切实承担起服务“社会人”的职责。[②]为此，要健全农村村民自治机制，完善城市居民自治机制，促进和加强城乡社区建设，充分发挥城乡基层自治组织、社区和村民委员会，协调利益、化解矛盾、排忧解难的作用。城乡社区一方面要协助政府做好社会管理和社会服务工作，一方面要大力发展基层协商民主，做到政府行政管理与社区自我管理有效配合，政府依法管理与社区协商民主、依法自治的良性互动。要健全、培育和支持社会组织发展。当前在西北民族地区，社会组织主要包括：民间公益性社会组织，包括需要向民政部门登记的社会团体、民办非企业单位和基金会；基层群众性自治组织，如城市社区和村民委员会。根据《村民委员会组织法》的规定，村民委员会是村民自我管理、自我教育、自我服务的基层群众性自治组织。当前，社会组织既需要发展，也需要规范。对社会组织，要坚持培育发展与依法监管相结合，完善培养扶持社会组织政策，加强各类社会组织的培育发展，增强各类社会组织服务社会的功能。尤其要做好以下几个方面的工作：一是加快有关社会组织建立和管理的相关法律和制度的改革与建设步伐。如降低不必要的门槛，改变当前事前审核严、事后监督松的情况，完善监管体制。二是厘清政府各个主管部分与社会组织的关系，给予社会组织独立的地位，改变当前社会组织“半官方化”的状况，该脱钩的要脱钩。三是要加强社会组织自身建设，完善其内部治理结构，提高其自律能力和社会诚信度。四是要鼓励社会组织协助政府提供社会服务，尤其是在政

①《党的十八届三中全会公报》，2013年11月15日。

②《十八大报告辅导读本》，人民出版社2012年版，第274页。

府力所不及的公共领域提供社会服务。五是要理顺社区内部治理关系，健全社区自治相关制度，规范决策办事程序，形成新的既有活力又有秩序的组织体系。

第四，要提高社会公众参与管理的能力。当前，民族地区公众参与社会管理的热情相比过去有了一定程度的高涨，有效回应并引导公众理性参与，探索并形成一条政府管理与社会管理理性发展的路径，是一个具有极强针对性的命题。公众参与社会管理，是中国核心的民主制度之一。通过它，政府能够最大限度地在获取全面、真实信息的基础上做出合理制度安排。同时，公众参与还有助于充分调动社会的创造力、增强全社会参与社会管理创新的活力。目前在西北民族地区，社会公众参与社会管理存在诸多问题，必须引起高度重视。这些问题集中起来，主要表现在以下几个方面：一是从参与数量看，社会管理对社会公众广泛参与的内在要求与现实当中一些参与者的素质和能力不适应社会管理工作需要之间存在矛盾，由此引发了社会公众社会管理参与不充分的问题。具体表现，就是基于受教育程度、政治参与能力、经济社会地位以及其他因素的影响，从总体看，各种主体直接或者间接参与社会管理的机会与能力不均衡，尤其是一些处在少数民族地区社会底层，如身处农村和普通社区的居民，参与的机会少，能力不够，热情也不高，导致了社会资源的浪费和大量社会矛盾在基层的积累。二是从参与渠道看，社会公众参与社会管理对参与渠道的丰富性、多样性以及时效性内在要求与现实当中参与渠道单一和渠道不畅之间存在矛盾，由此导致了社会公众参与社会管理的“没平台”“不及时”问题的产生。具体来说，就是参与渠道单一，即主要是通过党和政府提供的主渠道在发挥作用，其他渠道如党外机构和一些民间团体的渠道还没有完全建立和得到完善。三是从参与的时效性看。由于西北民族地区幅员辽阔，信息的传递还必须跨越一定的空间。目前部分地区尤其是少数民族地区由于各个方面的原因，通过现代科学技术的有效手段如网络、媒体、电子政务等来进行参与的程度还不高。四是从参与的制度保障看，公共社会管理参与对制度化的内在要求与现实当中部分党和政府缺少必要的制度保障和制度规范之间存在矛盾，随意性、随机性和无序性参与的现象时有发生。具体来说就是，目前在很多地方还未建立起定期的和非常事件非常处理的临时公众社会管理参与的制度安排和相关规定。即在遇到每一个具体问题时依据明确的规定和程序来进行参与，以避免参与的无序和混乱。同时，在一些地方参与活动还缺少必要的监督管理。解决这些问题，需要从几个方面努力：一是推动教育大发展，提高公民科学文化素质以及政治参与能力。二是支持各种社会自组织、协会等发展，拓宽参与渠道。政府要为社会组织、社会公众参与提供基本条件，比如在农村地区，政府要为各种社会组织和社会公众提供公共活动场所。三是要加强社会管理的信息化建设，要把更多的财力、物力和人力投到城乡基层和欠发达地区尤其是偏远地区和少数民族地区，提高这些地区的公众参与效率。

五、完善社会管理制度体系

制度是一种规则，它是保卫社会，协调国家与社会，以及各种社会主体之间权利利益关系，保持社会稳定有序的工具，是构成国家的核心要素。从社会管理的角度来看，制度构建的直接目标就是安排生活，通过调控生活主体的自主能力和行为取向，使生活处于科层特征的有序状态。[①]实践证明，在一个国家的建设发展过程中，如果没有制度的保障，发展将因为缺少坚实的基础而无法巩固和持久，甚至会出现国家的权威丧失、社会陷入混乱的情况。同时，如果没有制度的创新发展，经济社会发展、民生的改善也会受到影响。制度不仅与社会生活密切相关，同时也要顺应社会生活的变化而做出适当的调整，二者总是处在一个不断互构的过程之中。因而，不断因时而变的制度建设与制度创新能力是执政党的核心能力之一。对民族地区的社会建设而言，更是如此。改革开放时期民族地区社会管理问题的解决，离不开对与社会管理相关的各种体制机制的改革与创新。

法制是依法治国理政的基本方式，社会管理制度体系是社会管理体系的基础。党的十八大在论述社会管理新格局时，曾经提出要构建有"法制保障"的新的社会管理体制，对未来中国加强和创新社会管理提出了明确的制度建设要求和基本思路。未来西北民族地区社会管理制度体系建设，要按照十八大的相关部署，结合本地实际来进行。所谓结合本地实际，是指要把实践经验成功上升为制度和法律，并随着实践发展不断修订完善，推进社会管理制度化、规范化、法治化。党的十八大在"加强和创新社会管理"部分指出，提高社会管理科学化水平，必须加强社会管理法律、体制机制、能力、人才队伍和信息化建设。改进政府提供公共服务的方式，加强基层社会管理和服务体系建设，增强城乡社区服务功能，强化企事业单位、人民团体在社会管理和服务中的职责，引导社会组织健康有序发展，充分发挥群众参与社会管理的基础作用。完善和创新流动人口和特殊人群管理服务。正确处理人民内部矛盾，建立健全党和政府主导的维护群众权益机制，完善信访制度，完善人民调解、行政调解、司法调解联动的工作体系，畅通和规范群众诉求表达、利益协调、权益保障渠道。建立健全重大决策社会稳定风险评估机制。强化公共安全体系和企业安全生产基础建设，遏制重特大安全事故。加强和改进党对政法工作的领导，加强政法队伍建设，切实肩负起中国特色社会主义事业建设者、捍卫者的职责使命。深化平安建设，完善立体化社会治安防控体系，强化司法基本保障，依法防范和惩治违法犯罪活动，保障人民生命财产安全。完善

---

①李友梅等：《中国社会生活的变迁》，中国大百科全书出版社2008年版，第4页。

国家安全战略和工作机制，高度警惕和坚决防范敌对势力的分裂、渗透、颠覆活动，确保国家安全。[①]十八大的这些论述，指明了完善社会管理制度建设的方向与内容。在制度建设方面，未来西北民族地区需要完善以下一些基本制度：

一是探索建立健全社会管理中的协商民主制度。社会主义协商民主是我国人民民主的重要形式。要完善协商民主制度和工作机制，推进协商民主广泛、多层、制度化发展。通过国家政权机关、政协组织、党派团体等渠道，就经济社会发展重大问题和涉及群众切身利益的实际问题广泛协商，广纳群言、广集民智，增进共识、增强合力。[②]社会主义协商民主，是党的十八大提出的新思维新观点。十八大报告提出要完善协商民主制度和工作机制，不是要取代已有的政治协商制度，而是要建立一个相对独立的制度体系，它解决的不是国家权力在不同族群、不同地区以及不同社会团体之间的分配与协调问题，而是在公共事务领域对不同的利益、意见和要求的协调、整合与管理，以保障国家治理和社会秩序。这一思考从党的十三大就开始了，十三大明确形成了通过开发协商资源来开放政治、协调国家与社会的政治改革主张。这一设想近些年也在实践，相关制度也建立了一些，如听证制度、信访制度、公民协商制度等。听证制度。1996年，中国的《行政处罚法》第一次正式提出了听证制度。自2000年《立法法》颁布至2004年底，全国已经有24个省级人大常委会共对39件地方性法规草案举行过38次立法听证会，内容涵盖了市场管理、消费者权益保护、环境保护、城市公用设施建设、拆迁管理和见义勇为等多方面。信访制度是新中国诞生之后全面成长起来的制度。改革开放以后，面对改革发展所引起的大量问题，信访制度起到了应有的作用，更好地沟通政府与民众之间的关系，让民众有发表意见与建议的途径，增强民众和社会力量监督政府工作的力度。公民协商制度。这个制度主要存在于基层社会，伴随着基层社会的发育而成长。公民协商制度成长的制度基础是中国的基层群众自治，主要涉及城乡社区和企事业单位的自我管理、自我服务和自我教育。而这个制度成长的社会基础则主要是基于私人产权发育所推动的公民社会的成长，公民为维护公共利益或私人利益而展开各项活动都对协商提出了积极的要求。[③]协商民主这一新思维，开辟了人民民主实践的新领域，丰富了人民民主的形式和内容。这一人民民主的形式和内容，是创新社会管理必须要采用的，但具体的实践形式和实践内容，还有待进一步实践探索、进一步深入研究。尤其是要将一些实践经验加以总结，以求更加完善制度。

---

①《十八大报告辅导读本》，人民出版社2012年版，第38页。

②《十八大报告辅导读本》，人民出版社2012年版，第27页。

③林尚立：《协商政治与和谐社会：中国的国家建设之路》，载《天津社会科学》2008年第3期。

二是完善社会管理中的基层民主管理制度。在城乡社区治理、基层公共事务和公益事业中实行群众自我管理、自我服务、自我教育、自我监督，是人民依法直接行使民主权利的重要方式，要健全基层党组织领导的充满活力的基层群众自治机制，以扩大有序参与、推进信息公开、加强议事协商、强化权力监督为重点，拓宽范围和途径，丰富内容和形式，保障人民享有更多更切实的民主权利。要全心全意依靠工人阶级，健全以职工代表大会为基本形式的企事业单位民主管理制度，保障职工参与管理和监督的民主权利。要发挥基层各类组织的协同作用，实现政府管理和基层民主管理的有机结合。①

三是完善社会保险、社会救助、社会福利和慈善事业相结合的社会保障体系。要进一步健全完善城镇职工基本养老保险制度和基本医疗保险制度，健全失业保险制度和城市居民最低生活保障制度。尤其是要加快建立健全和完善城市非正规就业群体的养老保险和医疗保险制度，建立健全城市居民最低生活保障水平稳步提高的体制机制；要完善农村社会保障体系，尤其要完善农村生活保障体系，建立健全扩大农村"低保"覆盖面和逐步提高"低保"水平的体制机制；要有步骤地扩大充实农村社会保障项目内涵，加快建立完善以大病统筹为主的新型农村合作医疗制度和农村医疗救助制度，加快建立健全农村重大自然灾害的生产保险制度等；要加快建立健全城乡困难群体的社会救助制度，大力发展社会慈善事业，建立健全社会慈善资金募集的长效机制，提高人口老龄化背景下以及社会风险加大背景下的特殊社会群体如老年人、残疾人、留守儿童和"五保户"等的社会保障水平；适应城镇化发展的要求，要加快户籍制度改革步伐和人口管理制度改革步伐，尽快建立人口动态管理体系，消除城乡之间人口流动的壁垒。

六、完善社会公共服务体系

2012年，胡锦涛在省部级主要领导干部社会管理及其创新专题研讨班开班式上讲话强调，要"强化政府社会管理职能，强化各类企事业单位社会管理和服务职责，引导各类社会组织加强自身建设、增强服务社会能力，支持人民团体参与社会管理和公共服务，发挥群众参与社会管理的基础作用"。在这一讲话中，胡锦涛指出了在社会管理新格局中各社会主体在社会服务方面的地位和作用。

在西北民族地区，在一个相当长的历史时期，社会公共服务是由政府提供的。政府作为掌握公共行政权力、掌握公共服务资源的行政主体，这是它固有的职责。但政府提供的公共服务无论从总量看、从结构看，还是从质量看都没有满足社会需要，也是一个基本事实。当前，西北民族地区基于公共服务严重不均衡

①《十八大报告辅导读本》，人民出版社2012年版，第27页。

和教育、医疗卫生、收入分配、社会保障水平低以及公共危机隐患多等原因，未来需要加强以下几个方面的工作：一是要积极促进城乡基本公共服务均等化，特别是要进一步加强农村和少数民族地区基层基本公共服务体系建设。要进一步优化政府投资结构，加大向公共服务建设投资的力度，并鼓励支持社会组织、社会团体参与社会事业，向社会提供公共服务。二是要尽快制定覆盖本省、本地区的公共服务如教育、医疗卫生、计划生育、环境保护、基础设施等的最低标准，发展必须满足所有人口的最低的基本公共服务需求。三是要强化政府提供义务教育的公共服务职能，增加教育经费支出的比重，完善和规范以政府投入为主、多渠道筹措经费的教育投入体制，尤其要大力支持少数民族地区、贫困地区的农村义务教育发展。要强化政府提供公共卫生和公共医疗的公共服务职能，尤其要提高政府对突发医疗卫生事件和重大疾病等公共危机的应急处理能力。要强化政府提供社会救助和社会福利的公共服务职能，尤其要全面落实城市居民最低生活保障、农村五保供养、失地农民基本生活保障等制度，坚持对无劳动能力、无生活来源、无法定抚养义务人的老年人、残疾人和未成年人在衣、食、住、教、医、葬等方面给予保障，从多方面保障困难家庭的基本生活。同时，针对西北民族地区工业化、城市化、城镇化发展加速的情况，还要把对越来越多的流动人口的管理和服务问题放到重要的位置，认真应对。

但即便有这样的政策和安排，历史经验表明，完全由政府提供公共服务，其实是不能保证社会需要的，而且还可能造成财政资金的极大浪费以及整个社会整体福利的低水平。解决的办法，可以借鉴西方发达国家的经验和我国其他地方的先进经验。比如，当前西方国家实行的解决政府公共服务失灵"第三方治理"，即政府作为资金的提供者和监管者，当涉及具体的服务提供时，广泛求助于其他机构——大学、医院、行业协会等，利用大量第三方机构来实施政府职能。也就是政府将原本由自己履行的公共管理、公共服务职能民营化，在这个过程中，政府"掌舵"而不是"划桨"。尤其是在公共服务方面，政府不应该亲自去承担提供服务的责任，而应该尽可能地通过承包或者是其他类似的安排来确定由别人去具体实施的项目。[①]在我国，这些所谓"第三方机构"包含了人民团体、群众团体、各种社会组织和国企以及事业单位。目前在我国，社会管理创新的重要举措之一，就是建立政府向社会组织购买公共服务和财政资金支持社会组织的制度，建立政府向社会组织转移微观层面事务性服务职能的制度。[②]在上海、北京、广东等地，社会组织已经走上了前台，成为政府职能转移的承接者，承担起社会管理和公共服务的职

①[美]珍妮特·V. 登哈特著：《新公共服务》，丁煌译，中国人民大学出版社2004年版，第11页。

②孙伟林：《促进社会组织健康发展》，载《瞭望》2010年第37期，第21页。

责。这里既有政府不再承担，转由社会和市场自行办理的职能和工作事项，又有政府部门继续提供，但委托社会和市场办理的职能和工作事项。这些经验值得西北民族地区学习、推广。但要完全推广开来，未来西北民族地区还需要在两个方向努力：一是引导各类社会组织加强自身建设、增强服务社会的能力。“适合由社会组织提供的公共服务和解决的事项，交由社会组织承担。”[①]目前在西北民族地区，社会组织无论在数量方面、领域方面，还是在能力方面，特别是自身管理方面，真正能够承接政府服务职能转移的并不多。二是在几个体制的建构上进行探索，即要构建科学合理完善的政府服务职能转移体制，构建社会组织承接转移申请、审核、批准体制，构建政府资助社会组织提高社会服务能力体制等，这也是当前我国许多地方正在做的。其实，早在“十二五”规划制定时，温家宝总理就提出要“加快社会事业体制改革。积极稳妥推进科技、教育、文化、卫生、体育等事业单位分类改革。培育扶持和依法管理社会组织，支持、引导其参与社会管理和服务。改革基本公共服务提供方式，引入竞争机制，扩大购买服务，实现提供主体和提供方式多元化。推进非基本公共服务市场化改革，增强多层次供给能力，满足群众多样化需求”。[②]在西北民族地区的一些地方，早在“十一五”期间就已经提出了相关的课题。如甘肃省“十一五”规划就提出了要鼓励举办社会事业主体多元化。要在政府加大直接投资公益性社会事业力度，建立财政性投资稳步增长机制的同时，结合投资体制改革，通过股份制、财政补贴、特许经营、贷款贴息、优惠政策等措施支持社会力量举办营利和非营利性公共服务。要放宽市场准入、拓宽企业投资社会事业的渠道，凡法律法规未禁止的社会事业领域，鼓励和引导社会资金投资或参与。[③]但从实际效果看，并不明显。[④]

未来，西北民族地区公共社会服务的建设，要按照党的十八大报告“改进政府提供公共服务的方式，加强基层社会管理和服务体系建设，增强社区服务功能，强化企事业单位、人民团体在社会管理和社会服务中的职责，引导社会组织健康有序发展，充分发挥群众参与社会管理的基层作用”[⑤]的要求，做好以下几个方面的工作：一是进一步健全完善事业单位和国家财政出资成立的社会团体、群众团体

①《党的十八届三中全会公报》，2013年11月15日。

②温家宝：《关于制定国民经济和社会发展第十二个五年规划建议的说明》，2010年10月27日，新华网。

③《甘肃省“十一五”社会事业发展规划纲要》，2006年。

④2012年，中央财政首次安排2亿元专项资金，支持社会组织参与社会服务。按照民政部的要求，经过社会组织积极申报，中央财政支持社会组织参与社会服务项目评审委员会评审，甘肃省共立项21个，立项资金710万元。资料来源：2012年6月1日，甘肃社会组织网。

⑤《十八大报告辅导读本》，人民出版社2012年版，第38页。

或人民团体社会服务的体制。这些组织是国家法定的社会服务主体。如根据《红十字法》的规定,中国红十字会是从事人道主义工作的社会救助团体,独立自主地开展工作。红十字会协助人民政府开展与其职责有关的活动。人民政府对红十字会给予支持和资助,保障红十字会依法履行职责,并对其活动进行监督。《妇女权益保障法》对妇联授权,中华全国妇女联合会和地方各级妇女联合会依照法律和中华全国妇女联合会章程,代表和维护各族各界妇女的利益,做好维护妇女权益的工作。妇女的合法权益受到侵害的,可以向妇女组织投诉,妇女组织应当维护被侵害妇女的合法权益,有权要求并协助有关部门或者单位查处。有关部门或者单位应当依法查处,并予以答复。二是增强民间公益性社会组织服务社会的能力。政府要建立健全和完善对社会组织社会服务的支持制度、监督制度,给予社会组织相应的政策、资金等方面的制度保障,尤其是政策支持、资金保障。在政策支持上,社会组织不仅应当享受与政府部门和事业单位同样的待遇,而且政府应当对其实行鼓励和支持的政策。在资金保障上,要真正使社会组织承担起社会管理和公共服务的职责,基本的条件是政府对社会组织公益服务的资金保障。目前这方面可以学习先进经验。如广东《广东省民办社会福利机构管理办法》就给予了政策支持。该办法指出,民办社会福利机构是非营利性的社团组织,是全省社会福利事业的组成部分,各级人民政府应予鼓励和支持。民办社会福利机构享受与政府、集体举办的社会福利机构同等的政策。各级人民政府要将民办社会福利事业纳入当地国民经济和社会发展规划,鼓励社会力量多渠道、多形式兴办和资助社会福利事业,促进社会福利事业与当地经济社会的协调发展。如《深圳市民办社会福利机构资助试行办法》具体明确了民办社会福利机构资助额度和所需资来源。三是要健全和完善城市新型社区管理和服务体制,完善基层服务和基础管理网络。要深化社区服务内涵,拓展社区服务领域,完善社区服务方式,健全社区服务队伍,发展社区服务事业。鼓励支持社区面向社区内的特殊群体开展社会救助、社会福利和优抚保障活动,提供便民服务,如为下岗失业人员提供再就业服务等。要健全完善基层群众性自治组织村民委员会的社会管理和服务体制。根据《村民委员会组织法》的规定,村民委员会是村民自我管理、自我教育、自我服务的基层群众性自治组织。村民委员会协助乡、民族乡、镇的人民政府开展工作,包括各种社会服务。人民政府对村民委员会协助政府开展工作应当提供必要的条件,人民政府有关部门委托村民委员会开展工作需要经费的,由委托部门承担。当前在西北民族地区广大农村,社会沙漠化趋势明显,无论从生产协助看,还是从社会互助看,强化村民委员会社会管理与社会服务职能都有迫切的现实需要。四是要强化国家企业和集体经济组织社会服务的职能。我国宪法在规定国家发展医疗卫生事业时指出,国家鼓励和支持农村集体经济组织、国家企业事业组织和街道组织举办各种医疗卫生设施，开展群众性的卫生活动，保护人民健康。国家鼓励集体经济组织、国家企业事业组织和其他社会力量依照法律规定举办各种教育事业。在医疗、教育等事业中，国家企业和集体经济组织承担着法定的职责。党的十八大报告关于“强化企事业单位、人民团体在社会管理和社会服务中的职责”，就是对国家企业和各类企事业单位的社会服务责任和义务的再次强调。

七、完善维护群众权益机制体系

在本章开始的部分曾经讲到，当代中国正在经历重要的社会转型，社会转型给中国社会带来的一个重要变化就是中国社会开始出现严重的社会分化和利益分化现象，即不同的社会群体类别增多，群体间的利益分化。这些分化给社会的影响，就是社会成员的自主意识、权利观念、法律意识增强，进而对政治参与有了制度化的要求。因此，在社会出现利益差别和利益分化的情况下，通过健全合理的制度来配置和协调利益，保护各种社会主体的权益并规范各种社会主体的利益行为，以维护社会公平正义，就成为社会建设、社会管理的出发点和切入点，也是社会管理的关键所在。当前，西北民族地区与中国其他地区一样，正在经历深刻的社会转型，在转型期，社会利益格局和利益关系的变动是社会诸多矛盾和问题产生的根源，也是矛盾和问题解决的着眼点。因此，进一步健全和完善政府主导的维护群众权益机制，就成为当前西北民族地区加强和创新社会管理的重要活动以及活动的重要内容。未来，在健全和完善政府主导的维护群众权益机制方面，西北民族地区必须要正确把握广大人民群众的根本利益、现阶段人民群众的共同利益以及不同群体特殊的利益关系，建立有效的利益协调机制，统筹协调好各方面的利益关系。探索构筑群众利益协调机制、群众权益保障机制、劳动关系协调机制、社会矛盾调处机制、社会稳定风险评估机制等。具体来说，要做好以下工作：

一是要建立畅通有序的诉求表达、心理干预、矛盾调处、权益保障机制，使群众问题能反映、矛盾能化解、权益有保障。[①]即要建立健全信息公开制度，扩大和实现公共决策的群众参与，避免政府在社会公共决策方面出现严重的官僚主义现象，避免社会不必要的议论。具体来说，就是要坚决贯彻国家相关信息公开和公共决策社会参与如听证、质询等规定，严格执行，并不断扩大政府政务公开的范围与内容。要健全群众表达机制。诉求表达是协调利益关系、调处社会矛盾的前提，没有诉求表达就难以实现准确有效的利益协调和矛盾化解。为此，要畅通群众政治参与渠道、加快信息化建设和电子政务建设，缩短政治参与通道，建立起人

①《党的十八届三中全会公报》，2013年11月15日。

与人、人与社会以及社会与社会、社会与政府之间的合理快捷的沟通机制。要建立健全群众利益补偿机制,如健全土地征用补偿机制、利益受害赔偿机制、失业人员的再就业培训机制、收入分配调解机制等。

二是要建立健全发展成果共享机制和侵害群众权益的纠错机制。当前,西北民族地区工业化、信息化、城镇化、农业现代化建设加速,由此导致了对土地的刚性需求的增加,对环境压力的加大。同时,在发展愿望的强烈要求下,粗放式发展、以盈利为目标的发展、以政府管制为主导的城市管理等,导致在市场经济条件下,西北民族地区的一些地方出现了一些严重侵害群众利益的事件发生。因此,建立健全发展成果共享机制和侵害群众权益的纠错机制已经成为一种必要。就西北民族地区当前来说,重点首先要在农村尤其是少数民族地区农村建立规范的财政转移支付制度,为农村人口提供基本的公共服务,如基础教育、公共卫生和基本医疗服务,根治流行病、地方病,提供清洁水源,提供计划生育服务,提供农业科技服务和技能培训。其次要着力解决农村土地征用、城镇房屋征收拆迁、企业改制、拖欠农民工工资和环境保护、安全生产、食品药品安全、城市管理、教育公平、教育乱收费以及医疗卫生领域的不正之风等方面群众反映强烈的问题,坚决纠正损害群众利益的行为。

三是要健全劳动关系协调机制,劳动监察部门、基层党组织、工会、企业等相关主体要尽快形成工作联动机制。要依法实行劳动合同制度和集体合同制度,完善企业职工工资集体协商机制、正常增长机制、支付保障机制,完善解决劳动争议纠纷的法律法规和调解仲裁办法,依法维护劳动者的合法权益,促进劳动关系、劳资关系的和谐,形成劳资两利、合作共赢的和谐劳动关系。尤其要把理顺收入分配关系,建立合理的收入分配体系作为健全劳动关系协调机制的重点。理顺收入分配关系,既要理顺初次分配中国家、集体、个人的分配关系,理顺劳动报酬与企业资本收益的关系,更要发挥积极的财政、税收、社会保障、社会福利等杠杆的调整作用,并大力推进社会慈善事业的发展,充分发挥财富三次分配在促进社会公平主义和社会和谐方面的积极作用,努力扭转城乡、区域、行业和社会成员之间收入差距扩大的趋势。“中国目前的收入分配结构是一种典型的金字塔形结构,表现出一种明显的不合理、不公正的状况,致使中国大量社会成员的购买能力较为低下。”[①]当前,收入差距的扩大化,已经成为西北民族地区社会的主要矛盾,并成为引发其他诸多社会矛盾的根源。

四是要健全社会矛盾纠纷排查预警、调解处置机制。为此,要建立健全社会舆情收集和分析机制,特别是要加强对网络舆情的了解和疏导。同时,还要健全

①吴忠民:《重视民生——公正与效率的最佳结合点》,载《浙江经济》2006年第1期。

社会稳定风险评估机制，凡是与人民群众利益密切相关、影响面广、容易引发社会不稳定的重大决策事项，都要进行社会稳定的风险评估。凡是社会上反映强烈，公众参与度高的舆情，政府都要进行风险评估，以正确引导，积极回应。凡是社会公众关注度高的社会纠纷、社会矛盾，政府都要及时调解处置，以预防人民内部矛盾引发的大规模群体性事件发生。在这方面，西北民族地区是有过许多教训的。

八、完善公共安全体系

公共安全体系建设是完善社会管理体系的重要任务。对西北民族地区而言，完善公共安全体系，有其必然性。目前虽然西北民族地区各个地方都建立了相关的公共安全管理和快速反应机制以及危机处置机制，但由于公共安全管理和快速反应机制以及危机处置走上制度化、法制化轨道的时间相对较短，制度不完善、不健全，缺少法制保障，或者说“有制不遵、有章不循”“有法不依，执法不严”，也是普遍存在的问题。比如信息公开，虽然有相关规定和要求，但部分政府部门不公开信息，或者部分选择性公开信息的情况经常存在。如从公共卫生危机预防的角度看，由于医疗系统目前还基本是传统的行政管理体制，还没有建立起科学、透明的信息披露机制，因而完善的预警机制在许多地方也就还没有建立起来等等。

改变这一局面，解决这些问题，未来西北民族地区需要政府高度重视，要变被动为主动。一是各地都要成立公共安全领导小组，建立突发公共安全事件预警和应急处置机制。当前尤其是要加强市、县层面枢纽型特别是应急联动型综合服务管理平台建设，及时高效地回应群众诉求、求助、应急等服务管理问题。为此，要通过相关法律法规为危机处理提供法制保障。要建立及时、透明的常规性信息披露制度，并广泛地利用社会力量参与危机处理，尤其是要发挥社区、社会组织的作用，保证社会对政府的支持。为此，要坚持预防和应急并重、常态和非常态结合的原则，建立健全突发事件应急体系，加强全民风险防范能力和应急处置能力建设。要完善相关机制，提高对自然灾害、事故灾难、公共卫生事件、社会安全事件等突发公共事件的风险管理水平。要健全食品药品安全监管机制，制定和完善食品药品安全标准，完善食品药品质量追溯制度，加强食品药品安全风险监测评估预警和监管执法。要完善安全生产监督制度机制，加强安全生产法律法规、政策标准、技术服务、应急处置和救援、社会监督、宣传教育培训体系建设，加强安全管理和监管。二是要对社会治安防控体系常抓不懈。近些年来，西北民族地区人们的公共安全感总体是呈上升趋势的，这得益于各地点线面结合、网上网下结合、人防、物防、技防结合的立体化治安防控体系，严密防范和依法打击了各种违法犯罪活动。当前，还需要进一步深入开展平安创建活动，加强网络化信息化建设，强化城乡防控体系，提高动态环境下社会治安防控能力和水平。具体来说，就是要按照党的十八届三中全会做出的顶层设计来办。即完善统一权威的食品药品安全监管机构，建立最严格的覆盖全过程的监管制度，建立食品原产地可追溯制度和质量标识制度，保障食品药品安全。深化安全生产管理体制改革，建立隐患排查治理体系和安全预防控制体系，遏制重特大安全事故。健全防灾减灾救灾体制。加强社会治安综合治理，创新立体化社会治安防控体系，依法严密防范和惩治各类违法犯罪活动。坚持积极利用、科学发展、依法管理、确保安全的方针，加大依法管理网络力度，加快完善互联网管理领导体制，确保国家网络和信息安全。①

九、完善社会规范体系

社会规范体系是社会管理体系的基石。未来，西北民族地区一是要在社会生活的各个领域加快建立和完善个人行为的规范体系，通过自律、互律、他律，把人们的行为尽可能地纳入共同行为准则的轨道。二是在加强社会法律体系建设的同时，推进行业规范、社会组织章程、村规民约、社会公约建设，充分发挥社会规范在调整成员关系、约束成员行为、保障成员权益等方面的作用。三是要完善社会诚信行为规范，建立符合中国国情的公民个人和企事业单位信用管理制度，探索建立统一的信用记录平台。要理顺社会信用管理体制机制，加强社会信用管理，完善信用服务市场体系。强化对守信者的鼓励和对失信者的惩戒。通过完善制度、加强教育，努力营造诚实、自律、守信、互信的社会信用环境。为此，要健全社会诚信制度，大力推进政务诚信、商务诚信、社会诚信和司法公信建设。要加强和改进思想政治工作，注重人文关怀和心理疏导，培育自尊自信、理性平和、积极向上的社会心态。②四是要研究、探索把西北民族地区丰富的文化资源，尤其是少数民族文化资源转化为有效的社会规范。为此，要建设优秀传统文化传承体系，弘扬中华优秀传统文化，要建立起推动民族文化与社会主义核心价值观相结合，创新民族文化发展的体制机制，尤其是要建立健全对农村和欠发达地区文化建设的固定投入和投入稳定增长的体制机制。

①《党的十八届三中全会公报》，2013年11月15日。

②魏礼群：《完善和发展中国特色社会管理体系》，载《行政管理改革》2012年第1期。

第三章 需要进一步讨论的问题

研究结束之后,发现还有一些问题需要进一步深入的研究和讨论。

一、关于社会工作队伍问题

社会管理有效开展,工作收到实效,其中的影响要素很多,但社会工作队伍的人员构成,工作者的素质、能力,以及队伍建设等因素,却是其中相当关键的因素,因而有进行讨论的必要。改革开放以来,尤其是在党的十六届六中全会做出"建设宏大的社会工作人才队伍"的战略部署后,在长期的社会建设、社会管理实践中,西北民族地区形成了一支遍布众多行业的社会工作从业人员队伍,有力地推动了社会事业发展和社会工作人才队伍建设。

以甘肃省为例。当前,甘肃省社会工作从业人员队伍已经初具规模。社会工作从业人员主要分布在民政、劳动和社会保障、人口、教育、卫生、公安、司法、财政、人事、工、青、妇、残联等部门和团体,担负着大量社会管理和社会服务工作,主要涉及社会福利、社会救助、优抚安置、残障康复、社区建设、司法矫正、社会治安综合治理、妇女儿童权益保护、慈善事业等多个领域。截至2013年,全省共有社会工作人员约6万人,占全省总人口的2.3‰。民政、劳动和社会保障、残联、司法等部门的社会工作人员较为集中,其中民政系统有7863人,服务对象790多万人;劳动和社会保障系统有7352人,服务对象约4200万人(参加多种社会保险的人员重复统计);残联系统有25100人,每年要为187.1万残疾人提供维权、教育和就业等服务;从事司法矫正和法律援助的社会工作人员913人,仅2005年开展法律援助就达到5000多人次。同时,社会工作基层组织有了较大发展。截至2006年底,全省各类民间组织已经发展到7002个,业务范围涉及教育、科技、卫生、文化、劳动、民政、社区、环保、公益、慈善、农村专业经济等社会生活的各个领域。①

在看到成绩的同时,也发现了一些问题。一是西北民族地区经济欠发达,有些地方和部门的领导对社会工作人才队伍建设认识不到位,没有摆到应有的位

①《甘肃省社会工作人才队伍建设情况调查》,甘肃省委组织部2013年。

置，当前一些地方在一定程度上社会工作人才队伍建设还处于一种自然发展的状态。二是社会工作管理体系不完善，民间组织发展缓慢。具体表现就是，社会工作缺乏整体规划和综合协调，形不成工作发展和队伍建设的合力，目前自我发展的特征比较明显。同时，适宜民间组织成长的机制没有真正建立，导致民间组织发育滞后，社会自我调适能力弱。三是社会工作人员总量不足，专业化程度不高。具体表现就是社会工作从业人员总量偏少，专业化程度不高。以甘肃省民政系统为例。截至2006年底，在7863名社会工作人员中，社会工作专业毕业的仅有20人，占总人数的0.25%，社会工作相关专业毕业的有783人，占总人数的9.96%，其他89.79%的人员都是非专业人员；大学本科以上的有1436人，仅占总人数的18.3%，大学专科3059人，占38.9%，高中（中专）及其以下3368人，占42.8%；具有中级以上职称的296人，仅占总人数的3.77%，未获职称的7567人，占总人数的96.23%。四是体制机制不健全，制度建设滞后。①

社会工作直接服务于人民群众，特别是与困难群众的切身利益息息相关。因此，培养和造就一支政治强、业务精、作风正的社会工作队伍，显得尤为必要和迫切。为此，“要按照党的十六届六中全会关于建设宏大的社会工作人才队伍的要求，有计划、有步骤地设置社会福利、社会救助、社区建设、残障康复、公益类民间组织和家庭生活服务等领域的社会工作岗位，多渠道吸纳社会工作人才，提高民政工作领域专业化社会服务水平。要进一步弘扬光大‘孺子牛’精神，以加强社会主义荣辱观教育为重点，切实改进和加强民政工作队伍的作风建设，千方百计把与群众切身利益紧密相连的民政工作做深、做细、做实”②。未来，建议西北民族地区要做好几件事：一是坚持从西部欠发达地区的实际出发，始终把农村社会工作人才队伍建设放在突出位置。西北民族地区工业化城市化水平不高，农村人口占全省总人口的比例较大，满足农民群众对社会服务的需求是社会工作的重点和难点。因此，必须从这一实际出发，把农村社会工作人才队伍建设作为农村社会工作的一个重点。二是要在继承传统社会工作方式方法的基础上创新体制机制，形成既符合社会工作一般原则，又切合本地经济发展实际，能够为广大群众提供科学化、专业化、规范化、人性化服务的社会工作体制机制。三是要提高现有社会工作从业人员的素质。要采取有效措施开展大规模的社会工作专业培训，使他们能够运用科学的社会工作方法和技能，在不同领域、不同行业为广大人民群众提供专业化的社会服务。

---

①《甘肃省社会工作人才队伍建设情况调查》，甘肃省委组织部2013年。

②回良玉：《在全国第十二次民政工作会议上的讲话》，2006年11月23日，中国政府网（http://www.gov.cn/zhibo36/content_451421.htm）。

二、关于农村无职党员社会管理作用发挥问题

西北民族地区工业化、城市化、城镇化水平相对全国平均水平低，农村人口占总人口的比例大，因此农村社会管理是西北民族地区社会管理的重点所在。同时，西部民族地区经济文化相对落后，多民族聚居，多宗教交汇，多种社会矛盾交织重叠，因而充分发挥党员干部尤其是广大农村无职党员在社会管理中的作用，也是加强社会管理应有的题中之意。当前在西北民族地区，除了村民委员会以外，农村社会自组织种类和数量都比较少，农村基层党组织是农村社会管理的主要力量，因而加强基层党组织建设还有社会管理方面的需要。对此，党的十八大报告指出，党的基层组织是团结带领群众贯彻党的理论和路线方针政策、落实党的任务的战斗堡垒。要落实党建工作责任制，强化农村、城市社区党组织建设，加大非公有制经济组织、社会组织党建工作力度，全面推进各领域基层党建工作，扩大党组织和党的工作覆盖面，充分发挥推动发展、服务群众、凝聚人心、促进和谐的作用，以党的基层组织建设带动其他各类基层组织建设。要健全党的基层组织体系，加强基层党组织带头人队伍建设，加强城乡基层党建资源整合，建立稳定的经费保障制度。要以服务群众、做群众工作为主要任务，加强基层服务型党组织建设。①考察现实，当前西北民族地区广大基层党组织和广大党员很好地履行了社会管理职责，但也存在一个严重的问题，这就是在部分基层党组织，无职党员在社会管理中的作用并没有充分发挥出来，存在干部"唱独角戏"，无职党员"当观众"的现象。而这一现象的存在，对于农村社会管理的健康发展，影响是巨大的。因为在农村，无职党员往往都是当地有专门专业知识的，熟悉当地情况的，甚至是有"人缘、地缘、业缘"的人，在当地群众中有巨大影响力。这些人在农村社会管理中当"观众"，无疑是农村社会管理资源的一种极大浪费。分析原因：一是部分无职党员对待社会管理的认识和态度问题；二是部分无职党员存在能力、本领不够的问题；二是部分基层党组织缺少或者说还没有搭建起让无职党员参与社会管理的平台；四是部分无职党员的社会流动性强，事实上无法参与农村社会管理的问题；五是部分基层党组织党内民主制度建设存在问题，部分无职党员对支部信不过，不支持支部工作甚至抵制工作的情况存在；六是无职党员接受党组织教育、引导、关怀不够，部分无职党员存在生活和就业再就业困难，还没有得到党组织给予的及时帮扶和解决。

解决的办法，就是加强党内关怀，通过党内激励、党内关怀、党内帮扶，激发无职党员参与社会管理的热情和积极性，提高参与社会管理的能力，营造有利于无

①《十八大报告辅导读本》，人民出版社2012年版，第54页。

职党员参与社会管理的氛围。在这方面,西北民族地区可以借鉴同为贫困地区的贵州遵义正安县"党群连心户工程"经验。"党群连心户工程"的目的,是充分发挥党员尤其是无职党员推动科学发展、服务群众、促进社会和谐。"党群连心户工程",把无职党员打造成了"七员",即政策宣传员、民情反馈员、示范带头员、矛盾调解员、工作监督员、治安巡逻员、村容整治员。为此,各级党支部把思想好、党性强、有能力、乐于助人的无职党员代表和致富带头人、离退休干部、离任村干部、种养殖大户、产业协会负责人及当地先进模范人物中的党员设为"党群连心户"。每个"党群连心户"联系群众5～20户。为体现服务针对性、科学性、人性化,进行"双向"选择,由群众选择党员、党员选择群众。"党群连心户"采取上门服务、定点服务、流动服务、集中服务等方式,为群众提供技术指导,了解联系户的生产生活等情况,为联系户提供就业创业、发展致富、纠纷调解、法律咨询等帮助。为了保证服务效果,正安县还建立了考核评价机制、教育培训机制,并形成了经费保障的长效机制。①

在讨论西北民族地区农村无职党员在社会管理中的作用发挥问题的时候,还有一个问题要引起西北民族地区党和政府的高度重视,这就是农村党员的老龄化问题。目前,随着人口老龄化的进程,西北民族地区农村党员的老龄化现象日趋严峻,农村基层党组织社会管理作用的发挥面临挑战。宏观考察当前西北民族地区党员构成和其他情况发现,当前西北民族地区农村老龄党员占党员总量比重大,且女党员人数少。从文化素质来看,当前西北民族地区农村党员,学历偏低,初中文化程度以下占多数,共同的特征是参政能力不强。当前,西北民族地区农村党员老龄化问题对农村经济社会发展产生了深远影响,主要表现:一是农村党员人数少,中青年党员人数更少,党员老龄化趋势致使农村党组织队伍趋于萎缩,战斗力有进一步弱化趋势;二是年轻党员外出务工、经商较多,高龄党员体弱多病,真正能发挥作用的党员少,作用发挥不足,导致基层党组织对群众的号召和组织力不强;三是由于党员老龄化严重,带头作用发挥不充分,加上部分党员干部作风不正,使农村党组织在群众心目中的威信不高。②

以上种种问题的存在,客观上削弱了农村基层党组织的社会管理能力,西北民族地区党和政府必须重视这个问题并拿出切实可行的办法解决这个问题。建议:一是各级党委、政府要高度重视经济文化落后的民族地区农村基层党组织建设,社会各界要加大帮扶力度。二是进一步加大农村青年党员干部的培养、选拔

①《正安县:党群连心户工程有效推进同步小康》,2013年5月10日,人民网(http://dangjian.people.com.cn/n/2013/0510/c362979-21433733.html)。

②杨志:《甘肃省民族地区农村党员老龄化问题调查》,甘肃省政法学院2012年赴康乐县调查资料汇编。

力度。尤其要增强村党支部的吸引力，让更多的农村有志青年靠近党组织。同时还应进一步探索西北民族地区农村大学生党员干部的引进、培养和发展的科学途径，做到"引得进、坐得住、发展好"，让进村大学生党员充实基层党组织力量。三是要健全农村党员发展机制，把发展和培养中青年党员作为考核村党支部的硬任务，敦促村干部下力气真抓实干。特别注重吸收农村中活动能力强、群众威信比较高、自身素质比较好的中青年入党，注重对少数民族党员和女党员的吸收和培养。

三、关于非公有制企业和社会组织中党的建设问题

2010年，中共中央组织部印发《关于在个体和私营等非公有制经济组织中加强党的建设工作的意见(试行)》在阐述非公有制经济组织中党组织的地位作用和职责任务时指出，非公有制经济组织中的党组织是党的基层组织，其基本任务包含"做好职工思想政治工作，团结和依靠职工群众，关心和维护职工的合法权益""加强社会主义精神文明建设，建设有理想、有道德、有文化、有纪律的职工队伍""协调企业内部各方面的关系，坚持原则，化解矛盾，维护企业和社会的稳定""领导工会、共青团等群众组织，支持他们依照法律和各自章程独立自主地开展工作"。从该意见对非公有制党组织的基本任务的定位看，它肩负着在非公有制企业内部进行社会管理和社会服务、领导其他社会管理主体如工会共青团等群众组织履行社会管理和社会服务的职责。因而，当前我们在讨论西北民族地区加强社会管理、创新社会管理体制机制问题时，还有必要讨论现阶段西北民族地区非公有制企业的党组织建设问题。

改革开放以后随着所有制改革，随着非公有制企业增加，随着党员社会流动性加大、党建面临新的形势，一方面，非公有制企业的从业人员越来越多，流动党员的数量越来越大，许多党员组织关系无处转，组织生活无法过；另一方面，非公有制企业也需要党组织发挥党的思想政治优势、组织优势和密切联系群众的优势来推动企业管理和企业生产健康发展。在这种情况下，非公有制企业党建就显得非常必要。2010年，中共中央组织部印发《关于在个体和私营等非公有制经济组织中加强党的建设工作的意见(试行)》，从这以后，全国范围的非公有制经济组织内部开始党建加强活动。西北民族地区起步晚，但发展迅速，并取得一定成绩。以地处西北民族地区的甘肃省为例。虽然起步晚，但却形成了影响全国的"甘肃模式"。

近年来，甘肃省非公有制企业数量不断增加，规模不断扩大。目前，甘肃省非公有制企业有9.4万多户，约占企业总数的71.6%，经济总量占全省生产总值的40%。着眼于促进非公经济健康发展，甘肃省积极寻求破解非公有制企业党建工

作难题。为此省委专门组织力量进行3次专题调研,认真研究整合党建工作资源、健全管理体系、创新领导体制等深层次问题。经过认真分析,通盘考虑,决定依托省工商局成立甘肃省非公有制企业工委,作为省委的派出机构,主抓非公有制企业党建工作。2010年1月,甘肃省非公有制企业工委在省工商局正式挂牌,随后全省14个市(州)和86个县(市、区)全部依托工商部门成立了市、县非公有制企业工委,各级非公有制企业工委与工商部门实行"两块牌子、一套人马",推行一岗双责,体现两种职能。同时,在547个工商所设立非公党建工作站,组建1500多人的工商专职党务工作者队伍,选派了4500多名党建指导员,深入非公有制企业开展党建工作。2011年上半年,甘肃省又陆续在省市县三级非公有制企业工委成立纪工委、工会工委、团工委、妇女工委,进一步完善全省非公有制企业党建工作体制机制。随着非公有制企业党建领导体制的突破与完善,一个横向到边、纵向到底、四级贯通的非公经济组织党建组织体系和工作网络在全省迅速形成,走出了一条具有"甘肃特色"的非公有制企业党建工作新路子。2010年5月,习近平对此做出重要批示:"甘肃省加强非公有制企业党建工作的一些举措颇具特色,可做进一步调研总结,以利经验交流。要适应两新组织的特点,建立充满活力的党建体制机制。"从甘肃省模式的特点看,它有以下一些特征:

一是加强组织领导。抓好非公有制企业党建,保障是前提。甘肃省确立了各级党委加强领导,组织部门精心指导,非公有制企业工委主抓、各部门配合的非公有制企业党建工作模式。为了使非公有制企业党建工作顺畅运转,甘肃省建立了党委统一领导,组织部门牵头抓总,纪委、宣传、统战、非公有制企业工委、科技、工信委、人力资源和社会保障、农牧、地税、工商、国税、工会、共青团、妇联、工商联等有关部门或单位参加的联席会议制度,定期研究解决问题。

二是加大支持力度。通过设岗定编、选配干部、开展培训、协调经费、举行活动等,积极为非公有制企业党组织有效发挥作用提供保障。甘肃省通过人事编制部门,为各级非公有制企业工委核定人员编制和领导职数,设置1名专职书记岗位,配备了相应的专(兼)职工委委员。2010、2011连续两年分两批,从全省基层公务员队伍中公开选调党务工作人员,充实到县级非公有制企业工委。同时,将非公有制企业党组织书记纳入全省基层党组织书记培训范围,每年下拨专项经费,选派企业党组织书记外出考察学习,先后两次选派190名非公有制企业党组织书记赴外进行为期7天的集中培训,使他们提高了抓党建工作的本领。各级党委、政府将非公有制企业工委办公经费纳入当地财政预算,形成了以财政投入为主、系统配套为辅、党费补助和企业支持为补充的非公党建经费投入保障机制。

三是把促进企业发展作为加强非公有制企业党建工作的核心内容。深入开展"两帮一促"(帮助扶持企业发展、帮助推进企业党建,促进全省非公经济平稳较快发展)主题活动。开展“服务企业万户行”活动,组织1万多名工商干部深入8万多户非公有制企业,了解企业需求。研究出台促进个体私营经济跨越式发展的政策措施,省委办公厅、省政府办公厅转发全省贯彻执行。在全国率先建立全省非公经济组织政银企联席会议制度,与14家银行签订战略合作协议,为非公经济组织融资授信860亿元,已落实贷款172亿元。全力推进商标战略实施,驰名商标、地理标志证明商标在3年里分别增加8倍和5倍。帮助非公有制企业招商引资,仅2011年就引进项目155个,非公有制企业签约项目155个,合同金额123.7亿元。

四是把党建工作有机地融入企业的生产经营活动之中。甘肃省坚持从非公经济组织特点出发,根据非公经济组织六大行业特点,按照“贴近党员、贴近职工、贴近生产经营”的原则,制定活动方案,设计活动载体,积极开展活动,在企业职工中开展“六个一”(即提出一条合理化建议,进行一次劳动竞赛,开展一次技术比武,组织一次公益活动,建立一支志愿者队伍,表彰一批先进典型)活动,收到了显著效果。甘南、定西等地积极组织非公经济组织中的党员,在舟曲抢险救灾中冲锋在前,发挥了突击队作用。陇南市指导企业为职工办理社会保险、解决住房困难,使职工得到了实惠。同时,在非公经济党组织中开展创建“五好”(即领导班子好、党员队伍好、工作机制好、工作业绩好、群众反映好)党组织活动,在非公经济组织党员中开展“五个先锋”(即争当创业发展先锋、爱岗敬业先锋、诚信经营先锋、促进和谐先锋和奉献爱心先锋党员)活动,指导非公有制企业开展“一诺三评三公开”(公开承诺;领导点评、群众评议、组织评选;党组织创先争优情况公开、党员开展活动情况公开、党员践诺情况公开)活动,充分发挥企业党组织和党员在推动企业科学发展中的作用。

在以上努力下,近年来,甘肃省在非公有制企业党建方面取得了优异成绩。截至2012年3月底,甘肃省非公有制企业党员达63548名,比2008年底增加36880名,增长139%;党组织比2008年底增加了12961个,增长734.8%。全省拥有职工50人以上非公有制企业72%有党员,拥有3名以上正式党员企业100%建立起党组织。以兰州市为例。截至2012年3月底,全市规模以上非公有制企业党组织组建率达到100%,50人以上非公有制企业党组织组建率达到95.4%。以临夏回族自治州为例。该州把健全规模以上企业党组织作为重点,同时对没有党员的非公有制企业,先建立工会、共青团、妇女等组织,为开展党建工作打好基础。然后结合实际,创新党组织设置方式,在交通运输、蔬菜种植、畜牧养殖等产业链上建立了一批党组织,逐步实现党的工作在非公经济领域的全覆盖,加强了非公领域社会管理。同时,由于党组织和党员在非公经济发展中与社会管理中作用明显,党的工作受到越来越多业主的赞同和欢迎。青海玉树地震发生后,甘肃斗山机械公司党支部租赁10台挖掘机、10台拖板车，选派50人赶赴灾区参与抗震救灾。升业集团下属的天和力德钢管制造有限公司，是西北规模最大的螺旋焊管生产基地，有党员21名，党支部将最关键的岗位设为党员示范岗，将最危险的岗位设为党员责任区，如今，党员示范岗和党员责任区已经成为全厂最优秀的班组。在党员带动下，企业效益持续攀升，公司积极参与公益事业。舟曲特大泥石流灾害发生后，公司员工第一时间捐款24.2万元，并资助灾区建立爱心超市。广河县宏良皮革有限公司开展党员挂牌上岗、党员示范岗、党员创新创效、党员身边“三无”等活动，成立以党员为核心的科研小组，成功攻克了高温气冷炭堆内构件这一国家重大科研项目，公司成为目前全国唯一具有相应资质的碳素企业。公司负责人深有感触地说，在关键时刻、在关键岗位，还是要靠共产党员。①

但在看到成绩的同时，也要注意现实中存在的一些问题。如果不重视这些问题，非公有制企业党组织在非公经济发展与社会管理中的作用就无法充分发挥。近几年来，许多地方在非公有制经济组织中积极开展党的工作，进行了有益探索，取得了一定成效。但是，这项工作的发展还很不平衡，一些地方的党组织对于在非公有制经济组织中开展党的工作的重要性认识不足，主动性不够，采取的措施不力，非公有制企业中党组织的状况不适应形势发展的要求。具体表现就是：党组织组建难。部分非公企业主对建立党组织不够积极，在人财物上支持配合少。部分党员认识上有偏差出于个人利益考虑不愿接转组织关系。工作力量薄弱。各级党组织抓党建工作的精力还主要放在乡镇农村、街道社区、机关和国有企事业单位上，对非公党建工作投入较少。组织生活不规范。一是时间上得不到保证，二是缺乏必要的活动经费和固定的活动场所。党员管理难度大。非公企业工作不稳定，党员频繁更换工作岗位，给党员管理带来一定困难。同时发展党员缓慢，给非公企业党组织的组建和活动的开展带来了许多不便。

如何解决这些问题，是今后西北民族地区各级党和政府、政府各个部门以及广大非公有制企业需要进一步探索的。研究给出的建议是：一要在努力塑造企业党组织、企业主和企业职工各方共同的价值基础和认同基础方面投入相当的关注度，要将社会主义核心价值观与企业文化相融合。二是要提高党组织内部广大党员服务企业发展、服务群众和参与社会管理的能力，增长本领。目前西北民族地区的非公有制企业相比发达地区发展相对滞后，企业内部的员工成长、培养体系不完善，加上西北民族地区相对贫困，政府对非公有制企业党建、党员教育培训投入有限，因此如何解决经费问题是必须要考虑的。三是要壮大非公企业党员队伍。采取“五个一批”的方式，解决非公企业没有党员、党员数量少的问题。一是

①《党旗高扬分外红——甘肃省非公有制企业党建关注综述》，载《工商时报》2012年5月22日。

寻找一批。深入企业详细摸底，将企业员工中的"隐形"党员寻找出来，编入组织，开展活动。二是输入一批。从复员退伍军人、高校毕业生中选拔优秀党员，与企业实行双向选择，输入到非公有制企业工作。三是选派一批。由组织部门和主管非公企业工委继续选派党员干部到企业担任党建指导员。四是发展一批。五是培养一批。

四、关于人口老龄化与老年社会保障管理问题

目前，我国已经进入人口老龄化阶段。2010年人口普查结果显示，我国60岁及以上人口占13.26%，比2000年人口普查上升2.93个百分点，其中65岁及以上人口占8.87%，比2000年人口普查上升1.91个百分点。[①]与全国情形一样，当前西北民族地区也已经进入人口老龄化阶段。以甘肃省为例。2010年底，全省60岁以上老年人口315万人，占常住人口的12.32%，到2015年，60岁以上老年人将达到365万人，占总人口的13.36%，人口老龄化呈快速发展趋势。[②]

从上面的数据可以看到，当前西北民族地区老年人口数量多，人口老龄化速度快。而随着计划生育水平的下降，可以预见，未来老年人口中少子女、无子女的总量和比例会明显上升，独居、无配偶老年人数量也会增加，这些都将对社会养老需求和服务带来严峻挑战。因此，需要在关注养老的问题时，充分考虑空巢老人问题。同时，随着老年人口逐渐退出劳动力市场和丧失劳动能力，其个人收入将会减少，这将给老年人口带来一定的生活压力和医疗保健压力，减少其抵御风险能力，进而降低老年人口的生活质量与健康水平。因此，提高老年人口社会保障水平尤其是关注低收入老年人口的社会保障水平，已经成为西北民族地区在完善社会保障体系，尤其是农村养老保障、医疗保障时必须要关注的问题。

改革开放以来，西北民族地区老龄事业取得长足发展。具体的表现就是：社会养老保障制度逐步健全，城镇职工基本养老保险实现全覆盖，新型农村社会养老保险已经开始试点并逐步扩大范围，老年社会福利和社会救助制度不断完善，老年人基本生活得到有效保障，老年福利服务设施建设不断推进，为老服务范围逐步扩大，老年文化、教育、体育事业不断发展，老年人物质和精神文化生活日益丰富，全社会老龄意识明显提高，敬老爱老助老氛围日益浓厚。但同时也应看到，当前老龄工作还存在一些突出的困难和问题，主要表现在：有些地方对老龄化形势与老龄工作重要性的认识不够，老龄组织机构和工作力量薄弱，老龄事业投入相对不足；老年社会管理工作相对薄弱，老年福利设施和网络建设滞后，养老服务体系建设有待加强；养老和医疗保障水平有待提高。

①《2010年第六次全国人口普查主要数据公报》（第1号），2010年。

②《甘肃省老龄事业发展"十二五"规划》，2012年2月3日。

今后,在宏观筹划社会建设、社会管理问题时,必须将老年事业作为重要内容加以推进:一是要建立政府、社会、家庭、个人负担相结合的老年社会保障机制。二是要建立较为完善的老龄工作管理体制,为老龄事业发展提供重要的组织保障。三是要建立适应市场经济要求和人口老龄化趋势的老龄事业投入机制。四是要加快推进以家庭养老和社区服务为主要特点的居家养老服务工作。构建以居家养老为基础、社区服务为依托、机构养老为补充的养老服务格局,并整合行政、医疗和社区资源,使社区养老服务的福利运行与老龄产业形成互动。[①]五是健全和完善以养老、医疗、救助、慈善为基本内容的老年社会保障制度,切实解决"五保"老人、贫困老人、残疾老人、高龄老人、空巢老人等特殊群体生活中的突出问题。六是要完善老年社会救助制度。按照应保尽保、分类施保的原则,不断完善城乡最低生活保障和社会救助制度,将符合条件的困难老年人全部纳入救助对象。要高度重视农村空巢老人问题,积极探索制定农村空巢老年人救助帮扶措施。还要关注特殊群体老年人的困难,多方筹措资金,对孤寡、高龄、残疾、贫困老年人实施有效救助。七是要强化各级政府为老服务责任,严格执行老年优待规定,全面落实各项老年优待政策。八要建立健全老年法律服务网络,拓展老年人申请和获得法律援助的渠道,扩大老年人法律援助覆盖面,积极为老年人提供法律服务。

五、全面从严治党:现阶段加强和创新社会管理的基础性工程

一种活动影响力的大小,既取决于它对其作用对象的理解,更同它所包含的时代性相关。十八大以后习近平同志提出然后启动的全面从严治党活动,就具有这两个明显的特征,旨在未来,而又没有切割历史。十八大以后,中国共产党以极大的勇气和努力推动党的建设,要使党的建设迈上新台阶,对自己提出了种种要求,甚至做了种种限制,要使党面目一新。全面从严治党正是在这一背景下发生的,在党的十五大开始的从严治党基础上拓宽了"严"的边界、强化了"严"的刚性和突出了"治"的整体性、动态性、工具性以及实践性。全面从严治党尊重党的历史和习惯,又是在党的建设发展的条件已经成熟或者至少说条件已经在形成过程中的时候,及时性或者说前瞻性启动的。其历史意义在于,它又再一次警示全党,要正视"解决好中国问题关键在党"和"从严治党"这个中国经济社会进步发展和党的建设的历史规律。其现实意义在于,它从严肃对待:党的建设也是最大的政治,严格标准:党的建设只有进行时没有完成时,严明纪律:党规党纪是支撑党的建设的钢筋龙骨,严谨作风:党的建设需要良法更需要善治几个方面阐明了现阶

①缪青:《以社区照顾实现"老有所养"》,载《光明日报》2013年11月20日。

段党的建设推进的维度，满足时代对党建的要求。

（一）严肃对待：党的建设也是最大的政治

党领导、人民民主、依法治国，实现中华民族伟大复兴是当代中国政治运行的基本逻辑，是中国在探索发展特色社会主义的过程中发现的社会进步发展的基本规律。这一逻辑运转顺畅，规律发挥作用，其中最关键最核心的是党的领导作用的发挥，取决于党的建设意识。从这个意义上来讲，对于执政的中国共产党来说，最大的政治除了“现代化”[①]之外，应该还有一个与之存在关联关系的所谓最大政治，就是自身建设。打铁还需自身硬。在现阶段中国最大的政治“四个全面”中，起“火车头”作用的政治就是党的自身建设。

十八大以后，从时代方位看，中国正处在改革发展的重大战略机遇期，这一时期既是“三步走”战略第二步与第三步的对接期，也是改革开放以来积累的诸多矛盾相互叠加集中的爆发期。这一时期的党建，具有新的历史特点。中国共产党是一个拥有8600多万党员的大党。作为执政党，它肩负着带领13亿人民发展中国特色社会主义，实现“两个百年”目标的艰巨任务。从现实来看，新形势下它面临一系列风险和挑战，“四大考验”“四种危险”等等，有来自外部的，但更多来自内部。

当前，中国经济社会发展也存在各种问题，有历史问题的延续，有发展引发的问题。发展引发的问题，更多的是认识问题，与党的建设密切相关。比如过去采取的非均衡发展战略和要素投入的粗放式增长方式的负面效果的消除问题，新常态下的中高速、转方式、调结构、惠民生问题的改革攻坚问题的解决等。实事求是地分析，诱发这些问题的因素多而且复杂，但人的因素却是其中重要且不容忽视的因素。如今迎挑战、破困局，核心是人尤其是引领中国社会进步发展的广大党员干部认识能力和实践能力的提高。这就必然涉及党的建设问题。今天，迎挑战、破困局之所以动力不足，表面现象是部分党组织、部分党员领导干部缺少积极性、主动性，但深层次的原因却是党建意识淡化，对党领导的中国特色社会主义的本质特征认识不深刻，对党组织的对内三大职能——教育、管理、服务的丰富内涵和重要性认识不足，从而导致部分人有了本领恐慌，缺少智慧和勇气。上述问题的解决，困难重重，但越是困难越是需要讲党的建设这个“最大的政治”，危机也是转机，如习近平同志所言：“千难万难，只要重视就不难；大路小路，只有行动才有出路。”[②]

在回顾新中国历史尤其是改革开放以来的历史时，习近平同志曾经指出，党的建设是党的事业不断取得胜利的一大法宝，在中国特色社会主义不断向前推

①邓小平：《邓小平文选》（第2卷），人民出版社1994年版，第234页。

②习近平：《抓创新就是抓发展　谋创新就是谋未来》，新华网2015年7月17日。

进、不断壮大的历程中，党的建设担负着不可替代的重要责任和崇高使命。他的这一判断，明确地强调了认识和理解改革开放取得伟大成就的历史线索。他告诉人们，改革开放以来中国社会进步发展的每一项成就，都与党建自觉密不可分。如果忽视了这一线索，就会矮化党在过去几十年的努力，是对党的建设历史和经验的不尊重，就看不清一些基层党组织轰轰烈烈搞党建，却总是一次次无功而返，党员干部出现党建疲劳症，党组织长期软弱涣散的真相。

历史犹在眼前。现阶段讲党的建设也是最大的政治，首先要解决就是党建意识的培育问题。党建意识是党员个人或党组织对党的建设的认知、情感和评价的复杂综合，是深层次的和理性的对党的建设的理解，包括党建知识、对党建的直观评价和客观判断，决定着党建的工作方式、工作状态以及党建发展演化的道路和方向。从内涵看，在当前乃至过去相当长的时间段，在党内是存在意识危机的，培育党建意识，一方面丰富党建理论，另一方面又为党员提供党建知识党建标准、增强党建热情，一直是被忽视的工作。改变这种现状，现阶段主要是思想理论层面的工作，同时也要强调实践养成，点滴积累，二者配合。

(二)严格标准:党的建设只有进行时没有完成时

1848年，马克思、恩格斯在为世界上第一个工人阶级政党——共产主义者同盟起草的章程里，就对工人阶级政党和它所接受的会员提出了要求：“共产党人为工人阶级的最近的目的和利益而斗争，但是他们在当前的运动中同时代表运动的未来。”[①]加入者应当是具有共产主义觉悟的、“最不知疲倦的、无所畏惧的和可靠的战士”，是“最坚定的共产主义者也是最勇敢的士兵”。[②]

中国共产党是以天下为己任的，从成立开始它就把“党的标准”“党员的资格”写在了自己的旗帜上。历史地看，中国共产党与其他政党竞争赢得人民、赢得执政、赢得时代，靠的就是“党的标准”“党员的资格”。将党的先进性始终建筑在“高标准”“够资格”的党建上，是人民选择中国共产党、历史选择中国共产党、时代选择中国共产党的一个重要缘由。

历史地看，从中国共产党成立至今，中国社会一直处在大变动之中。从新民主主义社会到社会主义社会是大变动，从计划经济到市场经济是大变动，从半封闭的、政府主导型的社会到开放型的、社会自主型的社会是大变动，从市场在资源配置中起基础性作用到起决定性作用，也是大变动。把握时代脉搏，引领时代发展，中国共产党坚持用发展的眼光审视和评估自己，以创新精神加强和完善自己，永不自满，永不懈怠，不断把党的建设作为“新的伟大工程”推向前进，是承前启后、一以贯之的。

①中央编译局:《马克思恩格斯全集》(第1卷)，人民出版社1995年版，第163页。

②中央编译局:《马克思恩格斯全集》(第7卷)，人民出版社1995年版，第219页。

十八大以后，中国特色社会主义改革发展进入新阶段，有了新的起点。新起点基础好，要求高。说基础好，是新中国成立以来特别是党的十一届三中全会召开三十多年来，我们党以巨大的政治勇气，锐意推进改革，不断扩大开放，决心之大、变革之深、影响之广前所未有，成就举世瞩目。中国特色社会主义道路、理论体系、制度体系的形成，中国经济建设发展取得的成就，使中国的进一步发展相比过去有了更加明确的道路指向、理论指引、制度保障、物质基础。说要求高，是完善中国特色社会主义制度，推进国家治理体系和治理能力现代化；完善中国特色社会主义法治体系，建设社会主义法治国家；提高党的建设科学化水平，建设学习型、服务型、创新型、法治型马克思主义政党；全面建成小康社会，奠基中国梦的历史基础，需要党有更大的勇气和智慧。

与时代同步、与时代共振，十八大以后党建也有了新起点，新起点不但意义重大，而且要求也高。说意义重大，是近距离看，它事关全面小康社会的建成；远距离看，事关中华民族伟大复兴事业的成就。说要求高：第一，党建的惯性特征是将时代对自己的要求作为考虑对象，提出问题，解决问题。这是需要有强烈的时代意识、问题意识、责任意识和行动能力的。第二，现阶段的党建需要走创新的通道才能实现发展，创新的要求已经迫在眉睫，但创新的形式、内容和影响有其历史特点需要认真把握。第三，创新呼声高涨的时候，往往也是历史传统正被遗忘、影响力减弱的时候。发挥好承续传统与改革创新的双轮驱动作用，谦虚谨慎地对待历史传统，是现阶段的党建必须要解决的问题。所以十八大以后习近平同志对党建提出了新目标新要求，即面对新的历史条件和考验，全党必须增强忧患意识、创新意识、宗旨意识、使命意识，始终保持清醒头脑和奋发有为的精神状态。①

时代在更高阶段上延伸，根植于时代的党建必然在更高水平上展开，这是历史周期律给党的建设的启示。根须深厚是生命的基础，但枝叶繁茂生命力方可旺盛，这是生物学给党的建设的启示。历史虽然是在接力中实现发展的，但历史也总是历史的超越者，是自己的主人，这是历史学给党的建设的启示。从全国范围内执政伊始，中国共产党就参透了这样一个事实，党的先进性不是与生俱来的，也不是一劳永逸的，必须居安思危，不进则退。进，靠什么，靠新的理念、新的更高标准的党建将党带到新的时代高度。

十八大以后，实现党提出的各项目标任务，应对复杂多变的国际形势，把握改革发展稳定大局，做好方方面面的工作，对党的建设提出了新的要求。因而，十八大以后的党建工作一定要有时代意识、创新意识，要认真解读“党的建设只有进行时没有完成时”的历史内涵，深刻理解马克思主义认识论关于“新思潮的优点就恰

①《十八大报告辅导读本》编写组：《十八大报告辅导读本》，人民出版社2012年版，第509页。

恰在于我们不想教条式地预料未来”和“我们的任务不是推断未来和宣布一些适合将来任何时候的一劳永逸的决定”[①]的科学内涵，以实践的态度对待党的建设，并在实践中认识党的建设。这一点，习近平同志在十八大后用“赶考”做过表述。2013年7月，在河北调研指导工作时习近平同志指出：“当年党中央离开西柏坡时，毛泽东同志说是‘进京赶考’。60多年过去了，我们取得了巨大进步，中国人民站起来了，富起来了，但我们面临的挑战和问题依然严峻复杂，应该说，党面临的‘赶考’远未结束。”[②]

（三）严明纪律：党规党纪是支撑党的建设的钢筋龙骨

“欲知平直，则必准绳；欲知方圆，则必规矩。”如果把党的建设看作是构建一座大厦，“严格标准”的“平直、方圆”是对大厦外形的设计，而“严明纪律”的“准绳、规矩”，则是对支撑大厦的钢筋龙骨的要求。党建大厦挺立，既需要“严格标准”的顶层设计，需要“严肃对待”的党建意识的坚实外壳的护卫，更需要“严明纪律”的党规党纪和宪法法律的钢筋龙骨的支撑。

中国共产党是靠理想和纪律组织起来的马克思主义政党，始终重视加强党性修养，发挥党性原则对党员的自律原理的柔性作用与加强党内法规制度建设，发挥法规制度对党员的约束原理的刚性作用，软实力与硬实力结合使党成为有强大凝聚力和组织纪律性的党，是中国共产党区别于其他政党的显著标志之一。历史地看，国有国法党有党规，建立一套法规制度限制一些权力和行为，让另外一些权力和行为合法化，是中国共产党的一大政治优势。这些法规制度包括党章和党的纪律、国家的宪法和法律、党在长期实践中形成的优良传统和工作惯例等方面的内容。对此，习近平同志有过论述：“纪律是成文的规矩，一些未明文列入纪律的规矩是不成文的纪律；纪律是刚性的规矩，一些未明文列入纪律的规矩是自我约束的纪律。党内很多规矩是我们党在长期实践中形成的优良传统和工作惯例，经过实践检验，约定俗成、行之有效，反映了我们党对一些问题的深刻思考和科学总结，需要全党长期坚持并自觉遵循。”[③]

十八大以后，党的建设面临严峻的局势：“一些基层党组织软弱涣散”，“理想信念不坚定、作风不正、原则性不强、为政不廉等不符合党的纯洁性要求的问题，在一些党员和党的干部中也不同程度地存在”。针对这些问题，十八大以来党的制度建设轰轰烈烈，尤其是聚焦“四风”的群众路线教育实践活动和以反腐败为中心内容的党风廉政活动力度空前，但不正之风的病体并没有销声匿迹。究其原

---

①中央编译局：《马克思恩格斯全集》（第1卷），人民出版社1995年版，第416页。

②习近平：《党面临的“赶考”远未结束》，载《人民日报》2013年7月14日。

③习近平：《深化改革巩固成果积极拓展 不断把反腐败斗争引向深入》，新华网2015年1月13日。

因，是部分人彻底丧失了党性，是党的"规矩"以及"规矩"执行失之于松、失之于宽、失之于软，在关键时刻成为只有象征意义，没有实质作用的"稻草人"，权力并没有被真正关进"制度的笼子"。

针对这种情况，习近平同志在宏观思考和布局新时期党的建设的时候，把依法依规建设法治型政党从宏观的党建话语体系当中单独提出，反复强调。"小智治事，中智治人，大智立法。治理一个国家、一个社会，关键是要立规矩、讲规矩、守规矩。"[①]"善除害者察其本，善理疾者绝其源。"2012年11月16日，刚刚履新的习近平就强调"没有规矩，不成方圆"，党章是"根本大法"和"总规矩"。2014年十八届四中全会，又提出要"加强党内法规制度建设"。习近平的讲话表明，十八大以后，党有必要开始从全新的角度思考党的建设问题，强调法制问题更带根本性、全局性、稳定性和长期性的现实意义，开始着手建构一套更完备、更稳定、更管用的法规制度体系。

党的"规矩"与党的生活是互相建构与解构的，任何"规矩"的对面，都有支撑它的具体生活。十八大以后我们讨论党的法规制度制定和变革的立、改、废问题，很大程度上并非是原有的已经失效，我们要对它们进行彻底清除，而是时代和生活的变化使原有的"规矩"已经出现了内在紧张和对生活的规制能力下降的情况。立、改、废的目的是在"规矩"与生活之间形成合理的张力，使党的生活秩序化。每个时代都有自己的特殊问题。当前建章立制，主要要针对关键问题、顽疾问题和大家最关切的问题的解决。比如解决部分党员忽视"日知其所亡"的疏于学习，落后时代问题；"总开关"松动，理想信念动摇的精神失魄问题；"不务本""不自重"的道德失范问题；"有办法不法办，该法办想办法"的"开天窗""留暗门"问题。解决部分基层党组织重经济轻党建的长期软弱涣散问题。解决"一把尺子量到底"的"规矩"面前人人平等和制度缺乏硬约束的"橡皮筋"问题。"不想""不能""不敢"的系统解决腐败问题。解决党组织对党内成员的组织、培养和爱护，并善于使用他们的党内关怀问题等。

首先，党章是党内"规矩"合法性的依据和来源，制定"规矩"或者说党章在党建过程中的"具体化、形象化、生活化"，必须加强顶层设计和整体谋划。要启动党内法规与宪法和国家法律的衔接、协调机制，"党必须在宪法和法律范围内活动"，"党规党纪严于国家法律"。

其次，是"规矩"意识的培育。从1938年六届六中全会毛泽东同志提出党内法规概念开始，党内法规制度建设已经70多年，但现实当中党内法规制度的分量还是有点轻，有有的没有反映客观规律，针对性、可操作性不强，或者是有的在制

①习近平：《在中共十八届四中全会第二次全体会议上的讲话》，新华网2014年10月23日。

定的时候没有充分的民主参与的原因；有部分党员领导干部“以情害法、以礼伤法、以言代法、以权压法、徇私枉法”的原因。但更多的却是由于法规制度仅仅停留在纸面，没有深入人心，人们的法规制度心理准备还没有完成，法规制度意识还没有形成。当前引导全党树立法规制度意识，是与法规制度建设本身同等重要的事情。法规制度的建立和完善，不等于万事大吉，还需要大力培育与之相适应的意识，增强其内在权威性，深化为一种文明素养。

再次，是“规矩”的执行。“天下之事不难于立法，而难于法之不必行。”规矩的生命力在于实施，规矩的权威也在于实施。再好的规矩不执行，就会形同虚设，形成“稻草人效应”和“破窗效应”。对此，习近平同志在十八大后强调指出：“党要管党、从严治党，靠什么管，凭什么治？就要靠严明纪律。”[①]严明二字，强调的就是“守规矩”的“规矩”执行力问题。它启示我们，要高度关注“规矩”的“具体化、现象化、生活化”的执行监督问题。

(四)严谨作风：党的建设需要良法更需要善治

马克思主义唯物辩证法告诉我们，事物是系统的集合体，也是过程的集合体。马克思主义唯物辩证法的这一判断给党的建设的启示是，党建必须要树立系统性思维和过程性思维，所谓系统性思维，就是把党建看作是一个存在诸多结构的系统，搞清楚党建目标、党建规矩与实现它们的基本途径和方法之间的关系。所谓过程性思维，是指把党建看作一个历史过程，因时而变，与时俱进。

党的建设是一项复杂的系统工程，多要素多变量是其典型特征，尤其党员社会基础广泛、党组织社会覆盖面高，处在社会存在转型期，不同时期有不同党建重点的中国共产党的党建，情况更是复杂。考察现阶段的党建，用系统性或者说结构性思维分析法来看，良法，合理设定党建的不变量也就是目标和规矩固然重要，但善治，使党建的变量也就是实现党建目标和规矩的基本途径与方法的变化总是有利于党建正能量的释放，其实更加关键，关乎党建的“最后一公里问题”。

用过程性分析法来思考“最后一公里”问题，现实当中之所以存在“最后一公里”问题，基本原因有两个：一个是主观的不落实，一个是客观的落实不了。主观，是“严肃对待”的重视不够。客观，是基本路径与方法选择出了问题，也就是“旧药治新病”，要么是没有充分利用现有的有利条件，要么是超越历史客观条件。没有利用好客观条件，如党内关怀问题。“以往的党内关怀，从一开始就面临着不同程度的经济基础与上层建筑的双重制约。既受到物质基础的影响，也受到体制机制缺失或不完善的影响以及受到只重视党员干部的社会价值，忽视其自身价值的关怀理念的影响。而现在党内关怀工作，虽然从本质和内在原因看，仍然面临上述

①毛泽东：《毛泽东选集》(第2卷)，人民出版社1991年版，第526页。

问题,但又在很大程度上同改革开放以来已经取得诸多积极成果,有着更为密切的关联。现在我们已经可以立足于经济发展取得的成果,在继续关注党员社会价值的同时开始关注党员个人价值,把他们作为'历史的'、'具体的'、有各种各样现实需要的人加以认识和对待,关怀的目光触及日常生活层面,广大党员的就业问题、生活问题、心理问题等开始受到关注。"[①]但现实当中,这一情形在一些党组织并不存在。超越历史客观条件,如互联网党建。如今,互联网正深刻地改变人们的社会行动方式,互联网党建是当前党建的重点发展领域,一些有条件的组织开展得好,一些没要条件或者说条件还不成熟的也在轰轰烈烈进行,结果费时、费力、费钱,却看不到效果。

对此,习近平同志在十八大前后都曾经提出过解决方案:抓落实。"古今兴盛皆在于实,天下大事必作于细。"2011年3月,习近平同志在中央党校春季学期开学典礼的讲话中指出,反对空谈、强调实干、注重落实,是我们党一个优良传统。抓落实,从各级党委、政府和领导干部工作方面讲,就是抓党和国家各项方针政策、工作部署、措施要求的落实,使之贯彻到实践中去,贯彻到基层中去,贯彻到群众中去,成为广大党员、干部、群众的自觉行动,以确保党和国家确定的目标任务顺利实现。抓落实的过程必然会遇到许多矛盾和问题。领导干部应该具有的根本态度是,不要怕遇到矛盾和问题,而要敢于正视矛盾和问题,不要绕开矛盾和问题走,而要千方百计地去求得矛盾和问题的及时正确解决。抓落实,还要增强预见性,及时发现、尽早处置矛盾和问题,努力使简单矛盾不演化成复杂矛盾,小问题不延误成大问题。[②]十八大后,他提出要发扬"钉钉子精神",以"抓铁有痕、踏石留印"的劲头抓落实。"一分部署,九分落实。"他说:"不抓实,再好的蓝图只能是一纸空文,再近的目标只能是镜花水月。"[③]

严谨作风搞党建,还有一个问题必须予以重视,就是遵循规律。"加强和改进新形势下党的建设,有其客观规律需要去认识、去把握,有大量复杂课题需要我们去研究、去破解。现在,一些党建工作还没有取得预期成效,一个很重要的原因就是我们对新形势下党的建设新情况新问题研究得不够不深。"[④]规律是事物之间或事物的本质之间的联系。任何事物的发展演化都是有规律的。党建作为一项由来已久的社会实践活动,是存在规律的,发展有规律,工作也有规律。在过去90多年的党建实践中发现和揭示的党建规律,实践中必须要予以遵循。如:党的领

---

①刘先春、岳彬:《现阶段党内关怀的变化与实践》,载《安徽师范大学学报》2011年第6期。

②习近平:《2011年在中央党校春季学期开学典礼上的讲话:领导干部要狠抓落实善抓落实》,载《光明日报》2011年3月2日。

③习近平:《要真枪真刀推进改革》,新华网2014年9月9日。

④胡锦涛:《努力开创新形势下党的建设新局面》,载《求是》2010年第1期。

导规律。离开党的领导盲目歌颂党员的自发性,是一种错误倾向。党员主体地位规律。党内民主是党的生命力所在。一切从实际出发,理论联系实际的规律。善于用马克思主义立场、观点、方法,从实际出发从理论与实践两个方面创造性解决问题。[①]问题导向的规律。问题是时代的口号,是它表现自己状态和要求的最实际的呼声。吸收借鉴的规律。知古可以鉴今,它山之石可以攻玉等等。同时,对于十八大以后的党建来说,揭示规律也是一项重要的工作内容。在党建过程中,各种各样的现象,各种各样的问题,并不只是出现一次或者说几次,而是经常、重复地表现出来,通过对经常、重复地表现出来的这些现象、问题和相应党建活动进行分析,是可以揭示出党建规律的。

以上就是当前党的建设的推进计划,出自全面从严治党的总要求。这是一个关于未来的行动计划,而不仅仅是事后反思和评价的线索;是一个统一的计划,同所有与党建有关的组织和个人相关;是一个详尽的计划,包括了党建的所有科目;同时还是一个公开的接受监督而不拒绝监督的、强调党建的问题更多的是制度问题而非人的问题的计划。这一计划的实施,将对党建发展产生巨大影响。

①中央编译局:《马克思恩格斯全集》(第40卷),人民出版社1995年版,第289页。

主要参考文献

著作:

[1]李友梅,等. 中国社会生活的变迁. 北京:中国大百科全书出版社,2008.

[2]赵春. 2013年甘肃省国民经济和社会发展报告. 兰州:甘肃人民出版社,2013.

[3]田毅鹏. 单位社会的终结:东北老工业基地"典型单位制"背景下的社区建设. 北京:社会科学文献出版社,2005.

[4][法]涂尔干. 社会分工论. 渠东,译. 北京:三联出版社,2013.

[5]汝信,陆学艺,李培林. 2002年中国社会形势分析与预测. 北京:社会科学文献出版社,2002.

[6]李爽. 消费陷阱:当代中国社会问题. 珠海:珠海出版社,1998.

[7]李培林,等. 当代中国民生. 北京:社会科学文献出版社,2010.

[8]冷溶,汪作玲. 邓小平年谱(1975—1997)(下). 北京:中央文献出版社,2004.

[9]《十七大报告学习辅导百问》编写组. 十七大报告学习辅导百问. 北京:学习出版社,2007.

[10]《十八大报告辅导读本》编写组. 十八大报告辅导读本. 北京:人民出版社,2012.

[11]王思斌. 社会行政. 北京:高等教育出版社,2006.

[12]童星. 创新社会管理. 北京:中国社会科学出版社,2012.

[13]沙莲香. 中国民族性(二). 北京:中国人民大学出版社,1990.

[14][英]斯宾塞. 国家权力与个人自由. 谭小勤,译. 北京:华夏出版社,2000.

[15]何怀宏. 契约伦理与社会正义:罗尔斯正义论中的历史与理性. 北京:中国人民大学出版社,1993.

[16]孙本文. 社会学原理. 上海:商务印书馆,1935.

[17]邓小平文选:第3卷. 北京:人民出版社,1993.

[18]张晋藩. 中国古代法律制度. 北京:中国广播电视出版社,1992.

[19]张晋藩. 法史鉴略. 北京:群众出版社,1988.

[20]莫里斯·罗森堡,拉尔夫·特纳. 社会学观点的社会心理学手册. 天津:南开大学出版社,1992.

[21]陈刚. 六十年代回眸:改革开放前的中国人. 南京:南京大学出版社,2002.

[22]郑杭生. 中国人民大学社会发展报告. 北京:中国人民大学出版社,2012.

[23]高永久. 西北少数民族地区城市化建设研究. 兰州:兰州大学出版社,2003.

[24]吴志华,等. 大都市社区治理研究:以上海为例. 上海:复旦大学出版社,2008.

[25]王浦劬,莱斯特·M. 萨拉蒙,等. 政府向社会组织购买公共服务研究:中国与全球经验分析. 北京:北京大学出版社,2010.

[26]毛泽东选集:第2卷. 北京:人民出版社,1991.

[27]江泽民. 论党的建设. 北京:人民出版社,2001.

[28]马克思恩格斯选集:第3卷. 北京:人民出版社,1995.

[29]肖万春. 民生中国. 长沙:湖南人民出版社,2008.

[30][美]珍妮特·V. 登哈特. 新公共服务. 丁煌,译. 北京:中国人民大学出版社,2004.

[31]马克思恩格斯选集:第1-4卷. 北京:人民出版社,1995.

[32]毛泽东文集. 北京:人民出版社,1996.

[33]建国以来毛泽东文稿. 北京:中央文献出版社,1992.

[34]邓小平文选:第2卷. 北京:人民出版社,1993.

[35]江泽民. 江泽民论有中国特色的社会主义. 北京:中央文献出版社,2002.

[36]江泽民. 论科学技术. 北京:中央文献出版社,2001.

[37]江泽民. 在庆祝中国共产党成立80周年大会上的讲话. 北京:人民出版社,2001.

[38]江泽民. 论“三个代表”. 北京:中央文献出版社,2001.

[39]江泽民. 论加强和改进党的建设. 北京:中央文献出版社,2004.

[40]胡锦涛. 在“三个代表”重要思想理论研讨会上的讲话. 北京:人民出版社,2003.

[41]陈云文选:第1-3卷. 北京:人民出版社,1995.

[41]中央文献研究室. 十一届三中全会以来重要文献汇编. 北京:人民出版社,1982.

[43]中央文献研究室. 十五大以来重要文献汇编. 北京:人民出版社,2000.

[44]中央文献研究室. 中国共产党第十六次代表大会文件汇编. 北京:人民出版社,2002.

[45]孙中山选集. 北京:人民出版社,1981.

[46]王伟光. 科学发展观干部读本. 北京:中央党校出版社,2004.

[47]纪宝成. 中国古代治国要论. 北京:中国人民大学出版社,2004.

[48]刘泽华,葛荃. 中国古代政治思想史:修订本. 天津:南开大学出版社,2001.

[49]陈启智,张树华. 儒家传统与人权民主思想. 济南:齐鲁书社,2003.

[50]李君如. 社会主义和谐社会论. 北京:人民出版社,2005.

[51]陈志尚. 人的自由全面发展论. 北京:中国人民大学出版社,2004.

[52]国家统计局农村社会经济调查总队. 中国农村贫困监测报告. 北京:中国统计出版社,2006.

[53]刘诚. 代表中国最广大人民的根本利益研究. 北京:中国人民大学出版社,2004.

[54]杨春贵. 中国共产党执政为民100例. 北京:中共中央党校出版社,2003.

[55]周逸,蔡长永. 党的建设小百科. 天津:天津人民出版社,1989.

[56]吴忠民. 社会公正论. 济南:山东人民出版社,2004.

[57]倪大奇. 毛泽东经济思想研究. 上海:复旦大学出版社,1991.

[58]涂文涛. 邓小平经济思想研究. 成都:西南财经大学出版社,2002.

[59]钱胜. 江泽民经济思想研究. 合肥:安徽人民出版社,2005.

[60]徐春. 人的发展论. 北京:中国人民公安大学出版社,2007.

[61]刘枫,曹均伟. 孙中山的民生主义研究. 上海:上海社会科学院出版社,1987.

[62]田克勤,等. 中国共产党与二十世纪中国社会的变革. 北京:中共党史出版社,2004.

[63]刘勉玉. 中国共产党经济政策发展史. 长沙:湖南人民出版社,2001.

[64]胡绳. 中国共产党七十年. 北京:中共党史出版社,1991.

[65]柳礼泉. 新中国民生60年. 长沙:湖南大学出版社,2009.

[66]萧万春. 民生中国. 长沙:湖南人民出版社,2008.

[67]陆铭,等. 中国的大国经济发展道路. 北京:中国大百科全书出版社,2008.

[68]潘世伟. 政治建设与国家成长. 北京:中国大百科全书出版社,2008.

[69]杨东平. 中国教育发展报告(2005). 北京:社会科学文献出版社,2006.

[70]陈佳贵. 中国社会保障发展报告. 北京:社会科学文献出版社,2010.

[71]成致平,等. 物价重大决策史钩沉(1949—1999). 北京:中国物价出版社,1999.

[72]崔传义. 中国农民流动观察. 太原:山西经济出版社,2004.

[73]陈吉元,等. 中国农村社会经济变迁(1949—1989). 太原:山西经济出版社,1993.

[74]郑功成. 构建和谐社会:郑功成教授演讲录. 北京:人民出版社,2005.

[75]郑功成. 社会保障学:理念制度实践与思辨. 北京:商务印书馆,2000.

[76]陈伯庚. 城镇住房制度改革的理论与实践. 上海:上海人民出版社,2003.

[77]王卫平. 中国古代传统社会保障与慈善事业. 北京:群言出版社,2005.

[78]侯衍社. 马克思的社会发展理论及其当代价值. 北京:中国社会科学出版社,2004.

[79]韩俊. 跨世纪难题:中国农业劳动力转移. 太原:山西经济出版社,1994.

[80]房爱卿. 我国消费需求发展趋势和消费政策研究. 北京:中国经济出版社,2006.

[81]吴敬琏. 当代中国经济改革. 上海:远东出版社,2004.

[82]中国社会科学院语言研究所词典编辑室. 现代汉语词典:第5版. 商务印书馆,2007.

期刊:

[1]岳彬,廉武辉. 文化建设大发展大繁荣要跨越理念之坎与制度之坎. 学术论坛,2012(1).

[2]何海兵. 我国城市基层社会管理体制的变迁:从单位制、街居制到社区制. 管理世界,2003(6).

[3]岳彬,郭海奇. 现阶段我国人民内部矛盾的形成机制与应对之策. 科学经济社会,2011(3).

[4]岳彬. 改革开放以来的中国民生建设研究. 兰州大学学报,2011(1).

[5]吴忠明. 论和谐社会建设的基本内容. 新华文摘,2007(12).

[6]王恩才. 改革开放以来甘肃省产业结构与就业结构演化研究. 西北人口,2013(2).

[7]陈岱云. 人口转变及后续社会保障对策研究. 江苏社会科学,2005(5).

[8]范丽珠. 社会变迁、社会失序与宗教道德的认识. 中国社会科学论丛,2011(9).

[9]路风. 单位:一种特殊的社会组织形式. 中国社会科学,1989(1).

[10]张志远. 多民族聚居地区农村社会管理的路径. 云南民族大学学报:哲学社会科学版,2012(3).

[11]徐振斌,等."十二五"时期社会管理体制改革研究. 中国经济贸易导刊,2012(4).

[12]程玉申,周敏. 国外有关城市社区的研究述评. 社会学研究,1998(4).

[13]高永久,刘庸. 西北民族地区城市社区变迁研究. 城市发展研究,2004(5).

[14]邓伟志. 市场经济的社会功能. 社会,1993(10).

[15]顾骏. 过度组织化:中国城市社区建设的结构背景及其社会学意蕴. 东方文化,2002(4).

[16]张姝,姚培珍. 甘肃城市社区组织发展现状及对策分析. 甘肃社会科学,2007(1).

[17]张姝. 社区组织与社区发展:甘肃城市社区社会工作方法的应用. 甘肃政法学院学报,2006(11).

[18]周全德,魏晶平. 欠发达地区城市社区建设中存在的问题及治理对策. 科学经济社会,2004(2).

[19]张鸿雁,殷京生. 当代中国城市社区社会结构变迁. 东南大学学报,2000(4).

[20]高永久,刘庸. 西北民族地区城市社区整合机制研究. 黑龙江民族丛刊,2006(2).

[21]李增元. 农村社区建设:治理转型与共同体构建. 东南学术,2009(3).

[22]张莉,风笑天. 转型时期我国第三部门的兴起及其社会功能. 社会科学,2000(9).

[23]中共浙江省委政法委课题组. 新社会组织管理与社会和谐稳定问题研究. 公安学刊,2012(2).

[24]党雅琳. 甘肃省非政府组织发展问题及对策研究. 兰州石化职业技术学院学报,2009(1).

[25]王思斌. 社会治理结构进化与社会工作服务型治理. 北京大学学报,

2014(6).

[26]胡秉林. 建立返贫互助会,促进农村经济发展. 甘肃社会组织,2013(12).

[27]何芸. 社会组织在社会管理中的主体性问题. 理论探索,2011(4).

[28]鲁可荣. 城乡基层社会组织发展管理中存在的问题分析与政策建议. 武汉科技大学学报:社会科学版,2012(3).

[29]王名,等. 谈谈加快形成现代社会组织体制问题. 社会,2013(3).

[30]于学军,陆杰华. 透视流动人口:新特点、新问题与新视角——做好流动人口的管理和服务是政府的责任. 市场与人口分析,2005(5).

[31]苏君,蒋新贵,郭志仪,等. 甘肃省2012年流动人口动态监测数据分析报告. 西北人口,2013(3).

[32]杨昕. 虚拟社会的基本特征及其管理. 社会工作社会视野,2012(1).

[33]郑杭生. 社会建设:改善民生与公平正义. 中国社会科学院院报,2007(12).

[34]王长江. 要重视对"党的利益"问题的研究. 马克思主义与现实,2004(4).

[35]汪青松. 行政体制转型与经济发展方式转变. 安徽师范大学学报,2010(6).

[36]王永和. 坚持甘肃特色发展战略在西部大开发中实现转型跨越. 党的建设,2013(10).

[37]胡鞍钢,王磊. 经济增长对社会稳定的双向效应. 湖南社会科学,2005(6).

[38]王道勇. 发展方式转变是一次全面的转变. 科学社会主义,2010(3).

[39]韩东雪. 我国社会管理的模式与路径选择. 阅江学刊,2013(1).

[40]迟福林. 以改革红利释放发展潜力. 时事报告:大学生版,2013(1).

[41]裴广群,等. 甘肃省全面建设小康社会统计监测报告(2012). 省情咨文,2013.

[42]岳彬,刘先春. 党的建设理论创新及其背后的理念与路径. 江苏省委党校学报,2012(12).

[43]胡锦涛. 努力开创新形势下党的建设新局面. 求是,2010(1).

[44]林尚立. 协商政治与和谐社会:中国的国家建设之路. 天津社会科学,2008(3).

[45]孙伟林. 促进社会组织健康发展. 瞭望,2010(37).

[46]魏礼群. 完善和发展中国特色社会管理体系. 行政管理改革,2012(1).

[47]吴中宇．毛泽东就业保障思想研究．毛泽东思想研究,2006(4).

[48]李国环．孙中山平均地权与节制资本经济思想述评．中州学刊,2008(6).

[49]高喜平．孙中山"民生主义"对当代中国若干社会问题的启示．湖北省社会主义学院学报,2006(6).

[50]辛鸣．制度评价的标准选择．中国人民大学学报,2005(5).

[51]杨雪东．论作为公共品的秩序．中国人民大学学报,2005(6).

[52]迟福林．我国社会矛盾的变化与再分配．发展,2006(2).

[53]杨承训．中国农业改革发展30年理论跃升．毛泽东邓小平研究,2008(7).

[54]岳彬．包容性增长的实践取向．中国社会科学,2011(1).

[55]岳彬．包容性增长的时代价值及其实践取向．安徽师范大学学报,2010(3).

[56]吴忠明．论和谐社会建设的内容．新华文摘,2007(12).

[57]段荣成．特别关注与流动人口有关的十大问题．新华文摘,2006(4).

[58]李强．影响中国城乡流动人口的推力与拉力因素分析．中国社会科学,2003(1).

[59]郁永斌,浦兴祖．改善民生维护社会安定和谐:关于温家宝总理政府工作报告中民生问题综述．理论界,2007(11).

[60]曹文．民生政治:民生问题的政治学诠释．求实,2007(11).

[61]郭华茹,朱悦怡,蒋霞．改善民生:社会建设的重点．南京审计学院学报,2007(4).

[62]丁宁,王有贵．中国家户收入流动及其构成．2005年中国经济学年会论文,2005.

[63]杨团．中国社会政策演进:焦点与构建．学习与探索,2006(11).

[64]熊若愚,董结琴．中国农民工问题调查报告．中国国情国力,2002(12).

[65]温铁军．我们是怎样得到迁徙自由的．中国改革,2002(5).

[66]王春光．我国城市就业制度对进城农村流动人口生存和发展的影响．浙江大学学报:社会科学版,2006(5).

[67]李兴慧．建国以来我国消费政策的变迁与启示．理论界,2005(8).

[68]林南,王玲,潘允康,等．生活质量的结构与指标:1985年天津千户户卷调查资料分析．社会学研究,1987(6).

[69]蔡江南,等．社会市场合作模式:中国医疗体制改革的新思路．世界经济文汇,2007(1).

[70]顾昕. 全球医疗卫生体制改革的大趋势. 中国社会科学,2005(6).

[71]胡卫,谢锡美. 中国民办教育发展面临的困境及其对策. 教育发展研究,2005(12).

[72]李实. 中国个人收入分配研究回顾与展望. 经济学,2003(2).

[73]张晓波. 中国教育和医疗卫生中的不平等问题. 经济学季刊,2003(2).

[74]林毅夫. 中国的经济发展战略与地区收入差距. 经济研究,2003(3).

[75]王海港. 中国居民家庭的收入变动及其对长期平等的影响. 经济研究,2005(1).

[76]毛寿龙. 中国政府改革的过去与未来. 江苏行政学院学报,2009(2).

[77]王绍光. 中国公共卫生的危机与转机. 比较,2003(7).

[78]颜媛媛,张林秀,罗斯高,等. 新型农村合作医疗的实施效果分析:来自全国五省101个村的实证研究. 中国农村经济,2006(5).

[79]武恒光,王爱华,綦好东. 我国农村义务教育融资分担体制研究. 农业技术经济,2004(6).

[80]童伟. 公共服务市场化:政府管理改革的切入点. 宏观经济管理,2007(9).

[81]徐轶青. 中国基础教育市场的变迁. 复旦大学工作论文,2007(4).

[82]封进,余央央. 中国农村的收入差距与健康. 农业经济导刊,2007(1).

[83]朱玲. 政府与农村基本医疗保健保障制度选择. 中国社会科学,2000(4).

[84]卢汉龙. 单位与社会:中国城市社会生活的组织重建. 社会科学,1999(2).

[85]中华全国工商联合会课题组. 中国民营经济的三大历史性变化. 经济理论与经济管理,2007(3).

[86]李惠琳. 关于当前县乡工作热点难点问题的调查. 党的建设,2008(3).

[87]陆益龙. 新农村建设过程中的农民需求及影响因素:基于2006年中国综合社会调查的分析. 中国人民大学学报,2008(3).

[88]彭国甫,鄢洪涛. 地方政府农村公共事业管理制度的变迁及绩效分析. 湖南社会科学,2008(1).

[89]贺雪峰. 农村代际关系论:兼论代际关系的价值基础. 社会科学研究,2009(5).

[90]王卉. 农村社会管理创新问题探究. 中共云南省委党校学报,2012(1).

[91]廖鸿,李培晓. 现代社会组织体制将怎样"炼"成:社会组织权威专家研讨落实十八大精神. 中国社会组织,2013(1).

[92]杨柯. 社会组织监管体制存在的问题与改革对策探析. 云南行政学院学报,2012(6).

报纸:

[1][美]彼得·霍尔,米歇尔·拉蒙特."弹性"让社会更和谐. 人民日报,2013-07-22.

[2]习近平. 领导干部要狠抓落实善抓落实. 光明日报,2011-03-02.

[3]吴忠民. 重视民生:公正与效率的最佳结合点. 中国经济时报,2005-12-16.

[4]毛泽东. 中国人民大团结万岁. 人民日报,1949-10-01.

[5]天水市民间组织管理局. 天水市社会组织管理体制创新的实践与探索. 天水日报,2013-08-15.

[6]沈爱民. 和谐社会建设中的社会管理格局. 学习时报,2009-04-06.

[7]胡锦涛. 在全党深入学习实践科学发展观活动总结大会上的讲话. 人民日报,2010-04-07.

[8]董明坤. 党旗高扬分外红:甘肃省非公有制企业党建关注综述. 工商时报,2012-05-22.

[9]陈建波. 经济适用房的弊端与住房补贴的优势. 中国房地产报,2007-02-18.

[10]长子中. 农村社会关系领域发生的变化须重视. 农民日报,2011-06-11.

[11]卢吉平. 国家部委肯定我省"三支一扶"经验. 甘肃日报,2012-04-14.

报告:

[1]甘肃省统计局. 甘肃省2012年全面小康生活统计监测研究报告,2012.

[2]甘肃省人民政府. 甘肃省"十二五"规划纲要,2012.

[3]甘肃省人口委. 甘肃省流动人口月报,2012-11.

[4]甘肃省统计局. 甘肃省2010年第六次全国人口普查主要数据,2010.

[5]中国互联网络信息中心. 第32次中国互联网络发展状况统计报告,2013.

[6]中国互联网络信息中心. 中国互联网络发展统计报告,2004.

[7]甘肃省委组织部. 甘肃省社会工作人才队伍建设情况调查,2013.

[8]甘肃省老龄办. 甘肃省老龄事业发展"十二五"规划,2012.

[9]杨志. 甘肃省民族地区农村党员老龄化问题调查. 甘肃省政法学院2012年赴康乐县调查资料汇编,2012(1).